媒介市场调查与研究丛书

聚焦收听率
——《收听研究》新观察精粹

陈若愚　主编

中国传媒大学出版社

编写委员会

主　编　陈若愚

副主编　郑维东　肖海峰

编写人员（排名不分先后）

梁　帆	王建平	龙长缨	王　平	解永利
吴　东	周欣欣	杨金妹	张　嬺	张广彦
陈　明	肖青青	戴静怡	顾颖华	马　超
张琼子	王　浩	赵　璇	张　洁	

前 言

伴随着我国广播业的蓬勃发展，广播电台和广告公司对收听率数据的需求日益增加，CSM媒介研究等公司从新世纪初期开始在国内多个城市建立广播收听调查网络，开展广播收听率调查，并定期发布调查数据。作为我国最大的视听率调查公司，CSM媒介研究自2002年开始正式在北京、上海和广州三大城市进行收听率调查，而后调查范围不断扩大，到2014年年底，已在36个城市和3个省进行收听率调查，其收听率数据已成为中国广播行业的通用货币。

为提高我国收听率调查、分析与应用的整体水平，以推动广播行业健康、稳定、快速地发展，CSM媒介研究在保证向客户及时、准确地提供收听率数据的基础上，积极开展有关收听率方面的研究，就收听率调查、分析与应用领域的一些重大问题、焦点问题进行有益的探索。同时，为给我国的收听率研究提供一个交流平台，CSM媒介研究从2008年开始编辑出版内部双月刊——《收听研究》。《收听研究》是我国国内第一份有关收听率研究的专业刊物，自创刊以来，发行数量快速增长，文章质量稳步提高，已成为业内一份享誉较好的专业刊物。

《聚焦收听率——〈收听研究〉新观察精粹》一书是近几年《收听研究》刊登的优秀研究文章的汇编，全书所包括的37篇文章是从近几年《收听研究》所刊登的近200多篇研究类文章中精选出来的，并且根据最新发展情况对数据及观点进行了更新与修订。可以说，这些文章是《收听研究》的精华，是CSM媒介研究近年来收听率研究领域的代表性成果。

《聚焦收听率——〈收听研究〉新观察精粹》全书包括"收听率调查"、"收听率分析"和"收听率应用"3个篇章。上编"收听率调查"中所包括的3篇论文，分别论述了收听率调查的起源及发展、收听率调查的流程及方法,以及对新媒体时代广播受众测量方法的思考。中编"收听率分析"所包括的20篇文章,从分析指标、基本思路、听众收听行为特征、市场竞争格局、频率收听状况、节目竞争格局、特色节目及重大事件收听状况等角度对收听率进行了分析,既有理论探讨,又有实证分析。下编"收听率应用"所包括的14篇文章从不同侧面论述了收听率在广播节目编排、评价及广告投放决策等方面的应用,既有收听率应用方法的理论分析,又有收听率实际应用状况的总结,还有基于收听率数据对我国广播媒体在新媒体背景下如何实现价值重塑与创新发展的对策讨论。

在新媒体快速发展、广播等传统媒体面临巨大挑战的大背景下,《聚焦收听率——〈收听研究〉新观察精粹》一书的出版具有非常重要的现实意义。它既可以为广大媒介从业人员提供有关收听率调查、分析及应用的理论指导,又可以提供对收听率分析及应用的实际案例。具体而言,读者从本书中可以对以下四个方面的内容有更深入的了解:第一,收听率调查的流程与方法,以及为应对新媒体给广播听众测量带来的挑战,CSM媒介研究等几家收听率调查公司对收听率调查新技术的积极探索;第二,收听率分析的基本思路、模式及方法,以及我国广播收听市场整体格局、节目收听表现和听众收听行为特征;第三,我国目前收听率的实际应用状况,以及如何提高收听率在节目编排、评价和广告投放中的应用水平,更好地发挥收听率的作用;第四,新传播格局中的广播媒体,以及我国广播媒体在新媒体背景下实现价值重塑与创新发展的对策。

《聚焦收听率——〈收听研究〉新观察精粹》一书的出版,既是我们近几年有关收听率研究工作的一个总结,同时又是我们将我国的收听率研究向前推进的一个起点。作为我国最大的收视/收听专业调查公司,CSM媒介研究有责任、有决心同业界同仁一道,共同努力,辛勤耕耘,力争为我国广播受众研究做出更大的贡献。

由于收听率相关研究领域非常庞大、复杂,加上我们知识水平所限,本书难免有错误、不足或遗漏,敬请各位专家、学者及业界同仁批评指正。

编者
2015年1月

目 录

上编　收听率调查

▶ 收听率调查的起源及发展概况　　3
　　一、收听率调查的发展历程　　3
　　二、收听率调查在我国的发展　　6
　　三、新媒体环境下收听率调查的新发展　　7

▶ 收听率调查的流程与方法简析　　9
　　一、样本抽取　　9
　　二、数据采集　　12
　　三、数据处理　　13

▶ 新媒体时代广播受众测量之观察与思考　　15
　　一、目前收听率调查的基本状况　　15
　　二、新媒体背景下收听率调查新技术的探索　　16
　　三、广播与受众测量未来发展趋势的几点思考　　18

中编　收听率分析

▶ 收听率分析中的主要指标及相互关系　　23
　　一、收听率指标体系　　23
　　二、收听率指标体系中主要指标解释　　24
　　三、收听率指标的几组关系　　26

▶ 收听率分析的基本思路和方法 | 29
    一、收听市场规模分析 | 29
    二、收听市场竞争分析 | 31
    三、听众收听习惯分析 | 36
    四、目标听众群体分析 | 40
    五、收听市场的节目分析 | 43
    六、收听市场广告效果评估 | 47
    七、结语 | 53

▶ 我国广播市场听众特征及收听行为分析 | 54
    一、听众特征 | 54
    二、收听地点 | 56
    三、人均收听时间 | 58
    四、听众对各类频率的收听状况 | 60
    五、听众最喜欢收听的节目类型 | 63
    六、结语 | 66

▶ 听众车上广播收听行为分析 | 67
    一、近年来车上广播收听发展状况 | 67
    二、车上广播听众特征 | 71
    三、听众车上收听的广播频率 | 72
    四、听众车上收听的广播节目 | 75
    五、结语 | 77

▶ 广播收听市场的主力军——老年听众收听状况简析 | 78
    一、收听特征：老年听众是收听主力军 | 79
    二、频率选择：新闻类省市级本地频率占据主导地位，
        "中国之声"优势明显 | 83
    三、节目选择：更为关注新闻资讯及娱乐和生活服务节目 | 85
    四、结语 | 89

▶ 城市受众广播媒体消费行为研究 | 91
    一、城市受众整体的广播媒体消费 | 91
    二、不同级别城市受众的广播媒体消费 | 94
    三、不同生活形态受众的广播媒体消费 | 99
    四、结语 | 102

▶ 城乡听众收听行为比较
——基于辽宁、安徽、江苏和福建四省广播收听调查数据的分析 | 103
- 一、城乡广播听众规模及构成比较 | 103
- 二、城乡听众收听量及全天收听走势比较 | 104
- 三、城乡听众频率和节目收听比较 | 107
- 四、结语 | 114

▶ 受众广播媒体接触行为及影响因素研究 | 115
- 一、研究采用的数据 | 115
- 二、受众广播媒体接触行为 | 116
- 三、广播受众的跨媒体接触行为 | 118
- 四、受众广播媒体接触行为影响因素分析 | 120
- 五、小结 | 124

▶ 广播收听时长影响因素研究 | 125
- 一、研究背景 | 125
- 二、听众接触广播媒体的影响因素 | 125
- 三、研究采用的数据和变量 | 126
- 四、研究采用的模型 | 129
- 五、研究结果分析 | 130
- 六、总结 | 133

▶ 广播收听市场频率竞争格局分析 | 134
- 一、全国31个重点城市市场整体的频率竞争格局 | 134
- 二、北京广播收听市场的频率竞争格局 | 137
- 三、上海广播收听市场的频率竞争格局 | 139
- 四、广州广播收听市场的频率竞争格局 | 141
- 五、结语 | 143

▶ 新闻综合类频率收听状况分析 | 144
- 一、新闻综合类频率的基本收听情况 | 144
- 二、新闻综合类频率的整体竞争实力 | 147
- 三、新闻综合类频率的听众特征 | 149
- 四、各城市新闻综合类频率收听表现 | 150
- 五、结语 | 155

交通类频率收听特征分析 | 157
一、交通类频率在广播市场中的整体收听表现 | 157
二、交通类频率的听众特征 | 163
三、各城市交通类频率的收听表现 | 165
四、结语 | 170

音乐类频率收听特征分析 | 171
一、音乐类频率整体收听状况 | 171
二、音乐类频率的听众特征 | 175
三、音乐类频率在区域市场的收听表现 | 176
四、音乐类频率案例分析 | 181
五、结语 | 184

北京、上海和广州广播收听市场节目竞争格局浅析 | 186
一、北京广播收听市场的节目竞争格局 | 186
二、上海广播收听市场的节目竞争格局 | 192
三、广州广播收听市场的节目竞争格局 | 197
四、结语 | 202

广播生活服务类节目之新观察 | 204
一、广播生活服务类节目的收听现状 | 204
二、广播生活服务类节目的发展新趋势 | 209
三、广播生活服务类节目进一步发展的对策 | 212

"秀"的角色扮演——数说广播脱口秀节目 | 214
一、数说广播"脱口秀"节目风格 | 214
二、数说广播"脱口秀"节目成功的必要元素 | 218
三、娱乐"脱口秀"节目举例 | 221
四、结语 | 223

广播收听率波峰时段及所播节目分析 | 224
一、收听率波峰因收听场所不同而多寡不同 | 224
二、收听率波峰因听众不同而早晚各异 | 225
三、收听率波峰因市场不同而分布不同 | 227
四、收听率波峰的位置与领先节目的类型高度相关 | 228
五、结语 | 234

- 重大体育赛事期间广播市场动态浅析
  - ——以伦敦奥运会为例 | 236
  - 一、奥运期间广播收听整体表现 | 236
  - 二、体育广播频率和体育节目的播出及收听情况 | 238
  - 三、各地方电台奥运期间播出与收听表现 | 241
  - 四、小结 | 250
- "汶川地震"抗震救灾期间中国之声收听解析 | 251
  - 一、抗震救灾期间广播节目中"新闻/时事"类播出量增加1倍,收听量增加65% | 251
  - 二、抗震救灾期间中国之声收听份额平均提高40%,竞争力大增 | 252
  - 三、抗震救灾期间中国之声听众以男性为主 | 254
  - 四、中国之声收听率最高的3天集中在震后一周的5月19日、20日和21日 | 256
- 广播受众跨媒体消费研究 | 257
  - 一、广播受众特征 | 257
  - 二、广播受众对不同媒体消费的变迁 | 259
  - 三、结语 | 267

下编　收听率应用

- 对收听率"误读"与"误用"的解析 | 271
  - 一、正确理解收听率作为一种抽样调查的特征 | 271
  - 二、收听率"误读"和"误用"情况分类及案例分析 | 271
  - 三、结语 | 277
- 收听率数据在广播节目编排中的应用 | 278
  - 一、借助市场整体状况分析,把握节目编排市场环境 | 278
  - 二、了解听众收听状态,寻找合适节目内容 | 279
  - 三、确定目标听众群体,指导内容选择和编排 | 280
  - 四、深入分析听众倾向,精准定位节目内容 | 282
  - 五、了解听众收听时段规律,明确重点编排时段 | 283
  - 六、实施频率竞争格局分析,借差异化寻求竞争突破 | 284

七、时间与频率交互分析，了解不同时段的频率竞争态势 | 286
　　八、比较节目收播比重，改善节目资源使用效率 | 286
　　九、小结 | 287

▶ 收听峰值背后的成因及实现路径探讨 | 289
　　一、透视影响广播收听高峰的关联要素 | 289
　　二、把脉形成广播收听高峰的路径要素 | 294
　　三、优化整体收听效果的资源要素 | 296
　　四、实现收听峰值再造的路径臆想 | 300
　　五、小结 | 301

▶ 如何利用收听率数据对广播节目进行评价 | 303
　　一、收听率数据在广播节目评价中的重要性 | 303
　　二、几个重要收听指标在广播节目评价中的应用 | 304
　　三、广播节目评价体系的建立 | 308
　　四、广播节目评价中需要注意的几个问题 | 314

▶ 收听率数据在广告投放中的应用 | 316
　　一、收听率数据在广告投放前的应用 | 316
　　二、收听率数据在广告投放策略制定中的应用 | 321
　　三、收听率数据在广告播后效果评估中的应用 | 331
　　四、收听率数据在广告时段交易中的应用 | 332

▶ 研究广播收听市场，开发广播广告价值 | 335
　　一、中国广播广告市场发展的特点 | 335
　　二、目前广播广告价值开发中存在的问题 | 338
　　三、开发和提升广播广告价值的对策 | 339

▶ 增长乏力，倒逼转型——2013年广播广告市场浅析 | 345
　　一、政府加大对违法医疗专题广告的查处和处罚力度，
　　　　电台广告大受影响 | 345
　　二、收听市场格局的演变尚不能阻止整体市场的下滑 | 346
　　三、广播频率的市场定位区隔硬广告流向 | 348
　　四、广播广告年度变化彰显经济风向 | 352
　　五、政策管控与新媒体冲击促使传统广播广告转型 | 354

▶ 收听率数据应用实践——基于客户访谈的分析 | 356
　　一、收听率数据在节目编排中的应用 | 357

二、收听率数据在节目评估中的应用 | 358
　　三、收听率数据在广告经营中的应用 | 360
　　四、客户的期望与建议 | 361

▶ 广播媒体的优势
　　——西方媒介研究人员视野中的广播媒体 | 363
　　一、广播媒体是一种具有正面影响力的媒体 | 363
　　二、广播媒体是一种互动性良好的媒体 | 365
　　三、广播媒体是一种受众换台率低、广告回避率低的媒体 | 366
　　四、广播媒体是传统媒体中性价比相对较高的媒体 | 368
　　五、广播媒体是一种运营毛利率较高的媒体 | 369
　　六、结语 | 371

▶ 新时期广播听众变化特征与发展对策探讨 | 372
　　一、新媒介格局中的广播 | 372
　　二、广播听众特征变化趋向及含义 | 376
　　三、新时期广播发展对策探讨 | 378

▶ 稳定中求增长，增长中促创新——广播发展现状思辨 | 380
　　一、稳定中求增长 | 380
　　二、增长中促创新 | 383
　　三、结语 | 384

▶ 移动互联时代的广播变革与价值重塑 | 385
　　一、收听率与听众：夯实广播基础 | 385
　　二、坚守与扩张——在转型中重塑 | 388
　　三、寻求价值增量——放大新广播优势 | 390
　　四、结语 | 392

▶ 新媒介环境下广播价值创新路径分析 | 393
　　一、广播价值和竞争力构成 | 393
　　二、广播价值转向 | 396
　　三、广播媒体竞争的发展趋势 | 398
　　四、广播价值创新 | 401

▶ 内容为王，终端制胜——广播市场经营新方向探寻 | 403
　　一、内容为王 | 403
　　二、终端制胜 | 403

上编 收听率调查

本编导读

本编中所包括的3篇论文，分别论述了收听率调查的起源及发展、收听率调查的流程及方法，以及对新媒体时代广播受众测量方法的思考。通过这3篇论文，读者可以对收听率调查的过去、现状及未来发展有一个清晰的了解。

《收听率调查的起源及发展概况》在对收听率调查的起源及在世界的发展阶段进行总结的基础上，详细论述了收听率调查在中国的发展状况。《收听率调查的流程与方法简析》对收听率调查流程中的三大环节——样本抽取、数据采集、数据处理，以及在每一环节中的具体方法进行了详细的描述与分析。通过本文，读者可以清楚地知道收听率数据是如何生产出来的。《新媒体时代广播受众测量之观察与思考》详细分析了为应对新媒体给广播听众测量带来的挑战，CSM媒介研究等几家收听率调查公司对收听率调查新技术的积极探索，并提出了关于广播与听众测量未来发展趋势的几点思考。

收听率调查的起源及发展概况

王建平

自从世界上第一个商业电台——美国 KDKA 广播电台于 1920 年 11 月在匹兹堡正式开播以来，广播逐渐演化为一个大众媒介，围绕广播展开的听众调查也应运而生，其发展已经历经了相当长的时间。围绕广播展开的听众调查有很多种，有了解听众收听行为的调查，有了解听众收听态度的调查，有了解听众收听需求的调查等等，这其中以了解听众收听行为为目的的收听率调查最成规模。

收听率调查是对听众实时广播收听行为所进行的抽样统计调查，是对实时收听行为的跟踪记录。它采取连续性调查方式，通过组建能够代表整体广播收听人群的固定样组，借助日记卡或测量仪等数据采集手段，长期持续记录样本观众在每个测量单位时间内的收听行为。由于收听率调查数据能够让使用者更为深入和详尽地了解广播听众的收听行为、习惯和动向，因此，收听率数据在各种听众调查中最受行业各方人士重视，并得到了最为广泛的应用。

一、收听率调查的发展历程

收听率调查起源于美国，至今已经走过了 80 多年的历程。收听率调查方法和技术的每一次革新都为这个行业带来一次深刻的革命。根据调查方法和技术的发展，收听率调查方法和数据采集方式的发展经历了电话调查法和面访调查法、日记卡调查法、收听测量仪法等几个阶段。

1. 电话调查法和面访调查法

从 20 世纪 20 年代开始，由于广播的普及与发展，电台与广告公司亟待了解听众的收听行为，包括市场调查机构、行业组织、学界和媒体机构在内的各方人士就听众调查进行了多种尝试。如 1927 年，美国全国广播公司（NBC）首次进行了与广播听众有关的委托调查，收集了听众经济状况、听众规模和收听时间的相关统计信息；1930 年哥伦比亚广播公司（CBS）通过邮件调查，将听众回信与每一个地区的人口进行对比，绘制出了首张广播信号覆盖地图。此时的调查技术比较简单和粗糙，无法提供连续、独立的听众数据。但在当时的条件下，这些数据仍然具有无可替代的作用。

20 世纪 30 年代，美国经济处于萧条时期，收听广播成了人们主要的娱乐活动，广播听众数量迅速增加，再加上电话开始在一些富有家庭中普及，催生了听众电话调查系统的出现。20 世纪 30 年代初，美国市场调查先驱 Archibald M. Crossley 设计出第一个电话调查体系，并进行大规模收听率调查，利用电话对拥有电话的听众进行电话调查，了解听众收听节目的习惯和需求。

电话调查是广播收听率调查最初阶段的数据采集方式，它是以电话簿作为抽样框、以打电话方式作为调查手段而进行的收听率调查，通常与电视、报纸受众调查联系在一起。调查和报告公布时间也往往不确定，有时一年一次，有时一年两次，最多一季度一次。最早是应用于 20 世纪 30 年代美国的电话回忆法，在一天中分 4 个不同的时段进行，被访者应要求回忆过去 3~6 个小时内所收听的节目。为了提高电话访问法的准确性和可靠性，摆脱人们记忆力时常出错所造成的影响，电话回忆法演变为实时电话调查方法，即在节目播出的同时对节目及频率信息进行电话调查，一般每隔 15 分钟进行 1 次。内容主要包括：是否正在听广播，收听什么节目，所收听的节目来自哪家电台，节目中插播哪一家广告主的广告，以及电话铃响起时家里正在收听广播的人数等。通过电话方式进行收听调查，由于以电话簿为抽样框，忽略了对无电话家庭户的调查；同时由于其受电话线路和电话通话质量，以及电话方式更加容易被拒访等问题的限制，电话调查方式仅仅成为广播收听率调查最初阶段的数据采集方式。

为了改进电话调查方式中对无电话家庭的明显忽略，收听率调查中开始引进面访的方式。面访又称为亲身访问，是指访问员对受访者进行面对面访问的一种方法。根据实施方法的不同，面访法又有节目单回忆法、参与观察法和住户问卷法几种形式。节目单回忆法是指在听众收听完节目的一段时间内对他们进行面访，访问时需向受访者出示节目单，以帮助受访者回忆过去四五个小时、前一天甚至过去一周内收听过的节目；参与观察法是指一定时间内派出访问员深入样本户家中，以观察访问的方式直接调查当时的收听情况，由访问员亲耳听见或亲眼看见受访户的收听行为，并进行记录；住户问卷法即访问员亲自到受访户家中进行访问，并将问卷留置给受访户，由受访户自行进行记录，并由访问员对记录完毕的问卷进行回收处理。这种住户问卷法在今天的各种市场调查中仍被广泛使用着。从某种形式上看，后来出现的日记卡调查法（简称"日记卡法"）

实际上也是一种问卷留置法，只是它更科学地设计了受访户的记录方式，比住户问卷法更为先进。

2. 日记卡调查法

1937年，美国密西根大学教授Garnet Garrison用日记卡调查法进行了第一次系统的收听率调查。到1949年，美国研究局（ARB）正式将其引入到电视收视率调查中。到20世纪60年代中期，电视等其他媒体的数量增多，竞争激烈，时刻准确把握媒体市场的脉搏是各媒体制胜的法宝之一，这对收听率调查提出了更高的要求。在这种背景下，日记卡调查法很快被大多数西方国家应用到听众收听调查之中。

所谓日记卡调查法，简单地说就是在被抽中的样本户家中留置事先印好的固定格式的日记卡，请样本家庭中的每一位成员在收听广播时每15分钟记录1次，填写出一周内自己收听广播的情况，内容包括听众姓名、收听的频率（多数情况下是由被访者根据公司提供的频率代码对应关系，记录频率的代码）、收听的时间等。

以CSM媒介研究在中国大陆地区进行收听率调查使用的日记卡为例，日记卡中最重要的两部分是收听率调查日记卡和日记卡专用夹。在收听率调查日记卡上有记录样本人员所收听广播频率的代码和收听时段的内容，一张日记卡可以记录一名样本人员一周7天的收听情况。日记卡的记录时段设定为15分钟，即以15分钟为一个记录单位，当样本人员在15分钟内收听某一频率的累计时间超过8分钟时方可记录。在日记卡专用夹中附有对该项调查的简要说明、日记卡的填写方法细则及举例。为帮助样本人员准确区分所收听的广播频率，在日记卡夹中还有频率名称、代码提示表。

日记卡法的优势在于成本低廉，样本户置换比较容易，同时不会打扰被调查人的正常生活；样本户的选取不必依赖电话家庭户，抽样选取的样本的代表性更好。但日记卡法在数据采集过程中依赖人工处理的环节多，因而容易出现操作错误和偏差、时效性差等不足。

3. 收听测量仪法

1936年，美国麻省理工学院（MIT）两位发明家Robert Elder和Louis F. Woodruff发明了能够记录电台波段（电视台频段）的选择转换以及使用时间等情况的装置Audimeter。1950年AC尼尔森（Nielsen）开始尝试将其应用于收视率测量，不过这个时期的测量仪仅能监测某个设备的使用情况。到20世纪80年代中后期，英国收视率调查机构AGB公司发明了人员测量仪（People Meter）技术，开始引入手控器装置记录个人收视情况。也正是从这个时候开始，美国和英国才出现了真正意义上的收听人员测量仪。收听测量仪被样本户家庭成员中的听众携带，以分钟或秒为记录单位，可监测样本对象的收听广播状态及换频情况，并将收集的信息存储在仪器的内存中，然后通过特殊渠道回传到数据处理中心，这种实时测量样本的技术提高了收听调查的精度和时效。整个系统包括如下几个设备：（1）编码器：该设备需要安装在节目传播实体（电台）中，并在电台传输的声音流中加入一个不被听众听到但可以被便携式人员测量仪所捕捉的识别码；（2）便携式人员测量仪（PPM）：由样本个人随时随身携带，它会接收并记录下样本个人收听到的所有节目中所携带的无音识别码；（3）充电器：每个样本个人都需在每天晚上将 PPM 放到充电器上充电，充电的同时，就会把该 PPM 上收集到的所有媒体使用识别码传送到数据采集设备"户集成器"；（4）户集成器：负责收集家庭户中所有样本个人由充电器传输过来的数据码，并在晚间通过电话线将其传回调查公司的总部进行处理和分析，生产收听率数据。

二、收听率调查在我国的发展

经过半个多世纪的发展，历经技术变革和方法完善，日记卡法和测量仪法最终成为连续性收听率调查的主流方法。在 20 世纪 90 年代之前，收听率调查基本集中在欧美等发达国家和地区市场；而我国的收听率调查开始于 20 世纪 80 年代末 90 年代初。

从 20 世纪 80 年代末 90 年代初开始，随着国内广播市场的蓬勃发展以及广播界与国外交流的日趋频繁，国内尤其是沿海发达地区的广播电台开始关注研究听众的收听习惯和需求，并开始有了独立于电视等媒体的听众与收听率调查，成为媒体调查研究的一个重要领域。国内的一些电台陆续开展广播听众调查工作，如中央人民广播电台于 1988 年、1992 年和 1997 年进行的 3 次全国听众抽样调查，广东人民广播电台从 1994 年开始的一系列全省广播听众抽样调查等等，这些调查借鉴了国际上的广播调查技术，采用了科学的随机抽样和问卷调查方法，尝试了解听众的收听行为、收听态度以及对节目的满意度，可视为我国收听率调查的起源。

进入 21 世纪，伴随着我国广播业的蓬勃发展，国内广播电台和广告公司对收听率调查数据的需求日益增加，CSM 媒介研究（央视-索福瑞）、AC 尼尔森、赛立信等公司开始在国内多个城市建立广播收听调查网络，开展广播收听率调查，并定期发布调查数据。CSM 媒介研究自 2002 年开始正式在北京、上海和广州三大城市进行收听率调查以来，采用日记卡方式在国内 36 个城市和 3 个省（截至 2014 年年中）进行收听率调查，其收听率数据成为中国广播行业的通用货币。从 2003 年开始，赛立信公司开始进行全国性的收听率调查，以全国广播调查网为支撑，以全国一二线主要城市收听率调查为基础，十多年来，在全国 70 多个城市展开了收听率调查。

国内的收听率调查经过二十多年的发展已经逐步走向成熟，调查的环节已逐步标准化和专业化，同时数据采集方法也不断进步，越来越科学。虽然测量仪由机器识别取代大量人工记录过程而使人为因素的影响减小，使数据准确性及数据回收技术性都具优势，但是，其维护成本是日记卡的数倍；加之广播媒体覆盖地域性特点较强，像电视一样上星播出的可能性较小，多次销售分摊成本的机会也相对较少，销售价格就自然比较高；再加上目前测量仪方法在技术上仍不成熟，尽管赛立信公司已经使用测量仪采集收听数据，应用于部分地区的广播收听率调查项目，但在现阶段中国广播行业应用的广播收听率数据绝大多数均来自日记卡调查法。根据目前情况，对日记卡调查法进行优化，对误差进行控制，提高数据质量，在当前国内广播媒体市场现状下，仍然具有很强的现实意义。

根据原有卡片的缺陷和新卡片需要达到的目的，CSM 媒介研究于 2007 年对日记卡的卡片进行了改进，主要改进包括：（1）为了提示被访者回忆每个时间段的收听行为，要求被访者对每个时间段均填写收听情况，对于没有收听行为的时段也要记录为"没听"；（2）将卡片由原来 A4 纸大小的一张卡，缩小为只有 A4 纸四分之一大小的小册子，方便被访者随身携带；（3）基于广播电台对收听地点的关注，增加了收听地点记录，包括家中、车上、工作/学习场所和其他，以获取听众收听广播地点的信息。

三、新媒体环境下收听率调查的新发展

我国已经逐渐进入汽车迅速普及的时代，同时随着互联网产业的飞速发展，智能手机、移动互联网进一步渗透到人们生活的方方面面。尽管电视和不断涌现的新媒体的竞争日趋激烈，但是随着收音机的改良，随身听和汽车音响的发展，以及近年来数字广播与互联网的结合，广播的发展并没有因为新媒体的兴起而出现颓退，反而以其独特的优势不断地成长。新技术推动着广播类型向着多元化发展，手机广播、网络广播成为新媒体时代的一大特色，移动收听人群迅速增长，改变了听众的收听习惯。这些变化对收听率调查提出了新的要求，不同机构、收听率调查公司也对此进行了多种尝试，纷纷探索新的收听测量技术来解决新媒体环境下的收听率调查问题。

赛立信公司于 2009 年底推出了广播收听测量仪（BSM），利用一体机频率识别技术进行数据收集，并在十多个城市代替日记卡收集收听数据，开展收听率调查。该技术能自动记录听众的收听行为，但其调查成本较高，对样本户的配合要求也较高，在一定程度上影响了听众的收听习惯，在网络中断、收听数据的收集方面存在一定问题。为解决移动互联网广播收听数据的采集，赛立信公司计划推出一款用于广播收听率调查数据采集与处理的应用软件——"金唛广播汇"App，应用于移动互联网终端的收听数据采集。

2013 年年末，尼尔森网联发布了基于智能音频识别系统的 Listen Box 收听率测量仪，

用于收听数据的采集，包括便携版、车载版和手机 App 版三种形式，该技术同样也要求有较高的用户配合度。

基于声音匹配技术的观众测量已为国内电视调查业所采用，在广播收听率调查中的应用也正在探索之中。目前 CSM 媒介研究正在尝试新的测量技术——"MRL 虚拟测量仪"（MRL Virtual Meter）来代替原来的测量方式，对广播听众个性化收听行为开展测量与研究。"MRL 虚拟测量仪"由以色列 Mobile Research Labs（MRL）公司开发，是基于智能手机 App 对广播听众进行被动测量的一种测量技术。它通过在手机上安装一个 App 软件，把接收到的声音实时转换为不可解读的数字记录为音频码，传送到远程后台并与广播节目数字音频码资源库进行匹配，最终准确识别出收听的频率与节目。匹配环节的技术实现逻辑与 CSM 媒介研究现有的电视声音匹配技术类似，只是采集方法更突出了数字化技术特征。在计算环节，已获得专利技术的算法保证了高精准度的有效匹配。这种方法为利用智能手机实现广播收听测量提供了有力的技术支持，可全面综合地测量到受众在不同时空中通过各种介质发生的收听行为，有望补充或部分代替传统的日记卡测量。不过，该技术对用户配合度也有较高的要求。

上述一体机频率识别技术、音频识别技术和声音匹配技术是目前我国市场广播收听率调查数据采集新尝试的三种主要方法，但这三种技术仍不成熟，在影响听众收听习惯、用户配合、识别精度等诸多方面尚需进一步完善。在传播方式不断变革、新媒体蓬勃发展的今天，广播行业对于收听率调查提出了更高的要求，广播收听率调查行业只有通过革新技术和完善方法，才能更好地面对新媒体环境下的机遇和挑战。

收听率调查的流程与方法简析

王建平

在媒体竞争日益白热化的今天,广播收听率调查数据不但是广播电台了解听众收听状况的重要来源,更是帮助广播电台、广告公司等业界机构和人士有效了解媒体市场竞争态势、进行收听市场分析、节目编排和调整、节目评估以及广告投放决策的重要依据。收听率调查是对听众实时收听行为所进行的抽样统计调查,是对实时收听行为的跟踪记录。与其他抽样调查一样,收听率调查的基本流程包括样本抽取、数据采集和数据处理三大环节。

一、样本抽取

样本抽取是收听率调查的第一个环节,也是最为基础的一个环节。所选样本对于广播听众总体是否具有代表性,对能否保证收听率数据的准确具有十分重要的意义。在收听率调查中样本抽取过程一般包括确定调查总体、确定样本容量和抽取样本三个具体环节。

1. 确定调查总体

所谓调查总体,就是指由所有被调查对象所组成的整体。抽样调查的具体目的、指标不同,调查总体也就可能不同。在收听率调查中,调查总体一般被界定为目标区域内所有拥有可正常使用收听设备或者过去3个月有家庭成员收听过广播的家庭中10岁及以上的符合国家统计局常住人口口径的成员。这个界定包括以下3个要素:第一,目标区域。目标区域由所要调查收听率的范围所决定,可以为全国、省、市、县,也可以为某一特定区域。第二,拥有可正常使用的收听设备或有广播收听行为的家庭人口。由于广播具有非独占性的特点,所以,只要家中有正在使用的收听设备或有人在 3 个月内有收听广播行为,我们就将其家中成员都包括在总体范围内,而之所以必须是家庭人口,主要是因为收听率调查是一种连续性调查,它要求被调查者基本保持稳定,家庭人口的稳定性较强,这样没有收听行为的家庭人口、集体人口及流动人口就被排除在收听调查总体之外了。第三,年龄下限。在收听率调查中一般要求被调查者必须是 10 岁及以上,主要是考虑到收听行为相对比较个人化,年龄小的人基本不具备独立收听的能力,同时,由于广播针对儿童的节目较少,不能像电视卡通片等那样吸引儿童,儿童收听很少。

确定调查总体除了为收听率调查提供一个样本抽取范围之外,对于正确解读收听数据也具有十分重要的意义。例如某天北京市某一节目的收听率为20%,这个数字表明在北京市进行收听调查的区域内,所有拥有可以正常使用的收听设备或者过去 3 个月有家庭成员收听过广播的家庭中 10 岁及以上人口中,有 20% 的人收听了该节目,而不是说在北京市所有区县所有人口中有 20% 的人收听了该节目。

2. 确定样本容量

收听率是某个地区、某个时间段中收听某一频率(或节目)的人数占广播听众总人数的百分比,所以收听率调查是一种成数(比率)调查。在成数(比率)调查中,样本量的确定主要考虑两个因素:一是允许误差的大小,允许误差越小,所需调查的样本量就越大;二是所能承受调查成本(包括人力、物力和财力)的高低,因为样本量越大,也就意味着调查成本越高。同其他抽样调查一样,收听率调查的样本量是允许误差与调查成本之间平衡的结果。除此之外,在一般的抽样调查中,决定样本量的因素还会考虑所测量目标的个体行为差异。个体行为差异大,一般会抽取较大样本量;个体行为差异小,则可以抽取较小的样本量。

由于收听率调查的区域一般至少是一个城市(或县),城市(或县)的人口规模相对于收听率调查样本数量而言很大,所以收听率调查中所需样本量的计算公式为:

$$n = t^2 P(1-P)/M^2$$

其中:n 为样本量,P 为收听率,M 为允许误差,t 为概率度。

在收听率调查样本容量的计算公式中,收听率 p 一般取 50%,这是因为此时 p(1-p)在所有可能的收听水平中达到最大;置信水平一般取 95%,此时对应的 t 值为 1.96,这样在上述公式中,样本量 n 的多少就取决于允许误差 M 的大小。

随着允许误差的降低,所需样本数量增大,但是样本数量的增加与允许误差的降低二者之间的关系并不是简单的线性关系。当允许误差较大时,随着允许误差的降低,所需样本量增加，但增加幅度不大；当允许误差较小时，随着允许误差的降低，所需样本量大幅上升。如将收听率调查的允许误差由4%降为3%，所需样本量由600人增加到1 067人，但如果将允许误差由3%降为2%，所需样本量则由1 067人增加到2 401人（增加了1倍多），如果将允许误差由2%降为1%，所需样本量由2 401人增加为9 604人（增加了3倍）。上述样本量与允许误差的变动关系说明，当允许误差降低到3%时，再降低允许误差，所需要的样本量成倍增加，样本量的成倍增加就意味着调查所需成本的大幅增加，换言之，样本量和成本的大幅增加所能带来的抽样误差的降低非常有限，这时再增加样本量是不经济的。权衡抽样误差（精度）和成本之间的关系，在收听率调查中，一个比较合理的样本规模是1 067人，按现在3.5人左右的户规模计算，即300户。根据上述理论分析并参考收听率调查的国际经验，CSM媒介研究在城市收听调查网中的样本规模一般为300户，对于部分小城市考虑到客户的经济负担能力，样本规模确定为200户或100户。

当然，我们也必须考虑到，上述样本量的计算是基于简单随机抽样设计而言的，我们固定样本组的抽取是以家庭作为一个群而进行的整群抽样，从这个意义上来说，我们的抽样误差及样本量的计算还需要考虑到家庭成员收听行为上的相互关联以及数据加权而带来的设计效应。但即使考虑设计效应，300户也应该是一个可以接受的样本规模。

3. 抽取样本

要构建一个高效的广播收听率调查系统，最为关键的一点是收听率调查固定样本组中的样本户对所选择地区的家庭总体要有代表性，而不能存在人为的偏差。要想获得一个有代表性的固定样本组，首先需要采用一个可靠的概率抽样设计，确保样本户随机地来自于总体；其次，还需要保证固定样本组的一些关键特征分布与总体的分布保持一致。这些特征称之为控制变量，在固定样本组的组建以及维护过程中控制变量的选取非常重要。

一般来说，控制变量首先应该是总体分布已知的一些特征变量，同时，理想的控制变量应该是那些跟测量目标高度关联的变量。对于广播收听率调查来说，测量目标就是收听率水平，所以，最重要的是分析哪些特征变量跟收听水平最为相关联，以选择作为控制变量。除此以外，还有一些变量如年龄、性别等，是样本最基本的人口特征变量，在收听报告中经常用到，对于这些变量，如果它们在样本中的分布同在总体中的分布存在很大差别，我们就有理由认为固定样本组存在系统偏差，因此，即使它们跟收听率水平并不是高度相关，也应当考虑其作为控制变量。

固定样组的建立通常是一个两阶段的过程。首先需要进行一个大样本的基础调查，用以收集所需要的广播市场信息；然后，通过分析基础调查数据以及其他来源的有关数据，就可以挑选相关控制变量，采用合适的抽样方法组建固定样本组。

收听率调查样本的抽取包括两个环节，一是基础调查样本的抽取，二是固定样组的抽取。对于不同类型的收听率调查网（城市收听率调查网和省级收听率调查网等）而言，基础调查样本和固定样组的抽取过程是不一样的，这里我们仅以 CSM 媒介研究的城市收听率调查网为例，来说明收听率调查中基础调查样本和固定样组的抽取方法。

CSM 媒介研究城市收听率调查网基础调查样本抽取所采用的方法是"二阶段、概率与规模成比例、整群抽样"，也就是由二阶段抽样、概率与规模成比例抽样和整群抽样组合而成的一个复杂抽样。第一阶段：由城市抽取居（家、村）委，用 PPS 抽样抽取 72 个居（家、村）委会；第二阶段：由居（家、村）委抽取样本户，在每个抽中居（家、村）委中，用随机等距抽样方法抽取 14 个家庭户，对于抽中家庭户中的所有常住人口都进行调查。这样样本量为 72 × 14 = 1 008 户。

CSM 媒介研究城市收听率调查网（测量仪法）固定样组的规模一般为 300 户（在部分小城市，根据客户需要，也可以为 200 户或 100 户）。样本的具体抽取方法是：首先将基础调查的样本户（1 008 户），按对收听率有重要影响作用的指标（家庭户规模、收听设备台数、地区、日用品主要采购者的年龄及家庭户收入等）进行排序后形成抽样框；然后采用随机等距抽样方法抽取多套样本户，第一套样户拒访后由备选套中的同号样户代替。固定样组的 70% 按随机入选样本户完成，其余 30% 样户采用配额抽样完成。

二、数据采集

国际上收听率调查已走过八十多年的风雨历程，收听率调查技术的每一次革新都为这个行业带来了一次深刻的革命。根据调查技术的不同，收听率调查中数据采集的方式有电话调查、面访调查、日记卡法和收听测量仪法。

在 20 世纪 30 年代，收听率调查的调查技术比较简单和粗糙，一般采用电话调查和面访调查的方式采集收听数据。电话调查方式是以电话簿作为抽样框、以打电话的方式作为调查手段而进行的收听率调查；而面访调查是访问员对受访者进行面对面的访问。这两种方式是广播收听率调查在最初阶段的数据采集方式。

所谓日记卡法，简单地说就是在被抽中的样本户家中留置事先印好的固定格式的日记卡，请样本家庭中的每一位成员在收听广播时每 15 分钟记录一次，填写出一周内自己收听广播的情况，内容包括听众姓名、收听的频率（多数情况下是由被访者根据公司提供的频率代码对应关系，记录频率代码）、收听的时间等。

收听测量仪法是指由样本户家庭成员中的听众携带收听测量仪，该仪器以分钟或秒为记录单位，监测样本对象的收听广播状态及换频情况，并将收集的信息存储在仪器的内存中，然后通过特殊渠道回传到数据处理中心，进行处理和分析，生产收听率数据。

虽然测量仪法由于机器识别取代大量人工记录过程而受人为因素的影响减小，在数据准确性及数据回传及时性方面都具有优势，但是，其维护成本是日记卡法的数倍，加之广播媒体覆盖地域性特点较强，像电视一样上星播出的可能性较小，多次销售分摊成本的机会也相对较少，因此收听率数据的销售价格比较高。

20世纪90年代，随着国内广播市场的蓬勃发展，广播界与国外同行的交流越来越频繁。在新的经营理念冲击下，沿海发达地区的广播电台开始注重研究听众的收听习惯和需求，并开始有了独立于电视等媒体的听众及收听率调查，成为媒体调查研究的一个重要领域。现阶段中国广播行业应用的广播收听率数据大多数来自日记卡调查方法。

CSM媒介研究自2002年始正式在北京、上海和广州三大城市进行收听率调查以来，采用日记卡调查法在国内进行收听率调查，成为中国广播行业的通用货币。根据目前情况，对日记卡调查法进行优化，对误差进行控制，提高数据质量，在当前国内广播媒体市场现状下，具有很强的现实意义。

三、数据处理

收听数据处理流程包括以下三个环节：

第一，收听调查原始数据（包括样本人员背景资料和日记卡数据）输入计算机后，要进行数据的净化，以确保原始数据的完整及合理；

第二，净化后的收听数据、样本背景资料库及节目资料库合并形成一个更全面的"收听率资料库"；

第三，在这个"收听率资料库"的基础上，以性别、年龄等为加权变量，对原始数据进行各种加权计算，便产生各种收听率数据。加权是收听率数据处理过程中的核心环节。在收听数据处理中加权的目的在于对样本结构与总体结构的偏差进行校正，以取得能够准确反映总体收听情况的数据。

加权的必要性通常是由于抽样设计而产生的。比如有意识的不成比例抽样，在3人户中选择一个样本相对于在1人户中选取一个样本概率也是不等的，加权可以纠正这种样本选择的偏差。加权也经常被用于纠正未能预见的样本结构上的不足，修复样本的人口构成偏差，比如地域结构、性别结构、年龄结构、社会经济分层以及受教育程度等方面的结构。

下面举例来说明收听率计算中的加权过程。假定某市总人口为10万，其中男性占48%，女性占52%；所抽样本人数为1 000人，在样本中男性占42%，女性占58%。由于样本性别结构和总体性别结构发生了偏差，导致男性权值（样本中一个男性在总体中

所能代表的人数)与女性的权值不同:

男性权值 = 总体中男性人数/样本中男性人数 = 48 000/420 = 114.3

女性权值 = 总体中女性人数/样本中女性人数 = 52 000/580 = 89.6

假定样本中收听某节目人数为500人,其中男性180人,女性320人,则总体中收听该节目的人数 = 样本中男性听众人数 × 男性权值 + 样本中女性听众人数 × 女性权值 = 180 * 114.3 + 320 * 89.6 = 49 246人,该节目的收听率 = 49 246/100 000 = 49.3%。

在这个例子中,加权变量只有一个(性别),而实际工作中加权变量往往不止一个,计算过程就比较复杂,需要靠计算机才能完成。

CSM媒介研究在不同收听调查网中均采取边际加权方法(Rim Weighting)对收听调查的样本数据进行加权,所不同的是在不同的调查网中加权变量不同。如在城市收听调查网(日记卡)中以性别、年龄为加权变量,在省级收听调查网中以性别、年龄、城乡为加权变量。

理论上,对于样户或者样本所附的权值应该在一段时期内保持相对稳定,一段时期内权值剧烈的波动说明固定样组结构的不稳定性,使得用于长期分析的样本不具备可靠性。所以依据最新公布的人口统计资料以及每年的基础研究,CSM媒介研究基本上一年进行一次权重的变更。此外,对加权变量的权重进行调整的报告以及人口数据来源,CSM媒介研究也以详细的通知形式及时提交给所有用户。

新媒体时代广播受众测量之观察与思考

梁 帆

人类文明发展史上正经历的浪潮——互联网、移动互联网技术，正在时时刻刻改变着我们的生活，其迅猛的发展给诸多领域，包括传媒业带来翻天覆地的变化，未来是那么令人期待而又充满变数，传统的思维和行为方式正在被颠覆、被解构、被重新格式化。当今的传统媒体面临着渠道多元化、终端多元化的现实，在新旧媒介融合的滚滚洪流中，传播方和接收方的角色和地位也在不断变化之中，过去传统的"听众"在现在及未来可能就是"用户"，就是"产消者"（Prosumer，生产和消费者是一个整体）。作为测量广播听众收听行为的收听率调查在新媒体背景下也同样面临着全新的挑战。

一、目前收听率调查的基本状况

传统的广播听众调查经过漫长的八十多年，无论是收听习惯调查还是收听行为调查，基本都经历过几个调查阶段：电话调查法、人员面访法、日记卡法、人员测量仪法（PPM）等。现如今的收听率调查基本上是建立在对沿时间轴线性播出方式收听的测量。目前在国际上，日记卡法和测量仪方法并存，且以日记卡法为主；在中国大陆应用最广泛的、主流的方法还是日记卡法。日记卡法的优势和劣势都十分明显。主要优势是调查成本较低，被调查人员在培训后容易完成填涂工作，日记卡的设计科学合理，不会干扰样本人员的正常工作和生活，不会给被调查者带来负担等；但是劣势也十分明显：调查时间一久，被调查者合作度会下降，记忆力失真会提高人为误差；数据结果提供周期较长，时效性差；数据颗粒度粗，精细度差等。随着广播用户越来越依赖于用数据进行内部精细化管理、节目生产和广告营销，尤其是在互联网和移动互联网平台对传统广播产生听众分化、节目分享、广告分流的态势下，现存的日记卡法明显跟不上时代节奏，在这种背景下，应对未来的、物美价廉的新型测量技术就成为市场的迫切需求。

二、新媒体背景下收听率调查新技术的探索

为应对广播受众市场的需求和时代发展的要求，目前中国大陆的主要几家收听率调查公司都各自采取相应措施，积极探索新型收听测量技术，力图在收听测量技术上有所突破，以满足现在及未来对受众测量的需求。

赛立信媒介研究公司率先在国内推出自主研发的 BSM 一体机频率识别测量仪。这种技术是采用植入式方法采集数据，即在收音设备里安装探测和记录广播频率的专用仪器或者芯片，记录广播频率的开启、关闭和转换等信息。2009 年年底研制成功并推向市场，目前有十几个城市在应用。这种技术存在一定的局限性，植入式方法只能针对传统收听终端，由于这类设备微小，采集广播信号的仪器或者芯片难以或者无法安装，所以采用一体机的方式采集，这样就不可避免地会对样本人员的收听行为产生影响；对于车载收听行为的测量只能是用一体机置换车载收音机，这样会受到车载收音头本身的限制及车辆保全因素的影响[1]。

2013 年末，尼尔森网联正式发布了基于智能音频识别系统的 Listen Box 收听率测量仪。这种测量仪分为两种：一种是针对家庭及便携收听环境，通过收音机本机频率的探测记录家中不同成员的收听行为；另一种是针对车载收听环境，通过实时音频比对的方法记录车载听众的收听行为。两款仪器形成综合化的收听率数据，可以实时、自动发回中心处理器。该技术同时可采集频率信号强度、收听设备位置的信息，监测传输信号的覆盖状况[2]。但是，它的这项技术针对同一位样本人员，需要配备两种测量设备，同时无论是便携版也好，车载版也罢，都是直接介入到样本人员的日常生活中，会干扰其生活常态；另外，通过非收音机设备收听广播，比如网络上的微电台、智能端 App 上的线性播出和点播，就无法处理了，而这些收听行为有可能成为未来的主流。

CSM 一直密切关注收听市场和全球测量新技术的发展，致力于为市场提供一套完整解决传统测量和新媒体测量的一揽子方案。2013 年年底，在比较全球测量技术特点后，CSM 媒介研究从以色列 MRL（Mobile Research Labs）引进了目前世界上最为先进的音频测量技术——MRL 虚拟测量仪（图 1），该技术已经在世界一些发达国家和地区实现商用。其原理是模仿人的耳朵，利用手持智能移动设备，用 App 插件的模式将虚拟测量仪安装到样本人员的智能手持终端机中，只要开机，就能自行运行并开始测量工作，不受

---

[1] 牛存有：《广播收听率调查技术的应用探讨》，《中国广播》2014 年第 8 期。
[2] 吕海媛：《新时代测量：电波媒体的精细化发展进程》，《中国广播》2014 年第 8 期。

样本人员生活习惯的影响，时时测量样本人员的收听行为，不管何时、何地收听任何载体播出的广播声音，都能够被精准地监测到并转换成数字音频特征码及时回传到数据中心，与录制好的频率数字音频特征码库进行识别、匹配，过滤掉冗余信息，高效精确生成用户收听记录。该特征码是单向转换（One Way Conversion），不可还原成原始声音信号，从而有效保护样户隐私，保证数据安全。处理完的数据隔夜向市场提供，数据颗粒度精确到每分钟（可以精确到秒）。样本人员在更换收听场所及收听设备时，只需要轻触滑动 CSM 媒介研究测量仪（图 2）上的选项即可。该技术是目前较为完美的整合多终端收听测量的技术解决方案，目前在北京已经开始测试工作，不久就可以推向市场。

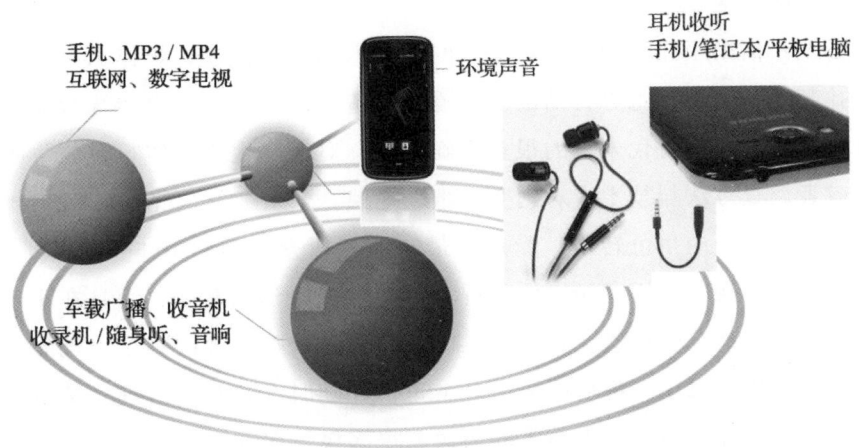

图 1　MRL 虚拟测量仪技术示意图

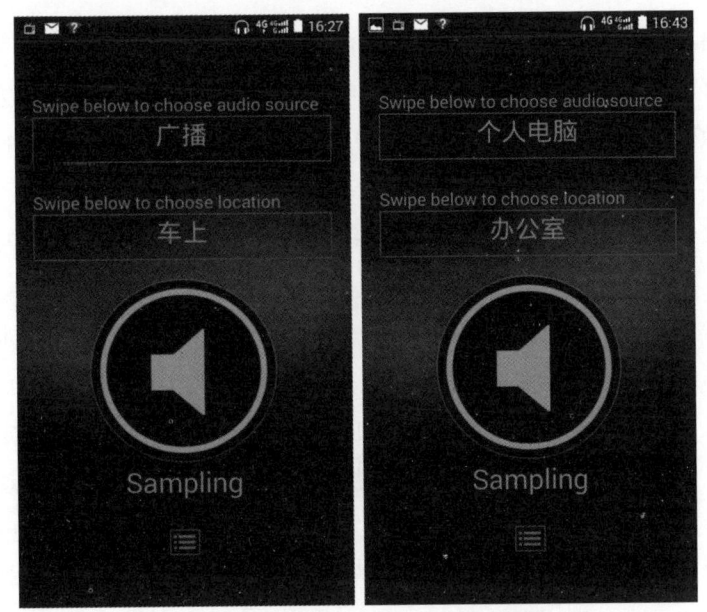

图 2　CSM 媒介研究 MRL 虚拟测量仪

三、广播与受众测量未来发展趋势的几点思考

伴随着新兴媒体的强势推进和不俗表现,传统媒体显得有些措手不及。理论观点、应对措施虽层出不穷,但传导至实际应用上又是多么苍白无力。2014年上半年,CSM媒介研究全国三十多个城市的收听率数据显示,无论是家中收听市场还是车载收听市场,总收听率都有所下滑。在传统收听市场萎缩的同时,新兴市场却在崛起,但是目前尚未有合适的测量方法能够将这一部分听众的价值完整呈现,这一领域仍旧是广播音频节目在新媒体时代的盲区。

现实情况是借助于互联网和移动互联网新技术的不断涌现,媒体也出现更多的新形式、新面孔甚至新种类,跨界打劫或者颠覆性改造,甚至完全脱离传统行业基因的例子屡见不鲜。面对新媒体时代未来的很多不确定性,对于寄生于媒体行业的收听率测量的存活前景或者调查方法与技术应对则变得难以把控。未来会怎样变化呢?

首先是传统听众的角色转换。受众从最初的"听众"到"用户",再到"产消者"的角色转变,其接触、使用音频媒体的行为也会发生深刻的改变,而且在不断变化。跟踪这些变化、真实地反映这些变化为未来广播的测量带来极大的难度和挑战。在互联网和移动互联网时代,每个人都可能成为多个角色并随时在角色中转换。微博、微信提供了自媒体、社交媒体的平台,人与人的沟通变得多极、多元。对于音频产品,每个人都既可以是听众,也可以是开发者、制作人;既可以自我欣赏也可以传播、分享,而且无边界。

其次是广播传输方式的多样化。广播电台除了传统的调频、中波等手段外,还会借助于互联网、移动互联网、车联网,打造微电台、电台(节目)App等方式传播,同时也利用微博、微信等社交平台进行多极化传播与营销,提供更接地气和个性化的服务,以多种方式分享积累多年的成千上万小时的音频节目资源。这种传播多元化势必会加重听众的碎片化收听行为,极有可能丧失原有线性收听的主战场,从而改写听众收听广播的传统模式。

再次是广播的属性可能发生本质性变化。广播在现在和今后的新技术浪潮中会变成什么呢?传统的线性播出和收听被碎片化了,听众被分化、分解,变异成用户、产消者或者别的什么了;地域性被无边界取代了;广播独占的车载收听今后一定会被车联网消解得无影无踪;广播原来独有的移动性、便捷性、伴随性特征也随着移动互联网的快速普及而分崩离析;广播的声音产品在网络上可以被改造的面目全非,更可能被视觉化、图片化、文字化;如果广播经营者的传播主导权被肢解,那么最可怕的就是摧毁广播赖以生存的饭碗——广告!那时的广播还叫广播吗?会不会变成一个历史名词呢?广播的

功能除了国家、政府主导的救灾应急广播系统外，还能留下多少传统广播的基因和痕迹呢？

最后，内容仍旧是价值高地，也可能是唯一能够拯救传统广播的利器。无论今后广播如何发展，内容永远是消费的核心。平台再好，没有优质内容的填充，就像豪华的宅邸，没有和谐一家人的其乐融融，永远是冰冷而缺乏生气的，而内容制作恰恰是我们传统广播的优势。经过几十年的积累，各家广播电台都有数万、数十万小时的广播音频资料，这些是未来发展的基础和宝贵的资源。广播的内容离不开主持人个人的气质、特点、风格等。CSM 媒介研究收听率数据显示传统线性播出往往反映出收听率高峰时段的节目，多数有优秀主持人的功劳，一名优秀主持人所在的节目对频率、对电台甚至对当地收听市场的贡献巨大，他们在听众谜或粉丝中的影响力、号召力同样巨大，不管通过任何平台，他们都可以把自己及其节目（不限于音频节目）很好地勾连起来。新媒体平台往往具有更大的自由度、更高的黏性度、更丰富的交流和互动方式。但是传统广播平台是稀缺资源，是政府管控资源，基于网络的自媒体是开放性资源，是分享性资源。这样的媒介环境将更为嘈杂和混乱，那么优质的、有人气的、有公信力的、有媒体责任的产消者（包括主持人）的节目就会脱颖而出。内容强大方能占据传媒制高点，而这背后需要有强大的广播电台的支撑。

但是真正的融合是观念的融合。全国广播电台有 153 家①，天下广播是一家。本文认为，广播作为"古老"媒体之一，其国内生存环境、喉舌功能、政策管控、运营机制、管理模式、广告运营等基本相同，面临的问题也相似。面对于新媒体的融合，要解放思想，倒空自我，打碎旧有的思维定式，勇于自我革命，拥抱互联网。当然传统的阵地不但不能丢，而且要夯实、做强，将新媒体的功能嫁接到传统广播上，实现传统媒体牵动新媒体，互相交融并能够借助新媒体延伸广播服务，弥补广播一听而过的天生缺陷，推广节目及主持人的品牌，最终通过以传统广播为龙头的多元传播平台服务于产消者。

面对这样一个纷繁复杂的未来，如何能够有效并及时地掌握听众动向，呈现广播音频节目在多元传播环境下的价值真相，就成为收听率调查公司的新命题、新挑战。

从目前的技术来看，CSM 媒介研究引进的 MRL 虚拟测量仪技术可以解决多平台、多终端线性收听的问题，对于延时收听、回放式收听、点播式收听、碎片式收听也可以测量到并通过技术处理归结于原节目。但无论是否线性收听，该方案测量的毕竟是听众收听不同平台音频的行为，未来的广播平台在保存、夯实现有线性播出特点的同时，还具有个性化、互动性及分享性特征，如何测量这部分用户行为特征，也是 CSM 媒介研究

---

① 陈若愚主编：《中国广播收听年鉴 2014》，中国传媒大学出版社 2014 年版。

不断考虑并致力完善的追求。

2014年1月，CSM媒介研究与新浪微博进行战略合作，推出了微博收视指数。该指数参照国际通行标准，对新浪微博上关于电视节目的讨论量及用户规模等进行规范化统计分析，为电视节目在微博上的传播、营销与评估提供更有效、系统化、标准化的数据支持。同理，在成功推出电视节目微博收视指数的经验下，不妨尝试推出广播节目微博收听指数（或者微信收听指数等），对广播节目收听率形成有益的补充，以弥补用户收听态度方面的测量、用户互动方面的测量、用户个性化服务方面的测量，丰富未来收听率产品和服务，这对广播电台的工作具有极强的指导意义。

2014年5月，借助于世界杯，CSM媒介研究成功向业界提供了完整的多屏收视率数据，包括电视直播收视率、电视重播收视率、网络直播收视率和网络点播收视率。通过一系列的技术解决方案，完整、完美地在电视收视市场呈现出一幅世界杯的收视图景，诠释了不同平台各自的传播价值和单独节目跨媒体的传播总价值。

基于成功的经验、对未来测量的需求和新旧媒体产品的分析，本文认为单一维度的技术测量手段难以满足完整、立体的节目价值还原。目前的MRL虚拟测量仪技术只能解决绝大部分的测量，即用户在跨平台、多终端，线性和非线性的收听行为进行测量；对于用户态度方面和互动性、个性化的测量，必须通过与基于移动互联网的、能够测量用户态度的App插件提供方合作，打造新的测量标准和指标，然后与MRL虚拟测量仪的收听率一起，构建出一套完整的广播音频节目的评估体系，从而实现对未来"产消者"的行为与态度的测量，为行业提供全价值链测量产品和真正意义上的"通用货币"。

更远的未来将是全数据时代，随着测量技术的发展，"产消者"对音频产品的全方位消费都会被记录在案。那个时代，数据作为公共资源，也将是共享的时代，音频节目的传播价值也将时时刻刻一目了然。

聚焦收听率

中编
收听率分析

本编导读

本编所包括的20篇文章,从分析指标、基本思路、听众收听行为特征、市场竞争格局、频率收听状况、节目竞争格局、特色节目及重大事件收听状况等角度对收听率进行了分析,既有理论探讨,又有实证分析。通过这20篇文章,读者一方面可以掌握收视率分析的基本思路、模式及方法,另一方面可以对我国听众的收听行为特征、广播收听市场整体格局、节目收听表现等有一个清晰的轮廓。

《收听率分析中的主要指标及相互关系》在分析收听率指标体系及对主要指标进行解释的基础上,详细论述了收听率指标体系中的几组重要关系。《收听率分析的基本思路和方法》详细论述了收听率分析应该关注的几个主要方面,以及在每个方面的分析中采用的指标及方法。这两篇文章合在一起为读者提供了一个进行收视率分析的一般框架及方法。

《我国广播市场听众特征及收听行为分析》《听众车上广播收听行为分析》《广播收听市场的主力军——老年听众收听状况简析》《城市受众广播媒体消费行为研究》《城乡听众收听行为比较——基于辽宁、安徽、江苏和福建四省广播收听调查数据的分析》5篇文章则聚焦听众的收听行为,分别从听众整体、车载收听、老年听众、城市听众以及城乡听众对比的角度,对我国听众的收听行为特征进行了详细分析。《受众广播媒体接触行为及影响因素研究》《广播收听时长影响因素研究》两篇文章则采用计量模型的方法,对受众广播媒体接触行为的影响因素以及广播收听时长的影响因素进行了定量研究。

《广播收听市场频率竞争格局分析》从多个角度对全国31个重点城市整体以及北京、上海和广州收听市场的频率竞争格局进行了分析。《新闻综合类频率收听状况分析》《交通类频率收听特征分析》《音乐类频率收听特征分析》3篇文章分别对广播收听市场上竞争力最强的3类频率——新闻、交通和音乐频率的收听状况进行了详细分析。

《北京、上海和广州广播收听市场节目竞争格局浅析》从多个角度对北京、上海和广州三大城市广播收听市场的节目竞争格局进行了分析。《广播生活服务类节目之新观察》《"秀"的角色扮演——数说广播脱口秀节目》《广播收听率波峰时段及所播节目分析》《重大体育赛事期间广播市场动态浅析——以伦敦奥运会为例》《"汶川地震"抗震救灾期间"中国之声"收听解析》5篇文章则分别对近年来的几个特色节目及重大事件的收听状况进行了分析。

收听率分析中的主要指标及相互关系

龙长缨

一、收听率指标体系

解读广播听众收听行为，必定有两个基本要素，一是谁在听？二是听了多长时间？二者构成了收听率指标体系最基本的要素。在收听率数据分析中，我们有一系列描述听众收听行为的术语和指标，但究其本源，"到达率"（反映谁在听）和"人均接触分钟数"（反映听了多长时间）是所有收听率分析指标的"源头"，由它们得出我们常规意义上的"收听率"，并派生出更多的收听率分析指标。这些相互关联的指标形成了收听率分析的指标体系，其相互关系如图1。

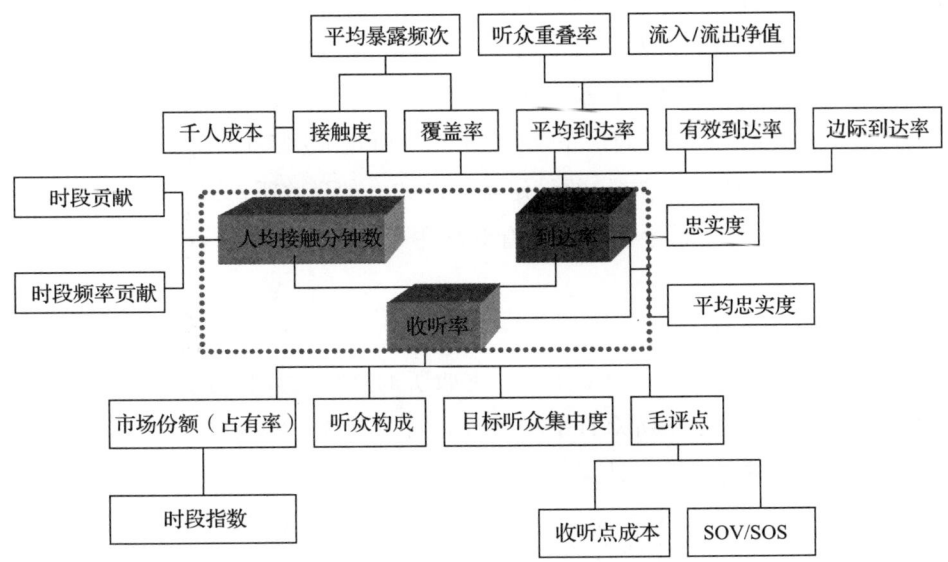

图1　收听率指标体系

从收听率指标体系图我们可以看出，通常我们所说的"收听率"其实是一个复合概念，由"到达率"和"人均接触分钟数"共同作用而成。其中，到达率指的是在特定时段内符合到达条件（接触过 n 分钟以上等条件）的接触总人数，它反映了在特定时段里发生收听行为的人数规模，人均接触分钟数又反映了听众收听行为的时间长度。这三个原生指标是诠释听众收听行为的基本指标，在此基础上，结合收听率在听众特征和市场竞争状态分析，以及在广告投放及评估方面的应用，派生出了众多的收听率分析指标。这些指标看似独立，实则相互关联，帮助使用者从不同的角度、不同层面分析听众的收听行为及其带来的影响。

二、收听率指标体系中主要指标解释

1. 到达率

什么样的行为是收听呢？收听就是在某时某刻听到（接触到）某个广播节目或某个频率的声音，在术语中，我们称之为到达。

到达率（%）就是指在特定时段内符合到达条件的不重复接触总人数占总体推及人口的百分比。在这个概念里，必须定义到达条件，也就是说听多长时间算作是"听"。一般情况下，到达率默认的到达条件是"至少收听了 1 分钟"。到达率（%）计算公式为：

$$到达率(\%) = \frac{\sum_{i=1}^{n} 接触人_i^{特定时段} \times 权重_i}{总体推及人口} \times 100\%$$

对于一套广告插播计划而言，到达率一般设定的到达条件是听过 1 次就算到达。在实际的广告投放效果评估中，人们通常认为，如果听众仅听过 1 次并不能对广告形成有效的认识和印象，这样就提出了有效到达的概念。

有效到达率被表示为"n + 到达率"，是指至少听过 n 次某广告的目标听众的百分比（或千人）。对于不同的广告，"n"的设定是不同的，如果收听广告 3 次以上，才有初步印象，那么我们认为"3 + 到达率"才是有效到达率。

2. 人均收听分钟数

这是诠释收听行为的另一个重要指标，即收听的这个人（接触的这个人）到底听了多长时间。人均收听分钟数是听众日平均收听时间（分钟）与总体推及人口的比值，可针对特定频率或时段进行计算。计算公式为：

$$人均收听分钟数 = \frac{\sum_{i=1}^{n} 收听分钟数_i \times 权重_i}{总天数 \times 总体推及人口}$$

需要注意的是，人均收听分钟数是一个日平均的概念，即所有听众平均每人每天收听这个节目（频率）多长时间。

3. 收听率

收听率是指在特定时段中收听某一频率或某一节目的人数在总体推及人口中的百分比。从收听率分析指标体系图中，我们已经清楚地看到，影响收听率的两个关键因素就是指针对某特定时段（或节目），到底有多少人听了，平均听了多长时间。收听率的计算公式为：

$$收听率(Rtg\%) = \frac{\sum_{i=1}^{n} 收听时长_i(分钟) \times 权重_i}{该时段总时长(分钟) \times 总体推及人口} \times 100\%$$

收听率同样是一个平均的概念，从计算公式上看，收听率是指在节目播出的时间段里，平均每分钟里的听众数量占总体推及人口的比例。当听众被锁定为总体推及人口的一部分时（如 25~34 岁的听众），收听率就是人们通常所说的目标听众收听率。

4. 听众构成

听众构成从字面含义上来理解是指频率（节目）的听众结构，但在指标的实际计算中是以目标人群实际的收听行为为基础的，即听众构成是指对于特定频率（或节目），目标听众平均每分钟的收听人数（千人）占参照听众平均每分钟收听人数（千人）的百分比，参照听众一般为 10 岁及以上所有人。计算公式为：

$$听众构成(\%) = \frac{\sum_{i=1}^{目标听众} 收听时长_i(分钟) \times 权重_i}{\sum_{i=1}^{参照听众} 收听时长_i(分钟) \times 权重_i} \times 100\%$$

该指标反映的是特定频率（节目）的听众结构，回答了"谁在听该频率（节目）"的问题。

5. 听众集中度

听众集中度是指对于特定时段（或节目），目标听众（如 25~34 岁人群）的收听率（百分比）与参照听众（如 10 岁及以上所有人）的收听率（百分比）的比值。目标听众收听率和参照听众收听率对应同一时段和同一频率，两组听众均可自定义。计算公式为：

$$听众集中度(\%) = \frac{收听率\%_{目标听众}}{收听率\%_{参照听众}} \times 100\%$$

听众集中度表示的是目标听众相对于参照听众的收听集中程度，以此来反映目标听众对特定频率（节目）的收听倾向，回答"谁更爱听这个频率（节目）"的问题。

6. 听众忠实度

听众忠实度是指特定频率（时段/节目）的收听率与到达率的百分比值。计算公式为：

$$听众忠实度(\%) = \frac{收听率\%_{频率}}{到达率\%_{频率}} \times 100\%$$

该指标值的变化幅度都在 0 ~ 100% 之间，数值越大，则表明听众对该频率（时段/节目）的忠诚程度越高。

7. 市场占有率

市场占有率是指特定时段内收听某一频率或某一节目的人数占同一时段所有收听电台人数的百分比，也即是特定时段内某一频率的收听率占所有频率总收听率的百分比。计算公式为：

$$市场占有率(Shr\%) = \frac{收听率\%_{某频率}}{收听率\%_{所有频率}} \times 100\%$$

该指标考察的是收听某一频率（节目）的人数占当时所有收听电台的人数，数值越大，表明该频率（节目）在该时段的市场竞争力就越强。

三、收听率指标的几组关系

上述这 7 个指标是收听率分析中常用的指标，从不同层面反映了听众的收听行为。这些常用指标不是孤立的，它们之间有着很紧密的联系，下面让我们来了解几组指标之间的相互关系和应用意义。

1. 收听率与市场占有率

从概念上讲，收听率指的是在某一特定时段里，收听某一特定频率或某一特定节目的人数占总体推及人数的百分比；市场占有率（市场份额）是指在某一特定时段，收听某一特定频率或者某一特定节目的人数占总体收听人群的百分比。就同一市场同一时段（频率）而言，二者的差异就在于百分比的分母部分，收听率的分母是该市场的总体推及人口，既包括有收听行为的群体，也包括未发生收听行为的群体；市场占有率（市场份额）的分母则只包括在该时段有收听行为的听众群体。因此，从数值上看，市场占有率（市场份额）的值往往大于收听率。

市场占有率（市场份额）可以当作收听率的派生指标，它实际上是某一时段某频率（节目）的收听率与同时段总收听率的比值，反映了该频率（节目）在该时段的市场竞争力。在实际应用中，在同一调查范围内（城市、省等），收听率的分母是不变的，因此，不同时段的节目/频率的收听率是可以比较的，而市场占有率，由于其分母是当时市场有收听行为的听众总量，因此不同时段的市场占有率是不能直接进行比较的。

2. 收听率与到达率

收听率是指在某一特定的时段里，收听某一特定频率或某一特定节目的人数占总体推及人数的百分比；到达率则是指在特定的时段内，接触过（收听过）某一频率（节目）的不重复的听众人数（到达千人）占总体推及人数的百分比。二者的区别在于：收听率既要考察听众的规模（人数），也要考察每个听众的收听时长，而到达率只关注收听听众的规模（人数），因此，对于一个频率（节目）而言，无论听众的收听时长如何，到达率只关心听众是否"接触"到了这个频率（节目）。

到达率是有条件设定的，收听多长时间才被视为"到达"，可以根据不同的情况来设定。一般地，到达率的条件被设定为"收听过1分钟以上"。

从数值上看，相同时段/频率/节目的收听率始终小于或等于到达率。这是因为，收听率实际上是一个"平均"的概念，是指在时段（节目）播出的长度内，平均每一最小时间单位（通常为1分钟）内的听众人数占总体推及人口的比例；而到达率是一个"累计"的概念，它反映的是在时段（节目）播出长度内，至少收听过1分钟（视到达率设定条件而定）的听众人数占总体推及人数的比例。

简而言之，收听率是一个复合概念，它包含了到达率，但又不等于到达率。

3. 到达率与忠实度

到达率是指在特定的时段内，接触过（收听过）某一频率（节目）的不重复的听众人数或其占总体推及人数的百分比；忠实度是收听率与到达率的比值，其值在0~100%之间，值越高，则该频率（节目）聚合听众的能力越强。

到达率与忠实度可以作为某一频率（节目）收听评价的两个维度，到达率反映了某一频率（节目）的收听听众规模，即有多少不同的听众"接触过"该频率（节目），反映了收听的广度；而忠实度则表征着收听的深度，反映了某一频率（节目）到达的听众中有多大比例是从始至终收听了某一频率（时段）。

到达率与忠实度的乘积就是收听率，即

$$收听率 = 到达率 \times 忠实度$$

4. 听众构成与集中度

听众构成是指特定节目（时段）目标听众的收听量在该节目（时段）总收听人口的总收听量中的比例，反映了该节目（时段）的收听听众结构；听众集中度则是目标听众的收听率与该节目（时段）所有听众的平均收听率的比值，反映了目标听众收听水平与总体听众收听水平的差异。

两个指标都是对目标听众收听行为的刻画，区别就在于，听众构成是对特定节目（时段）的收听听众结构的客观描绘，回答"什么人在收听这个节目"的问题；而听众集中度则是通过比较目标听众收听率与所有听众平均收听水平的差异，来判断目标听众的收听倾向性，集中度本身是一个指数，值大于100%，表示该类目标听众的收听倾向性较高，回答"什么人更爱听这个节目"的问题。

了解以上几组指标的联系和区别，有助于对整个收听率指标体系的清楚理解，这是科学运用收听率调查数据，分析广播收听市场，为广播电台听众、节目、广告三大核心经营要素提供有效数据参考的基础。

收听率分析的基本思路和方法

梁　帆

与传统收视率调查一样，传统线性播出广播的收听率调查也是建立在概率抽样基础上的统计调查，反映的是：谁、在什么时间、什么地点、收听了什么频率和节目，也就是听众、时段、地点和节目四个维度构成了一个收听事件，收听率数据是同时对收听事件四维属性的记录和反映。我们对收听率的分析，离不开这几个维度。基于这样的一个认识，对收听率的分析，听众、时段、地点和节目是最基本的切入角度。从这四个维度，我们可以进行诸如市场规模分析、市场竞争分析、听众收听习惯分析、目标听众群体分析、节目收听分析，以及传统广播赖以生存的广告效果及价值分析。

本文以北京广播收听市场为例，将收听率分析的基本思路和方法，以实证分析方式进行梳理和归纳。由于认识水平的局限性，不免有疏漏和偏颇，但是希望本文能够起到"抛砖引玉"的作用。除另有说明外，本文所用数据均为CSM媒介研究2014年上半年北京的收听调查数据。

一、收听市场规模分析

考察一个广播收听市场的整体规模，一方面需要考察听众收听的时间长度，即人均每天收听了多长时间的广播；另一方面需要了解广播传播的空间广度，即在考察期间内有多少听众收听了广播。从时间长度和空间广度两个维度来综合考量，从而对一个收听市场的整体规模形成全局、直观的认识。收听的时间长度我们用"人均收听时长（人均接触分钟数）"这个指标来衡量。以2014年上半年北京广播市场的情况为例，在这段时期内北京听众平均每人每天收听广播74分钟，每周达8小时35分钟，每月近37小时（图1）。

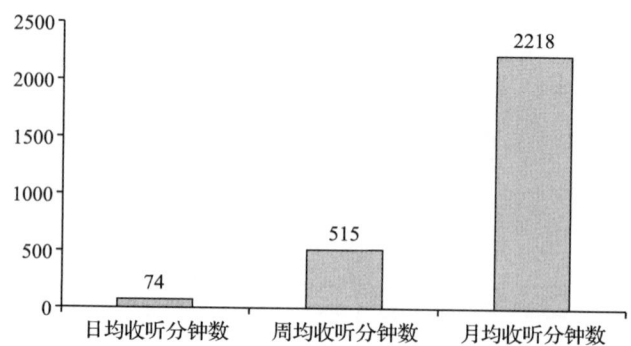

数据来源：CSM 媒介研究

图 1　北京广播市场听众人均收听时长（分钟）

收听人数的多少则通过"到达率（%）"来表示。到达率是指在特定时段内符合到达条件的不重复接触总人数占广播听众推及总体人口的百分比，它反映出在特定时间段内，累计有多大比例的人收听过广播。数据显示，在 2014 年 1 月 1 日至 6 月 30 日半年期间，北京的广播听众（10 岁及以上）中共有 86.1% 的人收听过广播，其中每月平均到达率为 78.5%，每周平均到达率为 66.4%，每日平均到达率为 51.1%。这样就将北京广播市场的听众规模刻画出来了（图 2）。

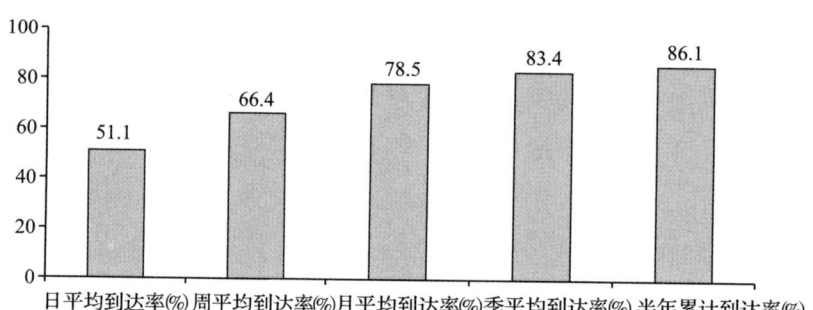

数据来源：CSM 媒介研究

图 2　北京广播市场听众规模

通过以上两项指标，我们就能够比较清晰地了解北京广播收听市场的规模，即北京听众中，平均每人每天收听广播一个多小时，平均每天有超过一半的听众收听广播。

由于传统广播的个性化、移动性和伴随性收听特征，不同的收听场所构建成不同的收听市场。利用到达率及人均收听时长这两项指标，也能判定各个收听市场的听众规模总量和收听总量。尤其是在目前车载收听市场日显重要的背景下，对不同地点收听市场规模的分析对于从业人员而言十分重要（图 3、图 4）。

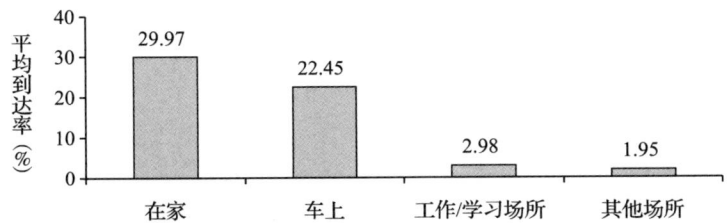

数据来源：CSM 媒介研究

图 3　北京广播市场不同收听地点的日均听众规模

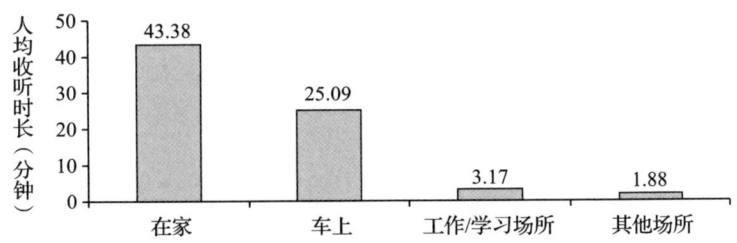

数据来源：CSM 媒介研究

图 4　北京广播市场不同收听地点的日均收听时长

广播市场由多个竞争者组成，每个竞争者都竭尽全力，希望在有限的市场蛋糕中占据更大的份额。频率要想在激烈的市场竞争中脱颖而出，仅仅了解市场的规模状况还远远不够，必须做到知己知彼，方能百战不殆。因此，在对市场规模情况有了了解之后，频率需要对市场竞争态势进行深入分析。

二、收听市场竞争分析

对收听市场竞争的分析可以分为多个层次，由大到小、从宏观逐渐过渡到微观。其中最基础的、最宏观的部分是了解市场目前的竞争格局，明确各频率的实力分布。在此基础上，逐渐细化，可对各频率具体的竞争力状况进行分析，发掘频率的优劣势，明晰频率相对于其他竞争者的市场地位。还可以通过对市场集中程度的分析，总体把握市场的竞争态势，认清频率进一步发展的机会和空间，最后落实到改善具体节目的收听表现和竞争能力上。

1. 电台竞争格局分析

在对收听市场的竞争格局进行分析时，最常用的指标是"市场份额"。市场份额是指特定时间段内收听某一频率或节目的人数占同一时段所有收听广播的人数的百分比，也即特定时段内某频率的收听率占所有频率总收听率的百分比。市场份额的多寡能够一定程度上反映出某一电台（频率）竞争力的强弱，让我们对某一收听市场的竞争格局有大致了解。

以北京广播市场为例，目前北京广播收听市场主要有中央人民广播电台、北京人民广播电台和中国国际广播电台参与竞争。数据显示，北京人民广播电台具有绝对竞争优势，占据北京收听市场69.2%的份额，其次为中央人民广播电台，占据不足四分之一的份额，这两大电台瓜分了北京广播90%以上的市场，留给其他电台的空间所剩无几（图5）。

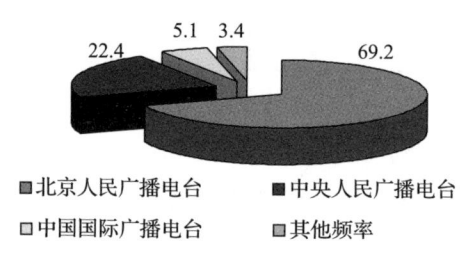

数据来源：CSM 媒介研究

图5 北京广播收听市场各电台的市场份额（%）

对市场份额的分析能让我们了解广播市场大致的竞争格局，但这种了解还限于浅表。市场份额所反映的是特定时段内某一个频率的收听率占所有频率收听率的百分比，在总体收听率一定的情况下，某频率自身的收听率越高，其市场份额越大。频率收听率高可能源于两个方面的因素：一个方面可能是因为频率的信号覆盖状况及音色效果良好，收听频率的人数比较多；另一方面则可能是因为频率的节目办得好，听众的忠实度比较高，收听时间长。因此，要明确特定频率在市场竞争中的地位及优劣势，还应该对频率的收听率进行深入分析。

2. 频率竞争地位分析

收听率概念既包含对收听人数的计量，也包含对收听时间长度的计量，因此收听率反映为包含到达率和忠实度的二维属性，是两者的乘积。即便收听率相同，到达率或忠实度也可能不同。到达率越高，意味着听众规模越大；忠实度越高，意味着听众收听时间越长。因此，基于到达率和忠实度指标的不同数值，可以区分出强势、优势、弱势和问题这四种不同类型的频率区隔,从而判断出某频率的竞争力地位,为频率调整定位、明确改革方向提供参考。那么,频率到达率和忠实度分析就成为区分不同频率竞争优劣势地位的有效工具。所谓**强势频率**,是指到达率和忠实度都比较高的频率,这种频率在市场上已经有良好的物理覆盖,影响力、号召力巨大,听众规模巨大;节目内容对听众很有吸引力,有自己的稳定受众群,在市场竞争中处于绝对的优势地位。**优势频率**的节目制作精良,对象性强,能够吸引目标听众长时间收听,并形成自己的忠实听众群体;但是听众规模可能局限于信号覆盖,也可能目标听众的规模本身不占优势。**问题媒体**,是指具有较大的听众规模,但是忠实度上有欠缺的频率。这类频率能在某时段(节目)内聚集大量听众,但他们随即离开,节目的持续吸引力较弱,使得听众的稳定性较差,游离度、流动性较高,明显影响了频率的整体竞争力;另外一种情况则是覆盖率较高但节目质量较差。最后一类是**弱势频率**,这类频率在到达率和忠实度方面的表现都欠佳,处于市场竞争中的最底层。

下面,我们用上述方法来考察北京广播市场上各频率的竞争力状况。目前北京广播收听市场的主要频率来自三大广播电台:中央人民广播电台8个频率(中国之声、经济之声、音乐之声、都市之声、文艺之声、老年之声、娱乐广播、乡村之声)、北京人民广播电台9个频率(交通、新闻、文艺、音乐、体育、城市、故事、爱家、外语)和中国国际广播电台3个频率(环球资讯、轻松调频、劲曲调频),一共20个频率。这些频率在2014年上半年的市场份额累计达94%。分析显示,在北京市场中到达率和忠实度水平都比较高的"强势频率"主要是北京台的交通广播、文艺广播、新闻广播、音乐广播,中央台的中国之声、文艺之声,中国国际台的劲曲调频、环球资讯处于优势象限,听众规模不大,但是忠实度较高(图6)。

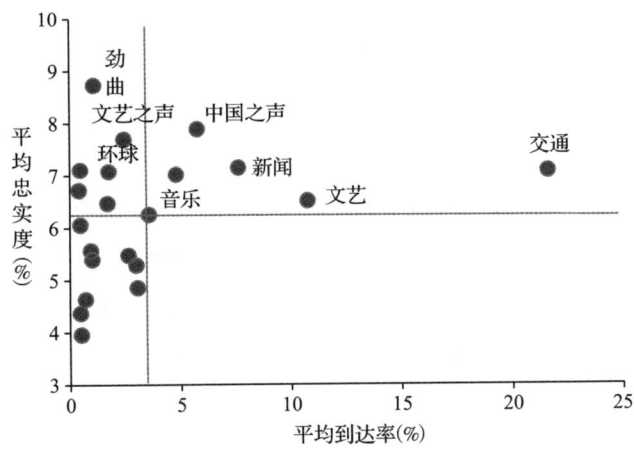

数据来源:CSM 媒介研究

图6 2014年上半年北京市场各主要频率的竞争力

对于频率市场竞争力的分析,让各频率了解了自己在竞争中的优劣势所在,明确自己是应该在覆盖率上下功夫、在宣传推广上花力气,还是应该在节目内容上做文章。对上述信息的了解是频率制定竞争和发展战略的基础,不过仅把握这些信息还不全面,频率必须明白目前自己所在的市场到底发展到一种什么状态?集中程度如何?竞争是否充分?自己对市场有多大的影响力?为此,我们还需要对市场的集中程度进行分析。

3. 市场集中度分析

在一个收听市场上,如果将各频率的到达率(以日平均到达率表示)和忠实度(以听众转台率表示)做二维图分析,会发现二者之间通常会表现出显著的负相关关系,即一个频率的到达率越高,则越倾向于同时转台率低(也就是具有较高的忠实度);反之亦然。这一市场现象被称为"双虞效应"(Double-Jeopardy Effect)。双虞效应的形成与听众收听心理及收听行为发生机制有关。在双虞效应的作用下,到达率对收听份额的贡献具有"乘数效应",当强势频率的到达率扩大的时候,其与弱势频率在收听份额上的差距会变得更加显著,形成"强者越强、弱者越弱"的"马太效应",从而推动市场的两极分化,导致市场向少数强势频率集中。双虞效应驱动收听份额向少数强势频率集中,这不只是视听市场的规律,在很多商品消费市场中也存在。这个规律被总结为"二八法则",指的是80%的市场份额向仅占竞争主体总数20%的少数个体集中的现象,形成较高的市场集中度。

在市场集中程度较高的时候,广播收听市场的竞争会进入垄断竞争阶段。少数强势频率对市场有较强的控制力,占据主导地位,弱势频率想要获取强势频率地位将变得异常困难。在市场集中程度相对较低的情况下,弱势频率则还有机会"咸鱼翻身",通过对覆盖、定位、编排的改革,获取更有利的市场地位。因此,在制定竞争策略的时候,频率必须对市场的集中度进行分析,明确市场集中、分化的情况,了解自己的市场地位以及今后的持续发展空间。

我们仍以北京广播收听市场为例。北京广播收听市场二十多个频率在收听份额的竞争与分配方面已经表现出较为明显的双虞效应,市场有控制力较强的频率存在(图7)。

由于广播媒体的特殊性,当前北京广播市场的集中程度还达不到完全垄断的程度,20%的强势频率占有63.1%的市场份额,而非80%(图8)。

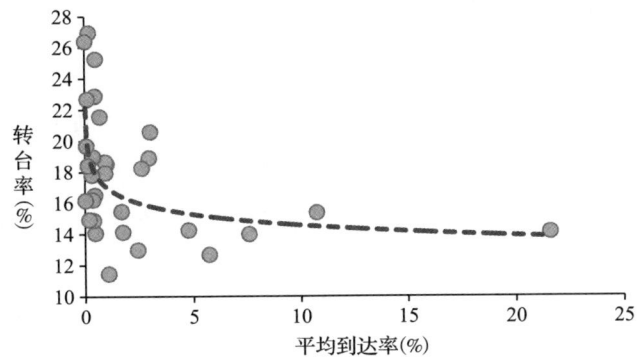

数据来源：CSM 媒介研究

图 7　北京市场各主要频率的平均到达率与转台率的关系

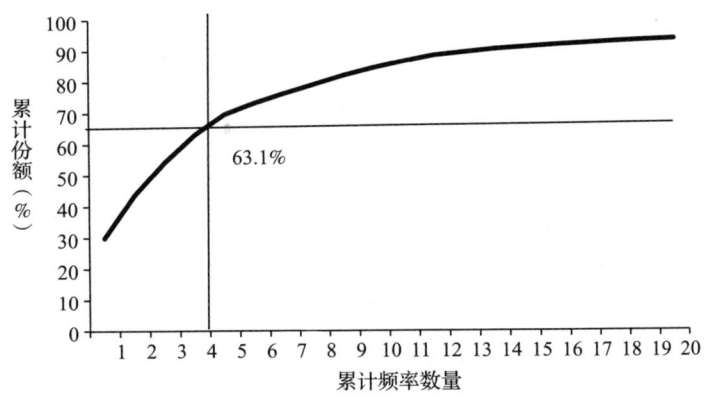

数据来源：CSM 媒介研究

图 8　北京市场频率收听份额市场集中度

这一结果显示，目前北京广播收听市场少数频率很强，但还未形成对市场的绝对主导，弱势频率还有一定的发展空间。当然，由于广播频率专业化发展趋势明显，大多数广播频率都有自己明确的目标听众市场，因此很难形成少数频率完全主导市场的局面。即便在市场上有少数几个频率占有绝大多数市场份额，其余频率仍然可以通过对听众习惯和细分市场的准确把握，采取差异化的定位原则，为自己开辟发展空间，占据一定的市场份额。

对于市场集中度的分析方法也可采用商品市场常用的 CRn 指数方法或者 HHI（赫芬达尔—赫希曼指数（Herfindahl-Hirschman Index），其结果类似，此不赘述。

三、听众收听习惯分析

广播收听属于典型的个人消费行为。由于消费者在收听时间上的选择不同，传统广播的收听情况在每日、每周呈现出不同的收听走势，使得全天不同的广播时段具有大相径庭的传播价值。同时，由于广播的伴随性和便携性，听众可以在任何能够接收到广播信号的地点进行收听，听众在收听地点的选择上也有明显的差异。听众在不同地点的收听倾向和内容选择各不相同，因此，对听众收听习惯的分析离不开对收听地点的研究。在这一部分中，我们将介绍如何利用收听率从时间和地点两个角度对听众的收听习惯进行剖析。

1. 每日收听走势分析

对听众每日收听走势的分析主要是对收听率在一天内的变化情况进行描述。通过长期对日平均收听走势的分析，可以总结出听众每天收听的高峰和低谷，并同电视等其他媒体的消费行为进行对照，有利于广播频率针对收听行为的波动情况和特征进行节目编排和广告投放。在北京地区，将受众对广播与电视这两种电波媒体的消费情况按时间轴线展开，结果发现广播的收听高峰在早间，而电视的收视高峰则在晚上（图9）。数据显示，受众对电视媒体的消费时间远大于广播，收听率与收视率在全天各时间段的变化表明，受众对这两种媒介的消费与生活和工作方式紧密相关。收听率在忙碌的早间达到高峰，而收视率在晚间休闲时段占据强势，两种媒体在全天时段的消费有很强的互补性。单就广播媒体而言，早间时段是全天最主要的收听时段，中午出现第二个峰值，晚间的收听则相对平稳。

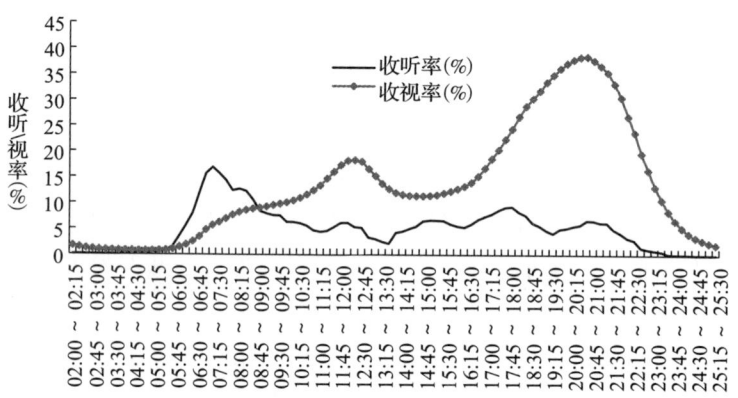

数据来源：CSM 媒介研究

图 9　北京受众收听率与收视率全天走势比较

2. 周收听走势分析

周收听走势关注的是一周内不同周天收听率的变化情况，其中最重要的是工作日与周末收听情况的比较，从而为广播频率进行有针对性的一周节目编排提供依据。以北京市场为例，分析发现人们对广播的消费在周一最高，周六最低（图10）。这种情况的出现体现出人们生活和工作形态与人们对传统广播媒介的消费时段之间的密切关系。广播收听率在周一较高，更多地表现在早间与傍晚的上下班高峰期，这体现出新的一周开始工作的特点；周二至周五，收听行为在正常的工作和生活节奏下显得比较平稳；周末休息，人们有了较多的闲暇时间，但是分配给广播的时间并不多。广播的收听率在周六、周日比平时要低，这可能是由于人们收听广播的高峰集中在早、晚上下班出行时段，经过周一至周五的劳累，人们往往会在周末早上延长休息时间，同时也没有必要集中在晚高峰出行。因此，周末的早晚高峰时段相比平时大幅度回落，导致周末的整体收听率下降（图11）。

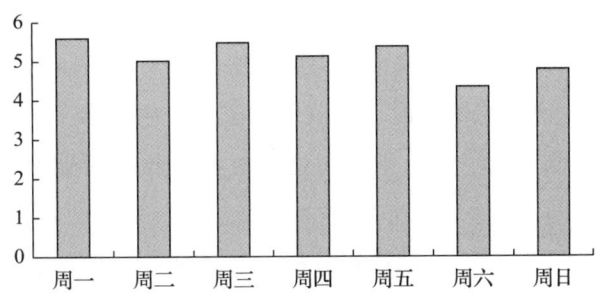

数据来源：CSM 媒介研究

图10 北京广播收听市场各周天平均收听率（%）

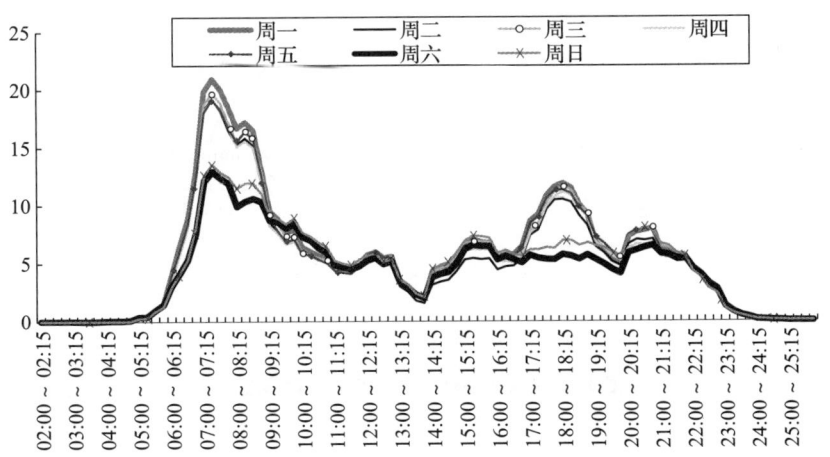

数据来源：CSM 媒介研究

图11 北京广播收听市场各周天的收听率走势

3. 收听时段分析

收听传统广播的听众在收听时段选择方面有明显的倾向性,这种倾向性直接导致了频率收听率在不同时段的波动,也导致了人们对频率时段传播价值的不同认识。众所周知,在绝大多数城市,早晨是听众收听广播最集中、收听量最大的时段,这个时段通常被称为黄金时段。听众在其他时段(包括上午、中午、下午、傍晚和深夜时段)对广播的收听程度远不及黄金时段。在其他时段中,有的时段被称为次黄金时段,有的则被称为非黄金时段。不过,迄今为止,业界在对黄金时段、次黄金时段和非黄金时段的划分上并没有一个严格的标准。

在这里,我们尝试以时段频率贡献①为参考指标,界定出各类型的时段。以一刻钟收听率为基准,全天 24 小时共 96 个一刻钟,假设全天每 15 分钟的收听率都相等,则每 1 个 15 分钟对于全天的时间段频率贡献率为 1/96×100%,近似等于 1%。将这个 1% 当作全天各时段收听表现的平均衡量水平,那么:当时段频率贡献的值在 2% 以上时,我们认为这部分时段贡献了平均水平双倍以上的收听量,属于黄金收听时段;当时段频率贡献在 1%~2% 之间,说明这部分时段的收听贡献属于中等水平,我们将其划归为次黄金时段;当时段频率贡献低于 1%,则说明这些时段的收听贡献低于平均水平,属于非黄金时段。

对北京地区所有频率的时段贡献进行分析,结果显示:北京地区广播市场一天内的

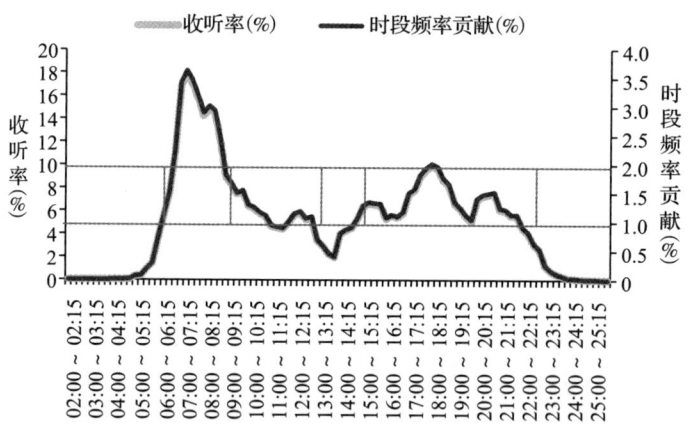

数据来源:CSM 媒介研究

图 12　北京广播收听市场全天时段区隔

---

① 注:时间段频率贡献,是指特定频率(也可以是所有频率)在特定时段的听众收听时间与该市场所有频率在参考时段听众总收听时间的百分比值。时间段频率贡献的值越大,表明特定频率特定时段的听众收听对总体市场听众收听的贡献越大。

黄金时段出现在早上 06:45~09:00 近两个半小时的时间内；次黄金时段有 3 个，分别是早上 06:15~06:45、上午 09:00~12:45 和下午至晚间的 14:45~22:00；其他时段属非黄金时段（图 12）。图 12 显示，听众在不同时段里对广播的收听程度存在较大差别，黄金时段的听众平均总收听率为 12.6%，3 个次黄金时段的听众平均总收听率为 5.8%，而非黄金时段的听众平均总收听率仅为 1.5%，相互之间都是数倍的差距。

4. 收听地点分析

广播是一种单纯声音的媒体，而且"无处不在"，广播媒体的伴随性和移动性使得人们对广播的接触不受地点的限制。在不同地点收听广播的听众往往会在内容选择和关注程度上呈现出不同表现。例如，很多听众喜欢在上下班途中收听时事新闻节目；多数在行车过程中听广播的听众希望获取路况信息；不少听众喜欢在晚饭后休闲娱乐之际，在家中静静地收听情感节目。不同收听地点的收听情况同样能给频率的节目编排提供参考。从北京地区 2014 年上半年听众在不同收听地点的全天收听走势（图 13）中可以看出，早晚高峰通常是在家里收听，早间出门前的收听峰值是全天最高的；在车上的收听则反映了出行特征，即早晚出行时段收听最为集中；而在工作/学习场所的收听则集中在午休时段。

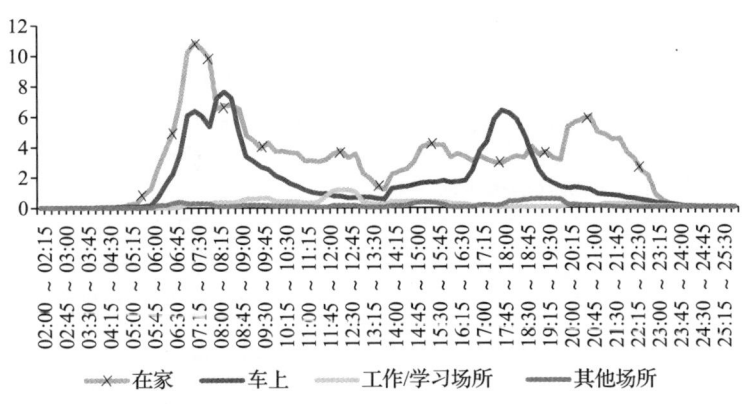

数据来源：CSM 媒介研究

图 13 北京广播收听市场不同收听地点的全天收听率走势

听众收听时段选择分析是广播频率进行节目编排和广告定价的基本依据。不过，在对不同频率的收听率情况进行深入分析后，我们不难发现，不同频率之间的收听率走势存在很大差异。这种差异一方面与频率的定位和节目安排有关，另一方面则是受听众构成的影响。不同性别、年龄、教育程度和职业的听众在内容和频率选择上有明显的差异，这种差异是频率进行定位和细分节目编排的基准。

四、目标听众群体分析

对目标听众群体的分析可以从两个角度进行：其一是对听众选择倾向的分析，以了解哪类听众更倾向于收听广播，或者是收听特定类型的节目；其二是对听众的收听倾向进行分析，明确不同听众群体对特定频率（节目）的收听情况，从而检验频率（节目）的市场匹配程度、定位适度，发掘目前节目从内容到编播中存在的问题以及未来发展和改进的方向。

1. 听众选择倾向性分析

对听众的选择倾向性分析可采用"听众选择倾向性指数"指标，表示特征听众构成相对于整个同特征的广播人口构成的百分比。该指标的计算公式为：

$$听众选择倾向性指数 = 听众构成 / 广播人口构成 \times 100\%$$

听众选择倾向性数值越大，表明某一类型听众在整体听众中所占比例比这类人群在总体广播人口中所占的比例越高，反映出这类听众选择收听广播或特定频率（节目）的倾向程度越高。

从北京广播听众的结构来看，男性的比例明显高于女性，35岁及以上的中老年占据较大比例，高中及以下文化程度听众比例也比较高。这样的听众结构与北京整体广播人口构成特点有一定的差异，通过听众选择倾向性指数可以清晰地反映出这些不同之处。从表1中可以看出，男性、35岁及以上、小学、初高中学历听众的选择倾向水平超过

表1 北京市场听众结构及目标听众选择倾向性指数

目标群体	听众构成（%）	广播人口构成（%）	听众选择倾向性指数
男	53.5	51.7	103.5
女	46.5	48.3	96.2
10~14岁	1.0	2.9	34.4
15~24岁	7.8	18.1	43.0
25~34岁	18.0	23.6	76.4
35~44岁	21.3	19.5	109.0
45~54岁	16.0	15.7	101.6
55~64岁	16.1	10.9	148.0
65岁及以上	19.8	9.2	215.2
未受过正规教育	*	*	*
小学	6.8	4.2	162.4
初中	20.6	19.3	106.5
高中/中专/职高/技校	33.0	29.0	114.0
大学及本科以上	16.3	16.7	97.6

数据来源：CSM媒介研究
注：* 为样本量不足，无法进行统计推断。

100%，这些听众群体更倾向于是广播的重度听众。运用同样的方法，可以对某个频率（节目）的听众群体进行识别，从而为节目定位与市场对位程度提供评判依据。

2. 听众收听倾向性分析

"适位广播"已经成为广播发展的潮流，广播消费个性化特质决定了广播朝着对象化、专业化方向发展。判断广播媒体目标听众对某频率的收听程度，或者媒体本身与市场的对位程度，即可以通过听众收听倾向性（也就是消费倾向性）来反映。

对听众收听倾向性的分析同样基于收听率概念中两个密不可分的维度——到达率和忠实度来进行。某一听众群体收听特定频率的人数较多，平均收听时间也较长，说明这个群体对特定频率的消费倾向较高，属于某频率的重度消费者；如果某一听众群体收听特定频率的人数较少，时间也较短，说明该频率并没有很好地吸纳和吸引住这一类型听众。频率在进行节目选择和编排之前，往往已经有比较明确的定位，期望到达特定的目标受众群体。对听众消费倾向的分析可以让频率了解自己的定位与频率的实际市场表现是否相符，以及目前的节目选择和编排是否帮助频率有效地到达了目标听众群体。

值得注意的是，各个地区甚至是同一市场中的各个频率之间的市场表现有天壤之别，对于收听人数的多寡和收听时间的长短不能用同一标准来衡量，为此，我们引入了到达率指数和忠实度指数两个指标。前者是目标听众到达率与参照听众到达率的比值，反映目标听众对频率的接触程度与平均水平的差异，衡量频率传播广度的效果；后者是目标听众忠实度与参照听众忠实度的比值，反映频率在对目标听众和对参照听众的吸引力上存在的差异，衡量频率传播深度的效果。

我们将两指数均高于100%的目标听众群体定义为**重度听众**，这类群体的收听人数和人均收听时间都较高，表现出对频率明显的消费偏好；将忠实度指数大于100%、到达率指数小于100%的群体定义为**稳定听众**，这类群体的听众规模虽然不大，但相较于整体听众停留时间较长，忠实度较高，相对比较稳定；将忠实度指数小于100%、到达率指数大于100%的群体定义为**游离听众**，虽然有很多这类听众会收听特定频率，但频率对其吸引力并不大，难以形成固定听众群；将两项指标均小于100%的群体定义为**轻度听众**，该类听众对特定频率没有明显的消费倾向。

我们以北京交通广播和音乐广播为例来说明这一点。对北京交通广播收听（消费）程度较高的重度听众群包括：男性、35~54岁、受教育程度为大专的听众；稳定群体包括：55岁及以上的中老年听众和高中教育程度的听众；轻度听众群体包括：女性、24岁以下、初中及以下人群；游离听众主要有：25~34岁，大学及以上文化程度的群体（图14）。而北京音乐广播的重度听众群体包括：女性、25~44岁的中青年、有较高收入；稳定听众则包括大专及以上的较高教育程度的群体；游离听众包括较低收入、较高年龄的听众；轻度听众则包含低龄和高龄的一些听众（图15）。

通过比较各类听众对交通广播的听众规模和收听程度的差异，将其与频道本身的定位进行对比，可从中鉴别出频率与市场的匹配程度，找出存在的问题和听众市场的开发方向。同样，音乐频率通过这样的分析，也会找出问题和努力方向。

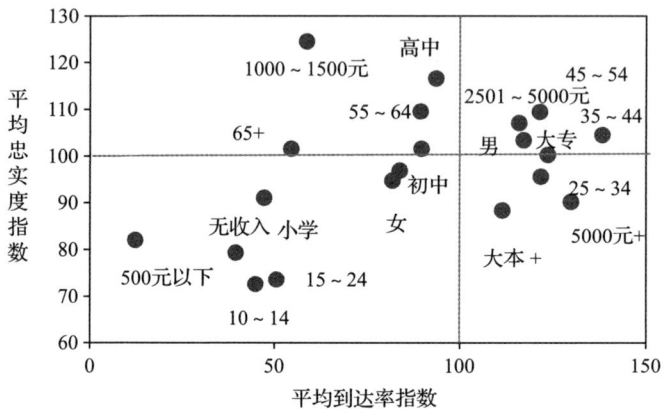

来源：CSM 媒介研究

图14　北京交通广播目标听众收听倾向定位

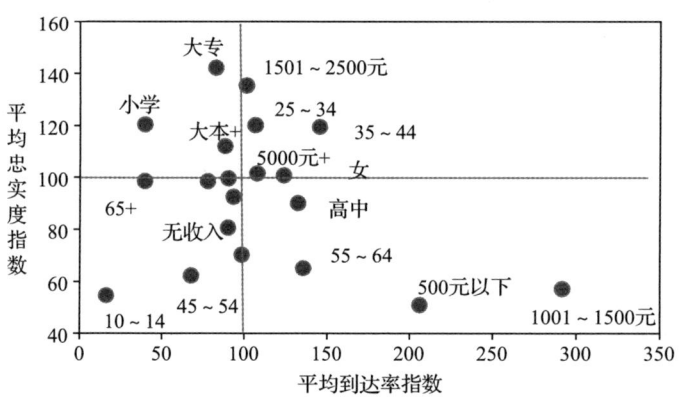

数据来源：CSM 媒介研究

图15　北京音乐广播目标听众收听倾向定位

通过上述四个部分的分析，频率已经能对市场规模、竞争态势、听众收听习惯和倾向有明确的了解，并进行适位的节目编排。不过，在媒体竞争日益激烈的情况下，受众市场处于一种常变常新的状态，尤其是新媒体的介入，听众的碎片化程度加剧，传统广播频率必须随时根据市场需求的变化情况，对自己的节目编排和广告播放进行评估，及时采取调整措施，牢牢抓住自己的目标听众，达到最好的传播效果。在接下来的两个部分中,我们将把分析视角集中在对节目和广告播出效果的评估方法上。

五、收听市场的节目分析

上文中对听众收听倾向性的分析能帮助频率考察市场的匹配度,调整定位,亦可供频率对节目播出效果进行评价。除此以外,我们还可以利用节目资源使用效率和节目市场排名,进一步衡量节目的播出效果。

1. 广播市场节目投放量与收听回报比较

在对广播市场节目投放量与收听回报进行比较时,我们引入三个指标:播出比重、收听比重和节目资源使用效率。**播出比重**反映的是节目的播出情况,考察的是某种类型节目的播出时间在所有类型节目播出时间中所占的比例;**收听比重**指的是一段时间内听众收听特定类型节目所花费的时间占听众收听所有类型的节目所花费时间的比例;**节目资源使用效率**是由收听比重减去播出比重,再除以播出比重所得的百分比。如果节目资源使用效率大于零,说明资源得到了有效利用;如果节目资源使用效率小于零,说明节目资源有所浪费。

以北京广播市场为例。从播出比重的角度来看,新闻/时事、生活服务、综艺、专题、音乐和财经类节目所占的比例较大,均超过5%。从收听比重的角度来看,新闻/时事、生活服务、文艺、财经、社教、音乐等节目的收听比例也均超过5%。在这些节目类型中,资源使用效率最好的是新闻/时事节目和生活服务节目(表2)。音乐节目虽然是投放量最大的节目类型,但是已经远远超出了听众的需求,其资源使用效率并不十分

表2 北京市场各类节目的资源使用效率

节目类型	播出比重 (%)	收听比重 (%)	节目资源使用效率 (%)
财经	5.61	2.02	-63.99
法制	1.02	0.46	-54.90
广告及其他	14.70	19.72	34.15
社教	9.81	6.15	-37.31
生活服务	13.52	21.43	58.51
体育	2.80	2.03	-27.50
外语	0.59	0.06	-89.83
文艺	15.94	14.48	-9.16
新闻/时事	11.33	20.95	84.91
音乐	24.69	12.70	-48.56

数据来源:CSM 媒介研究

理想,文艺类节目的投放略有盈余。所以,归纳起来,新闻/时事、生活服务节目是驱动北京广播市场收听的主要节目类型。

2. 单个频率的节目投放效果评价

上述3个指标还可以对单个频率的节目投放效果进行评价。如果我们关注某个频率各类节目资源的投放比例及获得的听众注意力分配比例,判断哪一类节目资源的使用效率较高,哪一类节目还有可发掘的空间,哪一类节目是造成了资源的浪费,对频率的资源配置会起到很好的参考作用。

以北京交通广播和音乐广播为例。在北京交通广播中,生活服务类节目投放比例最高,同时也获得最大的关注度,里面涉及的大量的交通信息和天气资讯对听众大有裨益,因此这类节目资源获得了充分利用。此外,新闻/时事节目也获得不错的使用效率。相对而言,其余节目类型却未能获得理想的听众回报(表3)。这一结果说明生活服务类节目、新闻/时事节目是北京交通广播的优势节目资源,有进一步发展的空间,可适当增加播出时间;其他节目类型并非交通台的优势,可以酌情删减。

表3 北京交通广播各类节目的播出比重、收听比重及节目资源使用效率

节目类型	播出比重(%)	收听比重(%)	节目资源使用效率(%)
法制	2.04	0.95	-53.43
社教	10.13	6.04	-40.38
生活服务	25.50	44.03	72.67
文艺	17.90	4.45	-75.14
新闻/时事	10.78	12.99	20.50
音乐	10.51	5.16	-50.90
广告及其他	23.14	26.38	14.00

数据来源:CSM媒介研究

北京音乐广播投放量最大的当属音乐节目,超过三分之二,同时,获得的听众关注度也最高,但是,两者之间却不是平衡关系,表现出供大于求的市场状况;生活服务类节目虽然投放比例不是很高,却获得了较高的听众关注度(表4)。作为专业的音乐频率,音乐节目占绝大多数播出比重无可厚非,关键在于音乐节目内容的选择。如何在种类繁多、风格各异的音乐中选出最适合目标听众群体的内容,是音乐台需要长期关注的课题。

表4　北京音乐广播各类节目的播出比重、收听比重及节目资源使用效率

节目类型	播出比重（%）	收听比重（%）	节目资源使用效率（%）
生活服务	5.76	10.06	74.65
文艺	14.72	10.94	-25.68
新闻/时事	0.02	0.02	0.00
音乐	67.24	60.13	-10.57
广告及其他	12.27	18.85	53.63

数据来源：CSM 媒介研究

3. 单个节目类型在不同频率的投放效果

前两部分探讨了从市场和单一频率的角度分析节目资源使用效率问题。在这部分中，我们将关注单一节目类型在不同频率的使用效率情况。同种节目类型，甚至是同一节目，放在不同的载体上，会有明显不同的传播效果。比如音乐类节目，音乐类节目因其明显的声音传播特点以及在听众中的受欢迎程度，在广播节目编排中得到了广泛应用，大部分频率都会或多或少地安排音乐节目。但是，收听音乐类节目的听众对各个频率的关注程度可就相差很大了。

以音乐类节目在北京主要频率中的播放情况为例。数据分析显示，音乐节目在北京台音乐广播、中央台音乐之声和国际台的劲曲、轻松调频中的投放比例较高，但是获得的收听回报却是大不相同。北京音乐台和中央台音乐之声的市场反响良好，国际台的两个频率相对就不尽如人意了（表5）。

表5　音乐类节目在北京各主要频率中的播出比重、收听比重及节目资源使用效率

频率	播出比重（%）	收听比重（%）	节目资源使用效率（%）
中国国际广播电台轻松调频（CRI EASY FM）	13.15	2.29	-82.59
中央人民广播电台第一套节目中国之声（FM106.1）	1.14	0.18	-84.21
中央人民广播电台第三套节目音乐之声（FM90.0）	16.20	19.19	18.46
中央人民广播电台第四套节目都市之声（FM101.8）	7.61	5.04	-33.77
北京城市广播（FM107.3/AM1026/CFM91.9）	0.23	0.07	-69.57
北京人民广播电台交通广播（FM103.9/CFM95.6）	2.60	13.89	434.23
北京人民广播电台文艺广播（FM87.6/CFM93.8）	1.52	2.93	92.76

续表

频率	播出比重（%）	收听比重（%）	节目资源使用效率（%）
北京广播电台新闻广播（FM100.6/AM828/CFM90.4）	2.50	2.80	12.00
北京人民广播电台音乐广播（FM97.4/CFM94.6）	17.49	37.46	114.18
北京人民广播电台体育广播（FM102.5）	0.37	0.16	-56.76
中国国际广播电台劲曲调频（CRI HIT FM）	20.12	12.62	-37.28
北京人民广播电台故事广播（AM603/CFM89.1）	1.47	0.49	-66.67
中央人民广播电台第九套节目文艺之声（FM106.6）	2.14	2.78	29.91
中央人民广播电台第二套节目经济之声（FM96.6）	0.13	0.10	-23.08

数据来源：CSM 媒介研究

4．节目收听率排名

除了节目资源使用效率之外，还可以直接利用节目的收听率或者收听份额排名对节目进行评估。节目排名可以依据某一频率、某一市场、某一时段，某一节目类型来进行。在不同范围内的排名，可以比较清晰地反映节目自身的竞争状况。各频率可根据自己的实际需要，选择排名的范围和标准。在这里，我们以北京音乐广播 2014 年 6 月 22 至 28 日这一周的节目排名为例。我们想了解单个栏目在一周中的收听高峰所在，并将各个栏目的收听高峰进行比较，为此，我们挑选出单个栏目在一周中收听率最高的一天进行排名（表6）。

表6　北京音乐广播节目收听率排名前 10 位

排名	节目名称	日期	平均收听率（%）
1	歌飞扬	2014 年 6 月 28 日	1.5
2	音乐到来	2014 年 6 月 28 日	1.2
3	边走边唱	2014 年 6 月 26 日	1.1
3	中国歌曲排行榜	2014 年 6 月 26 日	1.1
5	爱得更久点	2014 年 6 月 23 日	0.9
5	先听为快	2014 年 6 月 24 日	0.9
5	中国梦主题新创作歌曲展播	2014 年 6 月 27 日	0.9
8	音乐我最红	2014 年 6 月 24 日	0.8
8	国家大剧院	2014 年 6 月 22 日	0.8
10	就听好歌不听话	2014 年 6 月 22 日	0.7

注：选取节目同时段单日平均收听率最高一档参加排序。

数据来源：CSM 媒介研究

六、收听市场广告效果评估

基于收听率的广播广告评估离不开对听众的研究,也离不开对频率和节目的研究,上文中对这三个方面的研究非常值得广告商参考。除此之外,对广告市场容量、投放效果和传播价值的研究也能让广告商受益无穷。当然,频率也可以利用这类分析来明确自己在广告市场中的竞争地位,确定定价策略。

1. 衡量广告市场的容量

考察一个广告市场的大小,最简单直接的方法就是看看这个市场的池子有多大,能够吸引多大量的广告。我们仅以北京市场为例,对包括中央台5个频率、北京台7个频率、国际台2个频率在内的14个主要频率2014年6月的广告投放情况〈次数、时长、金额(按刊例价)〉进行分析。结果显示,北京市场上这14个主要频率共计播出超过20.9万条广告,时间长达1126多个小时,广告金额(刊例价)近7.03亿元人民币。其中,从播出条数来看,北京交通广播占比最大;从金额角度讲,中国之声所占的份额超过四分之一(表7)。

表7 2014年6月北京市场各主要频率广告投放所占比例

频率	播出次数比例(%)	时长比例(%)	广告花费(刊例价)比例(%)
中国国际广播电台轻松调频(CRI EASY FM)	6.87	7.07	8.96
中央人民广播电台第一套节目中国之声(FM106.1)	9.59	8.66	27.16
中央人民广播电台第二套节目经济之声(FM96.6)	7.05	6.75	6.52
中央人民广播电台第三套节目音乐之声(FM90.0)	7.00	7.12	12.91
中央人民广播电台第四套节目都市之声(FM101.8)	3.43	4.04	4.99
北京城市广播(FM107.3/AM1026/CFM91.9)	5.36	8.11	0.99
北京人民广播电台交通广播(FM103.9/CFM95.6)	10.97	6.48	11.36
北京人民广播电台文艺广播(FM87.6/CFM93.8)	7.96	8.86	5.20
北京广播电台新闻广播(FM100.6/AM828/CFM90.4)	7.83	8.06	2.64
北京人民广播电台音乐广播(FM97.4/CFM94.6)	9.37	7.08	4.36
北京人民广播电台体育广播(FM102.5)	6.68	8.80	1.75
中国国际广播电台劲曲调频(CRI HIT FM)	6.91	6.89	9.23
北京人民广播电台故事广播(AM603/CFM89.1)	4.89	5.78	0.72
中央人民广播电台第九套节目文艺之声(FM106.6)	6.11	6.29	3.22

数据来源:央视市场研究(CTR)

不同类别产品广告在播出次数、时长、花费等方面也不尽相同。仍以北京广播市场2014年6月的情况为例（表8）。广告播出次数排名前三甲的分别是杂类、商业及服务性行业、交通行业。在播出时长上雄踞前三的分别是杂类、酒精类产品、商业及服务性行业，此外，交通行业的播放时长也不低。从广告花费来看，杂类、交通、商业及服务性行业的广告花费最高。总体而言，广告投放在不同的年度、季节结合传统广播媒体特性，彰显不同的投放特征和投放风向，比如2014年上半年酒精类产品的广播投放与2013年上半年同期比较，无论是播出的时间还是投放的金额都有大幅度的增长，这与电视广告限酒和中央"八项规定"不无关联。

表8　2014年6月北京市场各品类广告投放比例

品类	播出次数比例（%）	时长比例（%）	广告花费（刊例价）比例（%）
电脑及办公自动化产品	1.35	1.25	1.26
房地产/建筑工程行业	1.01	0.68	0.82
个人用品	0.97	0.52	0.74
工业用品	0.71	0.41	0.52
化妆品/浴室用品	0.38	0.25	0.65
活动类	3.44	4.22	2.47
家居用品	8.23	2.56	5.56
家用电器	1.45	0.89	2.39
交通	8.82	7.15	11.20
金融业	7.03	5.69	7.84
酒精类饮品	1.57	12.38	5.22
农业	0.10	0.07	0.15
清洁用品	0.41	0.20	0.10
商业及服务性行业	17.12	8.38	8.65
食品	3.36	2.00	2.17
药品	2.01	2.03	2.64
衣着	0.06	0.04	0.04
饮料	2.95	2.59	4.03
邮电通讯	5.20	5.75	5.75
娱乐及休闲	6.62	5.70	6.65
杂类	27.21	37.24	31.17

数据来源：央视市场研究（CTR）

对北京广播市场在 2014 年 6 月的广告投放情况、各个频率占据比例的分析，一方面可反映出北京广播市场的容量大小，另一方面能够反映各个频率吸纳的广告多寡、广告流向和频率的竞争能力。

我们还可以利用同样的方法，从频率、品牌、企业主等等角度出发，更细化地对某个市场、某个频率、某个类别/行业、某个品牌的广告投放情况进行分析。

2. 衡量广告投放的效果

收听率数据是对收听事件的记录和反映。广告主要知道有多少人听到了自己的广告、平均收听了多少次、要花多少钱才能买到一个收听点，都离不开收听率数据。将收听率数据与广告投放排期相结合，广告主可以获得包括毛评点（GRP）、媒体占有比重（SOV，Share of Voice）、接触度（Cont 000）、收听点成本（CPRP）和千人成本（CPM）等衡量广告效果的基本信息。这些信息一方面可供广告主在各类频率中选择出合适的载体，另一方面可以帮助广告主对已投放广告是否达到计划标准进行评估。

同对广告投放情况的研究一样，对广告投放效果的研究也可以分频率、品类和单一品牌等多个角度来进行。

表 9 是对北京地区各个主要频率 2014 年 6 月所获得的听众量的测量结果，该分析可以帮助我们了解北京市场中各个频率在广告宣传中的效力。数据显示，北京交通频率在该月所获得的收听效果比重（SOV）接近市场的一半，点成本和千人成本都是最低的，针对北京市场，广告投放效果非常理想。简言之，就是"少花钱，多办事"。此外，北京的文艺广播和新闻广播的广告投放效果也相当不错。如果一个广告主想在北京的广告市场上投放广告，他就可以参考表 9 内的分析数据在各个频率中进行选择。

接下来，我们可以从品类出发，对各品类广告的投放效果进行对比分析。通过对比，广告商可以明确同行业厂商的广告投放力度和效果，设定自己的广告方案或者判断自身广告投放计划的优劣。仍然以北京地区 2014 年 6 月的广播广告投放为例。在各品类产品中，获得收听效果比重前 3 位是：杂类、家居用品和交通；而从成本因素考虑，清洁用品、衣着、和房地产/建筑行业三个品类名列前茅。

如果说对频率和品类广告效果研究的主要价值在于参考，那么对品牌或者具体产品广告的投放效果进行分析则能为广告主评价自身广告计划的成败提供直观的数据。只不过广告的真正价值并不在于到达，而在于对产品目标消费者产生影响，并引导其产生消费行为。因此，对广告商来说，借助收听率来分析广告传播价值不容忽视。

表9　2014年6月北京各主要频率广告投放效果（目标：10岁及以上听众）

频率	毛评点	SOV	接触度（000）	CPRP（按刊例价）	CPM（按刊例价）
中国国际广播电台轻松调频（CRI EASY FM）	617.8	0.49	50762	101891.8	1240
中央人民广播电台第一套节目中国之声（FM106.1）	10509.4	8.35	863556	18154.4	221
中央人民广播电台第二套节目经济之声（FM96.6）	2233.5	1.77	183531	20512.0	250
中央人民广播电台第三套节目音乐之声（FM90.0）	3428.6	2.72	281731	26450.8	322
中央人民广播电台第四套节目都市之声（FM101.8）	1116.8	0.89	91769	31400.6	382
北京城市广播（FM107.3/AM1026/CFM91.9）	533.3	0.42	43824	13096.1	159
北京人民广播电台交通广播（FM103.9/CFM95.6）	60393.5	47.99	4962533	1321.1	16
北京人民广播电台文艺广播（FM87.6/CFM93.8）	16480.3	13.09	1354188	2216.3	27
北京人民广播电台新闻广播（FM100.6/AM828/CFM90.4）	11383.4	9.04	935378	1631.5	20
北京人民广播电台音乐广播（FM97.4/CFM94.6）	9527.8	7.57	782901	3217.4	39
北京人民广播电台体育广播（FM102.5）	2910.3	2.31	239136	4215.4	51
中国国际广播电台劲曲调频（CRI HIT FM88.7）	2375.8	1.89	195217	27298.8	332
北京人民广播电台故事广播（AM603/CFM89.1）	421.9	0.34	34665	11981.7	146
中央人民广播电台第九套节目文艺之声（FM106.6）	3922.4	3.12	322300	5760.1	70

数据来源：CSM媒介研究

表10 北京广播市场各品类的广告投放效果（目标：10岁及以上听众）

品类	毛评点	SOV	接触度（000）	CPRP（按刊例价）	CPM（按刊例价）
电脑及办公自动化产品	294.2	0.23	24177	30050.3	366
房地产/建筑工程行业	2587.1	2.06	212579	2227.9	27
个人用品	899.8	0.71	73934	5756.5	70
工业用品	1124.6	0.89	92409	3218.9	39
化妆品/浴室用品	221.2	0.18	18174	20545.5	250
活动类	4109.8	3.27	337705	4219.7	51
家居用品	13229.9	10.51	1087101	2952.7	36
家用电器	1324.5	1.05	108832	12653.1	154
交通	11811.3	9.38	970534	6665.1	81
金融业	11182.7	8.89	918880	4928.0	60
酒精类饮品	2013.2	1.60	165426	18226.4	222
农业	175.3	0.14	14407	5993.5	73
清洁用品	597.2	0.47	49068	1219.0	15
商业及服务性行业	25174.3	20.00	2068575	2413.6	29
食品	4410.3	3.50	362396	3458.8	42
药品	2429.5	1.93	199636	7620.5	93
衣着	119.0	0.09	9777	2097.4	26
饮料	4709.2	3.74	386954	6013.6	73
邮电通讯	9313.2	7.40	765270	4336.7	53
娱乐及休闲	8002.6	6.36	657573	5838.7	71
杂类	22125.9	17.58	1818086	9896.7	120

数据来源：CSM媒介研究

3. 衡量广告传播价值

收听、广告和消费者之间有着不可割裂的联动关系。因此，分析广播广告传播价值既要从收听的角度分析听众对广告的"注意力价值"，也要从消费者的角度分析听众对广告的"消费力价值"。

广播节目的"注意力价值"在于节目的到达率与忠实度，即收听率＝到达率×忠实度，在对广告进行评价时则是毛评点（GRP）＝到达率×平均暴露频次。广告依附于节目，好的节目带动好的广告，好的广告反过来又支撑好的节目，形成良性互动。到达率高意味着广告被更多的人听到，可以用来衡量听众的规模价值；忠实度高意味着广告的暴露频次高，可以用来衡量对听众的渗透价值。

广播节目的"消费力价值"则可以通过节目所锁定目标听众的收入水平来间接衡量，因为按经济学理论，消费是收入的函数。

基于上述分析，广告传播的总价值就可以通过三个指标的乘积获得，即

传播总价值＝到达率（000）×忠实度×平均收入＝收听率（000）×平均收入

听众的收听千人规模与平均收入水平的乘积给出了广告所能影响的和广告客户所关心的产品消费的"市场池"。频率或者节目之间的广告传播价值差异就是通过收听和收入共同表现出来的。

将广播广告的传播价值和价格进行对照分析，就可以对广播广告定价是否合理做出基本判断。在一个竞争的市场上，价值规律通常会发挥作用，让广告的价格围绕价值波动，并收敛于价值，市场中往往会存在一个依据当地的供需情况而产生的均衡定价。频率可以以均衡定价为参照，对自己的广告价格进行调整；而广告商则可以根据均衡定价评测自己的广告计划是否合理。

以某市场频率的广告传播总价值与其千人成本位置图示来衡量频率的价格是否能够真正反映其价值（图16）。图中频率比较集中的地方的传播价值与市场价格比较对位，为市场均衡价格所在。相对而言，"频率一"所在位置显示其价格远低于其价值。对频率一来说，应该采取调高价格的策略；对于广告商来说，这时候购买"频率一"则是"物超所值"。"频率六"所在位置则是价格远远超出了价值所在，对该频率来说，要想将广告时段售出，必须降低广告价位；对广告商来说，则应尽量避免购买。

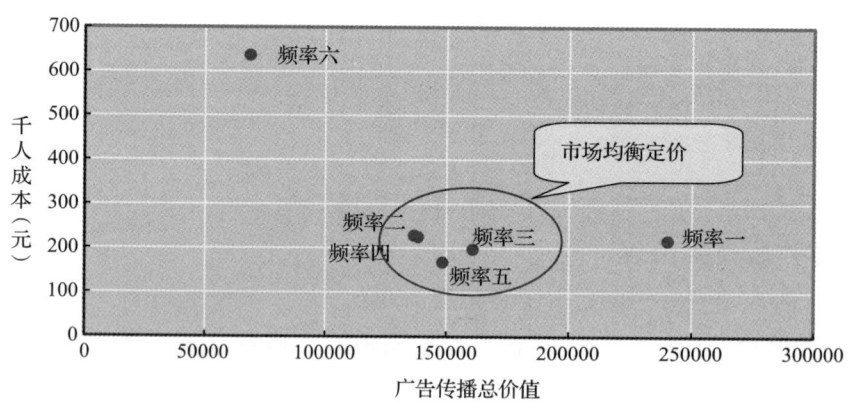

数据来源：CSM 媒介研究

图 16　不同频率广告传播价值

当然，由于不同频率在听众定位上有显著的差异，某些频率会因为特殊的听众定位在部分听众市场上形成独占或垄断地位。在这种情况下，频率的广告售价将不受价值规律的约束，可使卖方尽享定价的便利。如果广告商的目标消费者恰好与这类广播的听众群体重合，那么为了达到准确的传播效果，广告商也有可能"忍痛"选择某些定价超过广告传播价值的频率。

七、结语

以上是基于对收听率数据的基本认识而进行的分析和研究。总体来讲，由于在一个广播频率（节目）收听事件背后有四个重要属性：自身属性、听众属性、时段属性和地点属性，因此，我们的分析总是围绕频率（节目）、时段、听众、地点来进行。收听率分析是一门博大精深的学问，对数据的进一步挖掘会让我们受益无穷。随着认识程度的加深，我们的分析还需要不断地完善和提炼。相信随着研究的深入和完善，收听率数据会为广播行业做出更多贡献。

我国广播市场听众特征及收听行为分析

解永利

在当今多种媒体共同发展的时代，电视、广播、报纸、网络、手机等各种媒体竞争日趋激烈，而媒体之间的竞争说到底就是一场争夺受众的无硝烟战争。作为传统媒体的广播，在这个多媒体时代，受众群体与原来相比有了很大的变化。本文主要基于 CSM 媒介研究 2010～2013 年 31 个能打通的城市的收听率调查数据[①]，对近几年我国广播听众特征和收听行为做一个简要的分析，以期对业界人士有所借鉴。

一、听众特征

1. 近年来全国 10 岁及以上听众规模[②]逐年上升，2013 年听众规模达 513 496 000 人

根据 CSM 媒介研究 2010～2013 年全国网基础调查数据，2010 年全国广播听众规模为 394 995 000 人，2011 年该数值为 438 941 000 人，到 2012 年该值攀升至 469 091 000，2013 年全国广播听众规模达到 513 496 000 人，呈逐年上升趋势。

---

① 本文分析所用数据如无特殊说明均为 2010～2013 年能打通的 31 个城市（即收听率调查中每年都相同的城市）数据，这 31 个城市分别为：北京、长春、长沙、常州、成都、重庆、大连、佛山、福州、广州、杭州、哈尔滨、合肥、济南、南京、南宁、宁波、青岛、清远、上海、沈阳、深圳、石家庄、苏州、天津、乌鲁木齐、武汉、无锡、西安、厦门和郑州。

② 此处数据为 CSM 媒介研究全国网各年的基础调查数据，非 2010～2013 年能打通的 31 个城市数据。

2. 各年听众构成同中有异，听众对广播的喜好度历年趋同

对比2010～2013年听众构成可以看出，各年听众构成基本趋同（图1）。男性听众所占比例高于女性，25～54岁人群、初中及以上学历、初级公务员/雇员、工人和无业群体（包括退休人员）听众所占比例相对较大。

分年份来看，各年听众构成比例又略有差异。男性听众比例呈现历年递增态势，女性听众比例则相反呈逐年递减趋势；10～14岁、35～44岁和55～64岁听众2013年所占比例高于前3年，其余年龄段听众所占比例均低于或平于前3年，受众年龄结构有偏年轻化的趋势；从听众受教育程度来看，大学及以上学历人群所占比例增长幅度较大；从职业类别来看，初级公务员/雇员和个体/私营企业人员2013年所占比例高于前3年，其中个体/私营企业人员所占比例呈逐年递增趋势，其他职业类别听众所占比例几年间则呈现高低起伏状（图1）。

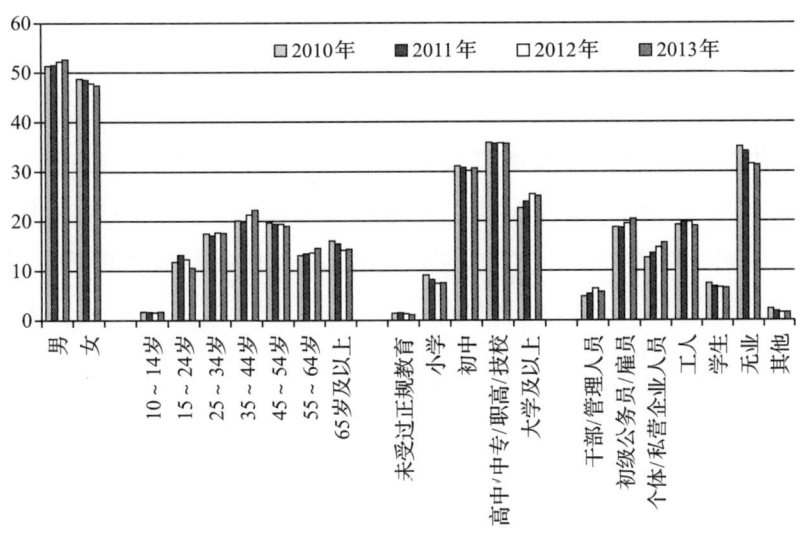

数据来源：CSM媒介研究

图1 广播听众构成历年对比

从历年听众集中度来看，2010～2013年这4年听众集中度基本表现出相同的趋势，男性、45岁及以上的中老年人群、初高中学历和个体/私营企业人员、工人、无业人群更喜欢收听广播（图2）。

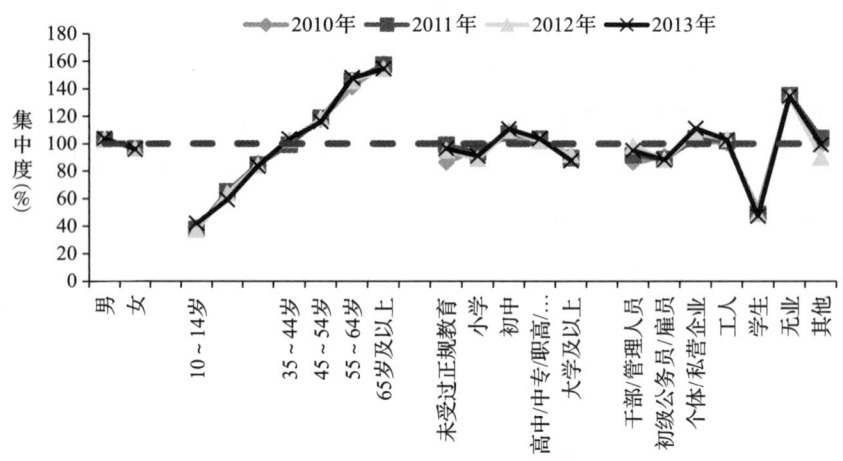

数据来源：CSM 媒介研究

图 2　广播听众集中度历年对比

二、收听地点

1. 家中仍是听众最经常收听广播的地点，广播移动收听特点凸显

整体而言，2010～2013 年听众对收听地点的选择特点基本一致（图 3）。2010～2013 年每年均有超过四成听众最经常收听广播的地点为家中，家中仍是听众最经常收听广播地点选择比例最高的场所。但选择最经常在家中收听广播的比例呈逐年下滑态势，

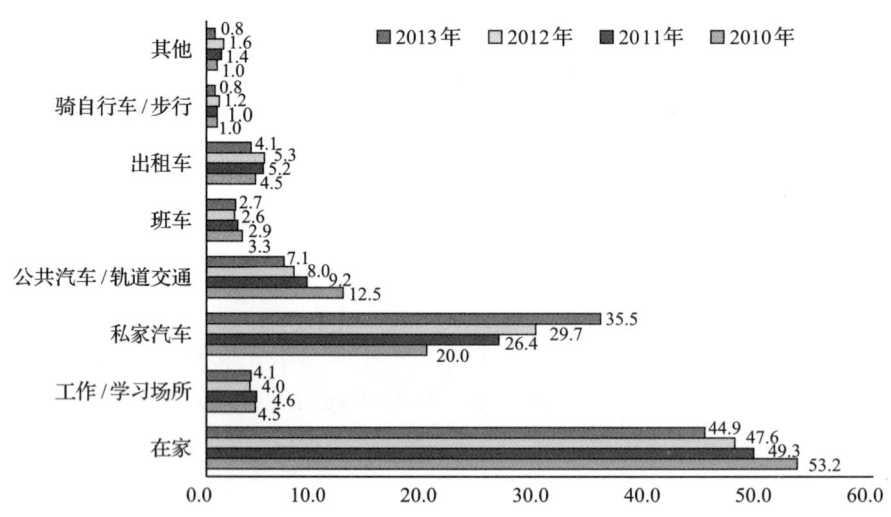

数据来源：CSM 媒介研究

图 3　2010～2013 年 31 城市 15 岁及以上听众最经常收听广播地点的选择比例（%）

2013 年较 2010 年降幅达到了 15.6%。

私家汽车越来越多地成为听众最经常收听广播的场所，所占比例呈逐年上升趋势。2013 年把私家汽车作为最经常收听广播地点的选择比例达到了 35.5%，较 2010 年、2011 年和 2012 年的升幅分别为 77.5%、34.5% 和 19.5%。听众收听地点选择的一个明显趋势是，广播移动收听的特点愈发凸显。

最经常在公共汽车/轨道交通工具收听广播的听众选择比例呈逐年下滑态势，2013 年为 7.1%；然后这个比例由高到低依次为出租车、工作/学习场所、班车、骑自行车/步行，这些场所作为听众最经常收听广播场所的选择比例不高。

2. 各目标听众群体最经常收听广播地点的选择与其角色定位相关

从 2013 年各目标听众来看，最经常收听广播地点的选择受性别、年龄、教育水平及职业的影响（表1）。与女性听众相比，男性听众相对更多地选择在私家车上和工作/学习场所收听广播，这与他们的出行方式和生活习惯有关；而女性听众最经常选择收听广播的场所则是相对更多地在家中、公共汽车/轨道交通等地方。

表 1　2013 年 31 城市不同目标听众最经常收听广播地点的选择比例（%）

目标听众	在家	工作/学习场所	私家汽车	公共汽车/轨道交通	班车	出租车	骑自行车/步行	其他
男	40.0	4.7	39.3	6.2	4.1	4.1	0.9	0.7
女	50.9	3.1	30.8	8.2	1.0	4.1	0.7	1.2
15~24 岁	42.0	6.0	28.8	13.2	1.7	6.7	1.1	0.5
25~34 岁	26.4	3.7	50.3	8.8	4.0	5.1	1.3	0.4
35~44 岁	29.8	3.7	53.0	5.0	3.6	3.7	0.8	0.4
45~54 岁	50.3	4.6	32.7	3.9	3.6	3.1	0.3	1.5
55 岁及以上	84.2	2.6	6.4	3.1	0.3	1.1	0.2	2.1
未受过正规教育	87.5	3.9	1.2	2.0	0.0	0.5	0.0	4.9
小学	74.4	5.0	11.7	4.0	0.8	1.7	0.2	2.2
初中	55.4	6.2	24.7	5.7	2.8	3.2	0.7	1.3
高中/技术学校	46.0	4.9	32.4	7.5	3.2	4.5	0.8	0.7
大学及以上	30.4	1.9	50.5	8.4	2.6	4.9	1.0	0.3
干部/管理人员	23.2	1.6	62.6	4.9	3.7	3.4	0.4	0.2
初级公务员/雇员	31.4	2.9	47.2	7.9	3.9	5.0	1.3	0.4
个体/私营企业人员	22.1	3.4	60.1	6.4	1.3	5.2	0.8	0.7
工人	41.2	9.8	25.5	9.8	7.4	4.8	1.1	0.7
学生	49.2	8.0	26.5	11.0	0.1	3.9	0.7	0.6
无业（包括退休）	75.8	0.5	13.7	5.1	0.0	2.6	0.3	2.0
其他	76.8	11.2	7.1	0.7	0.7	1.0	0.3	2.2

数据来源：CSM 媒介研究

各个年龄群体听众最经常收听地点的选择也存在明显差异。25岁及以上听众，年龄越大，选择最经常在家中听广播的比例越高，选择最经常在公共汽车/轨道交通上收听广播的比例越低。这是因为随着年龄的增长、身体状况的下降，尤其是对于老年人而言，乘坐公共汽车的困难和不便也日益增多。35~44岁和25~34岁这两部分听众是社会的中流砥柱，因此也是选择最经常在私家汽车上收听广播比例最高的两个群体（分别为53.0%和50.3%）。15~24岁的青少年群体受经济状况和生活习惯影响，选择最经常在公共汽车/轨道交通上收听广播的比例是各年龄组中最高的，选择比例为13.2%。

受教育程度对个人的工作和生活状况具有重要影响，也影响到其对收听地点的选择。2013年表现出来的特征是：低受教育程度者，包括未受过正规教育和小学学历听众选择最经常在家中听广播的比例非常高，分别为87.5%和74.4%；在私家车、公共汽车/轨道交通和出租车上等各类交通工具上最经常收听广播的比例呈现学历越高、比例越高的态势，其中大学及以上学历听众群体最经常选择在私家汽车、公共汽车/轨道交通和出租车上收听广播的比例分别达到了50.5%、8.4%和4.9%，尤以在私家车上的比例为最高，这与该类人群属于社会中坚力量，拥有私家车比例较高有关。

听众对收听地点的选择与其职业也有较强的关联性。低职业层级和赋闲在家的无业听众最经常选择在家中收听广播的比例较高，社会地位较高或者收入水平较高的从业者，最经常选择在私家车上收听广播的比例相对更高。无业人员及学生选择最经常在家收听广播的比例较大，分别为75.8%和49.2%，干部/管理人员、个体/私营企业人员和初级公务员/雇员选择最经常在私家车上听广播的比例分别达到了62.6%、60.1%和47.2%，远高于其他职业类别。

各目标听众对最经常收听广播地点的选择特点在一定程度上可以为广播媒体进行对象化编排和节目定位提供依据。

三、人均收听时间

1. 车上增幅难以弥补在家降幅，人均收听时间总体下滑

从历年所有场所人均收听时长可以看出，近年来呈现下滑态势（图4）。人均收听时长从2010年和2011年的84分钟，下降到2012年的82分钟，再下降到2013年的77分钟，跌破了80分钟。

从各个场所人均收听时长来看，家中收听时长与所有场所变化趋势一致，呈现逐年递减态势，从2010年的60分钟，逐年减少到了2013年的50分钟，降幅达到了16.7%；车上收听市场则表现为另外一种截然不同的发展趋势，人均收听时长呈逐年上涨趋势，

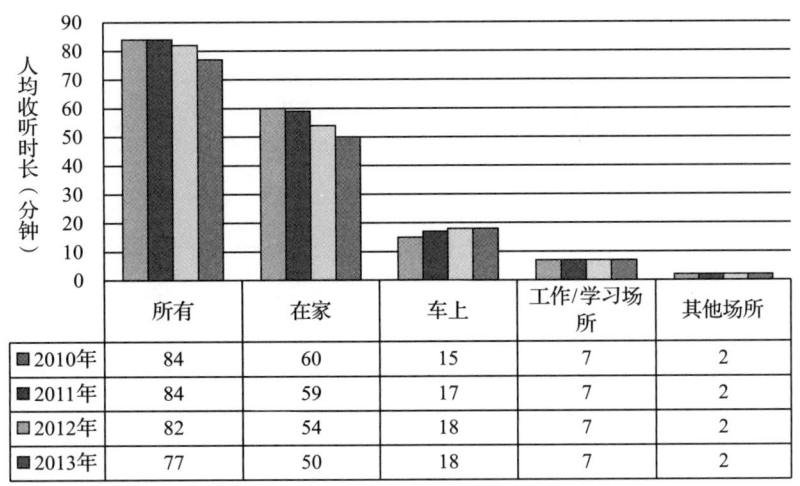

数据来源：CSM 媒介研究

图 4 2010~2013 年 31 城市不同场所人均收听时长比较

从 2010 年的 15 分钟增加到了 2012 年的 18 分钟，2013 年保持了 2012 年的水平，较 2010 年的涨幅为 20%；在工作/学习场所和其他场所的人均收听时长则基本保持稳定。虽然车上增幅大于在家降幅，但由于在家收听所占比重较大，因此导致整体人均收听水平还是出现逐年递减的态势。

2. 各目标听众在不同场所收听特征明显，车上收听人群更高端

2013 年各目标听众群体在不同场所的人均收听时长特征明显（表 2）。女性听众更多在家收听广播，人均在家收听时长为 54.3 分钟，接近 1 小时；男性听众在车上收听时长较长，达到了 25.2 分钟，为女性在车上收听时长的 2.2 倍。各年龄段听众，呈现出年龄越大，在家收听量越大的特点，25~44 岁的中青年人群在车上收听时间较长，接近半个小时，老年人受生活习惯和活动受限影响更多选择在家收听广播，而中青年群体因为有更多开车和坐车的机会而更青睐在车上收听广播。

从受教育程度来看，未受过正规教育、初中和小学学历听众在家收听广播时间较长，分别达到了人均每天 71.5 分钟、60.7 分钟和 58.4 分钟，超过或接近 1 小时，而大学及以上和高中高学历人群在车上的收听量较大，分别为 25.5 分钟和 20.2 分钟。分职业类别来看，无业者在家人均收听广播时间最长，为 94.4 分钟，远高于其他职业类别人群，干部/管理人员和个体/私营企业人员在车上收听时长明显高于其他职业类别人群，超过半个小时。这些高学历、职业级别高的人群拥有私家车的比例高，开车和坐车的机会较其他人群更多，因此决定了他们有更多的时间花费在车上来收听广播。

表2　2013年31城市不同目标听众在不同场所人均每日收听广播时间

目标听众	人均收听分钟数				
	所有场所	在家	车上	工作/学习场所	其他场所
男	80.3	45.3	25.2	7.4	2.4
女	74.1	54.3	11.4	6.1	2.3
10~14岁	32.6	26.4	4.8	0.4	1.0
15~24岁	45.8	28.9	10.8	4.4	1.7
25~34岁	64.7	29.8	26.2	6.8	1.9
35~44岁	80.0	37.9	29.5	10.1	2.4
45~54岁	89.8	57.5	20.9	9.3	2.1
55~64岁	114.4	95.0	8.5	7.6	3.3
65岁及以上	119.5	112.0	2.0	1.1	4.4
未受过正规教育	74.5	71.5	1.4	0.7	0.9
小学	70.3	58.4	5.2	4.1	2.5
初中	85.5	60.7	13.5	8.5	2.8
高中/中专/职高/技校	80.2	50.1	20.2	7.5	2.4
大学及以上	67.8	35.3	25.5	5.2	1.8
干部/管理人员	73.3	33.4	31.5	6.9	1.5
初级公务员/雇员	68.2	32.9	25.3	8.1	1.9
个体/私营企业人员	85.9	41.4	31.2	10.7	2.6
工人	79.5	42.0	23.3	12.3	2.0
学生	36.8	27.5	6.2	1.5	1.6
无业	104.1	94.4	4.4	1.8	3.6
其他	76.8	62.8	5.8	5.2	3.0

数据来源：CSM媒介研究

总体而言不同目标人群在不同场所收听特征较为明显，相对而言，车上收听人群更高端。

四、听众对各类频率的收听状况

1. 新闻、交通和音乐类频率引领收听市场

以频率名称及内容为主要分类依据，CSM媒介研究把广播频率分为10类。2013年

听众对各类型频率收听率数据显示,新闻综合类、交通类和音乐类频率的收听水平位列前3位,分别为1.48%、1.23%和0.98%,交通类频率与新闻综合类频率收听水平之间的差距在逐年缩小;然后依次为文艺类、都市生活类和经济类广播频率,收听率分别为0.57%、0.42%和0.38%;其他各类频率收听水平则很低(图5)。

从2010～2013年对比可以看出,听众对新闻类、文艺类和经济类频率的收听表现呈逐年下滑态势,降幅从8%～27%不等;交通类和都市生活类频率经过中间的短暂小幅回升后,到2013年又出现颓势,但二者的区别在于交通类频率的收听水平仍然高于2010年,而都市生活类频率则跌至2010年水平之下;音乐类频率在经历2010～2011年的平稳过渡后,2012年出现明显上升,但到2013年收听水平也出现回落,低于2012年水平但高于2010年和2011年收听水平。

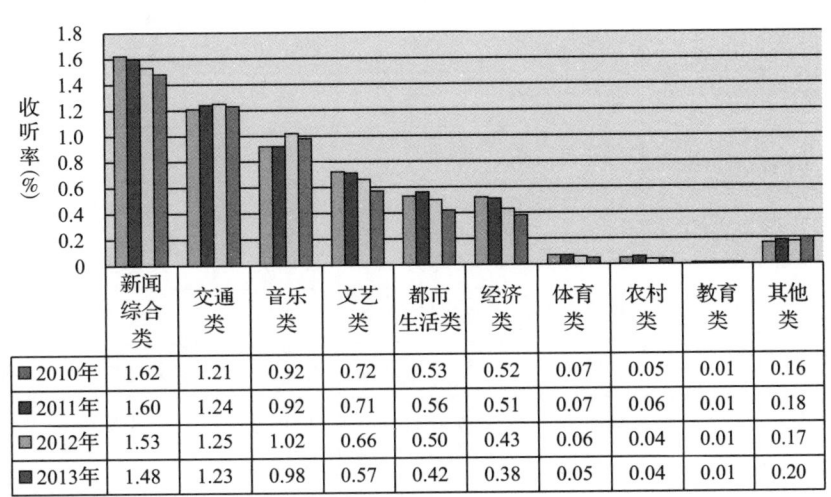

数据来源:CSM媒介研究

图5 不同类别频率历年收听率对比

2. 新闻、交通类频率独领风骚,目标听众收听特色鲜明

2013年31个城市各目标听众收听率排名前5位的频率类别基本集中在新闻综合类、交通类、音乐类、文艺类和都市生活类频率这5个类别中,经济类频率在个别目标人群中跻身前5位。新闻和交通类频率优势明显,在各目标人群中收听排名第一位的频率类别中占据了绝大多数的位置。其中新闻综合类频率更是在共21类目标人群中的11类人群中的收听水平位居第一,交通类和音乐类频率分别在7类和3类目标人群中的收听水平位居第一(表3)。

表3 2013年31城市各目标听众收听率排名前5位频率类别

目标听众	1	2	3	4	5
男	新闻综合类	交通类	音乐类	文艺类	都市生活类
女	新闻综合类	音乐类	交通类	文艺类	都市生活类
10～14岁	音乐类	新闻综合类	交通类	文艺类	都市生活类
15～24岁	音乐类	交通类	新闻综合类	文艺类	都市生活类
25～34岁	交通类	音乐类	新闻综合类	文艺类	都市生活类
35～44岁	交通类	新闻综合类	音乐类	文艺类	都市生活类
45～54岁	新闻综合类	交通类	音乐类	文艺类	都市生活类
55～64岁	新闻综合类	交通类	文艺类	经济类	音乐类
65岁及以上	新闻综合类	文艺类	都市生活类	交通类	经济类
未受过正规教育	新闻综合类	文艺类	交通类	经济类	都市生活类
小学	新闻综合类	交通类	文艺类	音乐类	都市生活类
初中	新闻综合类	交通类	音乐类	文艺类	都市生活类
高中/中专/职高/技校	新闻综合类	交通类	音乐类	文艺类	经济类
大学及以上	交通类	新闻综合类	音乐类	文艺类	都市生活类
干部/管理人员	交通类	新闻综合类	音乐类	文艺类	都市生活类
初级公务员/雇员	交通类	音乐类	新闻综合类	文艺类	经济类
个体/私营企业人员	交通类	新闻综合类	音乐类	文艺类	都市生活类
工人	交通类	新闻综合类	音乐类	文艺类	都市生活类
学生	音乐类	新闻综合类	交通类	文艺类	都市生活类
无业	新闻综合类	文艺类	交通类	音乐类	都市生活类
其他	新闻综合类	交通类	音乐类	文艺类	都市生活类

数据来源：CSM媒介研究

除了共性之外，不同目标听众对不同类别频率的收听排名也具有各自鲜明的特色。女性听众对音乐类频率的收听排名高于男性，而男性听众对交通类频率的收听排名较女性听众更靠前，这与男性听众相对更多驾车和坐车出行有很大关系。10～24岁人群对音乐类频率的收听排名第一，是其他年龄段人群无法比拟的；25～44岁人群作为社会的中坚力量，拥有私家车的比例较高，驾车和坐车出行的概率高于其他年龄段人群，决定了他们对以报道路况信息为主的交通类频率的收听排名也明显高于其他年龄段人群，但二者也有细微差别，25~34岁群体对音乐类频率的收听排名高于34~44岁人群，而后者对新闻综合类频率的收听排名更靠前，55岁及以上老年群体对新闻综合类频率的收听排名第一，同时他们对文艺类和经济类频率的收听排名也相对靠前，65岁及以上人群对都市生活类频率的收听排名相对靠前。未受过正规教育和小学学历人群的收听倾向基本类似，不同之处在于前者对经济类频率的收听较为关注，而后者对音乐类的收听更为关注；初中和高中学历程度的人群收听取向基本趋同，差异在于前者更偏重于收听都市生活类频率，后者则为经济类频率；大学及以上高学历人群对交通类频率的收听排名第一，高于其他学历程度人群。干部/管理人员、初级公务员/雇员、个体/私营企业人员和工人4类人群对各类频率的收听排名基本趋同，唯一的不同之处在于初级公务员/雇员对休闲放松类的音乐类频率收听排名相对其他几类人群更靠前；学生作为一类特殊群体，对音乐类频率的收听排名之前是其他职业类别的人群无法比拟的。不同类别听众对各类别频率的收听排名具有各自鲜明的特色，这有利于广播人根据频率定位，更好地抓住自己的目标人群来做出适合听众口味的节目。

五、听众最喜欢收听的节目类型[①]

1. 新闻、音乐和生活服务类节目广受听众欢迎

CSM媒介研究将广播节目分为10个大类，涵盖了当今广播媒体的各个节目类型。根据CSM媒介研究2013年33个收听率调查城市的基础研究数据，2013年，全国33个城市15岁及以上听众最喜欢收听广播节目类型比较集中，提供新闻资讯的新闻/时事类节目以69.7%的选择比例高居榜首，成为听众最喜爱收听的节目类型；能够充分发挥广播"优美动听"功能的音乐类节目以55.4%的选择比例位列第二，竞争优势不容忽视；和百姓生活息息相关，能够传播科普知识的生活服务类节目也获得了47.4%的铁杆听众，具有一定的市场空间；排名第四位的是文艺类节目，有25.6%的听众把该类节目列为最喜欢收听的节目；然后依次为法制类节目（6.9%）、体育类节目（6.6%）和财经类节目（5.5%），三者所占比例均超过了5%；其他（1.6%）、社教类（1.5%）和外语类（0.7%）分列最后3位（表4）。

[①] 对听众最喜欢收听节目类型的分析主要基于2013年CSM媒介研究进行收听率调查的33个城市的基础研究数据，这33个城市分别为：北京、长春、长沙、常州、成都、重庆、大连、佛山、福州、广州、杭州、哈尔滨、合肥、济南、南京、南宁、宁波、青岛、清远、泉州、上海、沈阳、深圳、石家庄、苏州、太原、天津、乌鲁木齐、武汉、无锡、西安、厦门和郑州。

表 4　2013 年 33 城市 15 岁及以上听众最喜欢收听广播节目类型的选择比例（多选）

排名	节目类型	比例（%）
1	新闻/时事	69.7
2	音乐	55.4
3	生活服务	47.4
4	文艺	25.6
5	法制	6.9
6	体育	6.6
7	财经	5.5
8	其他	1.6
9	社教	1.5
10	外语	0.7

数据来源：CSM 媒介研究

2. 新闻/时事类节目广受各类听众喜爱，其他节目类型契合听众身份

2013 年，各类目标听众在广播节目内容的选择上仍然将新闻、音乐、生活服务类节目作为最爱（表 5）。具体到每类节目受听众喜爱程度的排名，大体上符合各类听众各自的身份特征，这为广播媒体将细分听众群体与其内容偏好相结合提供了思路。

不考虑排名先后之分，33 个城市的男女听众对新闻/时事类、音乐类和生活服务类这 3 个类型的节目都表现出了共同的喜爱。此外，在男女听众最喜欢的前 6 位节目类型中，女性听众选择了财经类节目，而男性听众对此不"感冒"；女性没有选择体育类节目，而男性听众对此则情有独钟。

不同年龄的听众对节目内容的选择显示出其心理阅历、生活经历的影响。听众越是年轻，越是对音乐类节目更感兴趣；年纪越大，则越对新闻类、生活服务类节目越感兴趣。15～24 岁青少年群体的收听偏好与其他听众群体不同，其最喜欢的 3 类节目分别是音乐类、新闻/时事类和生活服务类，偏向于娱乐类的节目；35～44 岁的听众则对新闻/时事类、音乐类和生活服务类节目的关注程度最高；45 岁及以上听众群则更偏向于对新闻/时事类节目的收听，其次是生活服务类节目（表 5）。

表 5　2013 年 33 城市不同听众群体最喜欢收听的广播节目类型排名前 6 位

目标听众	1	2	3	4	5	6
男	新闻/时事类	音乐类	生活服务类	文艺类	体育类	法制类
女	新闻/时事类	音乐类	生活服务类	文艺类	法制类	财经类
15～24 岁	音乐类	新闻/时事类	生活服务类	文艺类	体育类	法制类
25～34 岁	新闻/时事类	音乐类	生活服务类	文艺类	体育类	财经类
35～44 岁	新闻/时事类	音乐类	生活服务类	文艺类	财经类	法制类
45～54 岁	新闻/时事类	生活服务类	音乐类	文艺类	法制类	财经类
55 岁及以上	新闻/时事类	生活服务类	文艺类	音乐类	法制类	财经类
未受过正规教育	新闻/时事类	生活服务类	文艺类	音乐类	法制类	其他类
小学	新闻/时事类	生活服务类	音乐类	文艺类	法制类	财经类
初中	新闻/时事类	音乐类	生活服务类	文艺类	法制类	体育类
高中/技术学校	新闻/时事类	音乐类	生活服务类	文艺类	法制类	体育类
大学及以上	新闻/时事类	音乐类	生活服务类	文艺类	体育类	财经类
干部/管理人员	新闻/时事类	音乐类	生活服务类	文艺类	财经类	体育类
初级公务员/雇员	新闻/时事类	音乐类	生活服务类	文艺类	体育类	财经类
个体/私营企业人员	新闻/时事类	音乐类	生活服务类	文艺类	法制类	财经类
工人	新闻/时事类	音乐类	生活服务类	文艺类	体育类	法制类
学生	音乐类	新闻/时事类	生活服务类	文艺类	体育类	法制类
无业（含退休）	新闻/时事类	生活服务类	音乐类	文艺类	法制类	财经类
其他	新闻/时事类	生活服务类	音乐类	文艺类	法制类	社教类

数据来源：CSM 媒介研究

从受教育水平来看，不同受教育水平听众均最喜欢收听新闻/时事类节目，小学及以下听众对生活服务类节目感兴趣，初中及以上学历听众对音乐类节目感兴趣。未受过正规教育和小学教育程度的听众最爱听新闻/时事类节目，其次是生活服务类、文艺类和音乐类节目，两者的区别在于前者更喜欢文艺类节目，而后者更喜欢音乐类节目；初中及以上学历的听众将新闻/时事类节目列为第一名，然后依次为音乐类、生活服务类和文艺类节目，其中初高中学历听众对法制类节目喜好度较高，而大学及以上学历听众则对财经类节目较为关注。

不同职业听众最喜欢收听的节目类型选择与不同教育水平听众有一定的相似之处，排名前 3 位的基本都集中在新闻/时事类、音乐类和生活服务类节目上。其中职业层级较高的听众更多地喜好新闻/时事类和音乐类节目；相比较而言，职业层级较低的群体则表现出对生活服务类节目更强的关注。总体可以分为 3 种类型，第一种类型是学生，依喜好程度排在前 3 位的节目类型依次为音乐类、新闻/时事类和生活服务类；第二种类型包括干部/管理人员、初级公务员/雇员、个体私营企业人员和工人，喜爱程度排在前 3 位的节目类型依次为新闻/时事类、音乐类和生活服务类；第三种类型包括无业（包括退休人员）和其他类人群，依据对节目的喜爱度，排在前 3 位的节目类型依次为新闻/时事类、生活服务类和音乐类。

六、结语

在当前媒介形态日趋丰富、媒介竞争日益激烈的复杂环境中，广播整体表现出颓势，总体收听水平出现持续下滑，虽然有车载收听的提升，但并不能阻止这种态势的蔓延。但黑暗中也有光明，从听众构成来看，整体出现年轻化、高端化的趋势，这一趋势在车载听众中表现得尤为突出。移动收听越来越成为重要的收听方式，越来越多的高端人士选择把私家车等交通工具作为最主要收听广播的场所。各目标听众对自己喜欢收听的频率和节目类型都有很明确的定位。广播听众表现出来的一系列特征都可为广播人在定位频率和制作节目过程中提供重要的参考。

在多媒体时代，广播受众可以在任何时间地点利用各种媒介收听到广播节目，手机、互联网、iPad、车载收音机等，均可成为收听媒介。而且随着广播技术的持续发展，人们可以收听节目的地点也在不断扩大，不再局限于某个固定的地方。从这个角度来说，虽然目前广播受众在不断被分流，广播收听市场整体出现了下滑态势，但是由于媒介的不断丰富，对广播而言也呈现出有利的一面，只要把握机会，重塑价值，广播仍有很大的发展空间。

听众车上广播收听行为分析

杨金姝　张琼子

截至2013年年底，全国汽车保有量达1.37亿辆，北京、天津、成都、深圳等8个城市汽车保有量超过200万辆，其中北京市汽车保有量更是超过了500万辆[①]。随着近年来有车群体持续快速增加，车上收听广播的听众规模迅速扩大，车上广播收听市场颇受业界关注。本文着眼于听众车上广播收听行为分析，基于CSM媒介研究33个城市[②]电视、广播视听率调查基础研究数据和收听率调查数据，对车上广播收听发展状况、听众特征和车上收听的广播频率进行分析；另外，借由CSM媒介研究《车载广播受众专项调研》项目数据，以北京私家车主为例，对听众车上收听的广播节目和影响车上广播收听的原因加以分析，以更加全面地展示听众车上广播收听行为。

一、近年来车上广播收听发展状况

本部分基于CSM媒介研究电视广播视听率调查基础研究数据，对近3年来广播收听地点、不同收听地点收听时间分布和不同地点收听率走势进行分析比较，以描述车上广播收听市场近年来的发展状况。

1. 私家车上广播收听比例连年攀升

基于2011~2013年CSM媒介研究33个城市电视广播视听率调查基础研究数据（图1），3年内听众最经常收听广播地点的选择习惯基本保持不变，选择比例排在前3

[①] 中国行业研究网：http://www.chinairn.com/news/20140211/085433111.html。
[②] 2013年33个城市包括上海、北京、天津、深圳、广州、杭州、南京、哈尔滨、郑州、沈阳、济南、长春、佛山、长沙、武汉、大连、太原、西安、乌鲁木齐、苏州、合肥、成都、石家庄、福州、南宁、厦门、无锡、重庆、青岛、宁波、常州、泉州和清远。

位的均是"在家"、"私家汽车"和"公共汽车/轨道交通"。从 2011 年到 2013 年,虽然每年都有近五成或超过四成的听众最经常收听广播的地点为"在家",但是选择比例呈现逐年下降态势,从 2011 年的 48.49%减少到 2013 年的 43.67%,下降了 4.82 个百分点。2013 年,在其他所有收听地点选择比例都下降的同时,私家汽车则越来越多地成为听众最经常收听广播的场所,把私家汽车作为最经常收听广播地点的选择比例从 2011 年的 26.57%增加到 2013 年的 35.70%,上升了近 10 个百分点。收听地点的变化正在形成一个明显的趋势,私家汽车广播移动收听的特点越来越突出。

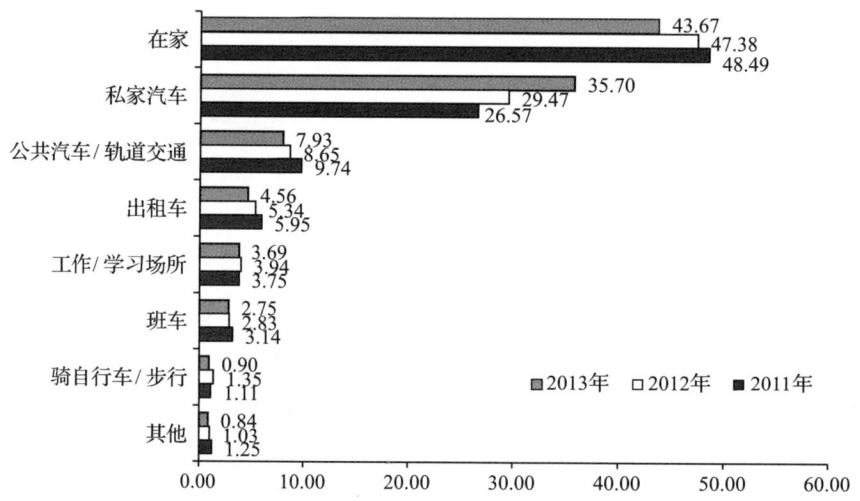

数据来源:CSM 媒介研究 33 城市电视广播视听率调查基础研究

图 1 33 城市 15 岁及以上听众最经常收听广播地点的选择比例 (%)

2. 在车上收听广播的时间逐年增多

根据 CSM 媒介研究收听率调查数据,2011~2013 年全国 33 个城市所有场所的人均收听分钟数呈现逐年下降的趋势,2013 年所有场所收听时间比 2011 年减少了 7.6 分钟,比 2012 年下降了 4.19 分钟(表 1)。详细来看,2013 年在家中收听的人均收听分钟数下降明显,比 2011 年减少了 9.33 分钟;工作/学习场所和其他场所的人均收听时长略有增加,2013 年同比 2011 年的增幅均未超过 0.5 分钟;而在车上的人均收听分钟数增长相对明显,2013 年比 2011 年增加了 1.49 分钟,相比 2012 年也增加了 0.55 分钟。

从 2011 年到 2013 年各年不同收听场所收听比重的变化来看(图 2),在家中收听广播的时间比重均保持在 60%以上,但呈现逐年下降的趋势,从 2011 年的 69.48%降到了 2013 年的 64.22%,减少了 5.26 个百分点;而在车上收听广播的比重则是逐年上升的趋势,从 2011 年的 20.16%提高到 2013 年 24.08%,增加了 3.92 个百分点。

表1 10岁及以上广播听众在不同收听场所的人均收听时长（分钟）

收听场所	2011年	2012年	2013年
在家	58.79	53.95	49.46
车上	17.06	18.00	18.55
工作/学习场所	6.61	7.03	6.69
其他场所	2.17	2.24	2.32
所有	84.62	81.21	77.02

数据来源：CSM媒介研究

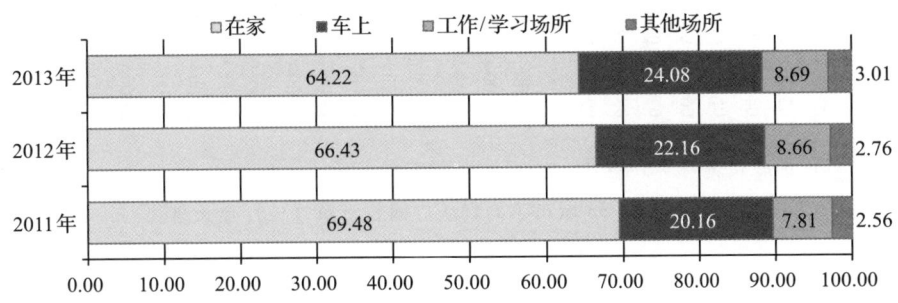

数据来源：CSM媒介研究

图2 2011~2013年听众不同收听场所收听比重（%）

3. 上下班高峰期车上广播收听率增长明显

根据2013年33个城市听众在家、车上、工作/学习场所和其他场所4类不同收听地点的全天收听率走势（图3），在家中收听广播的全天收听率波动较多，收听高峰主要集中在上午07:00~08:00、中午12:00~13:00、晚上18:00~19:00和20:00~21:00，全天收听率最高峰出现在早上07:00左右；在车上收听广播的收听率高峰期相对明显和集中，主要是在上午07:00~09:00和下午17:00~19:00左右两个时段，这与城市交通高峰时段契合度较高，其他时段起伏变化不大，全天收听率最高峰出现在早上08:30左右；在工作/学习场所的全天收听走势波动相对平缓，全天收听率最高峰值出现在中午12:00左右。

对比2011~2013年33个城市听众在家收听广播的收听率全天走势（图4），3年来收听率全天走势形态接近，收听率高峰都主要集中在上午07:00~08:00、中午12:00~13:00、晚上18:00~19:00和20:00~21:00这4个时段。虽然3年的收听率走势曲线保持一致，但是收听率却呈现逐年下降的趋势，尤其在06:00~22:00时段出现普遍下降。

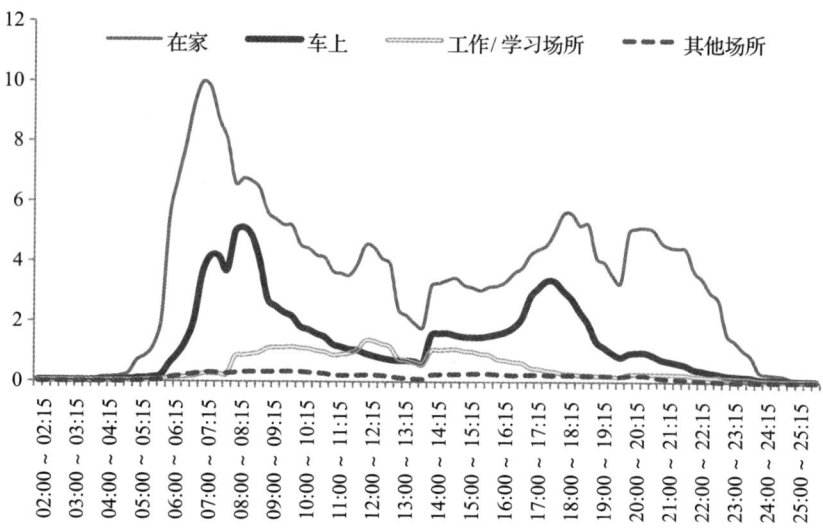

数据来源：CSM 媒介研究

图 3　2013 年 33 城市不同场所广播收听率（%）全天走势

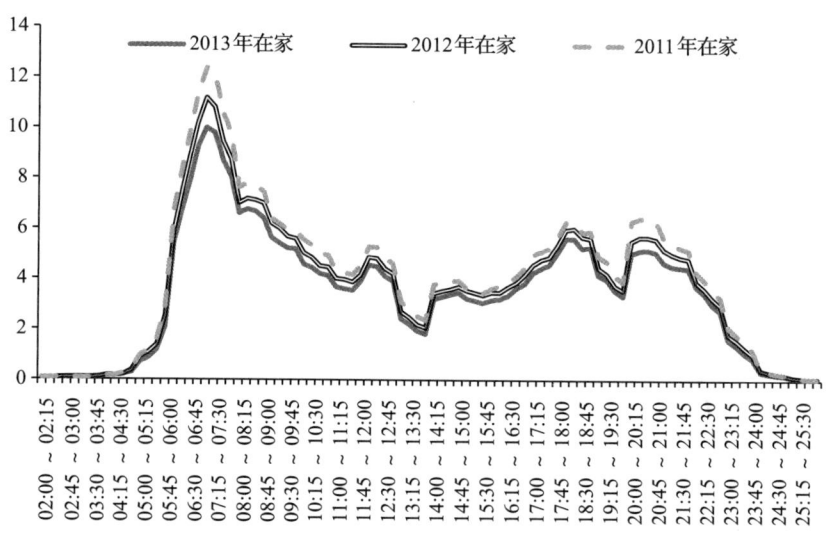

数据来源：CSM 媒介研究

图 4　2011～2013 年 33 城市在家广播收听率（%）全天走势

而从 2011～2013 年 33 个城市听众车上收听广播的收听率全天走势来看（图 5），3 年的收听率全天走势基本保持一致，但在上午 07:00～09:00 和下午 17:00～19:00 两个收听率高峰时段（这两个时段也是上下班高峰期），收听率增长明显。

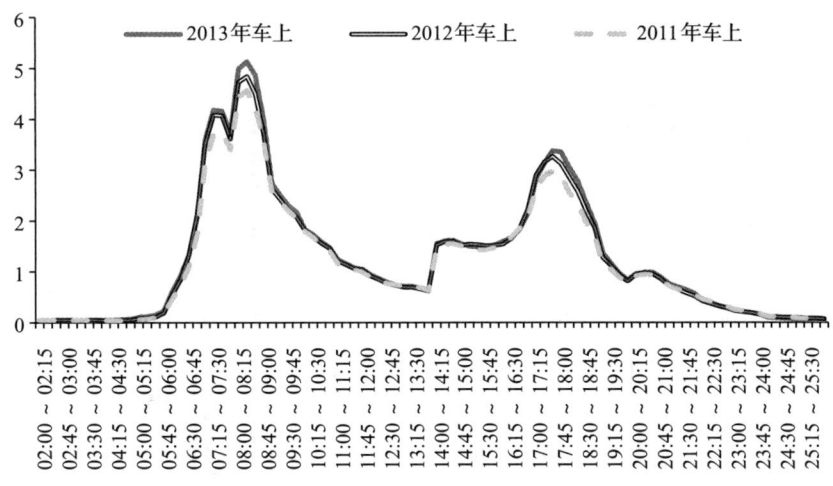

数据来源：CSM 媒介研究

图 5　2011～2013 年 33 城市车上广播收听率（%）全天走势

二、车上广播听众特征

从 2013 年 33 个城市车上收听广播的听众特征来看（图 6），在车上收听广播的听众以男性、中青年、高学历、高收入人群为主。

从听众构成来看（图 6），在车上收听广播的听众中，男性比例近七成，远高于女性听众比例；25～44 岁中青年听众比例较高，高于其他年龄段听众；在受教育程度方面，随着学历的增高听众比例随之增高，具有大学及以上教育背景的听众比例最高，其次是

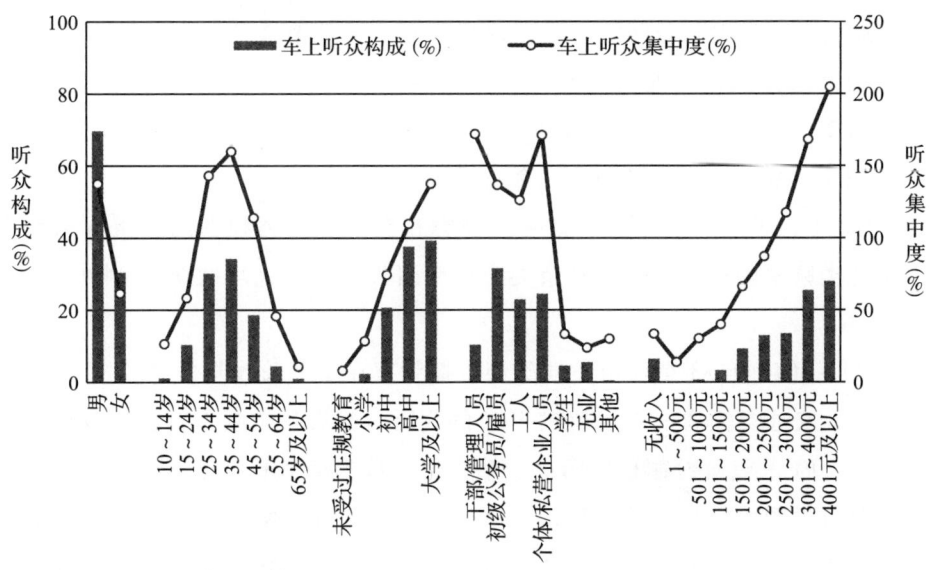

数据来源：CSM 媒介研究

图 6　2013 年 33 城市车上广播听众的特征

高中教育程度的听众；从职业背景来看，初级公务员/雇员的比例最高，其次是个体/私营企业主和工人，3 类人群的比例明显高于其他职业背景的听众；个人月收入超过 3000 元的人群比例较高，且明显高于其他收入水平听众的比例。

从听众集中度来看，在车上，男性听众的收听倾向更加突出；年龄方面，25～54 岁的听众集中度均超过 100%，其中 35～44 岁的听众集中度更是超过 150%；从受教育程度看，高中及以上教育背景的听众在车上收听广播的倾向明显高于其他受教育程度听众；职业方面，干部/管理人员和个体/私营企业人员的集中度均超过 150%，车上收听广播的倾向尤为明显，此外，初级公务员/雇员和工人的听众集中度均超过 100%，车上收听倾向也较突出；从个人月收入方面看，收入越高，车上收听广播的听众集中度越高，2501 元及以上听众的集中度都在 100% 以上，车上收听倾向较为明显，其中个人月收入在 4001 元及以上的听众集中度在各类人群中最高，是车上广播听众中收听倾向最高的一类听众。

三、听众车上收听的广播频率

本部分主要基于 CSM 媒介研究收听率调查数据，从 33 个城市车上广播收听整体以及各个城市中收听排名第一频率及相关信息，来分析听众在车上主要收听的广播频率。

1. 交通、音乐和新闻综合频率是听众车上收听的 3 类主要频率

根据 2011～2013 年 33 个城市车上不同类型广播频率的收听率和人均收听分钟数（表2），交通类、音乐类和新闻综合类频率稳居近 3 年听众车上收听前三甲。其中，交通类频率以较大优势领先其他类型频率，且收听率和人均收听分钟数呈逐年上升的趋势，收听率从 2011 年的 0.60% 增加到 2013 年 0.66%，人均收听分钟数从 2011 年的 8.68 分钟上升到 2013 年的 9.44 分钟，领先优势在不断扩大。

同比 2012 年，2013 年音乐类、新闻综合类和都市生活类频率的收听成绩均有小幅上升，而文艺类频率则有所下降。其余类型频率因收听率和人均收听分钟数偏低，收听变化较不明显。

根据 2011～2013 年 33 个城市不同类型广播频率在车上的收听份额数据（表3），10 类广播频率中，交通类频率一直以超过 50% 的收听份额居各类频率首位，音乐类和新闻综合类以超过 10% 的收听份额稳居第二、第三位。从 3 年来的变化看，交通类和音乐类广播频率的收听份额均呈现上升趋势，交通类频率的收听份额从 2011 年的 50.85% 上升到 2013 年的 50.90%，增加了 0.05 个百分点；音乐类频率则从 2011 年的 18.54% 增长到 2013 年的 21.99%，增加了 3.45 个百分点；而其余 8 类广播频率的收听份额均呈

现出不同程度的下滑，其中份额下降较明显的是文艺类广播频率，3 年间减少了 1.62 个百分点。

表2 2011～2013 年 33 城市车上不同类型广播频率的收听率（%）和人均收听时长（分钟）

频率类别	2013 年		2012 年		2011 年	
	收听率%	人均收听分钟数	收听率%	人均收听分钟数	收听率%	人均收听分钟数
交通	0.66	9.44	0.64	9.15	0.60	8.68
音乐	0.28	4.08	0.27	3.85	0.22	3.16
新闻综合	0.15	2.10	0.14	1.98	0.14	2.01
都市生活	0.07	1.00	0.06	0.88	0.07	0.98
文艺	0.06	0.82	0.07	1.03	0.07	1.03
经济	0.04	0.56	0.04	0.59	0.04	0.59
其他	0.02	0.35	0.02	0.32	0.03	0.38
体育	0.01	0.15	0.01	0.16	0.01	0.17
教育	0.00	0.01	0.00	0.01	0.00	0.01
农村	0.00	0.04	0.00	0.03	0.00	0.05

数据来源：CSM 媒介研究

表3 2011～2013 年 33 城市不同类型广播频率的车上收听份额（%）

频率类别	2013 年	2012 年	2011 年
交通	50.90	50.84	50.85
音乐	21.99	21.38	18.54
新闻综合	11.31	10.99	11.76
都市生活	5.39	4.90	5.76
文艺	4.42	5.72	6.04
经济	3.02	3.26	3.45
其他	1.90	1.80	2.25
体育	0.81	0.90	1.02
教育	0.07	0.03	0.07
农村	0.19	0.18	0.27

数据来源：CSM 媒介研究

2. 33 个城市中有 29 个城市交通类频率位居听众车上收听榜首

车上广播听众对交通类频率的收听喜爱，在具体的城市地方市场也可得到体现。根据 CSM 媒介研究 33 个城市中车上收听率排名第一的频率及其分类信息（表4），33 个城市中有 29 个城市的交通类频率高居地方车上收听市场的榜首，可见车上听众对交通类频率的收听有所偏好。除交通类频率外，3 个音乐类频率和 1 个新闻综合类频率位居另外 4 个城市车上收听市场的第一。

表4　33 城市中车上收听率排名第一的频率及所属频率类型

城市	频率名称	频率类型
北京	北京人民广播电台交通广播（FM103.9/CFM95.6）	交通
长春	长春交通之声广播电台（FM96.8）	交通
长沙	湖南人民广播电台交通频道（FM91.8/FM100.3）	交通
常州	常州人民广播电台交通广播（FM90）	交通
成都	四川人民广播电台交通广播（FM101.7）	交通
重庆	重庆人民广播电台交通频率（FM95.5）	交通
大连	大连人民广播电台第四套广播交通广播（FM100.8）	交通
佛山	佛山人民广播电台（FM92.4）	交通
福州	福建 987 私家车广播（FM98.7）	交通
广州	广东广播电视台羊城交通广播台（FM105.2）	交通
杭州	杭州交通经济广播（FM91.8）	交通
哈尔滨	黑龙江交通广播（FM99.8）	交通
合肥	合肥交通广播（AM1053/FM102.6）	交通
济南	济南交通广播（FM103.1）	交通
南京	南京交通台交通（FM102.4）	交通
南宁	广西电台教育生活广播（FM93.0）	音乐
宁波	镇海台（私家车音乐台 FM104.7）	交通
青岛	青岛交通广播（FM89.7/AM900）	交通
清远	清远新闻资讯广播（FM88.7）	新闻综合
泉州	泉州人民广播电台 904 交通之声（FM90.4）	交通
上海	上海流行音乐广播 动感 101（FM101.7）	音乐
沈阳	辽宁广播电视台交通广播（FM97.5）	交通

续表

城市	频率名称	频率类型
深圳	深圳广播电台交通频率（FM106.2）	交通
石家庄	石家庄广播电视台交通广播（FM94.6）	交通
苏州	苏州交通广播（FM104.8）	交通
太原	太原人民广播电台交通频率（FM107）	交通
天津	天津人民广播电台交通广播（FM106.8）	交通
乌鲁木齐	新疆人民广播电台949交通广播（FM94.9）	交通
武汉	楚天交通广播（FM92.7）	交通
无锡	无锡广播电视台交通广播（FM106.9）	交通
西安	陕西广播电视台交通广播（AM1323/FM91.6）	交通
厦门	厦门音乐广播（FM90.9）	音乐
郑州	河南人民广播电台交通广播（FM104.1）	交通

数据来源：CSM 媒介研究

四、听众车上收听的广播节目

私家车主是车辆驾驶和车上广播收听的主要受众，本部分借助 CSM 媒介研究 2013 年进行的"车载广播受众专项调研"，以北京私家车主为例，对车上广播收听的节目和影响收听的因素进行分析。

1. 交通路况信息是北京私家车主车上收听最喜爱的节目类型

根据 CSM 媒介研究 2013 年进行的"车载广播受众专项调研"数据（表5），就北京私家车主在车上喜爱收听的广播节目类型而言，交通路况信息类节目受喜爱程度最高，选择比例达 86.8%；除交通路况信息外，交通类节目还包括第十位交通投诉、第十一位交通咨询、第十四位交通政策信息。除排名第二位的内地流行歌曲外，在选择比例排名前 15 位中，还有 3 类为音乐类节目，分别为第四位港台流行歌曲、第五位欧美流行歌曲和第六位轻音乐，由此可见，北京私家车主对各种类型音乐类节目的喜爱比例较高。对于新闻类节目，除排名第三位的时事新闻外，还有第七位的社会新闻、第十三位的娱乐新闻、第十五位的财经新闻。选择比例排名前 15 位的其他类型节目分别被文艺类、车辆信息类节目囊括。

表5 北京私家车主在车上喜爱收听的节目类型选择比例排名前15位（多选）

排名	节目类型	选择比例%	排名	节目类型	选择比例%
1	交通路况信息	86.84	9	车辆维修和保养信息	19.91
2	内地流行歌曲	63.78	10	交通投诉	19.73
3	时事新闻	43.75	11	交通咨询	17.92
4	港台流行歌曲	37.80	12	评书	16.28
5	欧美流行歌曲	31.31	13	娱乐新闻	15.00
6	轻音乐	30.40	14	交通政策信息	13.46
7	社会新闻	29.82	15	财经新闻	13.14
8	相声小品	27.79			

数据来源：CSM媒介研究车载广播受众专项调研

2. 本地交通节目最受北京私家车主听众青睐

具体来看北京私家车主经常收听的广播节目（表6），私家车主经常收听的广播节目选择比例排名第一的是《一路畅通》，经常收听的百分比达到45.13%，遥遥领先于其他节目；排名第二的节目为交通广播FM103.9每半点播报的《路况信息》，27.47%的北京私家车主经常收听，以较大幅度领先于其他广播节目；排名第三的栏目为《海阳现场秀》，经常收听的选择比例为2.82%，与排名前2位的栏目存在较大差距，其余节目的选择比例都未超过3%。

表6 北京私家车主经常收听的广播节目选择比例排名前10位（多选）

排名	节目/所属频率	选择比例%	排名	节目/所属频率	选择比例%
1	一路畅通/FM103.9	45.13	6	大铭脱口秀/FM106.6	1.45
2	路况信息/FM103.9	27.47	7	欢乐正前方/FM103.9	1.44
3	海阳现场秀/FM106.6	2.82	8	雄鸡唱晓/FM102.5	1.08
4	空中笑林/FM87.6	2.20	9	早间第一资讯/FM90.5	0.78
5	交通新闻/FM103.9	1.83	10	Morning Call/FM88.7	0.77

数据来源：CSM媒介研究车载广播受众专项调研

3. "节目内容不喜欢"和"广告插播"是听众车载收听换台的主要原因

根据CSM媒介研究车载广播受众专项调研数据，节目内容和广告是私家车主在车上收听广播时换台的主要原因（表7）。其中，接近60%的私家车主因为"节目内容不喜欢"而换台，超过45%的私家车主因为"广告插播"转台，超过30%的私家车主因为"节目结束"换台，其余换台原因所占比重相对较小，均未超过5%。

表7 北京私家车主车上收听广播换台的原因选择比例（仅列出选择比例大于5%的选项，多选）

换台原因	选择比例%
节目内容不喜欢	57.4
广告插播	45.4
节目结束	32.7

数据来源：CSM媒介研究车载广播受众专项调研

五、结语

本文从近年来车上广播收听发展状况、车上广播听众特征、听众车上收听的广播频率和节目四方面，对车上广播收听行为进行了分析。随着人民生活水平的提高，城市汽车保有量不断增长，民众移动能力和范围增加，城市受众的生活和媒介接触行为都发生了较大变化。在广播收听方面，虽然家中仍然是听众收听广播的最主要场所，但随着移动生活的扩大，越来越多的受众经常在私家车上收听广播，家中收听广播的比例则呈逐年下降的态势；与此同时，伴随整体广播收听时长的下降，车上广播收听时长正在不断增长，车上正成为受众收听广播的新市场；从收听率时段分布来看，车上广播收听峰值伴随早晚上下班时段而出现，且早晚上下班高峰时段收听率有逐年上升的态势。

车上广播听众呈现出以男性、中青年、高学历和高收入人群为主的特征。在以交通移动为主要功能的汽车上，加之广播伴随功能的发挥，与交通信息密切相关的交通类广播频率占据着车上广播收听市场的过半份额，交通广播节目也成为人们喜爱收听的最主要节目类型。

广播收听市场的主力军
——老年听众收听状况简析

陈明　张洁

人口老龄化这一最开始主要涉及发达国家的问题，如今在中国也越来越突出。据国家统计局2014年1月20日发布的《2013年国民经济发展稳中向好》新闻公报披露：截止2013年年底，我国60周岁及以上人口20 243万人，占总人口的14.9%。作为社会重要的一个构成群体，老年人群常常被一些领域的经营者所忽视。收入水平低，购买力弱，消费观念落后等常常是某些经营者对老年人群的评价。如今随着我国经济的快速发展，老年人作为日益庞大的社会群体，其消费观念和消费水平也在不断改变和提高，其购买力总和也是相当可观的。据中国老龄科学研究中心的一项调查，城市老人中有42.8%的人拥有储蓄存款。2010年，全年城镇基本养老保险基金总收入13 420亿元，同比增长16.8%，全年基金总支出10 555亿元，同比增长18.7%。老年人群潜藏巨大的消费能力，其中的商机不言而喻。在媒介市场化及新媒体迅猛发展的形势下，包括广播在内的各媒体都要面对竞争白热化的受众市场，老年受众也成为各媒体不容忽视的一个数量日益增长的群体。相对于其他媒体，广播收听的伴随性、接收方式的便捷性、收听成本低和对受众的文化要求较低等特点，使其在老年群体中更有进步和发展的空间。再加上现阶段我国老年受众早已形成收听广播的习惯，广播也很有可能成为老年人群最主要的接触媒体类型。

本文将以60岁及以上的老年听众作为分析对象，通过比较其与10岁及以上广播听众整体在收听行为上的异同，来对老年听众的主要收听特征、对频率和节目的选择等情况加以分析和总结。

一、收听特征：老年听众是收听主力军

1. 老年听众对广播的人均收听时长、忠实度和集中度高于其他年龄段听众

2013 年，在全国 33 个城市广播收听市场，10 岁及以上所有听众人均收听广播的时长为 77 分钟，较前两年有小幅下降①。虽然 2013 年老年人群收听广播的时间也有下降（较 2012 年减少了 8 分钟），但其收听广播时间仍旧很长，近 3 年老年人的人均全天收听广播时间都在 120 分钟以上，其收听广播时间大幅度高于 10 岁及以上所有人（图 1），并且其收听时间并没有随着不同调查波次而有大幅度的变化，2013 年四个调查波次的人均收听时间都在 119~121 分钟之间（图 2），收听广播在老年人群的全天生活中占据了较大的一部分时间。

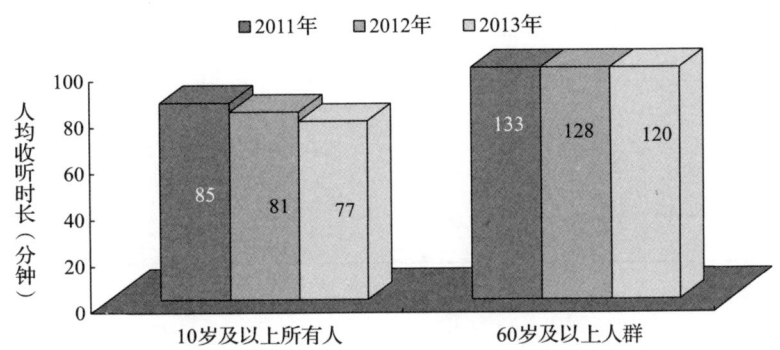

数据来源：CSM 媒介研究

图 1 2011~2013 年 10 岁及以上所有人和 60 岁及以上老年人群人均收听时长比较

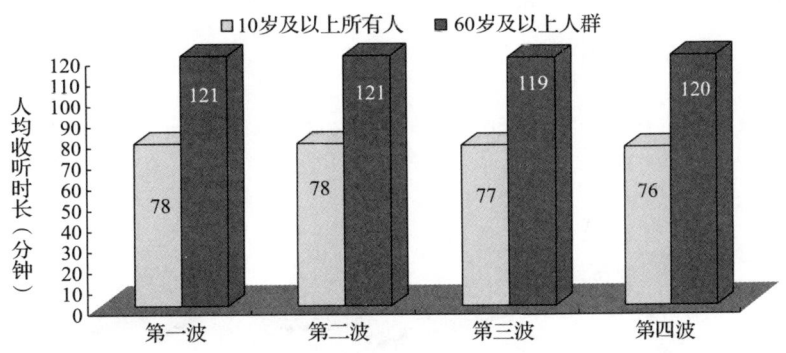

数据来源：CSM 媒介研究

图 2 2013 年 10 岁及以上所有人和老年人群各调查波次人均收听时长比较

---

① 如不做特殊说明，数据均来自 CSM 媒介研究 2011 年 33 个城市四波调查数据、2012 年 33 个城市四波调查数据和 2013 年 33 个城市四波调查数据。

下面再对 2013 年不同年龄段人群的主要广播收听指标进行比较，不论是收听率、人均收听分钟数，还是平均忠实度、集中度，60 岁及以上老年人群都要高于其他年龄段的人群，是广播听众的主要群体；其中 65 岁以上的老年人更为明显，其收听广播的时间最长，达到了 122 分钟（表 1）。伴随性强的广播成为老年人作为日常娱乐消遣的一个重要工具，主要原因有：老年人相对有充裕地闲暇时间；老年群体大部分都经历过广播的繁荣期，对广播有一定的情感；老年"视觉退化"等。

表 1　2013 年不同年龄段听众各广播收听指标比较

目标听众	收听率%	人均收听分钟数	平均忠实度%	集中度%
10 岁及以上所有人	5.3	77	9.4	100.0
10～14 岁	2.1	30	6.6	40.0
15～24 岁	3.0	43	7.4	56.5
25～34 岁	4.4	63	8.3	83.1
35～44 岁	5.6	81	9.4	106.5
45～54 岁	6.1	88	9.6	115.1
55～64 岁	7.7	112	11.3	146.5
65 岁及以上	8.5	122	12.3	159.9
60 岁及以上	8.4	120	12.0	158.0

数据来源：CSM 媒介研究

2. 老年人群的全天收听走势与其早起、早睡等生活作息习惯相符合

（1）老年人群全天收听走势与 10 岁及以上所有人基本一致，但水平较高

从图 3 可以看出，2013 年，60 岁及以上老年听众和 10 岁及以上所有人收听广播的全天走势基本一致，早间、中午和傍晚有 3 个收听高峰，其中全天收听率最高的时段集

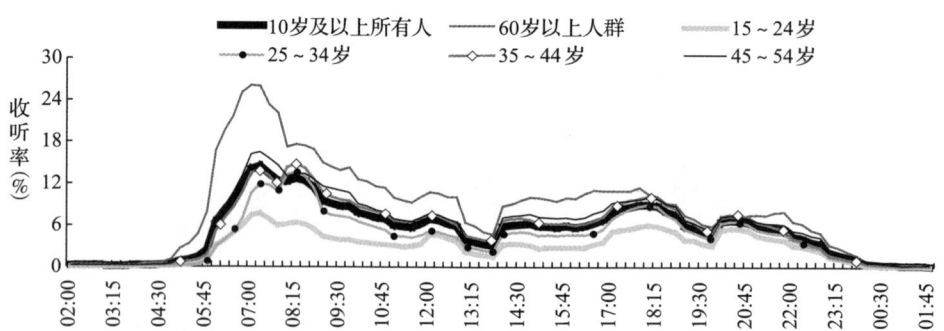

数据来源：CSM 媒介研究

图 3　2013 年不同年龄段听众全天收听率走势比较

中在早间07:00左右,午间12:00和傍晚18:00左右呈现收听次高峰,且从下午14:30左右就呈现收听逐渐走高的态势。除了这些共同特征外,我们也可以发现,老年人群在几乎全天各时段的收听率都高于10岁及以上所有人和中青年人群,该年龄段是广播收听的主力军,且相对其他人群,老年人群从早间04:30就开始呈现收听递增趋势,而晚间22:00开始收听递减,这也与老年人群的早起、早睡等生活作息习惯相符合。

从老年人群在不同场所的全天收听走势比较中可以看出,不论是白天还是晚上,老年人群主要集中在家里收听广播,其早间在家收听广播的收听率最高达到了近25%,而午间和晚间收听率高峰也达到了10%左右,其全天各时段在家收听广播的收听率要明显高于在车上等场所的收听率。由于广播媒介的收听便捷性及车载广播接收技术成熟,老年听众在车上和工作/学习场所也稍有收听广播,其最高收听率峰值在1%左右,但该收听率相对年轻人群(如15~24岁)还是偏低的,而在其他场所收听率比较低,都在1%以下(图4)。2011年至2013年,老年人群在家的收听量逐年下降,但整体仍遥遥领先于其余场所,车上、工作/学习场所和其他场所的收听量仍然较低(图5)。

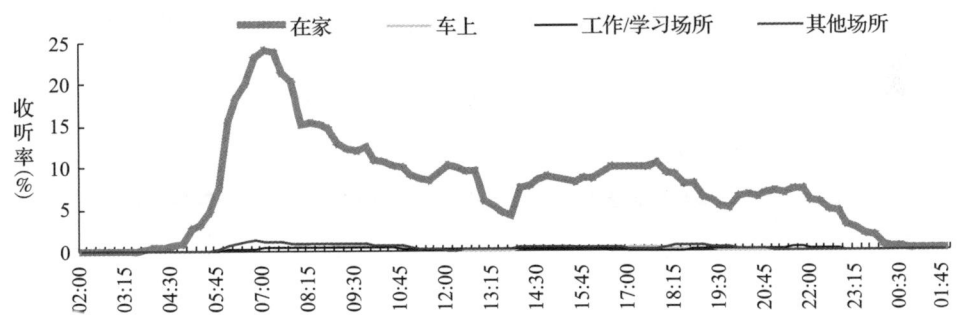

数据来源:CSM媒介研究

图4 2013年老年人群在不同收听场所的全天收听率走势比较

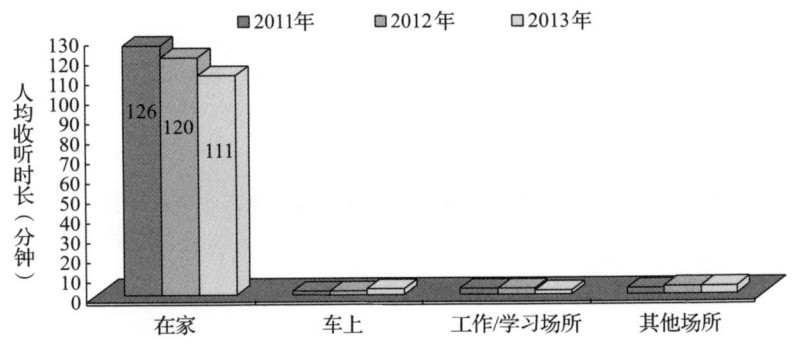

图5 2011~2013年老年人群在不同收听场所的全天人均收听时长比较

（2）老年人群工作日收听广播时间更长，工作日和周末全天收听走势基本一致

老年人群不论在工作日还是周末，其人均收听时间都明显高于10岁及以上所有人。与所有人的收听时间呈现相同态势的是，老年人群周末收听广播的时间稍低于工作日，并且两听众群在2013年工作日的收听时间都低于前两年（图6）。结合图7老年人群工作日和周末全天收听率走势，可以发现老年人群工作日和周末全天收听走势基本一致，周末收听率下降的主要时段在早间，其他时段的收听率基本持平。

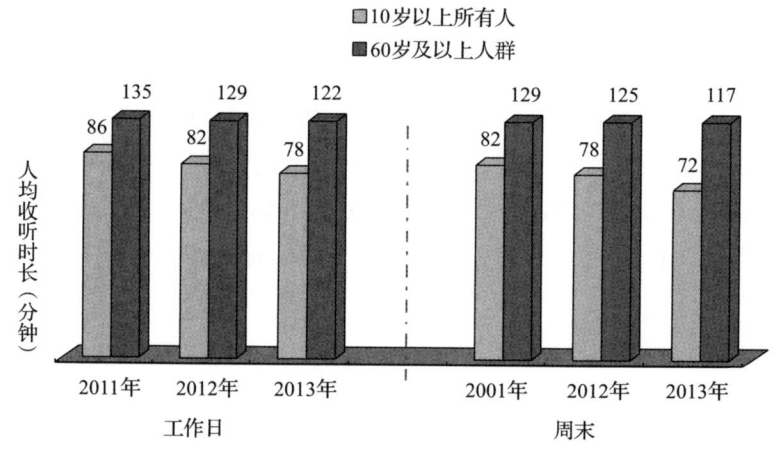

数据来源：CSM媒介研究

图6　2011~2013年老年人群在工作日和周末的人均收听分钟数比较

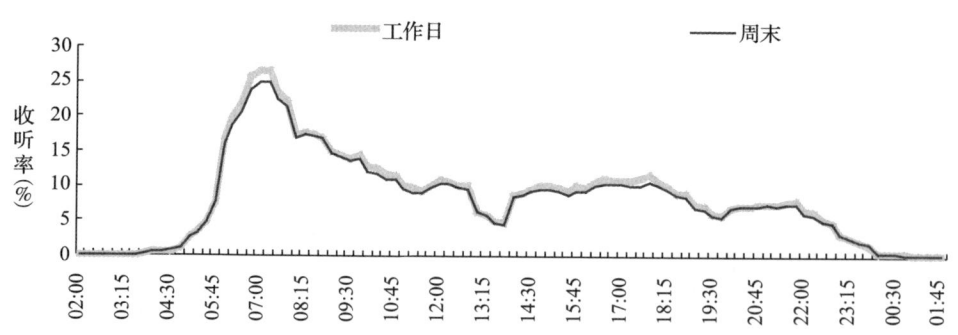

数据来源：CSM媒介研究

图7　2013年老年人群在工作日和周末的全天收听率走势

二、频率选择：新闻类省市级本地频率占据主导地位，"中国之声"优势明显

目前，多频率环境在中国的城市特别是直辖市、省会城市中已经形成，在一个城市中通常可以收听到多达十几个的电台频率。在这种激烈的竞争态势下，频率需要不断适应受众需求和广播发展趋势，而目标听众对频率的选择也能从另一个侧面反映其对广播频率的收听偏好及让广播频率在激烈的竞争环境中找准自己的听众定位，以实现市场占有的最大化。

从频率组选择角度来看，老年听众与10岁及以上所有听众收听选择相似，收听省市级频率的比例高，其中省级频率相对更高，其全天整体市场份额在55%以上（图8）。老年听众收听中央级频率相对较多，这与老年听众对时政新闻等资讯的需求量大，而中央级广播频率相对更具有权威性、准确性等特性有很大关系。对于省市级频率，尤其是市级广播频率来说，发挥本地区位优势，通过贴近性、本地化等运作进行本土化服务也是凸显频率特色、争取更多听众的有效方式之一。

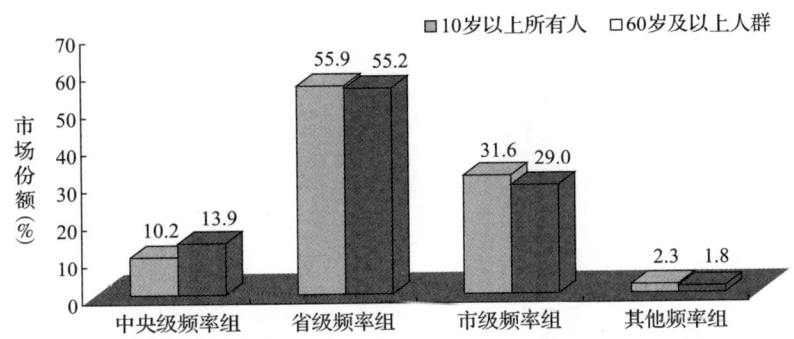

数据来源：CSM媒介研究

图8　2013年全天各级频率市场份额比较

不论是所有听众还是老年听众，他们绝大多数人都应该十分希望了解和关注身边所发生的事情，而广播频率也应在频率栏目设置、内容安排等方面最大限度地满足听众对身边事情关注与了解的愿望。从频率的专业特性看，新闻类频率相对比较适合本土化运作，从而获取较高的收听率，这一点从表2中也可以得到一定的印证。在2013年33个城市中老年收听率最高的频率中，以新闻为主的频率有19个，超过半数，占主导地位。除了新闻频率之外，中央人民广播电台第一套节目中国之声也是各地老年听众首选的频

率,影响力辐射华北、华东、华中及西部等各区域城市的老年听众,而女性、都市生活等专业频率在某些城市也深受老年听众的喜爱。

表2 2013年33城市老年人群全天收听率排名第一的频率

城市	全天收听率排名第一的频率	城市	全天收听率排名第一的频率
北京	中央人民广播电台第一套节目中国之声(FM106.1)	宁波	宁波电台宁波之声(新闻广播)(FM92.0/AM1323)
合肥	中央人民广播电台第一套节目中国之声(FM106.1)	上海	上海人民广播电台(AM990/FM93.4)
南宁	中央人民广播电台第一套节目中国之声(FM106.1)	深圳	深圳广播电台新闻频率(FM89.8)
乌鲁木齐	中央人民广播电台第一套节目中国之声(FM106.1)	石家庄	石家庄广播电视台新闻广播(AM882/FM88.2)
福州	中央人民广播电台第一套节目中国之声(FM106.1)	苏州	苏州广播电视总台新闻综合频率(AM1080)
青岛	中央人民广播电台第一套节目中国之声(FM106.1)	清远	清远新闻资讯广播(FM88.7)
武汉	中央人民广播电台第一套节目中国之声(FM106.1)	泉州	泉州人民广播电台889新闻频道(FM88.9/AM576)
长春	吉林人民广播电台新闻综合广播(FM91.6/AM738)	天津	天津人民广播电台新闻广播(FM97.2/AM909)
长沙	湖南人民广播电台综合广播(FM102.8/FM93.0)	厦门	闽南之声广播(AM801/FM101.2)
常州	常州人民广播电台新闻综合广播(FM103.4)	哈尔滨	黑龙江都市女性广播(FM102.1)
成都	四川人民广播电台新闻频率(FM98.1/AM1116)	广州	广东广播电视台南方生活广播(FM93.6/AM999)
重庆	重庆人民广播电台重庆之声(FM96.8/AM1314)	沈阳	辽宁广播电视台都市广播(FM92.1/AM1341)
大连	大连广播电台第一套广播新闻广播(FM103.3/AM882)	太原	山西广播电视台健康之声(FM105.9)
佛山	佛山人民广播电台(FM94.6)	无锡	无锡广播电视台经济广播(FM104/AM1251)
杭州	浙江之声(FM88/FM101.6/AM810)	郑州	河南人民广播电台娱乐976(AM1143/FM97.6)
济南	济南新闻广播(FM106.6)	西安	陕西广播电视台都市广播(FM101.8/AM1008)
南京	江苏新闻广播(FM93.7)		

数据来源:CSM媒介研究

三、节目选择：更为关注新闻资讯及娱乐和生活服务节目[①]

1. 对节目类型的选择

对于广播频率来说，节目就是其产品。产品质量的高低直接影响了广播频率的社会、经济效益。因此，打造高质量、有社会影响力的栏目是各广播频率制作节目的努力方向。频率播出的节目类型、节目播出的时长等因素往往也对广播频率的听众规模、听众收听的时间长短具有很大影响。

在2013年33个城市播出的所有节目类型中，音乐类、生活服务类和文艺类节目是广播电台播出时间最长的3种节目类型，三者播出时长约占所有节目类型的五成以上，其中音乐类节目的播出比重在20%以上，生活服务类的播出比重为17.7%，文艺类节目为13.4%，除此之外，新闻/时事类节目的播出比重也比较高，达到了12.5%，社教类节目为6.8%，其他如财经、体育、法制等类型节目播出比重相对比较低，都在5%及以下（表3）。

通过对10岁及以上所有人和老年人群收听比重进行比较可以发现两者之间的异同。首先，两者相同的是，两者对不同节目类型收听比重的高低与该类节目的播出时长关系密切，生活服务、文艺等节目类型的收听比重相对比较高，而法制和外语类节目由于播出量比较低，其获得的收听比重也很低，社教类和财经类节目两者的收听比重都低于播出比重，资源利用率相对不高。而对于新闻/时事节目，虽然播出比重不是所有节目类型中最高的，但是两类目标听众对其收听比重却是所有节目类型中最高，且明显高于其他节目类型，其中10岁及以上所有人的收听比重为22.3%，老年人群更是高达34.8%，这也表明及时了解身边、国内外所发生的事情是广大广播听众的刚性需求，而对于老年人群，其通过广播了解新闻事件所花费的时间多于所有人群。以上是两类目标人群收听比重的相同点。两者之间收听比重有明显差异的是广播电台播出时间最长的音乐类节目。所有人在音乐类节目的收听比重为19.9%，而对于老年人群，对其的收听比重仅为9.0%，这也从一个侧面反映，在以吸引年轻人群为主的流行音乐当道的大环境下，适合老年人群收听或演唱的音乐或许少了些，老年人群从广播中享受适合自己的美好旋律时间相对较短，而这一空缺也有待一些广播频率尤其是音乐频率进行进一步的填充。

[①] 节目收听数据如无特别说明，则均来自央视市场研究（CTR）和CSM媒介研究对北京、上海、广州和深圳四城市在2013年1月1日~12月31日的调查数据。

表3　2013年各主要类别广播节目的播出比重与目标听众收听比重

节目类型	播出比重%	收听比重%	
		10岁及以上所有人	60岁及以上人群
音乐	24.3	19.9	9.0
生活服务	17.7	17.3	13.9
文艺	13.4	11.4	13.9
新闻/时事	12.5	22.3	34.8
社教	6.8	4.7	4.7
财经	4.8	3.4	3.8
体育	3.3	1.7	2.0
法制	0.9	0.6	0.7
外语	0.3	0.1	0.1

数据来源：CSM媒介研究

2. 对具体节目的选择

从表3中看出，新闻/时事、文艺等节目类型在老年人群中获取了高收听比重，以下我们以北京和上海这两个市场为例，从节目收听排名的角度来分析一下该地区所有人和老年人群收听率较高的具体节目。

在北京收听市场中，老年人群收听率排名前5位节目的收听率数值总体上要高于所有人群中收听率排名前5位的节目（表4）。北京地区排名较高的节目类型分布比较广，有新闻/时事、社教、生活服务和文艺节目，这也一定程度上说明北京地区听众选择收听广播节目类型的范围比较广，并不是集中在某一类型节目之上，节目播出时段主要集中在早间06:00～08:00之间，而排名靠前的新闻类节目的属性分布广，分别为新闻/时事其他、新闻评论和综合新闻。新闻/时事类节目收听率高且属性分布广，这与表2中新闻/时事类节目以较少的播出量获得了很高的收听量相一致，也符合听众十分关注新闻、希望全方位了解各类新闻信息的需求愿望。从具体节目来看，老年人群和所有人群收听率排名前五名节目也完全不同。10岁及以上所有人中排名较高的节目主要集中在北京人民广播电台交通广播（FM103.9/CFM95.6），而60岁及以上老年听众的收听行为则主要集中在中央人民广播电台第一套节目中国之声和北京人民广播电台文艺广播（FM87.6/CFM93.8）。从所有人整体来看，有关交通新闻的节目在出行高峰时段斩获了较高的收听率，老年人群因其对于出行路况的需求较低，对时政新闻的需求较高，因此他们较多地倾向于收听偏向综合新闻和新闻评述类的新闻节目。从中央人民广播电台第一套节目中国之声在北京的全天收听走势来看，可以明显看出老年人群对于该频率的收听率明显高于所有人，早高峰的收听峰值甚至可以达到近10%（图9）。另外还有一个现象是，老年听众排名前5位的节目中有3个来自中央人民广播电台第一套节目中国之声，而该频率也是老年人群2013年在北京地区收听率最高的频率，这也表明中央人民广播电台第一套节目中国之声在北京地区的老年听众中有较高的影响力，并拥有很大的收听优势。

表4　2013年北京市场收听率排名前5位的节目

目标人群	排名	节目名称	频率	节目类型	节目属性	收听率%	市场份额%
10岁及以上所有人	1	财富星空	北京人民广播电台交通广播（FM103.9/CFM95.6）	新闻/时事	新闻/时事其他	6.9	36.1
	2	交通新闻热线	北京人民广播电台交通广播（FM103.9/CFM95.6）	新闻/时事	新闻/时事其他	6.6	35.4
	3	交通新闻	北京人民广播电台交通广播（FM103.9/CFM95.6）	新闻/时事	新闻/时事其他	5.5	34.3
	4	交通路况预报	北京人民广播电台交通广播（FM103.9/CFM95.6）	生活服务	汽车服务	5.1	39.8
	5	共同实现中国梦携手奔向幸福路	北京人民广播电台交通广播（FM103.9/CFM95.6）	社教	社教其他	5.1	28.8
60岁及以上人群	1	天宫1号与神舟10号飞行任务返回段着陆直播	中央人民广播电台第一套节目中国之声（FM106.1）	新闻/时事	新闻/时事其他	7.7	38.5
	2	空中笑林	北京人民广播电台文艺广播（FM87.6/CFM93.8）	文艺	文艺其他	7.0	44.2
	3	新闻纵横	中央人民广播电台第一套节目中国之声（FM106.1）	新闻/时事	新闻评述	6.9	30.3
	4	新闻和报纸摘要	中央人民广播电台第一套节目中国之声（FM106.1）	新闻/时事	综合新闻	6.5	30.5
	5	北京人民广播电台第6届听众喜爱的主持人评选活动颁奖	北京人民广播电台文艺广播（FM87.6/CFM93.8）	文艺	文艺其他	6.0	28.7

数据来源：CSM媒介研究

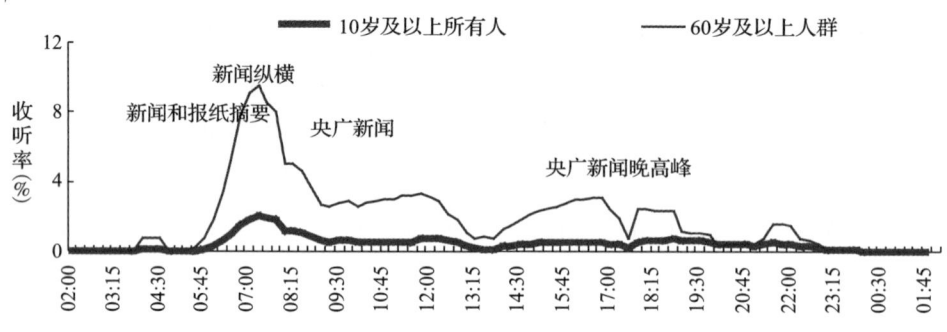

数据来源：CSM 媒介研究

图 9　2013 年北京市场中央人民广播电台第一套节目中国之声全天收听率走势

同北京收听市场一样，上海老年人群收听率排名前 5 位节目的收听率数值也总体上高于所有人群收听率排名前 5 位的节目，但上海两听众群收听率高的节目类型则主要集中在新闻/时事类节目，排名靠前的节目播出时段主也要集中在早间 06：00～09：00 之间。《990 早新闻》这一老牌节目在上海地区听众中深受欢迎，其前后节目《990 清晨新闻》《转播中央人民广播电台新闻和报纸摘要节目》和《990 八点新闻》也收获了较高的收听率，形成了上海人民广播电台（AM990/FM93.4）早间的一个显著的收听高峰。上海人民广播电台（AM990/FM93.4）在上海地区听众尤其是老年听众中拥有强势的竞争力，其不仅是 2013 年老年人群在上海地区收听率最高的频率，老年听众群中排名前 5 位的节目及所有人中排名前 5 的 4 个位次的节目也都是来自该频率（表 5）。

表 5　2013 年上海市场收听率排名前 5 位的节目

目标人群	排名	节目名称	频　率	节目类型	节目属性	收听率%	市场份额%
10岁及以上所有人	1	990 早新闻	上海人民广播电台（AM990/FM93.4）	新闻/时事	综合新闻	5.9	42.4
	2	转播中央人民广播电台新闻和报纸摘要节目	上海人民广播电台（AM990/FM93.4）	新闻/时事	综合新闻	5.7	50.5
	3	990 清晨新闻	上海人民广播电台（AM990/FM93.4）	新闻/时事	综合新闻	4.5	54.6
	4	全球音乐榜样	上海流行音乐广播（动感101）(FM101.7)	音乐	音乐其他	3.9	26.2
	5	990 八点新闻	上海人民广播电台（AM990/FM93.4）	新闻/时事	综合新闻	3.8	23.4

续表

目标人群	排名	节目名称	频率	节目类型	节目属性	收听率%	市场份额%
60岁及以上人群	1	转播中央人民广播电台新闻和报纸摘要节目	上海人民广播电台（AM990/FM93.4）	新闻/时事	综合新闻	14.8	66.7
	2	990早新闻	上海人民广播电台（AM990/FM93.4）	新闻/时事	综合新闻	12.9	57.4
	3	990清晨新闻	上海人民广播电台（AM990/FM93.4）	新闻/时事	综合新闻	12.1	65.2
	4	990八点新闻	上海人民广播电台（AM990/FM93.4）	新闻/时事	综合新闻	8.9	50.5
	5	十二届全国人大一次会议开幕会	上海人民广播电台（AM990/FM93.4）	新闻/时事	新闻/时事其他	6.3	39.5

数据来源：CSM 媒介研究

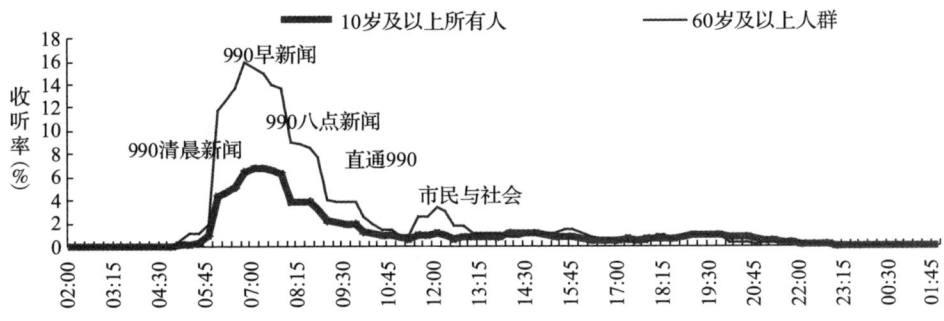

数据来源：CSM 媒介研究

图10　2013年上海人民广播电台（AM990/FM93.4）全天收听率走势

四、结语

目前整个媒介市场都在分众化，各媒体内部和外部竞争都十分激烈，传统的广播媒体也不例外。广播收听市场竞争越来越激烈，广播收听走势在细分群体之间呈现差异，广播业内呈现出愈加细分听众的多频率态势，中国社会的"老龄化"也是广播发展空间不容忽视的一个参照背景。尽管各电台也有针对老年人群的对象性频率或节目，但是节目量和这个群体在当今社会和广播听众中所占的比重和地位来说显得很不相称。

老龄化问题在中国越来越突出，社会对于老年人的生活也将承担越来越大的责任，如何向日益增多的老年人提供社会服务、医疗保障、精神慰藉等，也成为人们需要面对的社会问题。与其他机构合作迎接中国社会"老龄化"挑战，将是媒体的重大责任，广播当然也不例外。另外，老年受众是容易被大多数媒介忽视的领域，较其他领域，广播介入其中，面临的竞争要小，胜出的可能要大；老年听众是一个细分群体，也是一个庞大的群体，针对这一群体推出的广播专业频率、节目等有着巨大的发展潜力，在获得良好的社会效益的同时也能够创造良好的经济效益。因此，广播媒体应该从频率定位、节目内容、编排、创新等方面更好地为不断扩大的老年群体服务，如在节目编排制作过程中将具体的内容细分化、固定化，有效培养老年听众对某一细分节目的关注和忠诚度，或针对老年人希望生活幸福、希望受到尊重、喜欢享受天伦之乐等心理，增强节目情感传播和传受互动。随着新媒体的发展，老年人对电脑或智能手机的保有率也逐年上升，如何利用各类新媒体的平台加强与老年听众的互动也是广播媒体可以开拓的新思路。而通过不断提升自身对老年人群收听广播的需求服务，拓展老年人群节目（频率），关注和重视老年人群也许是广播在专业化趋势下实现社会效益和经济效益"双赢"的一个新的机遇。

城市受众[①]广播媒体消费行为研究

王 浩

现代社会媒体种类的丰富程度已超过以往任何时代,各类媒体对有限受众资源的争夺也已进入白热化阶段。在媒介生态环境错综复杂的今天,受众对媒介的选择呈现出多元化的趋向,广播作为唯一能"解放眼球"的媒体仍能在竞争激烈的媒介市场占有一席之地,显示了其顽强的生命力。

本文以 2010 年 CSM 媒介研究 102 个城市基础调查相关数据为基础,对城市受众广播媒体的消费行为进行简要分析。本文既从整体的角度全景式地展现城市受众对广播媒体的消费情况,又将受众广播媒体消费与城市空间和生活形态联系起来,力争通过揭示群体化受众广播媒体使用的异同,为广播媒体的发展提供更多的思路和参考。

一、城市受众整体的广播媒体消费

1. 超过三成的受众半年内收听过广播

2010 年 CSM 媒介研究视听率基础调查数据显示,半年内收听过广播的受众比例达到 35.9%。在收听频次上,每天收听和每周收听 3 次及以上的受众比例相对较高,分别为 15.8% 和 7.5%(图 1)。

[①] 本文所指的城市受众主要是指 2010 年 CSM 媒介研究基础调查中涉及的 102 个城市的受访者。

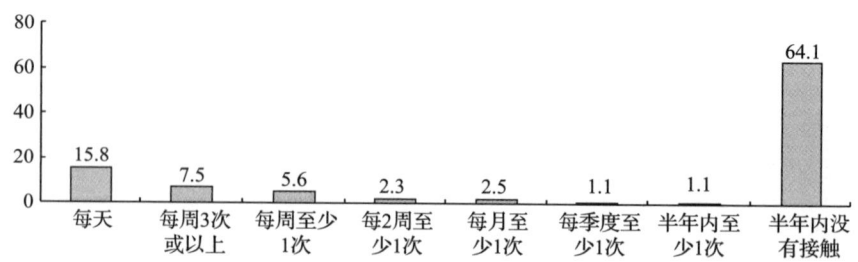

数据来源：CSM 媒介研究

图 1　102 城市广播受众的广播接触频次分布（%）

2. 家中是广播受众最经常的收听场所

在受众收听广播的地点选择上，在家中收听是城市广播受众的首要选择。另一方面，随着便携广播收听设备的不断推出，受众移动收听的趋势日益明显。调查数据显示，在交通工具上（包括私家汽车、公共汽车、出租车、单位汽车和地铁）收听广播的受众比例接近40%（图2）。

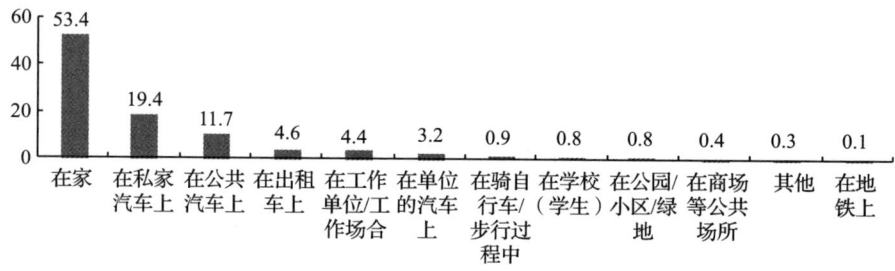

数据来源：CSM 媒介研究

图 2　102 城市广播受众最经常收听广播的地点分布（%）

3. 收音机是广播受众最经常使用的广播收听设备

收音机是广播受众最经常使用的广播收听设备，最经常使用收音机的受众比例超过4成。使用车载广播收听的受众比例仅次于收音机，达到36.1%。由于手机的日益普及，具备广播收听功能的手机成为重要的收听设备，最经常使用的比例超过10%。相比而言，其他各种收听设备的最经常使用比例较小，均在4%以下。

从各目标受众群体对不同收听设备的使用情况来看，15～19岁、学生群体倾向于经常使用互联网和 MP3/MP4 听广播；20～29 岁受众通过手机听广播的偏好相对明显；大学及以上学历，职业为干部管理人员、个体/私营企业主，年龄在30～39岁的受众更多使用车载广播收听。102 个城市中不同人口特征的受众对收音机的使用比例普遍较高。除收音机之外的其余收听设备的特征人群偏好不明显（图3）。

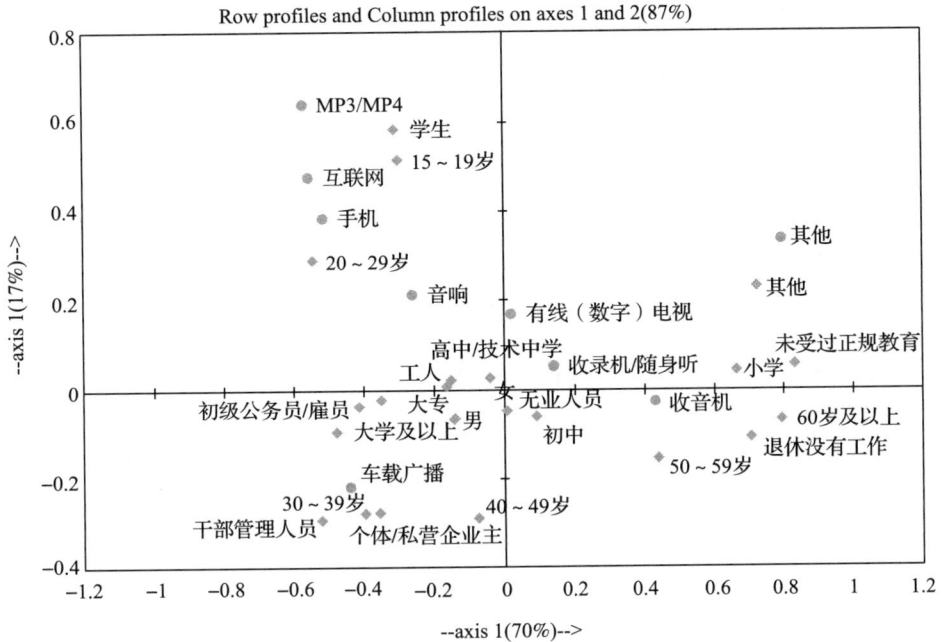

数据来源：CSM 媒介研究

图 3　102 城市不同人口特征受众使用收听设备的对应分析

4. 收听时长多集中在 1 小时以内

根据被访者最近一周收听广播的情况，工作日和周末分别有 13.8% 和 28.4% 的受众没有收听过广播。就收听了广播的受众而言，无论是工作日还是周末，广播受众的收听时长均较为集中，收听时长 1 小时以内的受众在工作日和周末的比例均超过 50%，其中收听时长"大约 30 分钟"的比例最高，其次是"大约 1 小时"的比例。与工作日相比，周末各种收听时长的受众比例均低于工作日（图 4）。

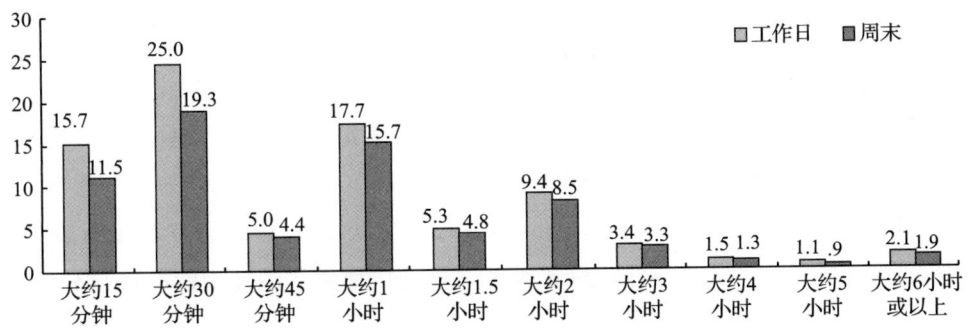

数据来源：CSM 媒介研究

图 4　102 城市广播受众最近一周收听广播时长分布（%）

5. 新闻/时事、音乐和生活服务类节目最为广播受众所喜爱

研究还对广播受众偏爱的节目类型进行了调查，请被访者对"最喜欢"、"其次喜欢"和"第三喜欢"收听的广播节目类型进行回答。从受众最喜欢收听的广播节目类型来看，新闻/时事类节目排名首位，最喜欢的比例超过40%，其次是音乐类和生活服务类节目，最喜欢比例在10%~30%之间。综合各种喜欢程度来看，新闻/时事、音乐和生活服务类节目位列广播受众喜爱的类型节目前三甲，其中，新闻/时事和音乐节目的喜欢比例均超过50%（表1）。

表1 102城市广播受众喜欢收听的广播节目类型（听众比例%）

节目类型	最喜欢	其次喜欢	第三喜欢	综合喜欢
新闻/时事	42.4	15.0	5.1	62.5
音乐	26.2	18.5	5.6	50.3
生活服务	13.1	15.2	10.0	38.3
文艺	11.1	10.9	4.7	26.8
法制	1.2	3.2	6.3	10.6
体育	2.0	4.1	2.4	8.5
财经	1.7	3.0	2.6	7.3
社教	0.5	0.9	0.7	2.1
外语	0.2	0.7	0.6	1.5
其他	0.9	0.9	0.5	2.2

数据来源：CSM媒介研究

二、不同级别城市受众的广播媒体消费

城市受众受其生活环境、媒介环境以及各种社会形态影响，他们的思想和行为必然会带有城市空间所特有的集体性和社会性的烙印。在对媒体的使用方面，由于不同城市空间媒体环境和文化氛围的差异，受众对各种媒体的使用行为也不尽相同，广播媒体也不例外。

CSM媒介研究依据城市自身发展状况以及在区域政治、经济和文化发展中的地位，对CSM基础调查中涉及的102个城市进行了分类。采用城市人口规模、人均GDP及城市综合竞争力指数等指标对102个城市进行聚类分析，将102个城市分为四类：北京、上海、广州及深圳4个一线城市、35个二线城市（主要为省会城市及部分地级市）、48个三线城市及15个四线城市，并针对各级城市受众广播媒体的使用情况进行分析。

1. 受众收听广播的比例随城市级别下降而减少

城市级别不同，受众收听广播的比例存在明显差异。随着城市级别的下降，半年内

收听过广播的受众比例逐渐降低。一线城市受众的收听比例最高，达到42.7%，是四线城市收听比例的一倍以上（图5）。

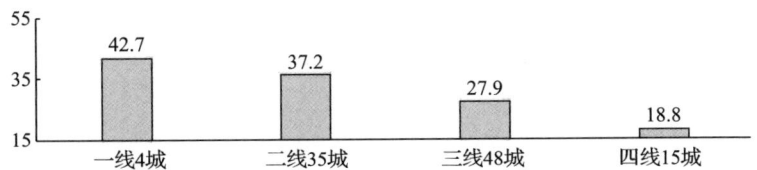

数据来源：CSM 媒介研究

图5　各级城市受众半年内收听过广播的比例（%）

2. 一线城市广播受众最常使用车载设备收听广播

收音机是城市广播受众最常使用的收听设备，其次是车载广播，手机再次，3类设备的使用百分比总和达到89.6%。此外，其余各类收听设备的使用百分比均低于5%。分城市级别来看，车载广播超越收音机成为一线城市受众最经常使用的广播收听设备，而二线城市对车载广播的使用比例与总体平均水平基本持平（表2）。

表2　各级城市广播受众最常使用的广播收听设备（受众比例%）

收听设备 \ 城市级别	总体平均	一线4城	二线35城	三线48城	四线15城
收音机	41.7	36.8	43.1	44.3	48.6
车载广播	36.1	40.2	36.0	30.9	26.3
手机	11.8	12.8	11.2	12.1	12.0
MP3/MP4	3.3	6.4	2.3	1.9	2.0
收录机/随身听	2.1	1.9	2.1	2.4	2.5
有线（数字）电视	1.1	0.3	1.1	2.4	1.7
互联网	1.0	1.2	0.9	0.9	0.4
音响	0.6	0.5	0.6	0.8	1.8
其他	2.3	0.0	2.7	4.5	4.7
合计	100.0	100.0	100.0	100.0	100.0

数据来源：CSM 媒介研究

3. 广播受众乘交通工具或途中听广播的比例随城市级别上升而增加

家中是最主要的广播收听地点，各级城市在家中收听广播的比例均超过40%。除在家中收听外，在交通工具上的收听也越来越常态化。交通工具上及途中收听包括在私家汽车、公共汽车、出租车、单位汽车、地铁和骑自行车/步行过程中的收听，整体来看，城市级别越高，广播受众在私家车及公共汽车上收听广播的比例也越高（表3）。

表3　各级城市广播受众最常收听广播地点的选择比例（%）

城市级别 收听地点	总体平均	一线4城	二线35城	三线48城	四线15城
在家	53.4	47.1	55.2	57.4	57.0
在私家汽车上	19.4	23.0	18.9	15.7	15.3
在公共汽车上	11.7	17.5	10.4	7.4	2.7
在出租车上	4.6	2.9	5.0	5.7	4.4
在工作单位/工作场合	4.4	4.1	4.1	5.8	9.2
在单位的汽车上	3.2	2.5	3.5	3.4	4.2
在骑自行车/步行过程中	0.9	1.1	0.9	0.7	0.9
在学校（学生）	0.8	0.3	0.9	1.4	2.4
在公园/小区/绿地	0.8	0.6	0.6	1.4	1.6
在商场等公共场所	0.4	0.3	0.2	0.7	1.6
其他	0.3	0.1	0.3	0.5	0.7
在地铁上	0.1	0.4	0.0	0.0	0.0

数据来源：CSM媒介研究

4. 一、二线城市广播受众收听更为频繁

不同级别城市广播受众的收听频率呈现出一定特征：一是一线和二线城市各种频次的收听比例普遍较三、四线城市略高；二是中高频次（每周至少一次及以上）收听的受众比例随城市级别的提升而逐渐增加（图6）。

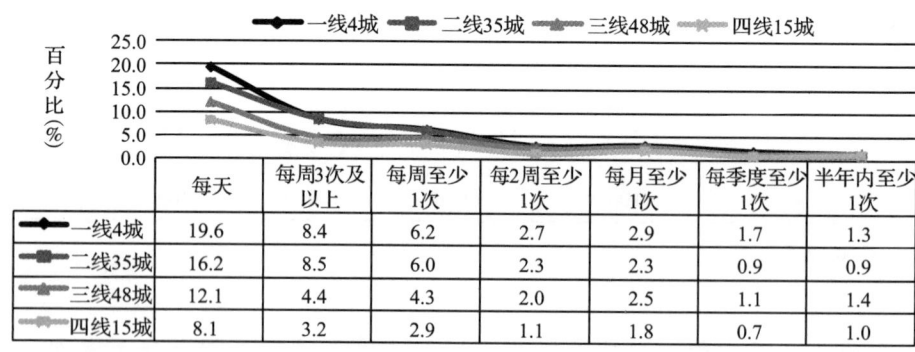

数据来源：CSM媒介研究

图6　各级城市受众收听广播的频率分布（%）

5. 四线城市广播受众听广播时间最长

从各级城市广播受众工作日和周末广播收听时长来看，各级城市受众收听广播的时长均集中在"大约15分钟"、"大约30分钟"和"大约1小时"。与工作日相比，周末各级城市收听时长为2小时及以内的比例普遍下降。

在各级城市广播受众收听广播时长方面，对时长选项进行赋值[①]，获得各级城市广播受众最近一周内收听广播时间长度的均值。其中，四线15城广播受众工作日和周末平均每天收听时长均高于总体平均，而一线4城广播受众收听广播的时长则相对偏少。工作日和周末，各级城市广播受众收听广播时长差异不大，三线48城和四线15城受众周末收听时长略高于工作日（表4）。

表4 各级城市广播受众最近一周不同周天听广播的时间长度（小时）

城市级别 \ 周天	周一至周五	周六和周日
一线4城	1.1	1.1
二线35城	1.2	1.2
三线48城	1.1	1.2
四线15城	1.4	1.5
总体平均	1.2	1.2

数据来源：CSM媒介研究

6. 新闻/时事、音乐和生活服务类节目广受青睐

不同级别城市受众喜爱的广播节目类型相对集中，新闻/时事类和音乐类广受欢迎，喜爱比例均超过40%。生活服务类、文艺类和法制类节目也较受青睐，其余各类节目的关注度略低，各级城市受众喜爱收听的比例均在10%以下（表5）。

---

① 受众选择"大约15分钟"赋值0.25，"大约30分钟"赋值0.5，"大约45分钟"赋值0.75，"大约n小时"赋值n（n=1, 2, 3, 4, 5），"大约6小时或以上"赋值6，计算得到广播收听时长均值。

表5 各级城市广播受众喜爱的广播节目类型（受众比例%，多选题）

节目类型＼城市级别	总体平均	一线4城	二线35城	三线48城	四线15城
新闻/时事	62.5	62.9	61.6	64.5	66.3
音乐	50.3	55.1	47.6	51.1	55.7
生活服务	38.3	32.4	41.8	36.6	31.3
文艺	26.8	25.0	27.9	25.9	26.4
法制	10.6	8.9	10.8	12.2	12.2
体育	8.5	8.2	8.5	8.5	9.8
财经	7.3	9.0	6.5	7.2	6.0
其他	2.2	1.6	2.6	1.7	3.8
社教	2.1	2.7	1.8	1.8	3.9
外语	1.5	2.3	1.3	1.2	1.1

数据来源：CSM媒介研究

通过对各级别城市广播受众最喜爱的广播节目进行对应分析发现，一线城市受众倾向于收听音乐、新闻/时事类节目，同时也较为关注财经类和外语类节目，二线城市受众对生活服务类节目较为青睐，三线城市受众较为喜爱文艺和新闻/时事节目，四线城市受众相对较多关注体育节目（图7）。

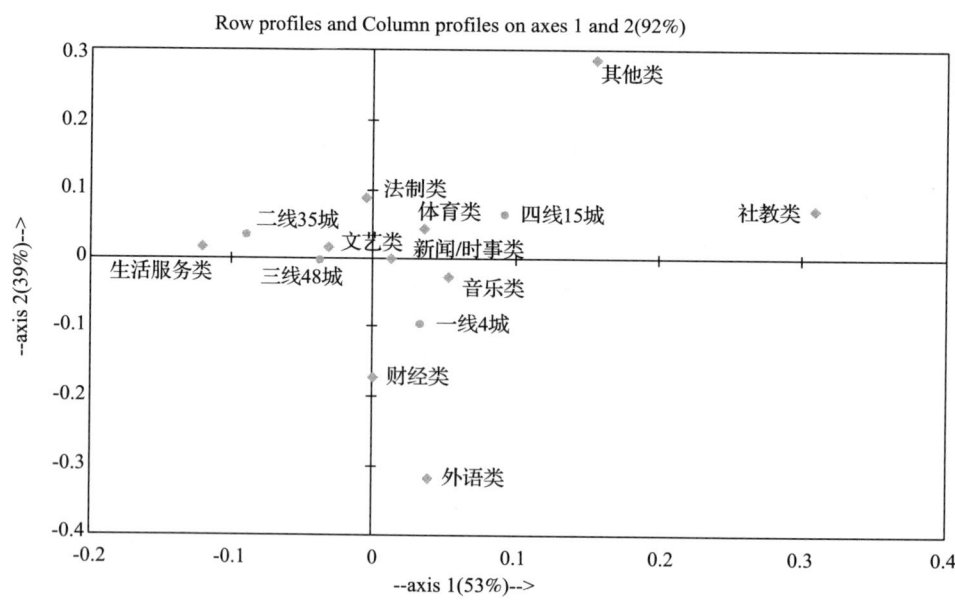

数据来源：CSM媒介研究

图7 各级城市广播受众最喜爱的广播节目类型对应分析

三、不同生活形态受众的广播媒体消费

CSM 媒介研究依据被访者对基础调查问卷中生活形态量表题的回答,采用因子分析和聚类分析方法将受众划分为 6 种类型,各类型受众特征如下:

现代适应型:非常关注外界变化,认同信息、新技术的重要性,行事缺乏计划性、较少事业心和冒险倾向;

广告疏离型:对广告极为排斥,冒险倾向和成功渴望较低,自我肯定,行事计划性强;

中庸随性型:缺乏与时俱进精神,自我评价较高,在消费、行动力、冒险倾向上的表现均处于中间状态;

信息依赖型:认同科技和信息在现代生活中的重要性,对网络依赖性强,最不排斥广告,行事果断,但最缺乏专注,容易被干扰;

事业奋斗型:注重自我奋斗和个人成功,愿意冒风险和接受挑战,对广告和品牌最为认可,但对互联网依赖性最低;

适从跟随型:自我评价低,较缺乏与时俱进的精神,对持续学习、掌握信息和新科技缺乏热情,做事专注性较弱,对成功的渴望偏低,生活方式比较传统。

针对不同生活形态的受众,CSM 媒介研究对其广播媒体的使用情况进行了分析,主要有以下几点发现。

1. 现代适应型和信息依赖型广播受众倾向于移动收听

不同生活形态广播受众受自身生活方式及心态因素的影响,在广播收听地点的选择上呈现出一定的差异性。广告疏离型、中庸随性型、事业奋斗型和适从跟随型受众倾向于在家中、工作单位/工作场合及商场等相对固定的场所收听,而现代适应型和信息依赖型受众具有较强的适应性和开放的心态,因此较多地选择在私家汽车、单位汽车、出租车和公共汽车等交通工具上移动收听(图 8)。

2. 信息依赖型广播受众最经常使用车载设备收听的比例最高

尽管广播收听设备已日趋多样化,但收音机仍然是各生活形态受众使用比例较高的收听设备。除信息依赖型和现代适应型受众外,其余各生活形态受众仍最经常使用收音机收听广播。

信息依赖型和现代适应型受众对科技和信息在现代生活中的重要性认同感较强,他们心态开放,乐于接受新事物。在广播收听设备的选择上,他们对车载广播、手机、

MP3/MP4 和互联网等设备的最经常使用比例高于其他生活形态受众，其中，信息依赖型广播受众最经常使用车载广播收听的比例为各生活形态受众最高（表6）。

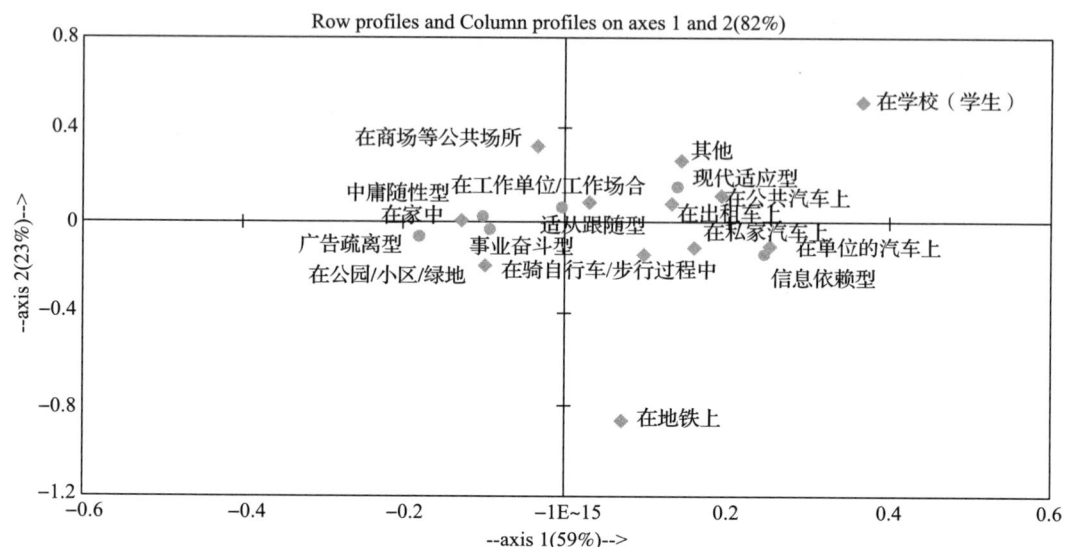

数据来源：CSM 媒介研究

图8　不同生活形态的广播受众与广播接触地点的对应分析

表6　不同生活形态广播受众最经常使用的收听设备或途径（受众选择比例%）

收听设备 \ 受众类型	广告疏离型	中庸随性型	事业奋斗型	信息依赖型	适从跟随型	现代适应型
收音机	57.5	52.6	46.5	31.4	42.9	29.7
车载广播	29.3	31.3	31.7	46.0	34.9	38.0
手机	6.7	8.1	10.8	13.0	10.5	18.3
收录机/随身听	2.9	1.9	2.1	1.7	2.5	1.6
有线（数字）电视	1.1	0.9	1.3	0.8	1.1	1.5
其他	1.1	2.3	3.5	1.3	3.2	2.8
MP3/MP4	0.8	2.4	3.0	4.0	3.3	5.3
音响	0.4	0.2	0.5	0.7	0.8	1.0
互联网	0.3	0.4	0.6	1.2	0.7	1.9
合计	100	100	100	100	100	100

数据来源：CSM 媒介研究

3. 中庸随性型和事业奋斗型广播受众周末收听较多

从不同生活形态受众广播收听时长可以看出，中庸随性型和事业奋斗型受众周末收听广播时长较工作日略高，而其余生活形态广播受众周末和工作日收听时长几乎没有差异。整体来看，工作日和周末，信息依赖型和现代适应型受众的广播收听时长稍短（图9）。

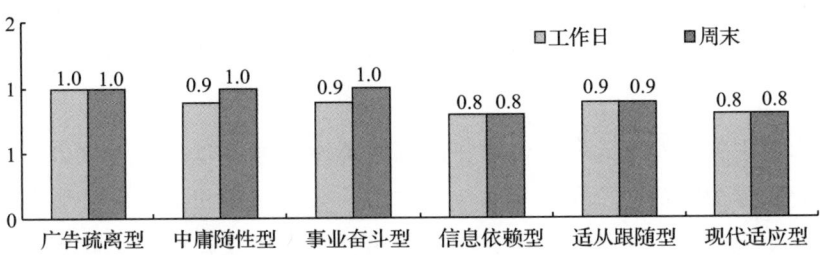

数据来源：CSM 媒介研究

图9 不同生活形态广播受众收听时长（小时）

4. 体育和音乐节目对现代适应型广播受众吸引力更强

不同生活形态广播受众对广播节目类型的接触带有明显的倾向性。广告疏离型受众对法制类节目兴趣浓厚；事业奋斗型受众爱好广泛，法制类、生活服务类和文艺类节目对其具有一定的吸引力；现代适应型倾向于收听体育和音乐类节目；中庸随性型、信息依赖型和适从跟随型对新闻/时事类、文艺类和财经类节目较为关注（图10）。

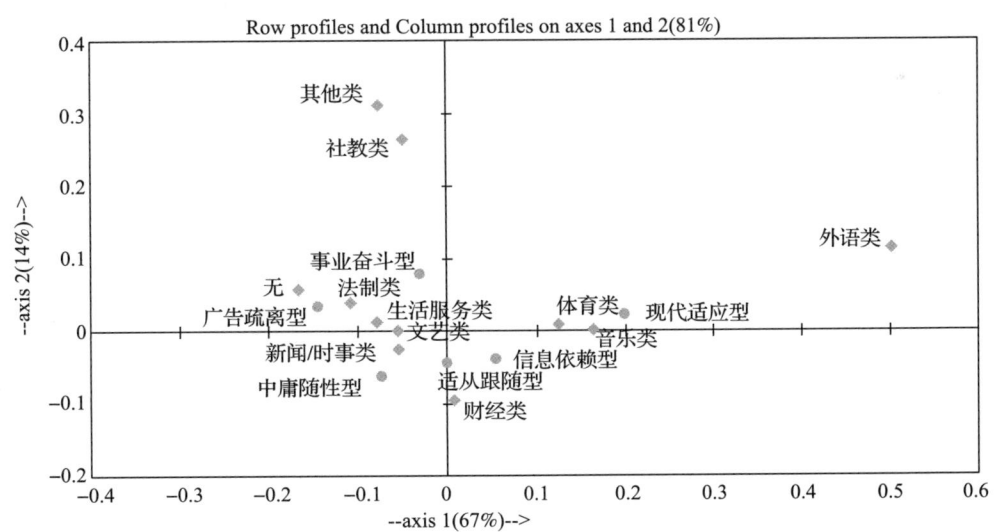

数据来源：CSM 媒介研究

图10 不同生活形态的广播受众与其收听广播节目类型的对应分析

四、结语

广播是发展历史相对较长的媒体,它之所以历久不衰,与其所具备的独特优势紧密相关。近年来,随着新媒体收听技术的不断渗透,广播借势新媒体获得了快速的发展。城市是广播媒体的重要市场,针对城市受众广播媒体消费的研究,既有助于从全局的角度把握广播媒体的整体格局,也可以为各广播电台有针对性地策划和编排节目、广告提供一定的参考。

本文首先对102个城市受众广播媒体消费的整体状况进行了简要分析,然后从地理空间和受众心理行为特征两个角度切入,探索不同级别城市和不同生活形态受众对广播媒体的接触和使用情况。根据本文研究结果,超过三成受众在半年内收听过广播。家中是广播受众最经常收听广播的场所,而收音机是最经常使用的广播收听设备。广播受众的收听时长多在1小时以内,新闻/时事类、音乐类和生活服务类节目最受他们青睐。从不同级别城市来看,一线和二线城市受众无论是在收听比例还是收听频率方面的表现都优于三线和四线城市受众。在收听设备的选择上,也呈现出一线和二线城市移动收听设备使用比例较高的特点。从不同生活形态来看,信息依赖型和现代适应型受众移动收听特征明显,而中庸随性型和事业奋斗型周末的收听时长较工作日有所增加。此外,在类型节目偏好上,新闻/时事类、音乐类和生活服务类广受欢迎,而在其他类型节目的偏好上不同级别城市受众、不同生活形态受众存在一定差异。

城乡听众收听行为比较
——基于辽宁、安徽、江苏和福建四省广播收听调查数据的分析

王 平

传统广播媒体的主要传输途径是无线电波，其覆盖范围主要受限于行政区划和发射机发射功率，其所面临的商业和技术门槛相比于电视媒体要低得多。无线电广播媒体在省级市场传播范围广，收听率商业价值可观，听众规模大，听众结构多样，城乡广播听众特征相异。对省级广播收听市场城乡听众收听行为进行比较分析，有利于更好地把握省级广播收听市场的广播传播规律，进而改进广播节目的生产和编播，提升广播电台的广告经营水平。本文以2013年CSM媒介研究有关辽宁、安徽、江苏和福建四个省广播收听率调查数据，对省级广播收听市场城乡听众的收听行为进行比较分析，供读者参考。除非特别说明，文中所用数据为2013年4个波次调查数据，目标听众为10岁及以上所有广播推及人口（简称为"10＋"），时间段为全天，收听场所为所有收听场所。

一、城乡广播听众规模及构成比较

从辽宁、安徽、江苏和福建4个省级市场整体来看，在2013年4个波次调查日期范围的全天时间段，平均每天有3 455.1万人收听过广播，占总体推及人口的47.2％。分城乡来看，平均每天有1 546.4万城市人口收听过广播，占城市总体广播推及人口的47.8％；而在乡村，平均每天有1 908.7万乡村人口收听过广播，占乡村总体推及人口的46.7％。

表1 城乡广播听众日平均到达率对比（全天时段，四省市场组合）

指标	10岁及以上所有人	城市	乡村
平均到达率（%）	47.2	47.8	46.7
平均到达率（000）	34551	15464	19087

数据来源：CSM媒介研究

从城乡广播收听市场的听众构成来看，城乡听众的性别构成无明显差异；分年龄段来看，25～34岁和55岁及以上的听众在城市听众中的占比明显高于其在乡村听众中的占比。在省级广播收听市场上，城乡听众构成的差异，最明显地体现于受教育程度的构成。在城市，初中及以下受教育程度听众比例为47.5%，而在乡村，这一比例则高达70%；高中及以上受教育程度的听众比例在城市为52.5%，在乡村，这一比例则仅为30%，也就是说，城市较高学历听众的占比大幅度地高于乡村较高学历听众的占比（图1）。

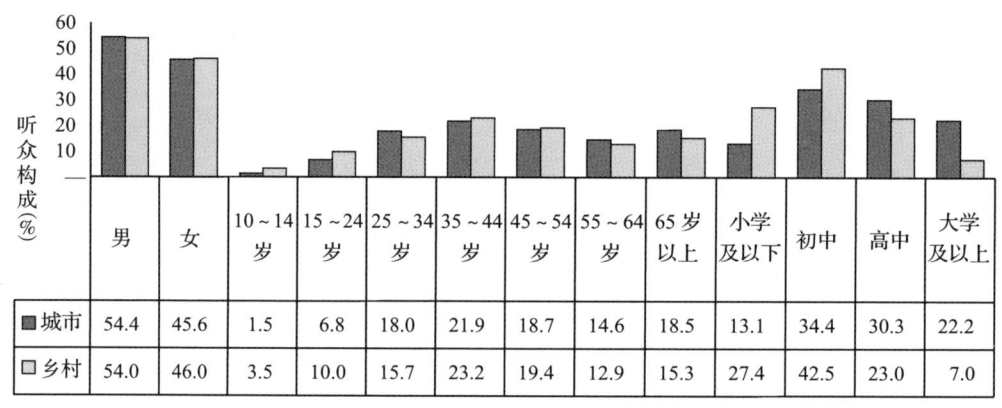

数据来源：CSM媒介研究

图1 城乡广播听众构成对比（全天时段，四省市场组合）

二、城乡听众收听量及全天收听走势比较

四省总体收听调查数据显示，乡村听众的家中收听量和收听比重最大，城市听众车上收听量更高。2013年四省市场人均日收听分钟数为58分钟，其中在家收听量占比为74.1%，车上收听占比为15.5%。从城乡听众在不同收听场所的收听比重来看，城乡听众的收听差异主要体现于在家和车上收听比重的差异：城市听众在家收听比重为65.2%，而乡村听众在家收听比重为80.8%，城市听众车上收听比重高达22.7%，而乡村听众车上收听比重则仅为9.6%，乡村听众车上收听比重明显低于城市听众车上收听

比重。这个差异体现了城市听众日常生活中对交通工具更高程度的依赖以及城市听众更多的移动收听（表2）。

表2 城乡听众不同收听场所收听量和收听比重对比（全天时段，四省市场组合）

收听场所	人均收听分钟数			收听比重		
	10岁以上所有人	城市	乡村	10岁以上所有人	城市	乡村
在家	43	43	42	74.1%	65.2%	80.8%
车上	9	15	5	15.5%	22.7%	9.6%
工作/学习场所	5	6	4	8.6%	9.1%	7.7%
其他场所	2	2	1	3.4%	3.0%	1.9%
所有	58	66	52	100.0%	100.0%	100.0%

数据来源：CSM媒介研究

对比城乡听众全天收听率时段走势发现，在所有收听场所，城乡听众全天收听率走势特征相似，城乡听众早晚收听高峰基本上均出现在06:30~07:00时段和18:00~19:00时段。乡村听众早高峰收听率出现得更早，城市听众早高峰收听率更高。就晚高峰收听率而言，城市听众晚高峰收听率出现得更早且更高。城乡听众午间收听高峰出现的时段基本同步，但乡村听众的午高峰收听率明显高于城市听众，这也体现了乡村听众比城市听众拥有更多的午间休息和广播收听时间（图2）。

城乡听众在家全天收听率走势显示，乡村听众早上的收听率高峰明显高于城市听

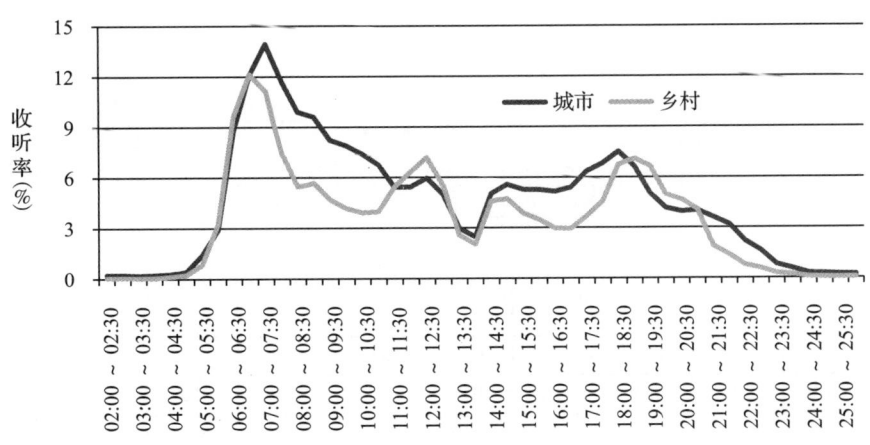

数据来源：CSM媒介研究

图2 城乡听众所有场所全天分时段收听率走势对比（10＋，四省市场组合）

众,而上午和下午时段收听率则低于城市听众。城乡听众分时段收听率的差异,在车上收听数据中有更为明显的体现。城市听众车上收听率在全天所有时段均高于乡村听众,城市听众车上收听率高峰出现在07:00~09:00时段和17:00~18:00时段,两个时段的车上收听率分别高达3%和2%,而乡村听众收听率则最高也不超过1%(图3)。

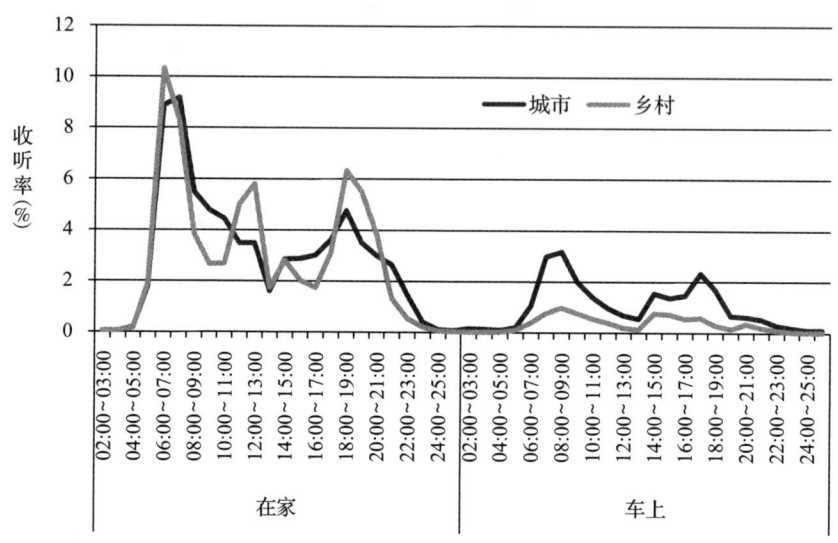

数据来源:CSM媒介研究

图3　城乡听众在家及车上全天分时段收听率走势对比(10+,四省市场组合)

将城乡不同性别和年龄段听众收听率作对比发现,城乡听众收听率的差异,最明显地体现于城市男性听众收听率明显高于农村男性听众;城市25~54岁听众车上收听率明显高于同类乡村听众;城市55岁及以上听众在家收听率明显高于同类乡村听众(图4)。

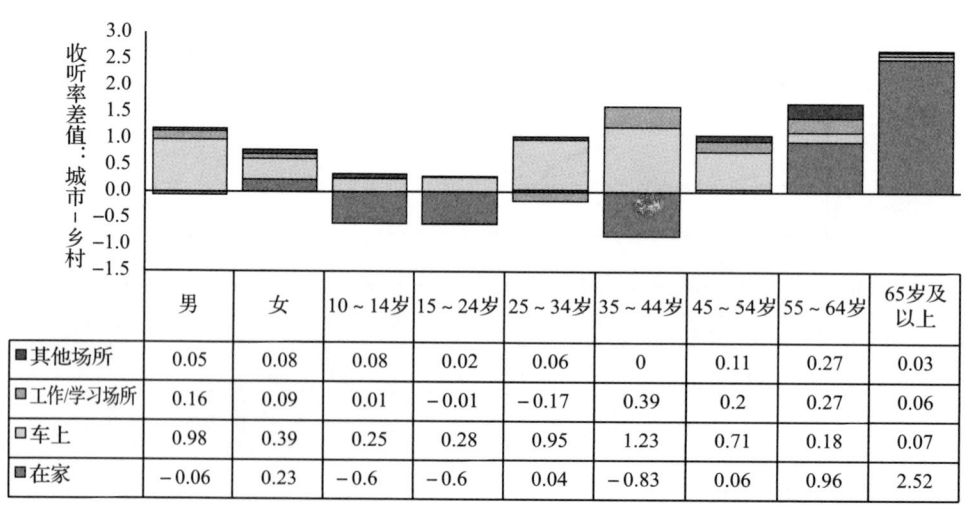

	男	女	10~14岁	15~24岁	25~34岁	35~44岁	45~54岁	55~64岁	65岁及以上
■其他场所	0.05	0.08	0.08	0.02	0.06	0	0.11	0.27	0.03
□工作/学习场所	0.16	0.09	0.01	-0.01	-0.17	0.39	0.2	0.27	0.06
□车上	0.98	0.39	0.25	0.28	0.95	1.23	0.71	0.18	0.07
■在家	-0.06	0.23	-0.6	-0.6	0.04	-0.83	0.06	0.96	2.52

数据来源:CSM媒介研究

图4　不同收听场所城乡听众收听率对比(全天时段,四省市场组合)

四省分省数据显示，多数市场存在城乡收听率差异，且城市收听率高于乡村。总体收听率城乡差异最为明显的市场是辽宁，城市总体收听率较乡村总体收听率高出近两倍。城乡收听率几近相同的市场是江苏，这也意味着，在经济高度发达、城乡一体化程度较高的江苏市场，城乡总体收听率也呈现出一体化的趋势。在城乡收听差异最大的辽宁市场，城市听众无论在家还是在车上，其收听率均明显高于乡村听众；而在江苏，城乡总体收听率几近相同的情况下，不同场所收听率有明显差异，城市听众在家收听率低于乡村听众，但车上收听率却明显高于乡村听众（图5）。

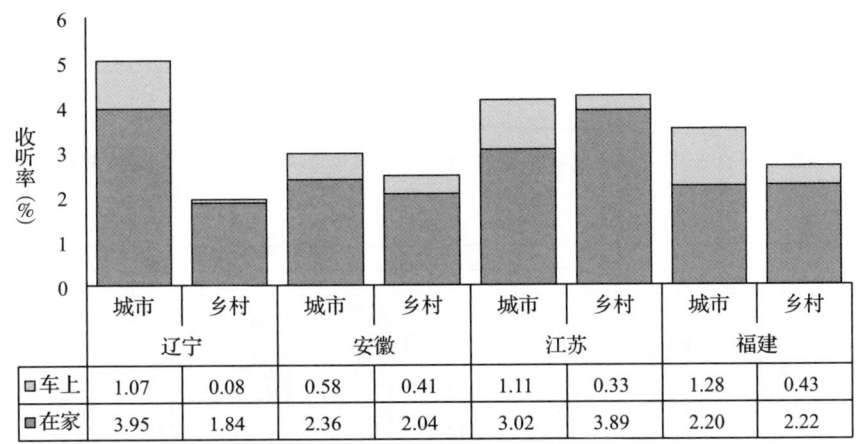

数据来源：CSM 媒介研究

图5 各省不同场所城乡听众收听率对比（10＋，全天时段）

三、城乡听众频率和节目收听比较

四省城乡听众对不同级别频率的收听率数据显示，中央人民广播电台在城市和乡村听众的收听率均为0.7%，省级电台在城市听众的收听率为1.6%，在乡村听众的收听率为1.1%。中央人民广播电台和省级电台以外的其余所有电台即"其他电台"在城乡听众的收听率分别为2.2%和1.8%。城乡听众对三大级别电台收听率的差异，最明显地体现于车上收听。以省级电台为例，省级电台在城市车上收听率为0.4%，而在乡村的车上收听率则仅为0.2%，差距为一倍（图6）。

仅就省级电台而言，在所有收听场所和车上，安徽和福建的乡村听众比城市听众更多地收听本地省级电台，尤以福建车上收听市场最为明显。在福建，省级电台在车上乡村听众中的市场份额达到77.9%，较该类别在车上城市听众中28.5%的市场份额高了近

	中央人民广播电台	省级电台	其他电台	中央人民广播电台	省级电台	其他电台
		城市			乡村	
■其他场所	0.0	0.1	0.1	0.0	0.0	0.0
■工作/学习场所	0.1	0.2	0.2	0.1	0.1	0.1
╲车上	0.1	0.4	0.5	0.1	0.2	0.1
■在家	0.5	1.0	1.5	0.5	0.8	1.6

数据来源：CSM 媒介研究

图 6　城乡听众在不同场所收听各级广播电台的收听率对比（10＋，四省市场组合）

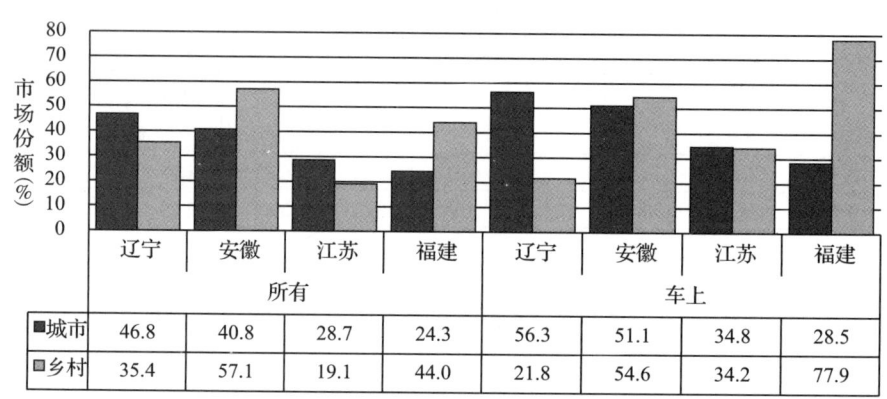

	辽宁	安徽	江苏	福建	辽宁	安徽	江苏	福建
		所有				车上		
■城市	46.8	40.8	28.7	24.3	56.3	51.1	34.8	28.5
■乡村	35.4	57.1	19.1	44.0	21.8	54.6	34.2	77.9

数据来源：CSM 媒介研究

图 7　各省级电台在城乡听众中的市场份额对比（10＋，全天时段）

两倍。而在辽宁和江苏，城市听众较乡村听众更多地收听本地省级电台，尤以辽宁车上收听市场最为明显。在辽宁的车上收听市场，省级电台在城市听众中的市场份额高达56.3%，而在乡村听众中的市场份额仅有21.8%（图7）。

就各省单个广播频率在城乡听众中的市场份额而言，在安徽、福建和江苏市场，中央台中国之声无论是在城市听众中，还是乡村听众中，均是排名第一的频率。而在辽宁市场，辽宁台交通广播在城市听众中市场份额排名第一，辽宁台综合广播则是在乡村听众中市场份额排名第一的频率。

尽管广播媒体的地域性特征较明显，但在省级广播收听市场，中央级广播媒体却在4个省级市场中的3个力拔头筹，成为城乡听众的最爱（图8）。

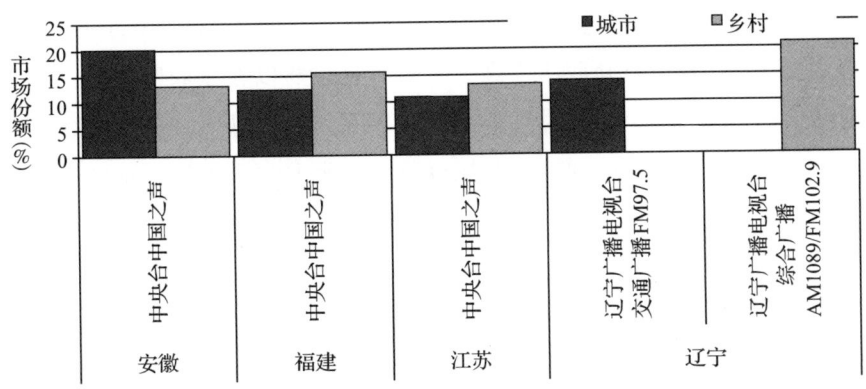

数据来源：CSM 媒介研究

图 8　各省城乡听众中市场份额排名第一的广播频率（10＋，所有收听场所，全天时段）

由于缺乏 4 个省级市场的节目监播数据，为了比较分析城乡听众的节目收听特征，本文将各地总体收听率领先前 10 名的广播时段筛选出来，并将期间播出的主要节目片段的节目类型做简单的自定义归类（由于缺乏节目监播数据，只能从各电台相关广播频率的官方网站收集其节目信息，包括节目名称、节目开始时间、节目播出时间，以及根据节目名称和可收集到的节目音频内容和节目介绍，确定其节目类型。因为这些节目类型是本文自定义的节目类型，所以有异于业界专业的节目类型定义。），然后在不考虑播出时段的情况下，计算这些节目类型收听率的简单平均值，用以观察省级市场城乡广播听众对不同节目类型的收听特征。收听率简单平均值数据显示，娱乐类节目、省级电台新闻类节目和热线谈话类节目在城市听众中收听率较高，而中央台新闻类节目和交通汽车类节目（一般为省级电台播出）的收听率则没有明显的城乡差异（图 9）。

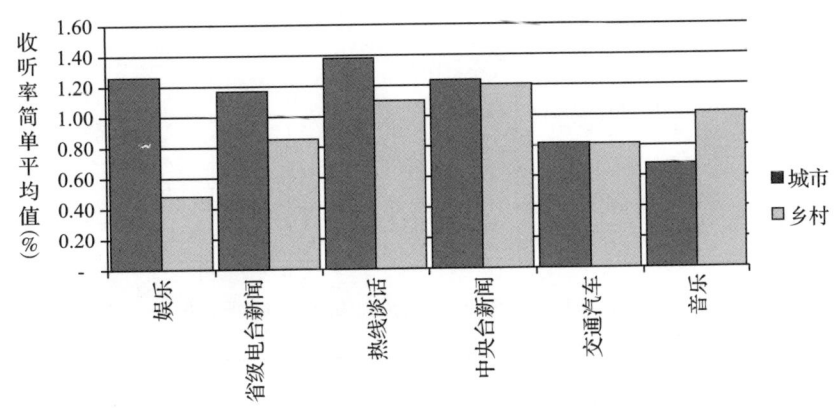

数据来源：CSM 媒介研究

图 9　城乡听众对前 10 名广播时段所播主要节目类型收听率的简单平均值对比（10＋，四省市场组合）

在辽宁市场，收听率最高的时段是中央台中国之声的 07:00~08:00 时段，所播节目为《新闻纵横》，其城市听众收听率高于乡村，且主要以在家收听为主。领先时段中，辽宁台交通广播的 07:00~08:00 时段体现出明显的城乡收听率差异，该时段主要播出交通汽车类节目《阿宝龙哥路路通》，其城市听众收听率为 2.1%，而乡村听众收听率仅为 0.1%（表3）①。

表3 辽宁全省覆盖广播频率前10名时段城乡听众收听率对比

排名	频率	时间段	10+	城市	乡村	在家	车上	主要节目片段	自定义节目类型
1	中央台第一套节目中国之声(FM106.1)	07:00~08:00	2.1	2.2	1.8	1.9	0.2	新闻纵横	中央台新闻
2	辽宁广播电视台综合广播(FM97.8)	12:00~13:00	1.4	1.4	1.3	1.2	0.0	晓声长谈（午间版）	谈话
3	辽宁广播电视台交通广播(FM97.5)	07:00~08:00	1.3	2.1	0.1	0.6	0.6	阿宝龙哥路路通	交通汽车
4	辽宁广播电视台综合广播(FM97.5)	16:00~17:00	1.3	1.2	1.4	1.2	0.0	晓声长谈（下午版）	谈话
5	中央台第一套节目中国之声(FM106.1)	06:00~07:00	1.3	1.2	1.4	1.2	0.1	新闻和报纸摘要	中央台新闻
6	辽宁广播电视台文艺广播(FM97.5)	12:00~13:00	1.2	1.5	0.6	0.9	0.1	叶文有话要说	谈话
7	辽宁广播电视台交通广播(FM97.5)	06:00~07:00	1.1	1.9	0.0	0.7	0.3	新闻麻辣烫	省级电台新闻
8	辽宁广播电视台综合广播(FM97.5)	07:00~08:00	1.1	1.4	0.6	1.1	0.0	新闻大视野（转）	省级电台新闻
9	中央台第一套节目中国之声(FM106.1)	08:00~09:00	1.1	1.1	0.9	0.9	0.1	此时此刻	中央台新闻
10	辽宁广播电视台交通广播(FM97.5)	14:00~15:00	1.0	1.5	0.2	0.4	0.4	娱乐香饽饽	娱乐

数据来源：CSM 媒介研究

① 收听率领先时段播出的主要节目片段信息来自相关电台官方网站的节目单，可能不完全准确，仅供参考。——作者注

在安徽市场，收听率最高的节目类型是中央台新闻类节目。在此类节目中，多数城市听众收听率高于乡村听众。乡村听众收听率高于城市听众的节目有省级电台新闻类节目和音乐类节目，如《音乐随心聊》在乡村听众中的收听率为 1.1%，而在城市听众中的收听率仅为 0.5%（表 4）。

表 4　安徽全省覆盖广播频率前 10 名时段城乡听众收听率对比

排名	频率	时间段	10＋	城市	乡村	在家	车上	主要节目片段	自定义节目类型
1	中央台第一套节目中国之声（FM106.1）	06:00~07:00	2.0	2.4	1.8	1.7	0.2	新闻和报纸摘要	中央台新闻
2	中央台第一套节目中国之声（FM106.1）	07:00~08:00	2.0	2.8	1.4	1.6	0.2	新闻纵横	中央台新闻
3	中央台第一套节目中国之声（FM106.1）	08:00~09:00	1.3	1.7	1.0	0.8	0.2	此时此刻	中央台新闻
4	安徽新闻综合广播（FM103.6）	06:00~07:00	1.1	0.7	1.4	1.1	0.0	早听天下	省级电台新闻
5	安徽音乐广播（FM89.5）	08:00~09:00	0.9	0.8	1.0	0.5	0.2	音乐晨飞扬	音乐
6	中央台第一套节目中国之声（FM106.1）	09:00~10:00	0.9	1.3	0.6	0.5	0.1	央广新闻	中央台新闻
7	安徽音乐广播（FM89.5）	09:00~10:00	0.9	1.0	0.8	0.5	0.2	一路微微笑	音乐
8	安徽音乐广播（FM89.5）	14:00~15:00	0.8	0.5	1.1	0.5	0.2	音乐随心聊	音乐
9	安徽新闻综合广播（FM103.6）	07:00~08:00	0.8	0.6	1.0	0.8	0.0	全省新闻联播	省级电台新闻
10	中央台第一套节目中国之声（FM106.1）	18:00~19:00	0.8	1.3	0.4	0.6	0.1	央广新闻晚高峰	中央台新闻

数据来源：CSM 媒介研究

在江苏市场，收听率领先的时段多为中国之声和江苏新闻广播的新闻资讯类节目时段，且乡村听众的收听率高于城市听众。以中央台中国之声 06:00～07:00 时段为例，乡村听众收听率为 4.1%，较城市听众 1.4% 的收听率高出 2.7 个百分点，类似情况还体现于中国之声的 07:00～08:00 时段。这些时段的收听率主要以家中收听率为主，车上收听率最高也仅为 0.1%。江苏省经济发达，地市之间交通便捷，一体化程度较高，车载听众能更多地收听城市电台的交通广播（表5）。

表5　江苏全省覆盖广播频率前 10 名时段城乡听众收听率对比

排名	频率	时间段	10+	城市	乡村	在家	车上	主要节目片段	自定义节目类型
1	中央台第一套节目中国之声（FM106.1）	06:00～07:00	3.1	1.4	4.1	2.9	0.1	新闻和报纸摘要	中央台新闻
2	中央台第一套节目中国之声（FM106.1）	07:00～08:00	2.1	1.6	2.4	1.9	0.1	新闻纵横	中央台新闻
3	江苏新闻广播（FM93.7）	07:00～08:00	1.5	1.7	1.4	1.4	0.1	江苏新闻联播	省级电台新闻
5	中央台第一套节目中国之声（FM106.1）	19:00～20:00	1.0	0.6	1.2	0.9	0.0	央广新闻晚高峰	中央台新闻
4	江苏新闻广播（FM93.7）	08:00～09:00	1.0	1.2	0.8	0.8	0.1	新闻早高峰	省级电台新闻
6	中央台第一套节目中国之声（FM106.1）	08:00～09:00	1.0	1.0	1.0	0.8	0.1	此时此刻	中央台新闻
7	中央台第一套节目中国之声（FM106.1）	18:00～19:00	0.8	0.5	1.1	0.8	0.0	全国新闻联播	中央台新闻
8	中央台第一套节目中国之声（FM106.1）	12:00～13:00	0.8	0.5	1.0	0.7	0.0	此时此刻	中央台新闻
9	江苏新闻广播（FM93.7）	06:00～07:00	0.8	0.8	0.8	0.7	0.0	新闻早六点	省级电台新闻
10	中央台第一套节目中国之声（FM106.1）	11:00～12:00	0.7	0.5	0.9	0.7	0.0	央广新闻	中央台新闻

数据来源：CSM 媒介研究

在福建市场，收听率领先的时段多为中央台新闻类节目播出时段。早间《新闻纵横》和《新闻和报纸摘要》的城市听众收听率高于乡村听众。而对于上午时段福建交通广播播出的两档交通汽车类节目来说，其乡村听众收听率明显高于城市听众，这两档节目分别是09:00时段的《司机之友》和08:00时段的《交广早班车》，而且其车上收听率明显高于在家收听率（表6）。

表6 福建全省覆盖广播频率前10名时段城乡听众收听率对比

排名	频率	时间段	10+	城市	乡村	在家	车上	主要节目片段	自定义节目类型
1	中央台第一套节目中国之声（FM106.1）	07:00~08:00	1.5	1.9	1.2	1.3	0.1	新闻纵横	中央台新闻
2	中央台第一套节目中国之声（FM106.1）	06:00~07:00	1.1	1.6	0.7	0.9	0.0	新闻和报纸摘要	中央台新闻
3	中央台第一套节目中国之声（FM106.1）	08:00~09:00	0.9	0.9	1.0	0.6	0.2	此时此刻	中央台新闻
4	福建交通广播（FM100.7）	09:00~10:00	0.9	0.4	1.3	0.3	0.6	司机之友	交通汽车
5	福建交通广播（FM100.7）	08:00~09:00	0.8	0.5	1.1	0.2	0.6	交广早班车	交通汽车
6	中央台第一套节目中国之声（FM106.1）	12:00~13:00	0.7	0.8	0.7	0.7	0.0	此时此刻	中央台新闻
7	中央台第一套节目中国之声（FM106.1）	20:00~21:00	0.7	0.6	0.8	0.6	0.0	直播中国	中央台新闻
8	中央台第一套节目中国之声（FM106.1）	09:00~10:00	0.6	0.7	0.6	0.4	0.1	央广新闻	中央台新闻
9	中央台第一套节目中国之声（FM106.1）	11:00~12:00	0.6	0.5	0.7	0.5	0.1	央广新闻	中央台新闻
10	福建交通广播（FM100.7）	20:00~21:00	0.6	0.3	0.8	0.2	0.4	汽车俱乐部	交通汽车

数据来源：CSM媒介研究

四、结语

纵观 2013 年辽宁、安徽、江苏和福建 4 个省级市场城乡听众规模及构成,在城市推及人口中,平均每天有 47.8% 的人收听过广播,而在乡村推及人口中,平均每天有 46.7% 的人收听过广播;城市听众中,大学及以上受教育程度的听众占比较高,而该学历听众在乡村听众中占比则较低。从收听量及全天收听走势来看,城市听众人均收听量高于乡村听众;城市听众早晚高峰,特别是早晚交通高峰时段的收听率明显高于乡村听众。从收听场所来看,城市听众车载收听率大幅度地高于乡村听众,而这种车载收听率的城乡差异主要是由城市男性和中青年听众车上收听率明显地高于同类乡村听众车载收听率所致。从城乡听众对频率和节目的收听偏好来看,中央台中国之声成为在多数省份城乡听众中收听率排名第一的广播频率;娱乐类、省级电台新闻类和热线谈话类节目在城市听众中收听率较高,而中央台新闻类节目和交通汽车类节目的收听率则没有明显的城乡差异。

受众广播媒体接触行为及影响因素研究

王建平

在媒介化的现代社会中,随着经济全球化的不断深入,我国媒体所面临的环境正在不断发生变化。新媒体不断出现并很快与传统媒体形成竞争,且媒体之间的竞争日趋白热化。随着收音机的改良、随身听和汽车音响的发展,以及近年来数字广播及与互联网的结合,广播仍以其独特的优势在不断地成长,但是,其受新媒体和其他传统媒体带来的强力竞争是一个不得不面对的现实。同时,由于传媒业自身的发展和现代传播技术的飞速进步,信息变得极为丰富甚至过剩。相对于过剩的信息,只有人们的注意力和兴趣点才是有用的资源。在新媒体等众多媒体激烈竞争的背景下,了解受众对于广播媒体的接触行为特征,并分析影响受众广播媒体接触行为的因素,对于广播媒体在激烈的受众市场竞争中获得最大的听众群具有重大的现实意义。

一、研究采用的数据

CSM媒介研究在全国范围所做的"2011年度全国电视广播视听率调查基础研究",根据区域人口规模和经济发展水平的差异、各地区受众在电视广播视听行为上的不同,采用分层、多阶段、概率与规模成比例的整群随机抽样方法,在2011年4月至11月期间,成功访问了55 439个家庭,并从被访问的家庭中随机抽取1名15岁及以上的家庭成员对其个人媒体接触行为进行了调查。55 439个被访者遍布于全国各省区,是全国15岁及以上常住人口的一个代表性样本。

本文基于CSM媒介研究的"2011年度全国电视广播视听率调查基础研究"抽样调查数据,分析广播受众的媒介接触行为以及受众接触广播行为的影响因素。

二、受众广播媒体接触行为

CSM 媒介研究的"2011年度全国电视广播视听率调查基础研究"调查发现,2011年在全国范围内15岁及以上人群中,78%的人在过去半年内没有收听过广播,半年内至少接触过1次的占全部人群的22%。这一比例在城市与农村人口中差异很大:将近34%的15岁及以上城市人口在过去半年内曾收听过广播;而在农村,这一比例仅为15%左右。这一现象与当前城市汽车(汽车音响)、网络的蓬勃发展以及数字广播及与互联网结合的现实密切相关。

而从地域分布来看,在全国七大行政区中,15岁及以上人口在过去半年内曾经收听过广播的人口比例最高的是华北地区,达到近27%;其次是西北、华东、东北,各地区广播接触比例均在25%上下;华南地区稍弱,但这一比例也达到了21%;西南和华中地区最低,半年内接触过广播的人口比例仅为15%左右(表1)。

表1 各地区过去半年内受众接触广播(包括各种地点的收听)的频次分布(%)

接触频次	全国	城市	乡村	东北	华北	华东	华南	华中	西北	西南
每天都接触	8.7	13.9	5.8	9.6	12.3	9.8	6.5	4.7	12.3	7.0
每周3次或以上	4.6	7.5	2.9	4.6	5.1	5.8	4.6	2.8	4.5	3.3
每周至少1次	3.5	5.4	2.5	4.8	4.3	3.8	3.8	3.2	3.9	1.7
每2周至少1次	1.3	2.1	0.9	2.0	1.2	1.5	1.7	1.0	1.1	0.8
每月至少1次	1.9	2.7	1.5	2.3	1.6	2.1	2.5	1.5	2.0	1.7
每季度至少1次	0.9	1.1	0.8	0.8	1.0	0.9	1.4	0.8	0.8	0.5
半年内至少1次	1.0	1.0	1.0	0.9	1.4	1.0	1.0	1.0	1.1	0.5
半年内没有接触	78.1	66.3	84.7	75.2	73.3	75.1	78.6	85.1	74.4	84.5

数据来源:CSM 媒介研究"2011年度全国电视广播视听率调查基础研究"

在所有过去半年内曾经收听过广播的15岁及以上人群中,如果按照他们接触广播的频次将其划分为重度接触者(每天都收听)、中度接触者(每周至少收听1次,但没有频繁到每天都收听)和轻度接触者(半年内至少收听1次,但没有频繁到每周都收听)3类,我们可以发现,从全国来看,四成的广播受众为每天都有广播收听行为的重度接触者,中度接触者也达到37%。而从分城乡的情况来看,尽管城市广播受众重度和中度接触者比例均略高于农村受众,但其差异并不是特别显著。另一方面,听众接触广播媒体的频密程度在地域分布上则呈现出迥异的格局，45%以上的西北、华北、西南的广播受众是每天都有广播收听行为的重度接触者，而这一比例在华南和华中地区仅为30%左右。相对应地，华南和华中地区广播轻度接触者比例达到30%，而在华北和西北地区这一比例则不到20%（图1）。

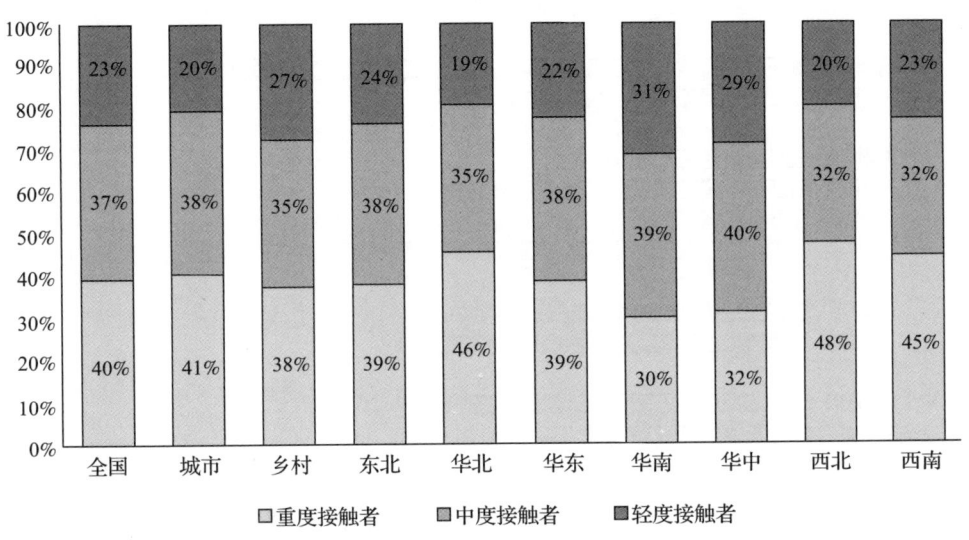

数据来源：CSM媒介研究"2011年度全国电视广播视听率调查基础研究"

图1　各地区广播受众接触广播频密程度分布

作为传统媒体的一员，广播在信息传播上也有着区别于其他媒体的优势。它对收听设备和受众文化层次的要求不高，能够满足一些不具备接触其他媒体条件的受众需求，因此具有较为稳定的受众群。

图2给出了过去半年内广播媒体在不同特征人群中的到达率。从图中我们可以发现，从全国范围来说，在过去半年中，广播媒体在男性人口中的到达率（25.3%）明显要高于女性（18.5%）；而从年龄上看，35岁以下年龄组人群接触广播的比例要高过高年龄组的人群；从城乡分布来看，广播媒体在城市人口中的到达率将近34%，是在农村人口中的1倍以上；从受教育程度来看，受教育程度越高的人群，广播的到达率越高，大专及以上受教育程度的受众对广播的接触度（46.1%）是小学及以下程度人口的4倍；从有无就业来看，没有工作（包括学生、家庭主妇、下岗及待业人员以及离退休人员等）的人群在过去半年内曾经接触过广播的受众比例（21.3%）比有工作的人群（23.8%）略低，但差别不是很明显；而从已婚与否来看，广播在未婚/离婚/丧偶的人群中的到达率（25.2%）高于已婚或同居人群（21%）。

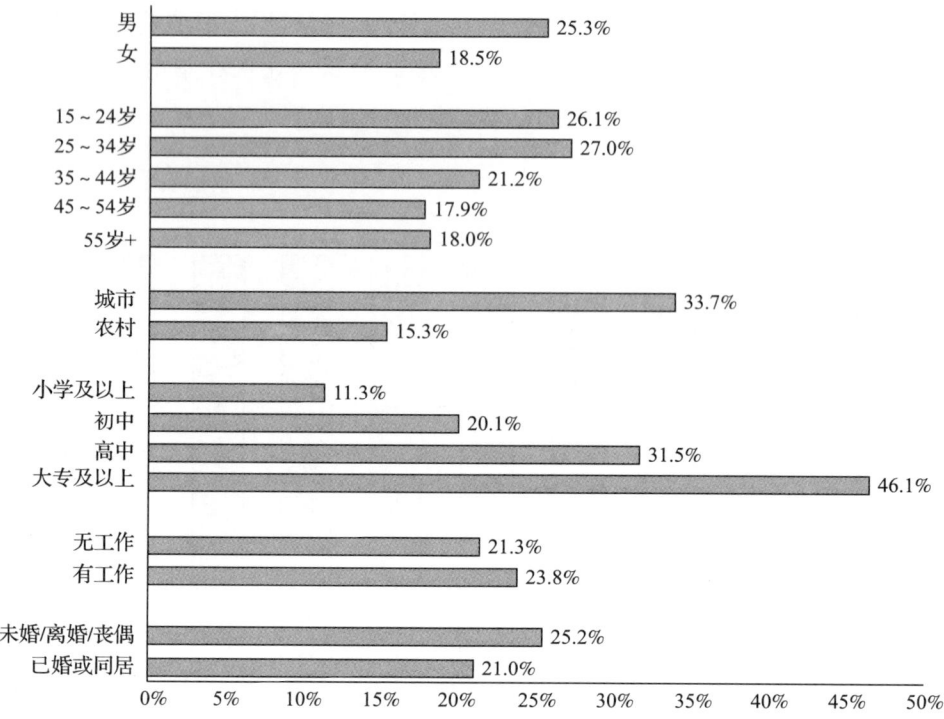

数据来源：CSM 媒介研究 "2011 年度全国电视广播视听率调查基础研究"

图 2　广播媒体在不同特征人群中的到达率

三、广播受众的跨媒体接触行为

数字技术的高速发展给传媒业带来了深刻的变革。近年来，随着网络媒体的兴起，其他各类新兴媒体如手机媒介、楼宇电视、户外电视、移动电视等媒体形式也纷至沓来，对媒体环境以及社会生活带来重大影响。不同的媒介形式，有各自的节目接收群体，彼此之间也有受众群体的重叠。

"2011 年度全国电视广播视听率调查基础研究"调查数据显示，在广播受众中，98.9% 曾经在过去半年内收看过电视，45.3% 曾经阅读过报纸，59.4% 曾经阅读过杂志，57.5% 曾经在家、单位或者其他地方接触过网络。调查结果还发现，其他新媒体在广播受众中的到达率也非常高，有超过 60% 的听众在过去半年内曾经接触过手机电视、车载电视、地铁电视、楼宇电视以及超市、卖场、商场电视或者户外大屏幕电视等新媒体。从不同类型的听众来看，电视在不同类型广播受众中的到达率差异不大，都在 99% 左右。广播重度接触者在过去半年内接触报纸、杂志、网络和其他新媒体的比例显著低于中度或者轻度接触者。差异最大的是网络媒体，网络在广播中度和轻度接触者中的到达率高达64%，但在重度接触者中的比重仅为47%，由此可见，伴随技术进步所带来的网络媒体的发展对于广播受众的影响非常显著（表2）。

表2 不同类型广播受众的不同媒介接触行为

媒体	全部广播受众	重度接触者	中度接触者	轻度接触者
电视	98.9%	98.7%	99.0%	99.1%
报纸	45.3%	39.0%	49.7%	49.2%
杂志	59.4%	55.8%	63.5%	58.9%
网络	57.5%	47.2%	64.0%	64.7%
其他新媒体	61.0%	55.1%	63.6%	67.0%

数据来源：CSM媒介研究"2011年度全国电视广播视听率调查基础研究"

表3进一步分析了不同类型广播受众同时接触其他媒介形式的程度。广播媒体接触者过去半年内同时也接触其他5种媒介（电视、报纸、杂志、网络和其他新媒体）中任意1种或以上媒介的比例几乎达到100%，并且在重度、中度、轻度接触者中没有明显差别。有超过三分之二的广播受众同时接触其他任意3种或以上媒介，而同时接触所有其他5种媒介的比例也将近25%。广播媒体中度和轻度接触者平时接触其他任意两种或以上媒介的比例都在86%以上，而该比例在重度接触者中为76%。有一半以上的广播媒体中度和轻度接触者、四成的重度接触者在过去半年内接触了其他任意4种或以上媒介。同时接触其他所有5种媒体的，在广播媒体重度接触者中有将近20%，在中度接触者中有28%，在轻度接触者中也有将近28%（表3）。广播受众获取信息的渠道多样化程度可见一斑。

表3 不同类型广播受众同时接触其他媒介的比较

媒介接触习惯	全部广播受众	重度接触者	中度接触者	轻度接触者
接触其他任意1种或以上媒介	99.7%	99.4%	99.8%	99.9%
接触其他任意两种或以上媒介	82.6%	76.2%	86.7%	87.2%
接触其他任意3种或以上媒介	67.4%	59.8%	72.5%	72.1%
接触其他任意4种或以上媒介	47.7%	40.8%	52.6%	51.6%
接触其他所有5种媒介	24.7%	19.7%	28.1%	27.9%

数据来源：CSM媒介研究"2011年度全国电视广播视听率调查基础研究"

四、受众广播媒体接触行为影响因素分析

1. 分析模型选择

受众接触广播媒体的行为受到众多因素的影响。一般对于媒体受众的研究都使用人口统计学特征作为研究变量,寻找可能影响受众媒介使用行为的因素。人口统计学特征是区分受众最常用的指标,受众的欲望、心理以及行为都与人口统计变量高度相关,并且人口统计学特征通常比其他变量更容易衡量。即使市场并非以人口统计学特征来区分,最终也常要与其相关联。无论从哪个角度来分析,受众首先是作为社会群体存在的,他们生活在一定的社会环境中,受到社会范畴的规范。一方面,大众传播媒介的内容对某些社会背景如年龄层、收入、性别、受教育程度、职业、生活形态等特征接近的受众,才能产生相似的影响与反应。另一方面,由于社会背景和生活水平不同,不同的受众群体,其态度、兴趣和爱好又存在一定差异,从而影响了他们接触和使用大众媒体的行为。为更深入地探讨影响受众广播媒体接触行为的因素的重要性和影响大小,我们采用序次逻辑斯蒂回归(Ordered Logistic Regression)模型,基于CSM媒介研究的"2011年度全国电视广播视听率调查基础研究"调查数据,量化讨论受众人口以及其他特征因素对受众广播媒体接触行为的影响。

2. 采用的被解释变量和解释变量

我们以调查样本中过去半年内曾经收听过广播的15岁及以上被访者作为我们的分析对象,按照他们接触广播的频密度,将其划分为轻度接触者(半年内至少收听1次,但没有频繁到每周都收听,编码为1)、中度接触者(每周至少收听1次,但没有频繁到每天都收听,编码为2)和重度接触者(每天都收听,编码为3)3类为我们的被解释变量,来分析样本的人口以及其他特征与收听行为之间的关系。

为此,我们选用了样本的年龄、性别、婚姻状况、受教育程度、职业、个人收入、城乡性质、所在地理区域以及接触其他媒体的情况作为我们的解释变量。各解释变量的相关描述性统计量见表4。

表 4 模型中所使用的解释变量以及相关描述性统计量

解释变量	均值	标准差
性别（参照组=女性）		
男性	0.58	0.49
年龄（参照组=55岁及以上）		
15~24岁	0.22	0.41
25~34岁	0.23	0.42
35~44岁	0.22	0.41
45~54岁	0.13	0.34
城乡（参照组=农村）		
城市	0.55	0.50
婚姻状况（参照组=未婚/离婚/丧偶）		
已婚或同居	0.75	0.44
受教育程度（参照组=小学及以下）		
初中	0.36	0.48
高中	0.26	0.44
大专	0.11	0.32
大学及以上	0.10	0.30
职业（参照组=退休无工作）		
干部/管理人员	0.05	0.22
初级公务员/雇员	0.17	0.38
工人	0.14	0.35
个体/私营企业主	0.17	0.38
学生	0.07	0.25
无业人员	0.11	0.31
其他	0.19	0.39
地理区域（参照组=西南地区）		
东北地区	0.10	0.30
华北地区	0.16	0.36
华东地区	0.32	0.47
华南地区	0.12	0.33
华中地区	0.12	0.33
西北地区	0.08	0.27
个人月收入	1625	1428
其他媒体日均接触次数		
电视	0.91	0.23
报纸	0.11	0.24
杂志	0.32	0.41
网络	0.48	0.47
其他新媒体	0.22	0.34
样本量 N = 19494		

数据来源：CSM 媒介研究"2011年度全国电视广播视听率调查基础研究"

3. 数据分析结果

序次逻辑斯蒂回归模型分析结果显示，受众的年龄、性别、受教育程度、职业、个人收入、所在地理区域以及接触其他媒体的情况对于受众的广播媒体接触行为都有显著的影响（表5）。

表5 序次逻辑斯蒂回归（Ordered Logistic Regression）模型分析结果

解释变量	系数	（S.E.）	概率比	
性别（参照组=女性）				
男性	0.2130	(0.0293)	1.237	***
年龄（参照组=55岁及以上）				
15~24岁	-0.9716	(0.0738)	0.378	***
25~34岁	-0.7503	(0.0641)	0.472	***
35~44岁	-0.6440	(0.0619)	0.525	***
45~54岁	-0.3712	(0.0593)	0.690	***
城乡（参照组=农村）				
城市	-0.0096	(0.0531)	0.990	
婚姻状况（参照组=未婚/离婚/丧偶）				
已婚或同居	0.0668	(0.0403)	1.069	
受教育程度（参照组=小学及以下）				
初中	-0.2388	(0.0564)	0.788	***
高中	-0.2182	(0.0599)	0.804	***
大专	-0.3177	(0.0686)	0.728	***
大学及以上	-0.2199	(0.0725)	0.803	**
职业（参照组=退休无工作）				
干部/管理人员	-0.1934	(0.0808)	0.824	*
初级公务员/雇员	-0.3200	(0.0674)	0.726	***
工人	-0.1818	(0.0685)	0.834	**
个体/私营企业主	-0.1941	(0.0696)	0.824	**
学生	-0.0716	(0.0905)	0.931	
无业人员	-0.1811	(0.0752)	0.834	*
其他	0.0707	(0.0775)	1.073	
地理区域（参照组=西南地区）				
东北地区	0.2753	(0.0607)	1.317	***
华北地区	0.4089	(0.0599)	1.505	***
华东地区	0.2660	(0.0561)	1.305	***
华南地区	-0.1959	(0.0668)	0.822	**
华中地区	-0.1820	(0.0645)	0.834	**
西北地区	0.5759	(0.0622)	1.779	***
个人月收入（千元）	0.0788	(0.0142)	1.082	***
其他媒体日均接触次数				
电视	0.2391	(0.0410)	1.270	***
报纸	0.2955	(0.0553)	1.344	***
杂志	0.3096	(0.0365)	1.363	***
网络	0.0825	(0.0236)	1.086	***
其他新媒体	0.1250	(0.0241)	1.133	***

注：* $p<0.05$，** $p<0.01$，*** $p<0.001$

括号里为标准误差（S.E.）。

数据来源：CSM媒介研究"2011年度全国电视广播视听率调查基础研究"

模型分析结果显示，控制其他解释变量，男性比女性更倾向于成为广播媒体的重度接触者。相对于女性而言，男性成为广播媒体的重度接触者与成为中度或者轻度接触者的概率比要比女性高24%，并且差异显著。

从年龄来看，年龄越大，成为广播媒体的重度接触者的可能性越高。以55岁以上年龄组作为参照，45～54岁年龄组人群为广播媒体的重度接触者与成为中度或者轻度接触者的概率比是55岁以上年龄组的69%；35～44岁年龄组人群成为广播媒体的重度接触者与成为中度或者轻度接触者的概率比是55岁以上年龄组的52.5%；25～34岁年龄组人群成为广播媒体的重度接触者与成为中度或者轻度接触者的概率比是55岁以上年龄组的47.2%；而15～24岁年轻人群成为广播媒体的重度接触者与成为中度或者轻度接触者的概率比仅为55岁以上年龄组的37.8%。

在控制其他因素的情况下，广播受众的城乡性质以及已婚与否对于他们接触广播媒体的频密程度并没有显著影响。

从受教育程度来看，小学及以下受教育程度的广播受众成为重度接触者的可能性比其他受教育程度的受众要高，其他受教育程度的广播受众成为广播媒体的重度接触者与成为中度或者轻度接触者的概率比是小学及以下受教育程度的广播受众的72%～80%左右。同样，其他受教育程度的广播受众成为广播媒体的重度或者中度接触者与成为轻度接触者的概率比是小学及以下受教育程度的广播受众的72%～80%左右。

从职业来看，退休人员成为重度接触者的倾向性最大；学生对广播媒体的接触与退休成员相比差异并不显著；其他职业人员，包括干部/管理人员、初级公务员/雇员、工人、个体/私营企业主以及失业/无业人员，成为广播媒体重度接触者的可能性则比退休人员要低。具体来说，他们成为广播媒体的重度接触者与成为中度或者轻度接触者的概率比大约是退休人员的73%～83%，这其中尤其以初级公务员/雇员的概率比最低，为72.6%。

从地理区域来看，西北地区广播受众成为重度接触者的倾向性最大，华北地区紧随其后，再其后是东北、华东、西南地区，成为重度接触者的倾向性最小的是华中地区和华南地区。以西南地区作为参照组，成为广播媒体的重度接触者与成为中度或者轻度接触者的概率比，西北地区是西南地区的1.78倍，华北地区是西南地区的1.51倍，东北是1.32倍，华东是1.31倍，而华中和华南地区分别为西南地区的83%和82%。

个人收入对于广播受众成为广播媒体的重度接触者的可能性也影响显著，收入越高，成为重度接触者的概率越大。在控制其他因素的情况下，个人月收入每增加1 000元，则其成为广播媒体的重度接触者与成为中度或者轻度接触者的概率比将增加7.9%，同样，成为广播媒体的重度或中度接触者与成为轻度接触者的概率比也将增加7.9%。

广播受众成为广播媒体的重度接触者的可能性与其他媒体的日均接触次数也显著相

关，接触其他媒体越频繁的受众，成为广播媒体的重度接触者的可能性越大。在控制其他因素的情况下，日均接触电视的次数每增加1次，则其成为广播媒体的重度接触者与成为中度或者轻度接触者的概率比将增加27%；日均接触报纸次数每增加1次，则其成为广播媒体的重度接触者与成为中度或者轻度接触者的概率比将增加34%；日均接触杂志次数每增加1次，则相应概率比将增加36%；日均接触网络媒体次数每增加1次，相应概率比则将增加9%；日均接触其他新媒体的次数每增加1次，则相应概率比也将增加13%。

五、小结

本文基于CSM媒介研究"2011年度全国电视广播视听率调查基础研究"的抽样调查数据，从不同角度出发，对广播受众的媒介接触行为进行了分析，探讨了受众的人口以及其他特征与其广播接触行为之间的关系。研究发现，受众的年龄、性别、受教育程度、职业、个人收入、所在地理区域以及接触其他媒体的情况对于受众的广播媒体接触行为都有显著的影响。一般来说，年龄越大、个人收入越高、接触其他媒体越频繁的受众，越倾向于成为广播媒体的重度接触者；而具有其他人口特征如男性、小学及以下受教育程度、退休人员、居住于北方地区等人群，成为广播媒体重度接触者的可能性也比其他人口特征的人群要高。

广播收听时长影响因素研究

王建平

一、研究背景

自从世界上第一个商业电台——美国 KDKA 广播电台于 1920 年 11 月在美国匹兹堡正式开播以来,广播发展已经历经了相当长的时间。在中国,尽管面对电视和不断涌现的新媒体的竞争,但随着收音机的改良、随身听和汽车音响的发展,随着近年来数字广播及与互联网的结合,广播的发展并没有因为新媒体的兴起而出现颓势,而是仍以其独特的优势不断地成长。

但是,广播正经历来自新媒体和其他传统媒体的强力竞争是一个不得不面对的现实。在受众市场众多媒体竞争的格局下,听众对广播节目拥有高度的选择权,他们会因为自己的喜好与需求而寻找传播媒体,并依据使用后的结果的满意程度,进一步决定是否继续使用该媒体。如何在激烈竞争的受众市场中获得最大的听众群,是众多广播媒体面临的最大课题。在这种背景下,研究听众收听广播时长的影响因素就具有十分重要的现实意义。

二、听众接触广播媒体的影响因素

听众接触广播媒体受到诸多因素的影响。一些西方文献认为,受众接触什么样的媒体、收听什么样的广播节目或者收看什么样的电视节目取决于他们的动机以及精神状态(Zillmann and Bryant, 1985; Blumler and Katz, 1974),或者视节目是否可以满足他们特定的需求(Rosengren, Wenner and Palmgreen, 1985)。韦伯斯特、里奇和法伦(2000)归纳了影响媒体受众行为的因素,认为主要包括受众因素和媒体因素两方面,而每一因素又可以分为结构性因素和个体性因素。受众的结构性因素包括潜在受众的位置、规模和受众的可获得性;受众的个体性因素包括个人的偏好选择,以及受众对可供选择节目的了解。媒体的结构性因素包括覆盖率、可供观众选择的节目数量等;个体性因素包括个人所拥有的硬件设备以及科技发展水平。这些因素交织在一起,为解释观众接触媒体行为提供了一个理论框架[①]。

一般对于媒体受众的研究都使用人口统计学特征作为研究变量,寻找可能影响受众媒介使用行为的因素。人口统计学特征是区分受众最常用的指标。因为受众的欲望、心理以及行为都与人口统计变量高度相关,并且人口统计学特征通常比其他变量更容易衡量。即使市场并非以人口统计学特征来区分,最终也常要与其相关联。无论从哪个角度来分析,受众首先是作为社会群体存在的,他们生活在一定的社会环境中,受到社会范畴的规范。大众传播媒介的内容对某些社会背景如年龄、收入、性别、教育程度、职业、生活形态等特征接近的受众,才能产生相似的影响与反应。同时,由于社会背景和生活水平不同,不同的受众群体,其态度、兴趣和爱好又存在一定差异,从而影响了他们接触和使用大众传媒的行为。

要分析影响收听行为的因素,利用个体听众的收听信息数据比单纯地使用汇总后的收听数据更加详细和深入。因此,基于微观的收听信息数据,我们从不同角度出发,对受众的媒介行为的诸多方面进行探讨,阐释家庭、人口以及其他特征与收听行为之间的关联,获得有价值的结论。本文将通过分析微观的收听数据,定量讨论家庭以及个人因素对受众收听行为的影响。

三、研究采用的数据和变量

1. 采用的数据和研究变量

本文分析所采用的数据为 CSM 媒介研究在北京、广州、成都、济南、宁波、哈尔滨、长春、沈阳、乌鲁木齐、杭州、南京、重庆、厦门、南宁、深圳、无锡、常州等 17 个城市的收听率调查固定样组样本在 2009 年 7 月 1 日到 12 月 31 日 6 个月期间的收听微观数据。CSM 媒介研究收听率调查固定样组样本覆盖的调查范围中拥有正在使用广播收听设备或家庭成员中有人在近 3 个月内收听过广播的家庭中的 10 岁及以上人口。在本文分析中,出于分析稳健性的考虑,我们选取固定样组样本中在所研究的 6 个月期间曾经收听过广播的人员作为我们的分析对象,最终满足条件进入我们分析的一共包括 18 130

---

① [美] 詹姆斯·G. 韦伯斯特、劳伦斯·W. 里奇、帕特西亚·F. 法伦:《视听率分析:受众研究的理论与实践》(第 2 版),王兰柱、苑京燕译,华夏出版社 2004 年版。

人，分布在 7 298 个家庭中。

我们以样本在 2009 年 7 月 1 日到 12 月 31 日 6 个月期间平均每天收听广播的分钟数作为我们的研究变量来分析样本的家庭、人口以及其他特征与收听行为之间的关系。样本日均收听广播分钟数的均值为 96.9 分钟，其分布如图 1。

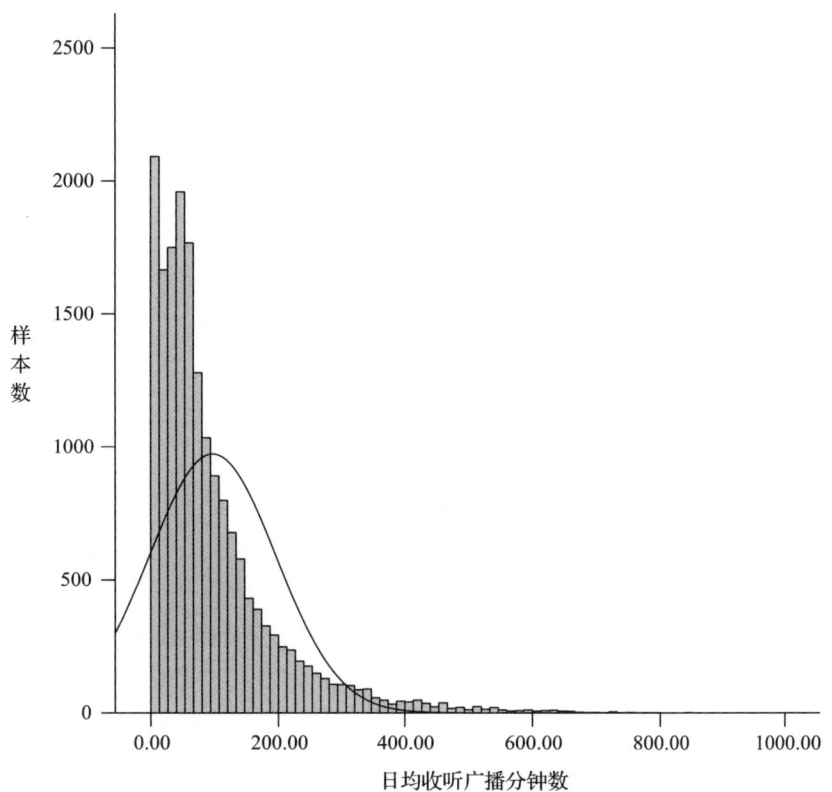

数据来源：CSM 媒介研究

图 1　样本日均收听广播分钟数分布

由图 1 我们可以看到，我们的研究变量——日均收听广播分钟数，在样本间呈现一个正偏的分布，因此，在构建模型时，我们必须注意此特征。

2. 采用的解释变量

为了研究受众家庭、人口以及其他特征与收听行为之间的关系，在个人层面，我们选用了样本的年龄、性别、婚姻状况、受教育程度、职业以及个人收入作为解释变量；在家庭层面，选用了家庭收听设备数、家中有无孩子、家庭主妇的年龄、户主的职业、家庭社会经济地位以及所在城市的地理区位作为解释变量。各解释变量的相关描述性统计量见表 1。

表 1　模型中采用的解释变量以及相关描述性统计量

解释变量	均值	标准差
个人特征（第一层次）：		
性别（参照组＝女性）		
男性	0.48	0.50
年龄	41.91	16.36
当前婚姻状况（参照组＝未婚、离婚或丧偶）		
已婚	0.74	0.44
当前就业身份（参照组＝其他工作职业）		
中高级官员、管理人员或专业人士	0.13	0.33
没有工作	0.39	0.49
个人年收入取 log 值	5.95	2.86
受教育程度（参照组＝小学及以下）		
初中	0.33	0.47
高中	0.33	0.47
大专及以上	0.22	0.41
家庭特征（第二层次）：		
收听设备数	1.64	0.88
家中有无孩子（参照组＝无）		
有	0.12	0.33
日用品购买决定者年龄（参照组＝60 岁及以上）		
15～34 岁	0.22	0.41
35～59 岁	0.62	0.48
户主职业（参照组＝其他工作职业）		
中高级官员、管理人员或专业人士	0.14	0.35
没有工作	0.31	0.46
家庭社会经济地位（参照组＝中等）		
很低	0.03	0.18
低	0.19	0.39
高	0.28	0.45
很高	0.18	0.38
所在城市地理区位（参照组＝东北或华北城市）		
东部城市	0.41	0.49
华南城市	0.12	0.33
中西部城市	0.22	0.41
个人 N＝18130		
家庭 N＝7298		

数据来源：CSM 媒介研究

四、研究采用的模型

1. 模型选择

解释变量包括个人和家庭两个层次。首先,我们考虑一个简单的单因素随机效应方差分析模型:

$$Y_{ij} = \mu + \alpha_j + \gamma_{ij}, \text{ 其中, } \alpha_j \sim N(0, \tau_{00}), \gamma_{ij} \sim N(0, \sigma_{00})$$

该模型包括一个固定效应(μ)和两个方差项:样本所在家庭之间的差异所引起的日均收听广播分钟数的方差(τ_{00})和样本本身差异所引起的日均收听广播分钟数的方差(σ_{00})。模型拟合的结果,$\tau_{00} = 6985.6$,$\sigma_{00} = 3231.7$。因此,我们可以估计样本日均收听广播分钟数的总方差中,由于样本所在家庭之间差异所导致的比重 ρ:

$$\hat{\rho} = \frac{\hat{\tau}_{00}}{\hat{\tau}_{00} + \hat{\sigma}_{00}} = 0.684$$

也就是说,68.4%的样本之间日均收听广播分钟数的方差是由于样本所在家庭之间的差异造成的,因此,包括样本因素和家庭因素的简单 OLS 回归模型不适合我们的数据,我们应当考虑使用多层次模型来分析。

从图1我们发现因变量(日均收听广播分钟数)呈现偏态分布,与一般回归模型假设误差是对称分布的要求不一致。为解决这个问题,我们可以在模型中对因变量进行对数转换。

综合以上考虑,我们采用多层线性模型(Hierarchical Linear Model)来分析受众个人特征、家庭特征等因素对受众日均收听广播分钟数(Y_{ij})的影响,同时考虑Y_{ij}偏态分布的趋势,对其进行对数转换。

2. 模型构建

假设各样本日均收听广播分钟数(Y_{ij})的对数转换服从正态分布,考虑如下模型:

$$\begin{aligned}
\log(Y_{ij}) = & \beta_{0j} + \beta_{1j}(Male_{ij}) + \beta_{2j}(Age_{ij}) + \beta_{3j}(Age^2_{ij}) + \beta_{4j}(Married_{ij}) \\
& + \beta_{5j}(MidSch_{ij}) + \beta_{6j}(HighSch_{ij}) + \beta_{7j}(College_{ij}) \\
& + \beta_{8j}(LN\_PPInc_{ij}) + \beta_{9j}(OCCTop_{ij}) + \beta_{10j}(NonWking_{ij}) + \gamma_{ij} \\
\beta_{0j} = & \gamma_{00} + \gamma_{01}(AVNO_j) + \gamma_{02}(Kid_j) + \gamma_{03}(SDMYoung_j) + \gamma_{04}(SDMMid_j) \\
& + \gamma_{05}(HoHTop_j) + \gamma_{06}(HoHNonWk_j) + \gamma_{07}(Lowest_j) + \gamma_{08}(Low_j) \\
& + \gamma_{09}(High_j) + \gamma_{010}(Highest_j) + \gamma_{011}(East_j) + \gamma_{012}(South_j) \\
& + \gamma_{013}(MidWest_j) + \upsilon_{0j}
\end{aligned}$$

$$\beta_{1j} = \gamma_{10}$$

$$\beta_{2j} = \gamma_{20}$$

$$\beta_{3j} = \gamma_{30}$$

$$\beta_{4j} = \gamma_{40}$$

$$\beta_{5j} = \gamma_{50}$$

$$\beta_{6j} = \gamma_{60}$$

$$\beta_{7j} = \gamma_{70}$$

$$\beta_{8j} = \gamma_{80}$$

$$\beta_{9j} = \gamma_{90}$$

$$\beta_{10j} = \gamma_{100}$$

其中，$\gamma_{0j} \sim N(0, \sigma^2)$，$v_{0j} \sim N(0, \tau_{00})$

五、研究结果分析

多层次线性模型分析结果显示，受众的年龄、性别、婚姻状况、受教育程度、工作与否、个人收入、家庭收听设备数、家中有无孩子、日用品购买决定者年龄、户主是否有工作、家庭社会经济地位以及所在城市的地理区位对于受众的收听行为都有显著的影响（表2）。

表2　多层次线性模型估计结果

解释变量	系数	(S. E.)	
个人特征（第一层次）：			
性别（参照组=女性）			
男性	0.0348	(0.0127)	**
年龄	0.0299	(0.0035)	***
年龄的平方	−0.0002	(0.0001)	***
当前婚姻状况（参照组=未婚、离婚或丧偶）			
已婚	0.1005	(0.0280)	**
当前就业身份（参照组=其他工作职业）			
中高级官员、管理人员或专业人士	0.0206	(0.0298)	
没有工作	0.1243	(0.0288)	***
个人年收入取 log 值	0.0330	(0.0048)	***

续表

解释变量	系数	(S. E.)	
受教育程度（参照组＝小学及以下）			
初中	0.1525	(0.0295)	* * *
高中	0.1824	(0.0309)	* * *
大专及以上	0.1752	(0.0363)	* * *
家庭特征（第二层次）：			
收听设备数	0.1729	(0.0163)	* * *
家中有无孩子（参照组＝无）			
有	-0.0956	(0.0383)	*
日用品购买决定者年龄（参照组＝60岁及以上）			
15～34 岁	-0.3991	(0.0508)	* * *
35～59 岁	-0.2627	(0.0398)	* * *
户主职业（参照组＝其他工作职业）			
中高级官员、管理人员或专业人士	-0.0749	(0.0433)	
没有工作	0.1255	(0.0331)	* * *
家庭社会经济地位（参照组＝中等）			
很低	0.3233	(0.0741)	* * *
低	0.0632	(0.0387)	
高	-0.0560	(0.0331)	
很高	-0.1657	(0.039)	* * *
所在城市地理区位（参照组＝东北或华北城市）			
东部城市	0.0252	(0.0347)	
华南城市	-0.1543	(0.0417)	* * *
中西部城市	-0.1207	(0.0386)	* *
常数项：γ_{00}	2.7344	(0.0904)	* * *
随机效应：			
v_{0j}	$df=7,284$	$\chi^2=29316.8$	* * *

注：* $p<0.05$，* * $p<0.01$，* * * $p<0.001$
括号内为标准误差（S. E.）。

控制其他解释变量,男性听众的日均广播收听时间比女性受众长 3.5%,并且差异显著。

从年龄上看,CSM 媒介研究收听率调查固定样组样本界定在家庭中 10 岁及以上人口。分析结果表明,在这个年龄段内,随着年龄的增长,日均收听广播的时长呈现出一个抛物线的分布,时长的峰值大约在 65 岁左右,可以看到,退休老人仍然是广播节目收听的主力,他们对广播节目的需求更殷切,而且对广播的依赖程度也越高。

在控制其他解释变量的情况下,从受众婚姻状况看,当前已婚受众的日均收听广播时长比单身(包括未婚、离婚和丧偶)的受众高 10%。

从受众职业来看,中高级官员、管理人员或者专业技术人士与一般职业的听众相比,在日均收听广播的时长上并无显著差异,但离退休、就读、无业或者其他身份的听众的收听时长比一般职业的听众高 12.4%,我们可以看到工作与否对于收听广播的时长所带来的影响。

听众的受教育程度与其收听广播的时长也显著相关,小学及以下受教育程度的日均广播收听时间最短;高中受教育程度的日均广播收听时间最长,比小学及以下受教育程度长 18.2%;大专及以上听众次之,比小学及以下受教育程度长 17.5%;而初中受教育程度的听众,其日均广播收听时间也比小学及以下受教育程度长 15% 以上。

不同个人收入的听众收听广播的时长也呈现差异,总体趋势是收入越高,收听广播时间越长。因为模型中日均收听时长和个人收入都采取了对数转换,其模型系数可解释为一种弹性系数,也就是说,在控制其他解释变量的情况下,听众个人收入每增加 1%,日均收听广播的时长就多 0.03%。

从受众的家庭特征看,家中收听设备的数量对受众的日均收听广播时间的影响尤其显著。家中每多一台收听设备,听众收听广播的时长就多大约 17%。而家中有无 14 岁及以下的孩子,却与听众收听广播的时长呈现负相关关系,有孩子的家庭,家庭成员收听广播的时长比没孩子家庭的成员平均少 9.6% 左右。

一般而言,家庭生命周期有着明显的阶段性,通常按照家庭人口变动和家庭主妇的年龄增长,家庭生命周期可分为不同的阶段。处于不同生命周期的家庭,在广播收听行为上明显不同。日用品购买决定者的年龄这一指标测度的正是一个家庭在家庭生命周期中的阶段。模型分析结果显示,总的说来,年龄越大的家庭,其家庭成员收听广播的时间越长。60 岁及以上的老年家庭,其家庭成员日均收听广播的时长是 35~39 岁中年家庭的家庭成员的 1.35 倍,是 15~34 岁青年家庭成员的 1.66 倍。

户主的职业在影响收听时长的分析中作用显著。理论上讲,户主的职业也是一个很好的测度家庭社会阶层的指标。在传统的华人家庭结构中,户主往往是由该家庭中的最高权威者出任,他的社会地位、收入等在家庭中往往也是最高的,因此,在这个家庭中具有相当的代表性。职业是十分关键而又简单易行的分层变量，它与个人声望、教育水平和收入有密切的关系。社会学将户主的职业看作反映一个家庭社会阶层的重要指标。从户主职业来看，户主有没有工作，其家庭成员收听广播的时长存在明显差异。户主没有工作的家庭，其家庭成员收听广播的平均时长比户主有一般职业的家庭要多12.6%，但是户主为一般职业还是中高级官员、管理人员或专业人士，其家庭成员收听广播的时长并不存在明显差异。

从家庭的社会经济地位来看，家庭社会经济地位越高，其家庭成员收听广播的时间越短。社会经济地位很低的家庭，其家庭成员收听广播的时长平均要比一般社会经济地位的家庭高32.3%，而社会经济地位很高的家庭，则比社会经济地位一般的家庭低16.6%。这从一个侧面可以看出，社会经济地位高的家庭，其媒体接触方式或者休闲方式比社会经济地位低的家庭更为多样。

不同地方的听众，其广播收听时长也不同。与东北和华北城市相比，东部城市的听众在广播收听时长上差别并不显著，但华南城市和中西部城市的听众收听广播时间显著少于东北和华北城市，平均来说，分别为其时长的85%和88%。

从表2我们还可以发现，常数项γ_{00}和随机效应υ_{0j}说明家庭特征对于听众收听广播时长的影响是显著的，其影响还有很大一部分没有被我们的模型所解释，将来的研究应当搜集更多的信息来进行分析。

六、总结

本文基于CSM媒介研究的17个城市收听率调查固定样组的微观数据，从不同角度出发，对广播听众的收听时长进行了分析，探讨了家庭、人口以及其他特征与收听行为之间的关联。分析发现，受众的年龄、性别、婚姻状况、受教育程度、工作与否、个人收入、家庭收听设备数、家中有无孩子、日用品购买决定者年龄、户主是否有工作、家庭社会经济地位以及所在城市的地理区位对于受众的收听行为都有显著的影响。但是需要指出的是，我们虽然发现这些因素对于受众收听行为有影响，但无法展现这些因素是通过什么机制影响受众的收听行为的。为了进一步了解受众收听行为的影响机制，在将来的研究中，我们将关注比一般人口统计变量更多的有关受众的活动、兴趣、偏好等信息，以期更完整地描绘出受众的面貌。

广播收听市场频率竞争格局分析

周欣欣

广播作为一个传统媒体,在新媒体日益渗透至大众生活、新终端不断涌现的背景下,其市场空间的开拓面临一定的困难。传统的家庭收听广播模式目前仍占据主导地位,但其收听量近几年明显下滑;车载收听作为广播发展的后劲动力,所带动的增长也逐渐遭遇瓶颈而趋于饱和。因此,广播收听市场所面临的压力与日俱增。本文主要基于CSM 媒介研究 2011~2013 年进行收听率调查城市中每年都相同的 31 个城市的收听调查数据,从整体市场以及北京、上海和广州三个城市市场多个维度,来分析广播收听市场的频率竞争格局,探析新传播环境下广播市场内部的市场竞争态势。

一、全国 31 个重点城市市场整体的频率竞争格局

1. 各级频率竞争格局基本保持稳定,省级频率领跑收听市场

在全国 31 个城市整体广播收听市场,多年来形成了省级频率主导、市级频率为辅、中央级频率次之的竞争格局。省级频率占据超过一半的市场份额,市级频率的份额也在三成以上,中央级频率竞争力不及省市级频率,仅占 10% 左右的收听份额。从年度变化来看,从 2011 年到 2013 年,省级频率的竞争力略有提升,但 2013 年较 2012 年的市场略有下降;中央级频率和市级频率 2013 年的市场份额则较 2011 年有所下降,但较 2012 年略有提升(图 1)。

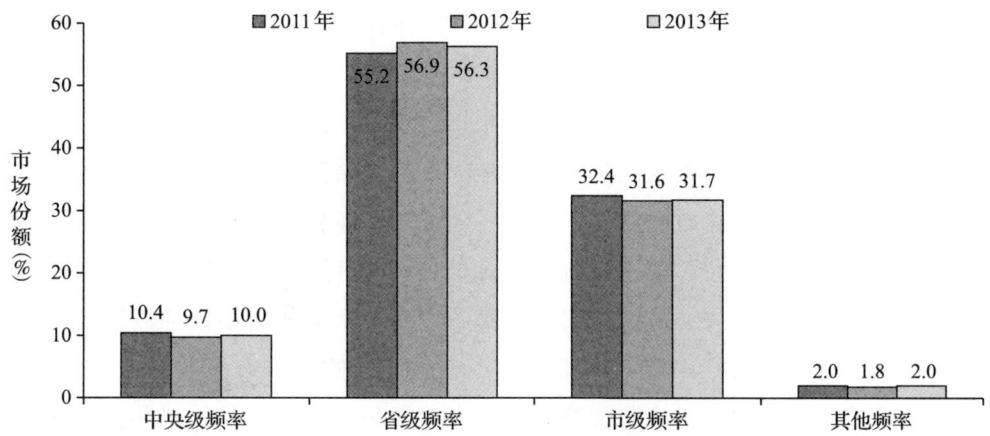

数据来源：CSM 媒介研究

图1 2011～2013年31城市市场各级频率的市场份额（四波调查数据）

2. 省级频率中午及傍晚时段竞争力更强，中央级和市级频率相对优势在早晚时段

广播以时间顺序传递信息的特性决定了听众接触的内容在同一时间内具有排他性，各级频率在全天不同时段的竞争格局则正好将频率的竞争力按时间进行细化，体现出频率在节目编排、受众吸纳方面的差异性和互补性。具体来看，省级频率的竞争优势遍布于全天各时段，但其在午间 13:00～14:00 时段以及傍晚 16:30～18:00 时段的竞争力更强，市场份额在 60% 左右；其中午间时段以音乐、文艺及生活服务类节目为主，傍晚时段则是以社教和生活服务类节目支撑收听市场。市级频率除了在凌晨 03:00～05:00 份额较高外，在早间的 05:00～06:00 时段以及晚间 22:00 后的竞争力也高于全天其他时

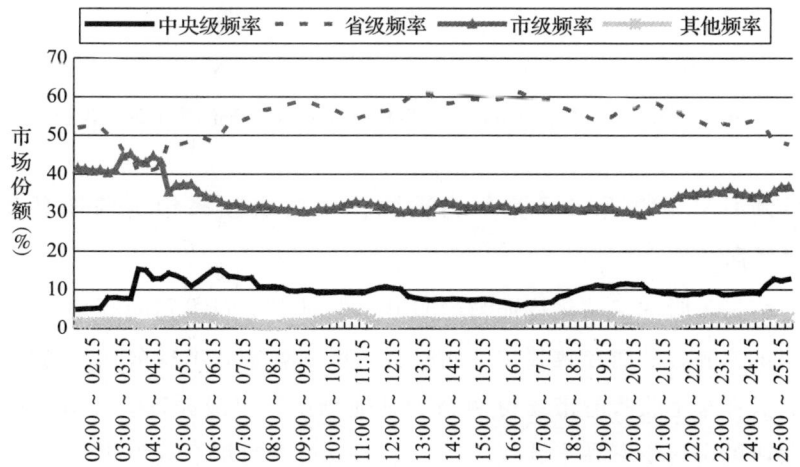

数据来源：CSM 媒介研究

图2 2013年31城市市场各级频率全天不同时段的市场份额（四波调查数据）

段。中央级频率全天竞争力的高点集中在早间和晚间时段,其中 04:00~08:00 时段高峰持续时间长且收听份额较高,晚间 19:00~21:00 收听份额也高于其他时段(图2)。

3. 三级频率重度听众形成区隔,中央级频率在高端听众群体中影响力相对较强

受众是支撑广播频率竞争的基石,因此,各级广播频率基于不同的受众定位、节目编排而形成各自的频率特色,拥有在细分广播收听市场上的独特竞争力。在 2013 年 31 个城市的收听市场中,中央、省、市三级频率的重度听众形成有层次的区隔:省级频率在女性、中年、中高学历、中等收入听众中有较强的影响力;市级频率在男性、青年、中低学历、低收入听众中相对竞争优势更强;中央级频率则在男性、老年、高学历、高收入等高端收听群体中的影响力相对较强(图3)。

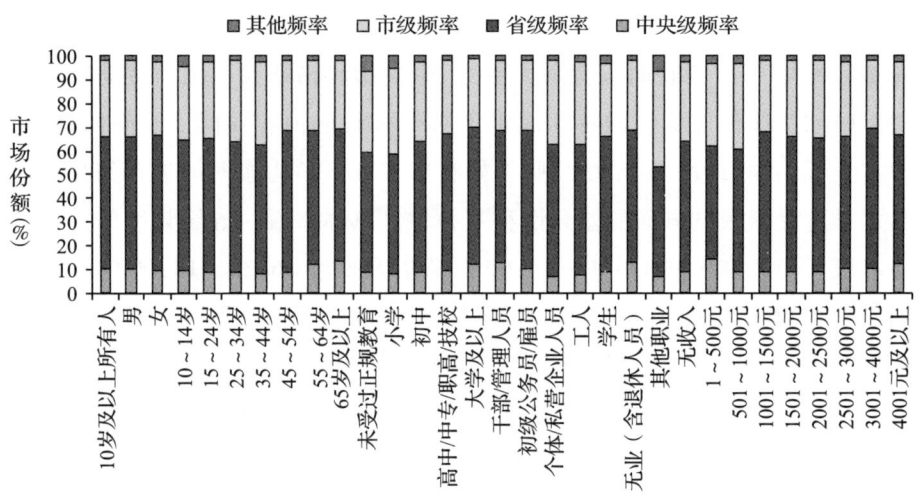

数据来源:CSM 媒介研究

图 3　2013 年 31 城市各级频率在不同目标听众中的市场份额(四波调查数据)

4. 省级频率车载收听市场竞争力更强,中央级频率相对收听优势在家庭及其他场所

近年来,广播收听的移动化特征渐趋明显,但对于不同级别的频率来说,因其核心受众收听习惯的差异,从而导致其在不同收听场所的竞争力出现分化。省级频率车载收听更为活跃,其在车上收听的市场份额高于其他场所;市级频率在工作/学习场所收听以及在车上收听的市场份额高于其他场所;中央级频率的相对竞争优势则在其他场所收听和在家收听,在车上收听的市场份额则相对较低(图4)。

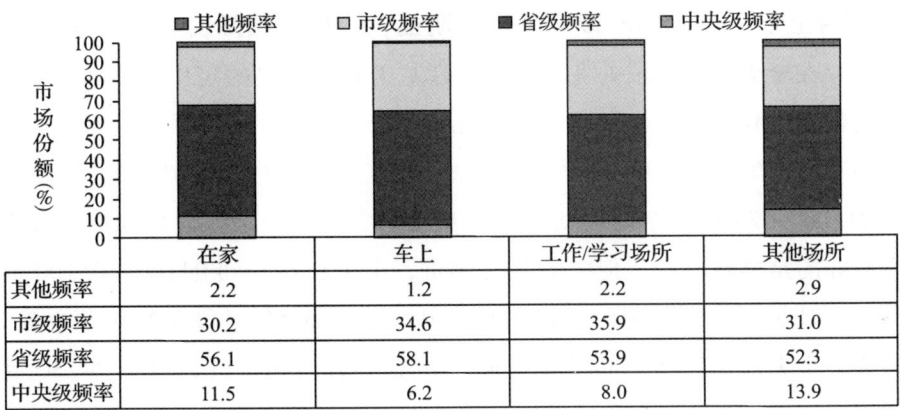

数据来源：CSM 媒介研究

图4　2013年31城市各级频率在不同收听场所的市场份额（四波调查数据）

二、北京广播收听市场的频率竞争格局

1. 北京人民广播电台领跑收听市场，中央人民广播电台竞争力相对较强

广播是一种区域性很强的媒体，一般来说在市场竞争中以本土频率占据主导，跨区域覆盖的频率并不具有像电视上星频道那样的优势。而在众多的广播收听市场中，北京是一个比较独特的区域市场，在这里不仅本土频率北京人民广播电台占据主导地位，跨区域覆盖的"中"字头频率也获得了较大的市场份额，竞争优势相对较强。从年度变化来看，2013年各级频率的竞争力对比前两年的发展趋势出现一定逆转，主要表现为中央人民广播电台市场份额的提升和北京人民广播电台市场份额的下降（图5）。

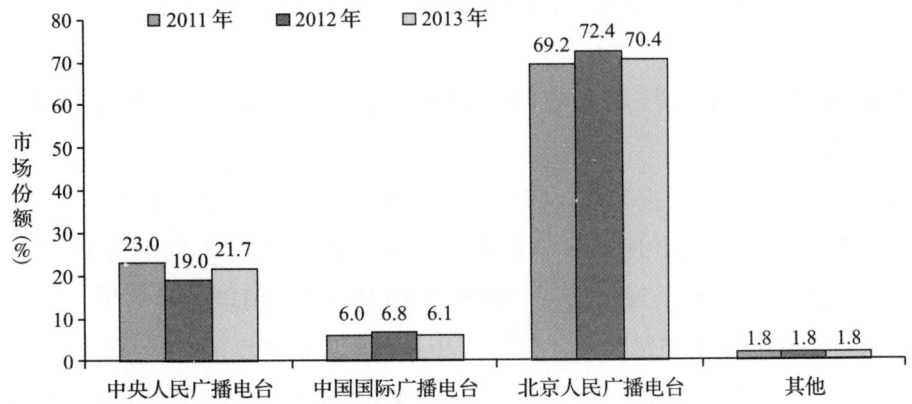

数据来源：CSM 媒介研究

图5　2011~2013年北京市场各级频率的市场份额

2. 北京台上下午及晚间时段竞争优势明显，中央台、国际台早晚竞争力各有侧重

各级频率在全天不同时段的竞争格局，是基于它们各自的定位、品牌、节目编排等而形成的竞争力差异化分布。2013年，在北京市场，北京人民广播电台基本在全天时段都保持了绝对的竞争优势，但相对其他时段而言，其在07:00~11:00、13:00~19:00以及晚间21:00~22:00三个时段的竞争优势更加突出。中央人民广播电台和中国国际广播电台坚守的是早晚时段，但二者各有侧重，中央台在早间04:00~05:00的市场份额高于其他各级频率，中国国际广播电台在05:00~06:00时段市场份额也较为突出；在晚间时段，中央人民广播电台从23:00开始竞争力迅速提升，但在24:30后急剧回落，中国国际广播电台竞争力提升的时段较中央人民广播电台错后一小时，且优势一直持续到凌晨01:00之后（图6）。

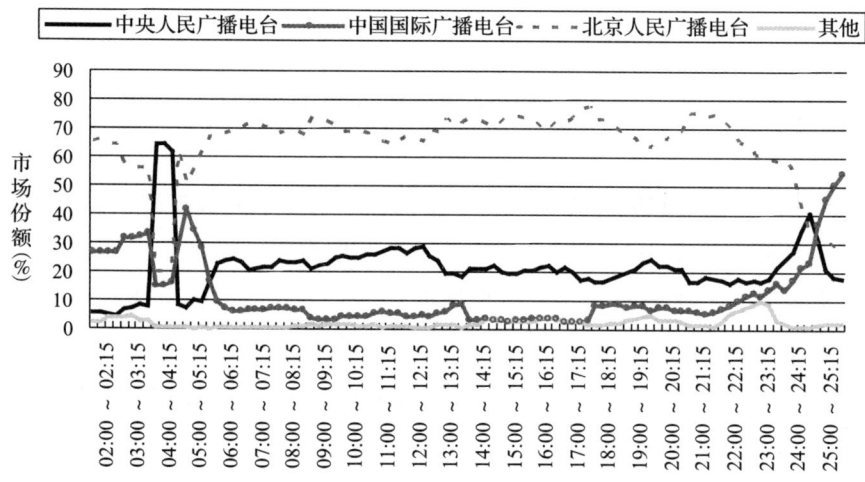

数据来源：CSM媒介研究

图6　2013年北京市场各级频率全天不同时段的市场份额

3. 北京人民广播电台频率在收听份额排名前5位中占4席，中国之声竞争力明显提升

在北京广播收听市场，区域化收听特征较为明显。在2013年单个频率的竞争中，北京人民广播电台的频率仍表现出较强的优势，在市场份额前5位中占据了4个席位（表1）。北京人民广播电台交通广播（FM103.9/CFM95.6）仍以绝对的优势领跑北京收听市场，30.4%的份额与2012年基本持平。中央人民广播电台第一套节目中国之声也进入前5位，以8.8%的市场份额排名第三，这一数值较2012年提升了3.2个百分点，这也为中央人民广播电台在北京广播收听市场的份额累计上作出了不小的贡献。

表1 2013年北京市场收听份额排名前5位的频率

排名	频率	收听份额%	收听率%
1	北京人民广播电台交通广播（FM103.9/CFM95.6）	30.4	1.5
2	北京人民广播电台文艺广播（FM87.6/CFM93.8）	15.7	0.8
3	中央人民广播电台第一套节目中国之声（FM106.1）	8.8	0.4
4	北京广播电台新闻广播（FM100.6/AM828/CFM90.4）	8.3	0.4
5	北京人民广播电台音乐广播（FM97.4/CFM94.6）	6.9	0.3

数据来源：CSM媒介研究

三、上海广播收听市场的频率竞争格局

1. SMG频率垄断上海广播收听市场，中央级频率在夹缝中寻求突破

上海广播收听市场的频率竞争格局与北京市场具有明显差异，本土频率竞争优势超强，对整体收听市场几乎形成垄断之势，跨区域覆盖的中央级频率在上海市场只能夹缝中生存，面临较大压力。2013年，SMG集团频率依旧对整体收听市场形成垄断之势，但未能延续前几年不断上涨的势头，92%的市场份额较2012年下降了1.5个百分点。中央人民广播电台和中国国际广播电台虽然仍处于竞争劣势地位，但2013年市场份额有所上升，其中，中央人民广播电台增势较猛，市场份额由2012年的3.8%增至2013年的5.8%（图7）。

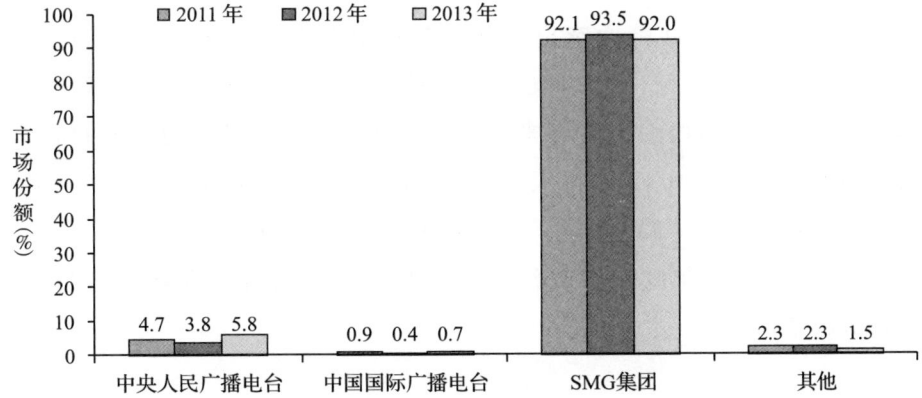

数据来源：CSM媒介研究

图7 2011~2013年上海市场各级频率的市场份额

2. SMG 频率全天时段显示超强竞争优势，中央人民广播电台相对优势在早晚时段

2013 年，在上海广播收听市场全天时段的收听竞争中，在整体市场上掌控超强优势的 SMG 频率继续将优势扩散至全天时段，其在清晨和午间的市场份额相对更高，在早晨、傍晚及后晚间时段的市场份额相对较低。与之相比，在整体市场上并不具有竞争优势的中央级频率只能在上海本地频道竞争力相对薄弱的时段寻求突破，中央人民广播电台在早间 06:00~08:00、晚间 19:00~20:00 以及 23:00 后时段的市场份额相对较高；中国国际广播电台在傍晚 17:00~18:00 以及晚间 19:00~21:00 相对竞争力有所提升（图8）。

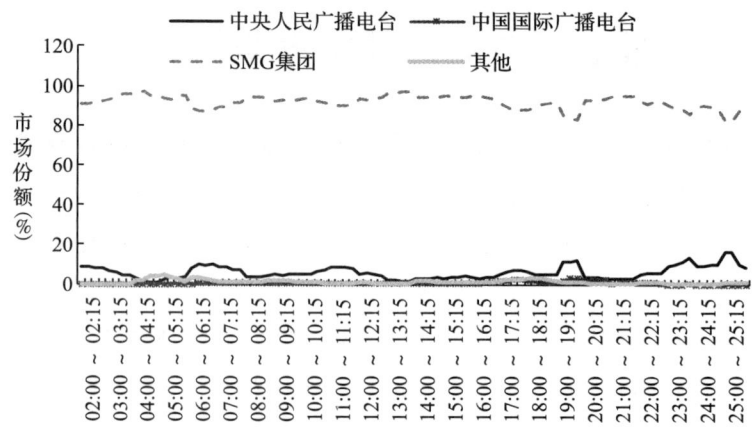

数据来源：CSM 媒介研究

图 8　2013 年上海市场各级频率全天不同时段的市场份额

3. SMG 频率单兵作战能力突出，前 3 个频率占据市场五成以上份额

在上海广播收听市场，广播的本地化和属地特征更为明显，本地频率的竞争力很强。2013 年，单频率竞争的前 5 位均被 SMG 频率垄断，其中竞争力最强的前 3 位——上海人民广播电台（AM990/FM93.4）、上海流行音乐广播动感 101（FM101.7）、上海流行音乐广播 Love Radio（FM103.7）更是占据了整个市场一半以上的收听份额（表2）。从各频率的市场份额年度变化来看，排名前 3 位的频率市场份额较 2012 年稳中有升，马太效应尽显。

表2　2013年上海市场收听份额排名前5位的频率

排名	频率	收听份额%	收听率%
1	上海人民广播电台（AM990/FM93.4）	26.4	1.1
2	上海流行音乐广播动感101（FM101.7）	19.7	0.9
3	上海流行音乐广播 Love Radio（FM103.7）	10.6	0.5
4	上海交通广播（AM648/FM105.7）	7.3	0.3
5	第一财经广播（FM97.7）	6.9	0.3

数据来源：CSM媒介研究

四、广州广播收听市场的频率竞争格局

1. 本土电台在广州市场占据主导，广东电台市场份额超六成

与北京和上海市场相比，广州广播收听市场一直以来以其特色鲜明、市场竞争的激烈复杂在重点城市收听市场中占据特殊的地位。总体来看，本土电台占据主导地位，广东电台、广州人民广播电台和佛山人民广播电台所占市场份额合计达九成，其中省台广东电台更是占据了超过六成的市场份额，与2012年相比，广东电台的竞争力略有提升，但较2011年仍有下降；2013年广州人民广播电台的市场份额则较2012年下滑了4.5个百分点。跨地区覆盖的中央级频率在广州市场的市场份额相对不高，中央人民广播电台2013年占据了6.3%的市场份额，较上年提升了2.1个百分点，中国国际广播电台市场份额与上年持平，份额仍为1.2%（图9）。

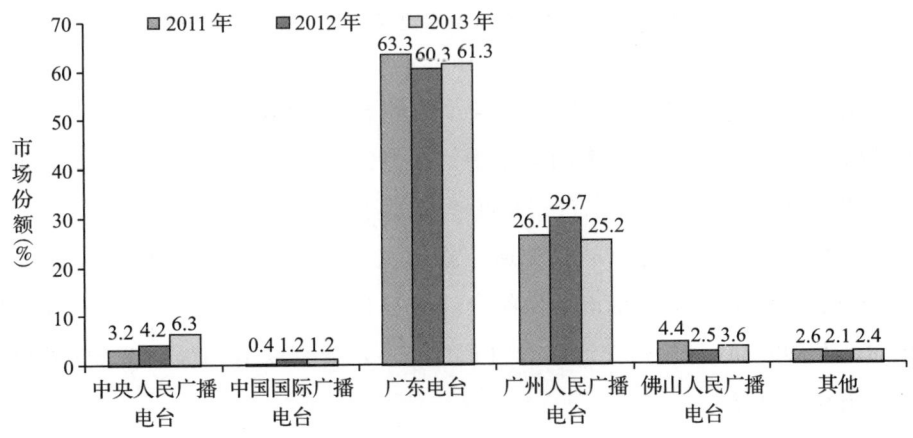

数据来源：CSM媒介研究

图9　2011~2013年广州市场各级频率的市场份额

2. 广东台与广州台竞争力在全天各时段此消彼长,中央台优势集中于晚间时段

作为在整体收视市场上竞争力最强的两级频率,广东电台和广州人民广播电台在全天时段的市场份额呈现出此消彼长的态势,其中广东电台竞争力较强的时段是早间06:00～07:00、午间13:00～14:00和晚间21:00之后时段;广州人民广播电台则在清晨05:00～06:00、傍晚16:00～19:00拥有更强的竞争力。中央人民广播电台虽然在整体市场竞争中不具优势,但其凭借特色节目和优势资源在傍晚至晚间的17:30～20:00时段市场份额达到接近10%的水平,在晚间24:00之后的市场份额更是一路走高。佛山人民广播电台在清晨02:00～06:00时段竞争力相对好于全天平均水平(图10)。

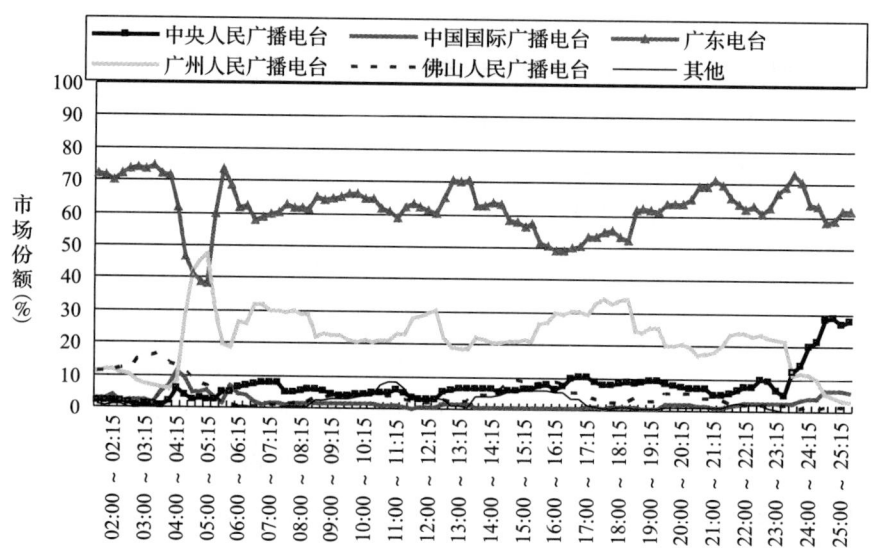

数据来源:CSM 媒介研究

图10 2013年广州市场各级频率全天不同时段的市场份额

3. 广东台频率垄断市场竞争前三甲,广州台两频率跻身前5位

2013年,在广州市场单个频率的竞争中,在整体市场中处于领先地位的广东台和广州台频率依然很强势。其中,广东台三个频率更是垄断了市场竞争的前三甲,广东电台音乐之声(FM99.3)、广东电台羊城交通广播台(FM105.2)、广东电台珠江经济广播电台(E FM 财富974)3个频率市场份额合计接近50%。广州台也有两个频率入围,广州新闻电台(FM96.2)和广州交通电台(FM106.1)分别以10.1%和8.8%的市场份额位列第四、五位(表3)。

表3 2013年广州市场收听份额排名前5位的频率

排名	频道	收听份额%	收听率%
1	广东电台音乐之声（FM99.3）	17.6	0.7
2	广东电台羊城交通广播台（FM105.2）	15.4	0.6
3	广东电台珠江经济广播电台（FM97.4）	13.4	0.5
4	广州新闻电台（FM96.2）	10.1	0.4
5	广州交通电台（FM106.1）	8.8	0.3

数据来源：CSM媒介研究

五、结语

在广播收听市场本土化趋势大行其道之下，全国市场和重点城市市场中的竞争格局多年来保持着相对的稳定，本土频率服务并影响着一方受众，同时也获得了相应的收听及认可。而中央级频率在市场空间有限的情况下，也不放弃对市场的潜心经营和培育，2013年这种努力也收获了相应的回报，中央级频率市场份额止跌回升，似乎让广播收听市场的竞争再次充满了不确定性。尽管如此，我们不得不说的仍然是广播收听市场置身于传媒大市场中，无论市场中的强势频率还是弱势频率，均不可避免地要与其他媒体进行更加残酷与激烈的竞争。因此，如何立足现有资源，开辟广播频率的新的增长点，仍然是各级频率未来发展中亟须解决的难题。

新闻综合类频率收听状况分析

解永利

广播的社会属性决定了广播的喉舌功能和桥梁作用,而广播这种喉舌功能和桥梁作用在很大程度上是通过新闻传播发挥出来的;同时,广播媒体的公信力和权威性也主要是通过新闻传播来体现的。因此,长期以来,"新闻本位"、"新闻立台"的观念一直主导着传统广播的发展,也成了广播媒体制胜的法宝。根据 CSM 媒介研究 2013 年全国 33 个城市收听率调查数据(四波调查),在所有被调查的 505 个频率中,新闻综合类频率有 127 个(按频率名称及内容为主要分类依据),占所有频率的 25.1%。新闻综合类频率是数量最多的一类专业频率,也是各调查城市中的主要频率类型之一。那么,作为收听市场"三驾马车"之一的新闻综合类广播频率的收听状况如何?本文主要基于 CSM 媒介研究 2013 年全国 33 个城市四波收听率调查数据,对新闻综合类频率的收听状况进行梳理与分析,以期找寻新闻综合类广播频率的收听特征。

一、新闻综合类频率的基本收听情况

1. 近年新闻综合类频率人均收听总时长在各专业频率中位居榜首,但呈逐年持续下降态势

2011~2013 年各类专业频率人均收听总时长[①]表明,新闻综合类频率连续三年稳居首位,交通类频率位居第二,音乐类频率位列第三,然后依次为文艺类、都市生活类、经济类、其他类、体育类、农村类和教育类频率。其中新闻综合类、文艺类、都市生活类和经济类频率人均收听总时长连续三年呈现持续下降态势(图1)。

---

① 考虑到数据的可比性,图1、图3 采用了 2011~2013 年四波调查能打通的 32 个城市的数据。

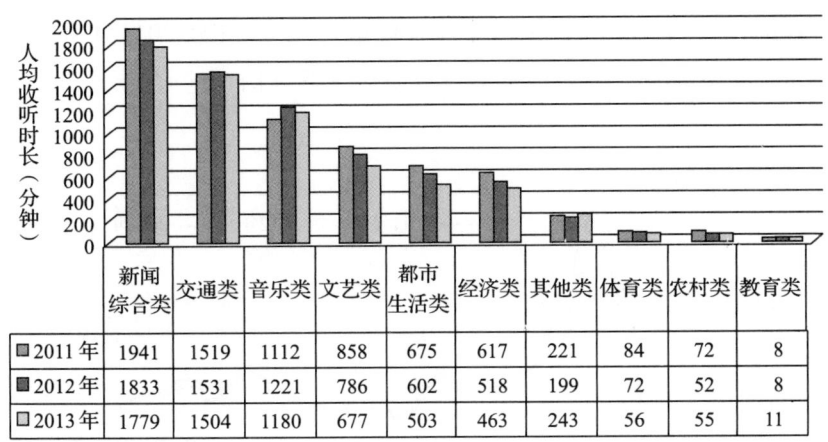

数据来源：CSM 媒介研究

图 1　2011~2013 年各专业频率人均收听总时长

2. 新闻综合类频率早间时段一枝独秀，但收听峰值呈逐年下滑态势

对于不同类型的广播频率，其全天收听走势各有特点。新闻综合类广播频率在早晨时段一枝独秀，引领全天收听，早间 07:00 左右是全天收听最高峰，收听峰值接近 6%；白天 10:45~13:45 和晚间 18:45~24:00 时段收听表现也优于其他各类频率，居各类频率收听榜首。交通类和音乐类频率全天均有较好收听表现，其中交通类频率在早晚上下班高峰期间表现显著。都市生活类、文艺类和经济类频率的收听则全天较为平稳（图 2）。

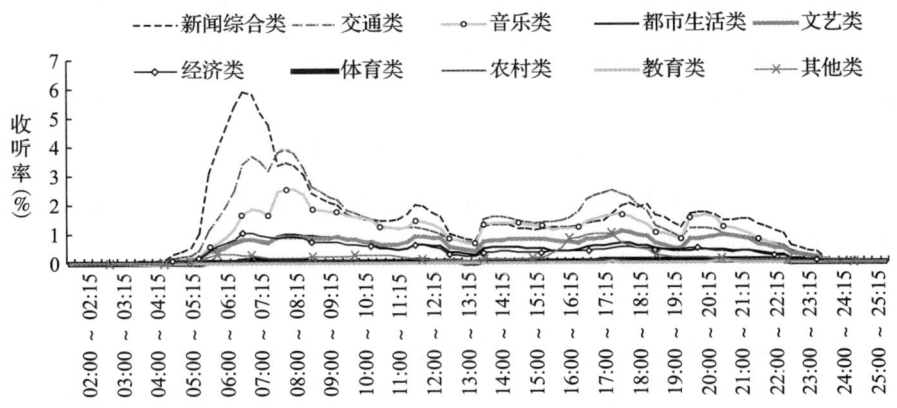

数据来源：CSM 媒介研究

图 2　2013 年各专业频率全天收听走势

从 2011~2013 年对比来看，新闻综合类频率早间收听水平呈逐年持续下滑态势，下降时段主要集中在早高峰 06:00~07:45 时段，峰值由 2011 年的 7.18% 下降至 2012 年

的6.65%，直至2013年的5.93%（32个城市数据）。2013年较2011年和2012年下降幅度分别为17.4%和10.8%。其他时段则没有明显下滑（图3）。

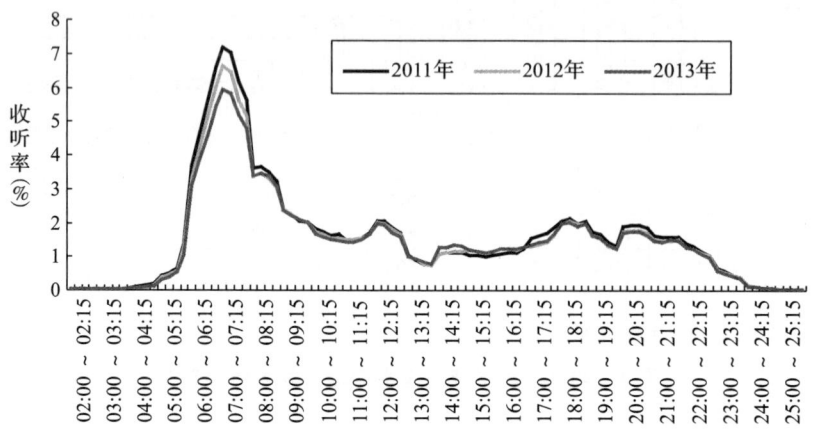

数据来源：CSM媒介研究

图3 2011~2013年新闻综合类频率全天收听走势

3. 在家是新闻综合类频率的主要收听地点

在家收听支撑起了新闻综合类频率的全天收听表现。从收听量构成来看，在家中收听贡献了约80%的收听量，其余大概20%的收听量来自在家以外的场所，包括车上收听、在工作/学习场所收听和在其他场所收听。

从全天收听走势来看，2013年新闻综合类频率全天收听峰值为5.91%（33个城市数据），出现在07:00~07:15；傍晚次高峰峰值为2.03%，出现于18:15~18:30。家中收听高峰也在早晨的07:00~07:15，峰值为5.16%；家中收听傍晚次高峰的时段与所有场所相比晚出现了半个小时，出现于18:45~19:00，峰值为1.65%。

与所有场所全天收听走势相似，在家收听也呈现出早高峰突出、其他大部分时段收听相对较为平稳的特点（图4）。

4. 新闻综合类频率各周天收听差异不大

新闻综合类频率主要以在家收听为主，因此决定了其在各周天收听表现相差不大。从所有收听场所来看，新闻综合类频率在一周中周一的人均收听总时长最长，为268分钟，其次为周三，排在第三位的是周四和周日，其余各周天的人均收听总时长变化不大。家中收听与所有场所略有差异，一周中人均收听总时长最长的是周日，为217分钟，排在第二位的是周一，其他各周天的总收听时长变化不大（图5）。

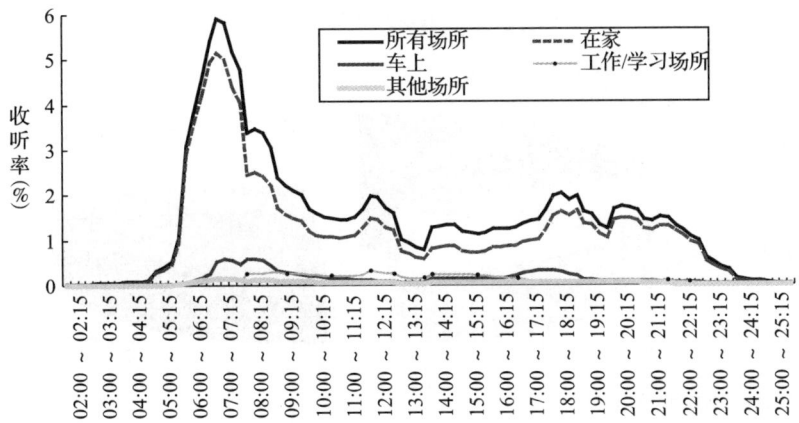

数据来源：CSM 媒介研究

图4 2013年新闻综合类频率在各场所全天收听率走势

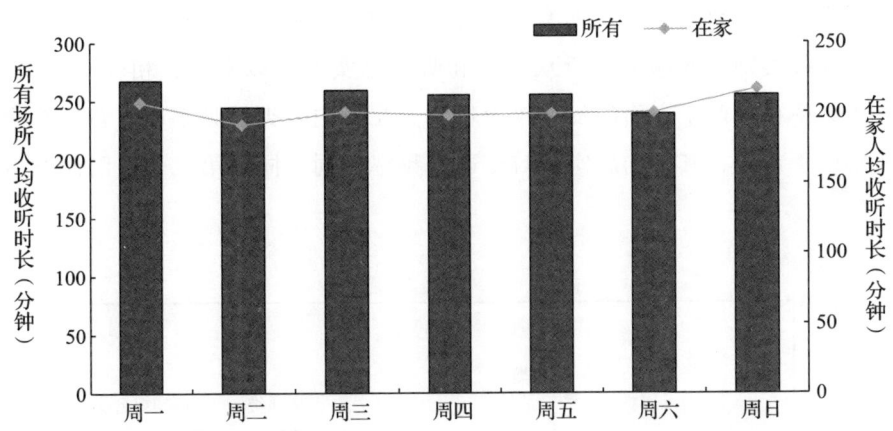

数据来源：CSM 媒介研究

图5 2013年新闻综合类频率不同周天人均收听总时长

二、新闻综合类频率的整体竞争实力

1. 新闻综合类频率的市场竞争力强劲

从2013年各类型频率所占市场份额可以看出，新闻综合类、交通类和音乐类频率领跑广播收听市场，而新闻综合类频率更是以27.5%的市场份额独占鳌头，比排名第二、第三位的交通类频率和音乐类频率分别多出了近5个和9个百分点，其强劲的市场竞争力可见一斑。27.5%的市场份额表明，人们收听广播所花费的所有时间中，有超过四分之一的时间是用来收听新闻综合类频率（图6）。

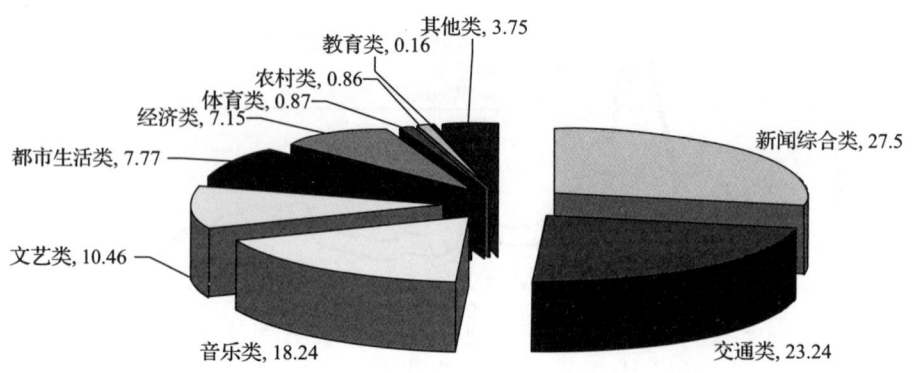

数据来源：CSM 媒介研究

图6 2013年各类专业频率的市场份额（%）

2. 新闻综合类频率的听众规模最大，听众忠实度居第二位

听众规模（平均到达率）和听众忠实度（平均忠实度）是影响频率竞争力的两个重要方面。比较各类别专业频率的听众规模和听众忠实度可以发现，相较其他类型频率，新闻综合类频率在这两个方面的发展较为均衡。在各主要类型频率中，新闻综合类频率的听众规模居于首位，其平均忠实度与交通类频率相同，同居第二位，因而竞争优势非常突出（图7）。

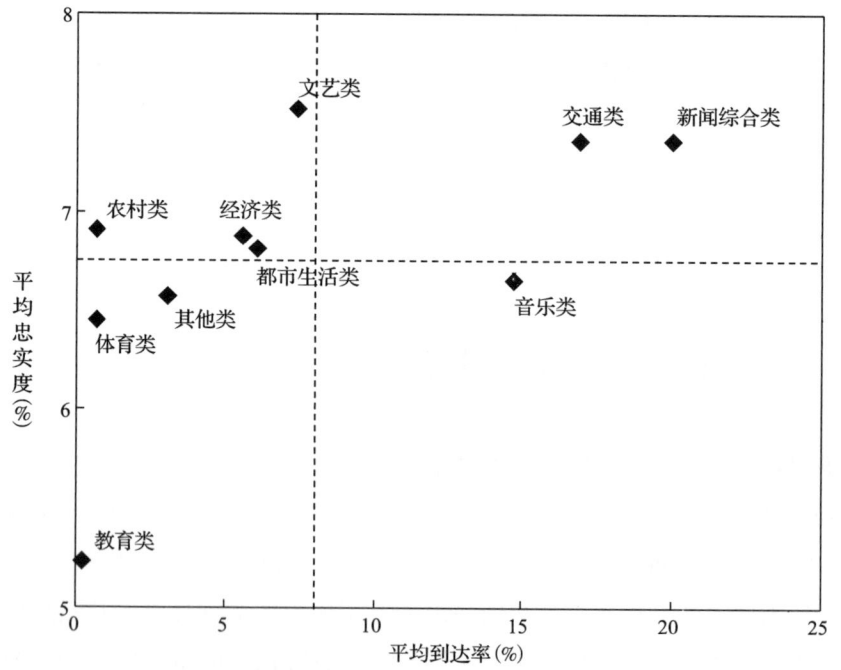

数据来源：CSM 媒介研究

图7 2013年各类专业频率的平均到达率和平均忠实度

三、新闻综合类频率的听众特征

1. 主体受众偏老龄化和中高收入群体

新闻综合类频率在所有场所和家中的主体受众群体有很多共性。55岁及以上、初高中学历和个人月收入在1501元及以上的受众群是两个场所中共同的主要听众群；55岁及以上、初中及以下学历和2500元及以下的听众群对新闻综合类频率的喜好度较高，更倾向于收听新闻综合类频率。两个场所听众构成的不同之处在于，在所有场所男性的收听比例高且更喜欢收听新闻综合类频率，在家中则是女性的收听比例较高且对新闻综合类频率的喜好度较高，这与此类人群有较多闲暇时间待在家里有很大的关系（图8）。

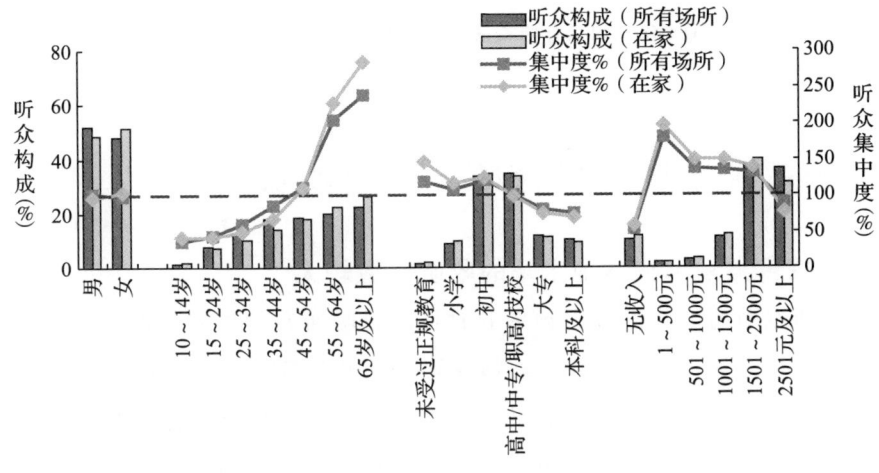

数据来源：CSM媒介研究

图8　2013年新闻综合类频率听众构成和集中度（所有场所/在家）

2. 老年人和中低收入者人均收听时间较长

下面我们再来看一下不同目标听众人均每天收听新闻综合类频率的时长情况。从性别来看，男性听众人均每天收听新闻综合类频率22分钟，女性听众为21分钟，男性听众收听略多。从年龄来看，55岁及以上的听众人均收听新闻综合类频率的时长都在40分钟以上；65岁及以上的听众群人均收听时长达到了50分钟，显著高于其他年龄段的听众；45岁及以上的听众群人均收听时长高于平均水平。从受教育程度来看，初中及以下学历的听众人均收听新闻综合类频率的时长较多，高于平均水平。从收入水平看，1~500元收入水平的听众群人均收听时长最长，达到38分钟；2500元及以下收入水平（不包括无收入者）的人群更多收听新闻综合类频率，高于平均水平。总体而言，老年人和中低收入者人均收听新闻综合类频率的时间较长（图9）。

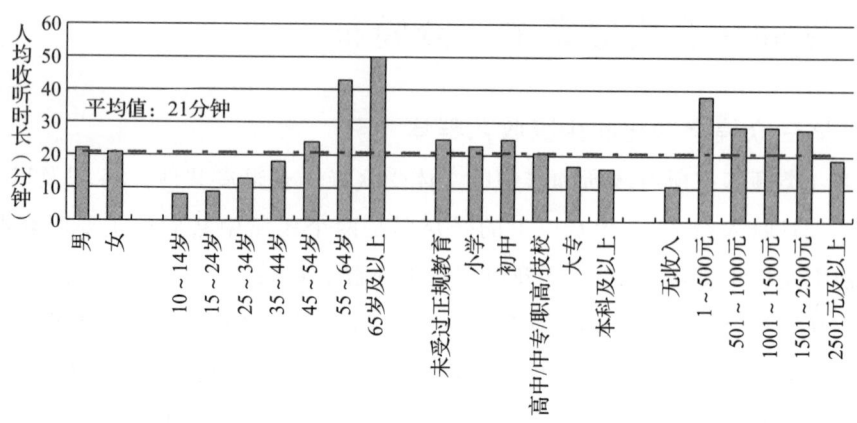

数据来源：CSM 媒介研究

图 9　2013 年不同目标听众收听新闻综合类频率的人均时长比较

四、各城市新闻综合类频率收听表现

1. 新闻综合类频率在本地市场的收听比重较大

从各城市听众收听新闻综合类频率的时长占收听所有频率时长的比重（收听比重）可以看出，绝大部分城市中新闻综合类频率的收听比重都较大（表1）。在33个城市中，清远、佛山、厦门、福州、泉州和常州6个城市新闻综合类频率的收听时长占到所有频率收听时长的40%以上，属于第一集团；大连、成都、宁波和武汉等14个城市该比重占到了30%~40%，属于第二集团；乌鲁木齐、无锡、苏州和长沙等10个城市该比重在20%~30%；北京、天津和哈尔滨3个城市新闻综合类频率的收听比重相对较低，在20%以下。听众收听新闻综合类频率的时长所占比重较大，反映出新闻综合类频率在一个广播电台中发挥着举足轻重的作用（表1）。

从听众规模（平均到达率）来看，佛山、济南和大连等城市的新闻综合类频率吸引的听众规模最大；广州、长沙、北京等地新闻综合类频率的听众规模则相对较小。从收听深度来看，新闻综合类频率能够吸引听众长时间地收听，绝大多数城市的听众人均每天收听新闻综合类频率都在100分钟以上。其中，常州、泉州和乌鲁木齐地区的听众收听新闻综合类频率的人均时间（听众）最长，达到136分钟，比收听最少的重庆地区的人均时长（听众）要多出58分钟。总而言之，新闻综合类频率在各地收听深度上的差异，相对来说小于在收听广度上的差异（图10）。

表1 2013年各城市新闻综合类频率收听时长所占比重

排名	城市	所有频率人均收听时长（分钟）	新闻综合类频率人均收听时长（分钟）	新闻综合类频率收听比重（%）
1	清远	55	26	47.27
2	佛山	85	37	43.53
3	厦门	53	23	43.40
4	福州	60	25	41.67
5	泉州	60	25	41.67
6	常州	79	32	40.51
7	大连	84	32	38.10
8	成都	50	19	38.00
9	宁波	47	16	34.04
10	武汉	56	19	33.93
11	济南	104	35	33.65
12	南宁	48	16	33.33
13	上海	63	21	33.33
14	深圳	51	17	33.33
15	青岛	78	25	32.05
16	郑州	78	25	32.05
17	长春	67	21	31.34
18	南京	81	25	30.86
19	重庆	49	15	30.61
20	石家庄	80	24	30.00
21	乌鲁木齐	95	28	29.47
22	无锡	66	19	28.79
23	苏州	76	21	27.63
24	长沙	41	10	24.39
25	沈阳	101	24	23.76
26	西安	94	22	23.40
27	杭州	113	26	23.01
28	合肥	77	17	22.08
29	太原	73	15	20.55
30	广州	55	11	20.00
31	北京	72	14	19.44
32	天津	115	22	19.13
33	哈尔滨	130	19	14.62

数据来源：CSM媒介研究

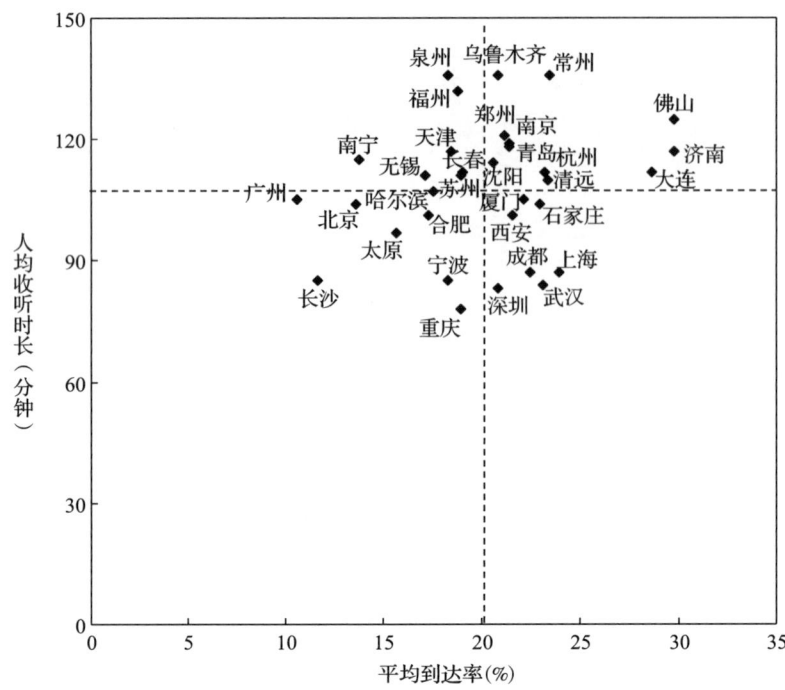

数据来源：CSM 媒介研究

图 10　2013 年新闻综合类频率在不同城市的竞争力构成比较

2. 本地新闻综合类频率在当地竞争实力强

数据显示，新闻综合类广播频率在大多数城市的市场份额均名列前茅。其中佛山人民广播电台（FM94.6）、浙江之声（FM88/FM101.6/AM810）、济南新闻广播（FM106.6）、江苏新闻广播（FM93.7）、清远新闻资讯广播（FM88.7）、上海人民广播电台（AM990/FM93.4）、石家庄广播电视台新闻广播（AM882/FM88.2）、中央人民广播电台第一套节目中国之声（FM106.1）、西安新闻广播（AM810/FM90.4）和郑州人民广播电台新闻广播（AM549/FM98.6）分别在佛山、杭州、济南、南京、清远、上海、石家庄、武汉、西安和郑州 10 个城市排在所有频率之首位，且大多数为本地新闻综合类广播频率。

清远新闻资讯广播（FM88.7）的市场份额高达 38.45%，上海人民广播电台（AM990/FM93.4）的市场份额为 26.58%，济南新闻广播（FM106.6）的市场份额为 26.07%。33 个城市中市场份额排名第三及以上的新闻综合类广播频率中，只有武汉、福州、青岛、南宁、太原、乌鲁木齐、合肥和北京 8 个城市包含有中央级广播频率，均为中央人民广播电台第一套节目中国之声。由此可见，本地新闻综合类广播频率引领了新闻综合类广播市场，其贴近性特征在收听市场竞争中发挥着重要作用（表 2）。

表 2　新闻综合类频率在 33 城市的市场份额（收听率进入前 10 位的频率）

城市	排名	频　率	收听率（%）	市场份额（%）
北京	3	中央人民广播电台第一套节目中国之声（FM106.1）	0.44	8.80
	4	北京广播电台新闻广播（FM100.6/AM828/CFM90.4）	0.43	8.55
长春	2	吉林人民广播电台新闻综合广播（FM91.6/AM738）	0.61	13.04
	3	吉林人民广播电台资讯广播（FM100.1）	0.35	7.42
	4	中央人民广播电台第一套节目中国之声（FM106.1）	0.33	7.06
	9	长春新闻广播（FM88.9/AM900）	0.19	3.99
长沙	3	湖南电台新闻频道（FM102.8/FM93.0）	0.30	10.41
	6	都市 105 长沙新闻广播（FM105.0）	0.18	6.14
	8	中央人民广播电台第一套节目中国之声（FM106.1）	0.12	4.24
常州	2	常州人民广播电台新闻综合广播（FM103.4）	1.11	20.36
	3	常州人民广播电台新闻综合广播（AM846）	0.66	12.18
	6	中央人民广播电台第一套节目中国之声（FM106.1）	0.34	6.21
成都	2	四川人民广播电台新闻频率（FM98.1/AM1116）	0.47	13.51
	4	中央人民广播电台第一套节目中国之声（FM106.1）	0.32	9.05
	5	成都人民广播电台新闻广播（FM99.8/AM792）	0.25	7.32
	8	四川人民广播电台新闻频率（FM106.1）	0.20	5.79
重庆	2	重庆人民广播电台重庆之声（FM96.8/AM1314）	0.75	21.87
	6	中央人民广播电台第一套节目中国之声（FM106.1）	0.14	4.22
	7	四川人民广播电台新闻频率（FM98.1/AM1116）	0.10	2.90
	10	中国国际广播电台环球资讯广播（FM90.5/AM900）	0.03	0.99
大连	2	大连广播电台第一套广播新闻广播（FM103.3/AM882）	1.24	21.33
	3	辽宁广播电视台资讯广播（FM90.6）	0.47	8.09
	7	中央人民广播电台第一套节目中国之声（FM106.1）	0.35	5.95
	10	辽宁广播电视台综合广播（AM1089/FM102.9）	0.16	2.80
佛山	1	佛山人民广播电台（FM94.6）	1.46	24.63
	4	佛山人民广播电台（FM90.1）	0.63	10.60
	8	鹤山人民广播电台（FM104.7）	0.18	3.09
	10	广东电台新闻台（新闻频道）（FM91.4/AM648）	0.14	2.38
福州	2	中央人民广播电台第一套节目中国之声（FM106.1）	0.55	13.29
	3	福建新闻广播（FM103.6/AM882）	0.40	9.68
	4	福州人民广播电台左海之声（FM90.1）	0.36	8.75
	8	福州人民广播电台新闻广播（FM94.4）	0.23	5.57
广州	4	广州新闻电台（FM96.2）	0.39	10.02
	7	中央人民广播电台第一套节目中国之声（FM106.1）	0.20	5.15
	10	广东电台新闻台（新闻频道）（FM91.4/AM648）	0.07	1.80
杭州	1	浙江之声（FM88/FM101.6/AM810）	0.93	11.81
	9	杭州新闻广播（FM89）	0.34	4.31
	10	浙江人民广播电台民生资讯广播（FM99.6）	0.32	4.01

续表

城市	排名	频率	收听率（%）	市场份额（%）
哈尔滨	6	黑龙江新闻广播（AM621/FM94.6）	0.91	10.04
	10	哈尔滨人民广播电台新闻综合广播（AM837/FM106.2）	0.19	2.11
合肥	3	中央人民广播电台第一套节目中国之声（FM106.1）	0.50	9.38
	6	合肥新闻综合广播（AM666/FM91.5）	0.28	5.28
	9	安徽新闻综合广播（AM936/FM103.6）	0.23	4.40
济南	1	济南新闻广播（FM106.6）	1.88	26.07
	7	山东广播新闻频道（AM918/FM95）	0.34	4.75
	9	中央人民广播电台第一套节目中国之声（FM106.1）	0.21	2.95
南京	1	江苏新闻广播（FM93.7）	0.71	12.57
	5	南京新闻台（AM1008）	0.41	7.29
	9	南京新闻广播（FM106.9）	0.22	3.91
南宁	2	广西电台新闻综合广播（AM792/FM91.0）	0.42	12.69
	3	中央人民广播电台第一套节目中国之声（FM106.1）	0.39	11.67
	8	南宁人民广播电台新闻综合广播（FM101.4）	0.27	8.21
宁波	3	宁波电台宁波之声（新闻广播）（FM92.0/AM1323）	0.35	10.79
	5	中央人民广播电台第一套节目中国之声（FM106.1）	0.26	7.93
	7	浙江之声（FM88/FM101.6/AM810）	0.20	6.03
	9	浙江人民广播电台民生资讯广播（FM99.6）	0.12	3.59
青岛	2	中央人民广播电台第一套节目中国之声（FM106.1）	0.66	12.06
	3	青岛新闻广播（FM107.6）	0.59	10.82
	4	青岛新闻生活广播（AM1377/AM819/FM97.3）	0.38	7.08
清远	1	清远新闻资讯广播（FM88.7）	1.46	38.45
	9	广州新闻电台（FM96.2）	0.08	2.15
	10	广东电台新闻台（新闻频道）（FM91.4/AM648）	0.08	2.05
泉州	2	泉州人民广播电台889新闻频道（FM88.9/AM576）	0.67	16.07
	3	泉州人民广播电台1059刺桐之声（FM105.9）	0.50	11.93
	4	中央人民广播电台第一套节目中国之声（FM106.1）	0.42	9.97
	9	福建新闻广播（FM103.6/AM882）	0.15	3.61
上海	1	上海人民广播电台（AM990/FM93.4）	1.16	26.58
	8	东广新闻台（AM1296/FM90.9）	0.15	3.55
	10	中央人民广播电台第一套节目中国之声（FM106.1）	0.11	2.49
沈阳	4	沈阳广播电视台新闻广播（FM104.5/AM792/FM107）	0.76	10.96
	6	辽宁广播电视台综合广播（AM1089/FM102.9）	0.48	6.93
	9	中央人民广播电台第一套节目中国之声（FM106.1）	0.39	5.52
深圳	3	深圳广播电台新闻频率（FM89.8）	0.45	12.61
	5	广东电台新闻台（新闻频道）（FM91.4/AM648）	0.18	4.95
	6	广东电台南粤之声（汽车优悦广播）（FM105.7）	0.17	4.75
	7	中国国际广播电台环球资讯广播（FM107.1）	0.15	4.24
	9	中央人民广播电台第一套节目中国之声（FM106.1）	0.13	3.78

续表

城市	排名	频率	收听率（%）	市场份额（%）
石家庄	1	石家庄广播电视台新闻广播（AM882/FM88.2）	0.68	12.23
石家庄	4	中央人民广播电台第一套节目中国之声（FM106.1）	0.48	8.59
石家庄	8	河北人民广播电台新闻广播（FM104.3）	0.28	5.09
苏州	3	苏州广播电视总台新闻综合频率（AM1080）	0.68	12.84
苏州	5	苏州广电总台新闻频率（FM91.1）	0.37	6.99
苏州	7	中央人民广播电台第一套节目中国之声（FM106.1）	0.28	5.27
太原	3	中央人民广播电台第一套节目中国之声（FM106.1）	0.50	9.82
太原	9	太原人民广播电台新闻频率（FM91.2）	0.27	5.28
天津	4	天津人民广播电台新闻广播（FM97.2/AM909）	0.78	9.76
天津	7	中央人民广播电台第一套节目中国之声（FM106.1）	0.37	4.63
天津	9	天津人民广播电台滨海广播（FM87.8/AM747）	0.33	4.16
乌鲁木齐	3	中央人民广播电台第一套节目中国之声（FM106.1）	0.64	9.66
乌鲁木齐	7	中央人民广播电台维吾尔语广播（FM90.6）	0.29	4.33
乌鲁木齐	8	新疆人民广播电台961新闻广播（FM96.1）	0.26	3.98
乌鲁木齐	10	乌鲁木齐人民广播电台（维吾尔语广播）（AM1071/FM104.6）	0.23	3.48
武汉	1	中央人民广播电台第一套节目中国之声（FM106.1）	0.59	15.25
武汉	3	武汉广播电视台新闻综合广播（AM873/FM88.4）	0.46	11.9
武汉	6	湖北之声（AM774/FM104.6）	0.26	6.76
无锡	4	无锡广播电视台新闻综合广播（AM1161）	0.49	10.75
无锡	6	无锡广播电视台新闻广播（FM93.7）	0.44	9.46
无锡	9	中央人民广播电台第一套节目中国之声（FM106.1）	0.17	3.75
西安	1	西安新闻广播（AM810/FM90.4）	0.63	9.6
西安	7	陕西广播电视台新闻广播（FM106.6/AM693）	0.43	6.6
西安	8	中央人民广播电台第一套节目中国之声（FM106.1）	0.4	6.15
厦门	2	厦门新闻广播（AM1107/FM99.6）	0.53	14.53
厦门	3	闽南之声广播（AM801/FM101.2）	0.49	13.55
厦门	5	中央人民广播电台第一套节目中国之声（FM106.1）	0.31	8.51
厦门	9	福建新闻广播（FM103.6/AM882）	0.1	2.79
厦门	10	海峡之声综合广播（FM97.9）	0.08	2.11
郑州	1	郑州人民广播电台新闻广播（AM549/FM98.6）	1.14	21.02
郑州	7	河南人民广播电台新闻广播（AM657/FM95.4）	0.26	4.89
郑州	8	中央人民广播电台第一套节目中国之声（FM106.1）	0.23	4.32

数据来源：CSM媒介研究

五、结语

综上所述，新闻综合类频率在广播收听市场的"霸主"地位目前仍然难以被撼动，这一特征在家中收听的表现尤为明显。与其他类型频率相比，新闻综合类频率是在传播广度和传播深度方面表现均突出的优势频率类别。在全国 33 个城市的广播收听市场中，清远、佛山、厦门、福州、泉州和常州 6 个城市新闻综合类频率的收听时长占到所有频率收听时长的 40% 以上。由此可见，当地听众对新闻综合类频率的倚重性很高；本地新闻综合类广播的贴近性和地域性特征决定了其在当地广播市场竞争中具有得天独厚、无可替代的优势。

新闻综合类频率在传统收听市场中的优势地位固然可喜，但在新媒体时代的背景下，这种优势地位能维持多久，广播人应及早未雨绸缪。为了适应生存环境，广播新闻在传播理念、传播内容、报道方式上也势必需要做一些改革和创新，随着新媒体环境的变化而不断与时俱进，从而实现新的突破和飞跃。

交通类频率收听特征分析

肖青青

随着国民经济的持续高速发展，我国的汽车保有量同样也保持着快速增长态势。截至 2013 年年底，我国汽车保有量达 1.37 亿辆，全国有 31 个城市的汽车保有量超过 100 万辆，其中北京、天津、成都、深圳、上海、广州、苏州和杭州 8 个城市汽车保有量超过 200 万辆，北京更是超过了 500 万辆。汽车越来越普遍地走进千家万户，逐渐成为人们出行的重要代步工具之一。专业化的交通类频率除了实时播报路况信息外，时事新闻类节目和其他娱乐类节目等也颇为丰富，所以交通类频率也逐渐成为多数出行人首选的媒体平台。本文将主要依据 CSM 媒介研究 2013 年全国 33 个城市四波收听率调查数据，对交通类频率的整体收听表现、听众特征、城市差异等进行梳理，分析总结交通类频率的收听特征。

一、交通类频率在广播市场中的整体收听表现

1. 听众在所有场所的人均收听时长缓慢下降，但在车上的人均收听时长逐年增加

从 2008 年至 2013 年广播市场人均收听时长可以看出，在"所有场所"，人均日收听时长整体呈现缓慢下降的态势，由 2008 年的 85 分钟下降到 2013 年的 77 分钟；与之相反，在"车上"收听广播的人均日收听时长走势则呈现另一番景象，从 2008 年的 14 分钟逐年递增到 2013 年的 19 分钟（图 1）。"车上"人均收听时长的增加，与汽车保有量大幅增长、人们平日在车上收听机会增多且在车载场所对信息、娱乐的需求也随之提高等有关。广播相对于其他媒体资讯平台，更适用于车载场所，尤其是驾车人员随时可以做到耳听各类时政新闻、娱乐资讯、实时路况等信息，眼观四方道路安全驾车。所以车载场所为广播的蓬勃发展提供了巨大的空间。

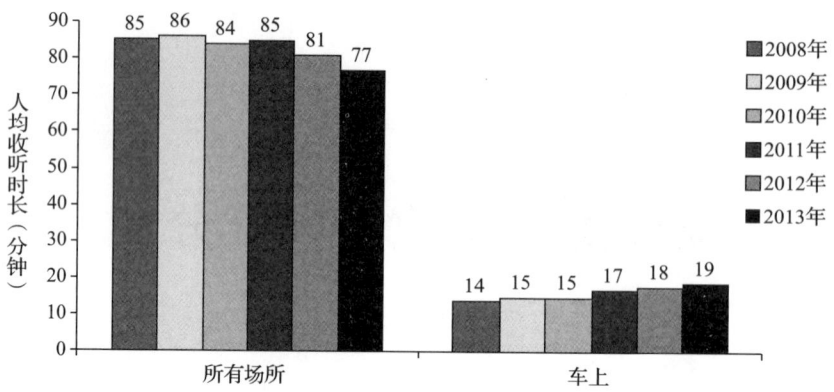

数据来源：CSM 媒介研究

图1　2008～2013年广播市场人均收听时长比较（所有场所/车上）

2. 交通类频率位居强势广播媒体集团前列，在车载场所竞争优势更加显著

通过比较各类专业频率的市场份额，可了解分析广播收听市场的竞争状况。从2012～2013年广播收听市场各专业频率的市场份额图我们可以清晰地看到，新闻综合类、交通类、音乐类频率仍是最受听众关注的大众频率，市场份额占据前3位，且2013年比2012年市场份额均有不同幅度的提升（图2）。2013年，新闻综合类频率市场份额位居首位，为27.5%；交通类频率的市场份额为23.2%，紧跟其后；音乐类频率排在第

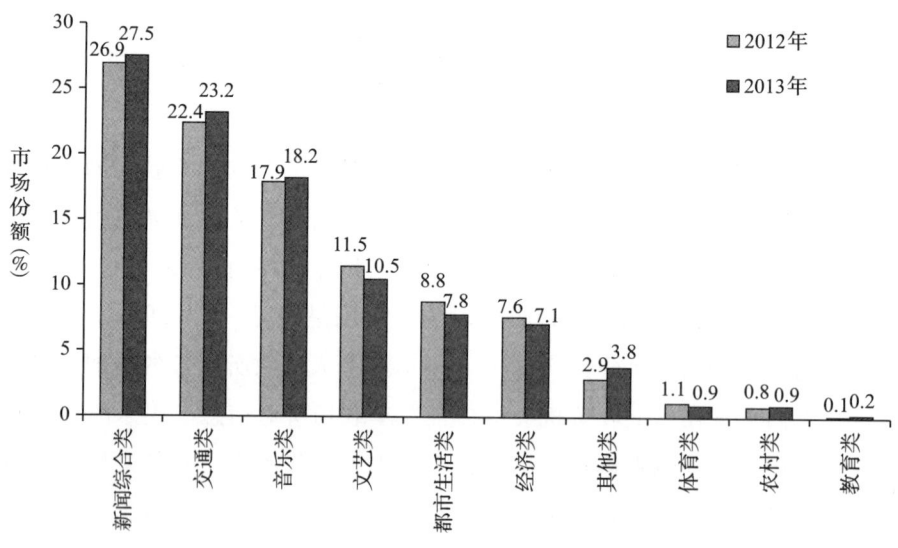

数据来源：CSM 媒介研究

图2　2012～2013年广播收听市场各专业频率的市场份额（所有场所）

三位，市场份额为18.2%。文艺类频率、都市生活类频率和经济类频率市场份额约在7%～10%，相比2012年市场份额均有下滑。更为窄众的体育类、农村类和教育类频率的市场份额则较低。对于2013年交通类频率23.2%的市场份额，我们可以理解为，在听众收听广播花费的总时间中，有接近四分之一的时间收听了交通类频率，所以交通类频率的竞争力非常强劲。

我们再从平均到达率和平均忠实度两个维度来评估各专业频率的竞争力情况。平均到达率反映了听众的收听规模，即有多少不同的听众收听了该频率；平均忠实度反映了有多少听众长时间地收听了该频率。所以，各类专业频率最终追求的就是较高的平均到达率和平均忠实度。比较2013年各类专业频率的平均到达率和平均忠实度（图3），新闻综合类、交通类、音乐类频率的平均到达率和平均忠实度均较高，为强势广播媒体平台，其中交通类频率和新闻综合类频率的平均忠实度相同，但是交通类频率的平均到达率即收听规模落后于新闻综合类频率。文艺类频率的平均忠实度是各类专业频率中最高的，但该频率的收听规模较小，所以落在了优势广播媒体平台区域（图3）。

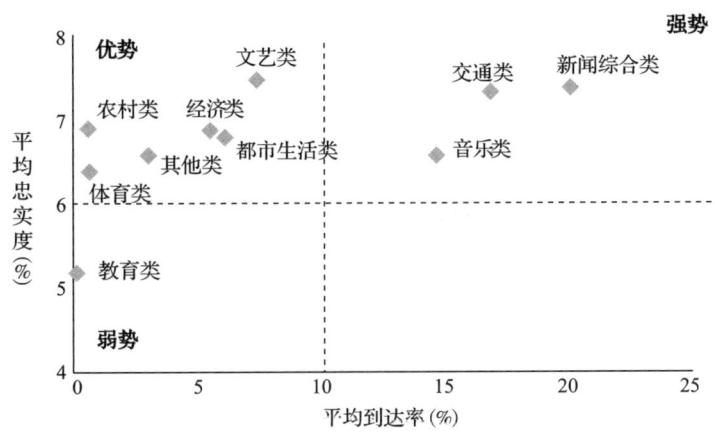

数据来源：CSM媒介研究

图3　2013年广播收听市场各专业频率竞争力比较（所有场所）

从上面的分析中我们可以看出，在所有收听场所，交通类频率的竞争优势明显。下面我们再来看一下交通类频率在不同收听场所的竞争地位。由图4可以看出，在"车上"收听交通类频率独占鳌头，市场份额超过50%，这与交通类频率播报实时道路讯息、汽车服务类信息、交通规章制度等紧密相关；音乐类频率排在第二位，市场份额达到22%，接近四分之一的车上听众选择通过收听音乐类频率的音乐、脱口秀等娱乐节目来打发在路上的时间。从在家收听情况来看，竞争力排在首位的是新闻综合类频率，市场份额达到34%；交通类、音乐类、文艺类频率的竞争力接近，市场份额在12%～16%

之间。交通类频率在"工作/学习场所"和"其他场所"的竞争力表现也不错,市场份额均位居第三位。由此看出,交通类频率在车载场所竞争优势最为显著,"在家、工作/学习场所、其他场所"的竞争优势也较为显著(图4)。

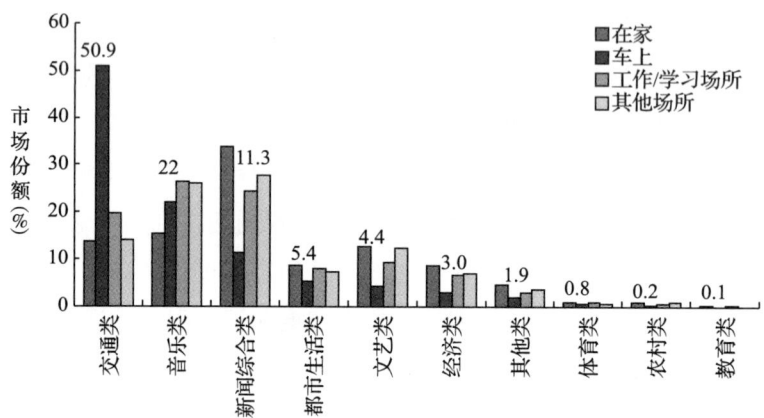

数据来源:CSM媒介研究

图4　2013年广播收听市场各专业频率在不同收听场所的市场份额

比较近四年交通类频率在"车上"的全天收听率走势可以看出,全天整体走势变化不大,但在早间和傍晚出行高峰时段,两座收听高峰均呈现逐年递增的趋势。在早间07:00~09:00,2010年至2013年最高收听率分别为2%、2.3%、2.5%和2.6%;在傍晚17:00~18:30,最高收听率由2010年的1.3%上升到2013年的1.7%(图5)。

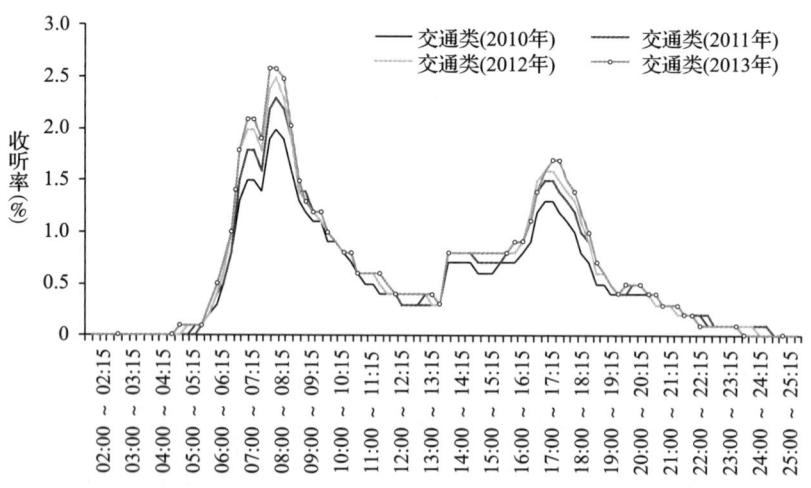

数据来源:CSM媒介研究

图5　2010~2013年交通类频率全天收听率走势比较(车上)

3. 交通类频率听众规模处于第一梯队，车载听众规模持续增长

通过到达率指标我们来观察一下各专业频率的听众规模，在市场竞争中，听众规模的大小直接影响到各类专业频率竞争力的强弱。总体来看，新闻综合类频率、交通类频率和音乐类频率的到达率在50%左右，处于第一梯队；都市生活类频率、文艺类频率、经济类频率处于第二梯队，到达率在25%左右；体育类频率、农村类频率和教育类频率由于频率定位和播出内容的关系，听众规模较少，位于第三梯队。对比2012年，2013年听众规模处于第一梯队和第二梯队的各专业频率中，除音乐类频率的到达率稳中微升外，其他各频率均出现下降，其中，交通类频率从51.4%下降到50.4%，与听众规模位居第一的新闻综合类频率仅差0.4个百分点，有待超越（图6）。

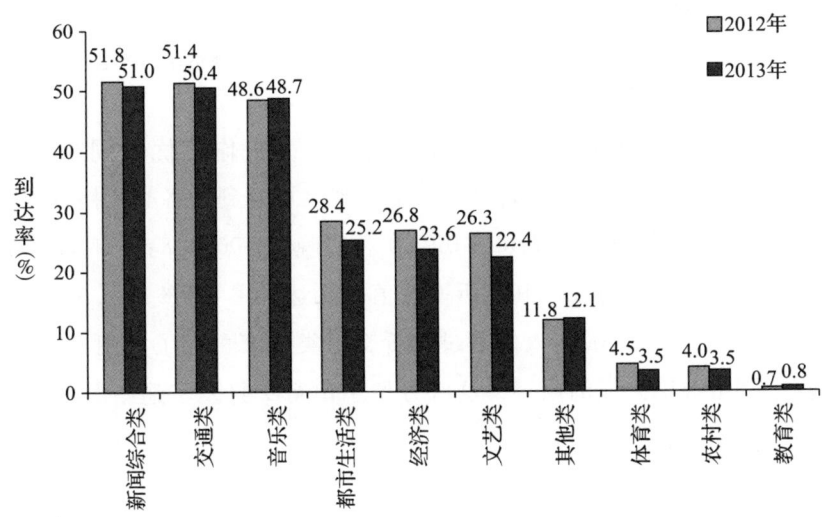

数据来源：CSM媒介研究

图6 2012~2013年广播收听市场各类专业频率的到达率（所有场所）

与"所有场所"不同，交通类频率"在车上"听众规模遥遥领先于其他各专业频率，2013年到达率为32.6%。音乐类频率的听众规模排在第二位，2013年到达率为23.6%，比交通类频率低9个百分点。2013年新闻综合类频率在车载场所的到达率仅为18.1%，几乎为交通类频率的半数。相比2012年，2013年车载场所交通类频率、音乐类频率和新闻综合类频率的听众规模均有所扩大，可见，车载场所是广播大力发展的优质平台（图7）。

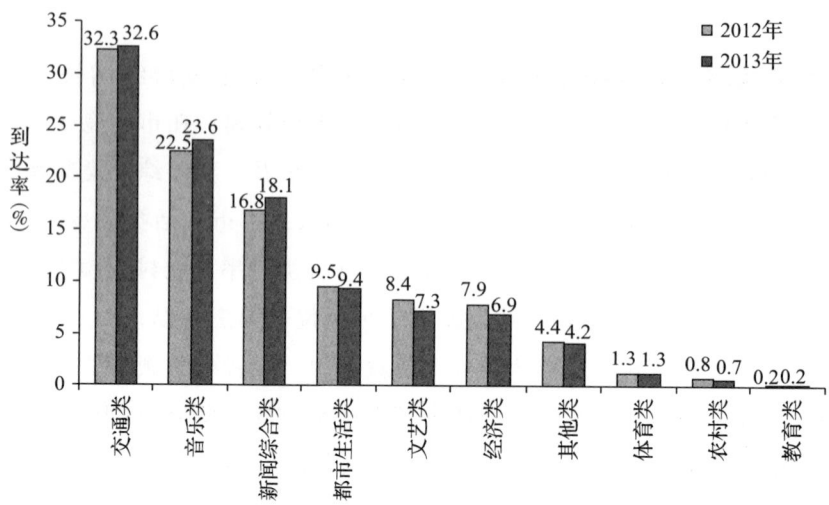

数据来源：CSM 媒介研究

图 7　2012~2013 年广播收听市场各类专业频率的到达率（车上）

4. 交通类频率在早晚出行时段收听表现较好，工作日优于周末

通过对 2013 年各类专业频率全天收听率走势观察可看到，各类广播频率各自有自己的优势时段。交通类频率在早间 07:00~09:00 和傍晚 17:00~18:30 时段形成两座收听高峰，这是人们出行的高峰时段，其收听率峰值分别达到了 3.9% 和 2.5%，分别出现在 08:15~08:30 和 17:45~18:00。人们通过收听交通类频率可以了解到最新的路况信息、实时新闻和汽车资讯等感兴趣的内容，这既方便了出行又打发了途中时间。新闻综合类

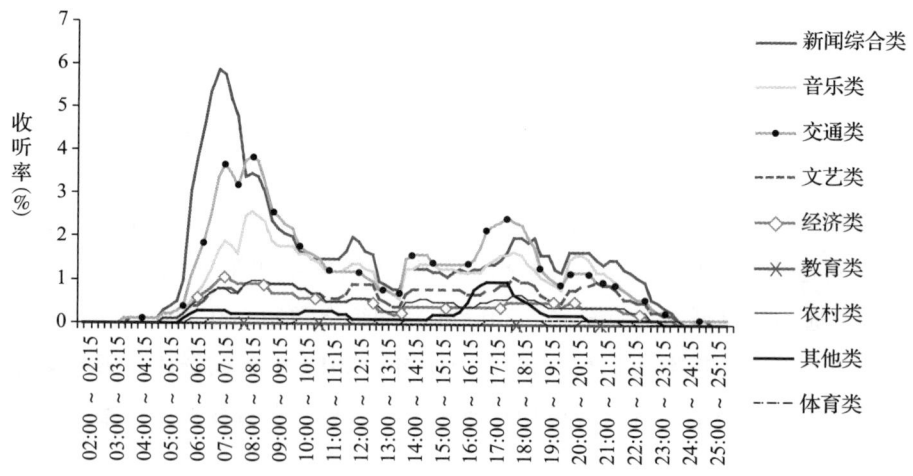

数据来源：CSM 媒介研究

图 8　2013 年各类专业频率全天收听率走势

频率在早晨时段优势非常明显,在 08:00 之前收听率遥遥领先,而 08:00~09:00 人们开始出门工作、学习,听众注意力逐渐转移到交通类频率上,此时段交通类频率开始领跑收听市场。午间休息时段 11:00~13:00 和晚间 20:00 以后,外出的人们相对减少,人们的信息、娱乐需求也发生变化,该时段内交通类频率的收听表现低于新闻综合类频率和音乐类频率(图8)。

区分不同周天观察交通类频率的收听特点,由于交通类频率在车上的被选择性非常高,且在早间 07:00~09:00 和傍晚 17:00~18:30 出行高峰时段收听表现最好,所以在周六、周日多数人休息、不用上班、上学的情况下,收听率必然出现波动。在"所有收听场所",周一的收听率最高,达到 1.4%,因为通常城市里周一的道路交通也最为拥挤和复杂;周二收听率开始回落,周三至周五收听率基本稳定在 1.3%,周六、周日则下滑到 1.1%。在"车上",交通类频率的收听表现与所有场所类似,仍是周一收听率 0.8% 表现最好,周二至周五收听率 0.7% 维稳,周六、周日收听率下降到 0.5%(图9)。

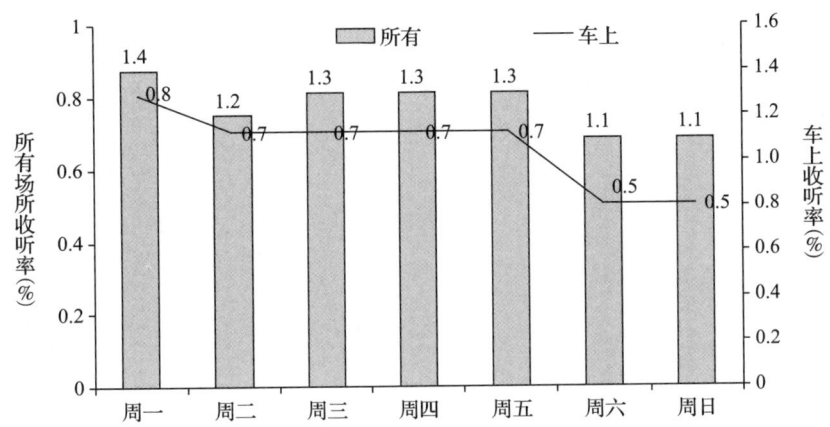

数据来源:CSM 媒介研究

图9　2013 年交通类频率在不同周天的收听率比较

二、交通类频率的听众特征

1. 男性、中青年、高收入听众比例较大,车载听众广告商业价值更高

通过听众构成和集中度两个指标,我们可以了解交通类频率主要是哪些人群在收听,以及受到哪些人群的偏爱。交通类频率在"所有场所"和"车上"的听众特征具有共性,男性、25~54 岁、高收入听众是两个场所相同的主要受众群体,且这部分人群对交通类频率的收听偏爱程度也非常之高。其中在"所有场所"男性听众比例达到

62.5%，而"车上"男性听众比例更是高达73.8%，并且其大学及以上学历、干部/管理人员、高收入听众比例和集中度均高于在"所有场所"，因此，车载场所听众的广告商业价值更高（图10、图11）。

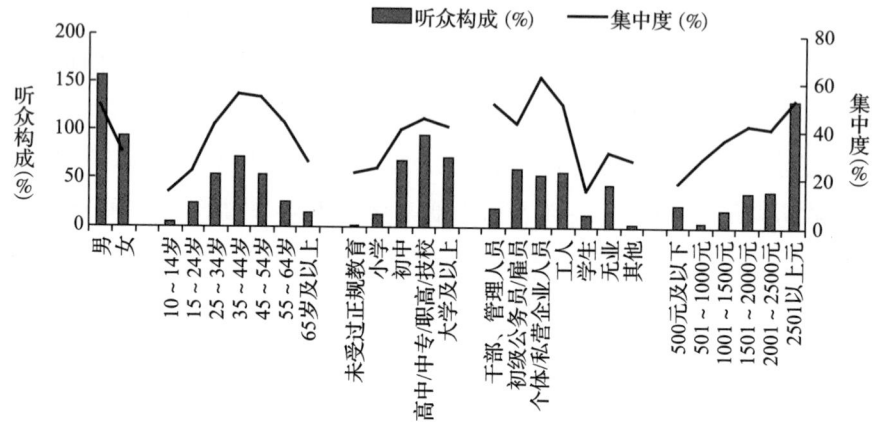

数据来源：CSM媒介研究

图10　2013年交通类频率的听众构成与集中度（所有场所）

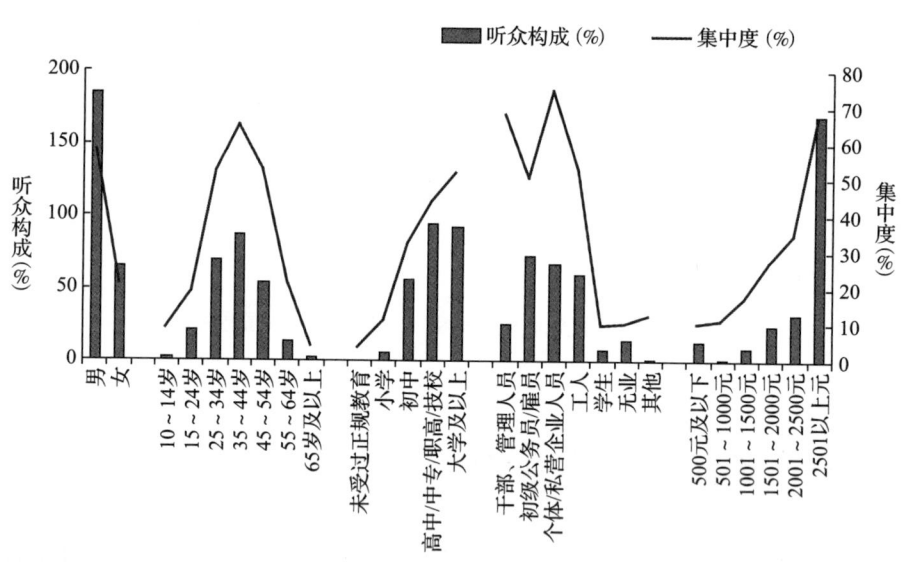

数据来源：CSM媒介研究

图11　2013年交通类频率的听众构成与集中度（车上）

2. 男性、青壮年、高收入人群人均收听时间最长

再来比较一下不同目标人群人均每天收听交通类频率的时长。从性别来看，男性听众人均每天收听时长为22分钟，高于女性听众人均每天收听时长。从年龄来看，35~44岁、45~54岁的听众人均每天收听交通类频率的时长均为24分钟；25~34岁、55~64岁的听众人均每天收听时长达到19分钟。从受教育程度来看，未受过正规教育、小学文化程度的听众较少收听交通类频率，而初中、高中/中专/职高、大学及以上的听众人均每天收听交通类频率的时长均在18分钟及以上。从职业来看，个体/私营企业人员人均每天收听时间最长，达到27分钟，其次是干部/管理人员和工人。从收入水平来看，随着收入水平的提高，人均收听时长也在增加，高收入听众更为关注交通类频率（图12）。

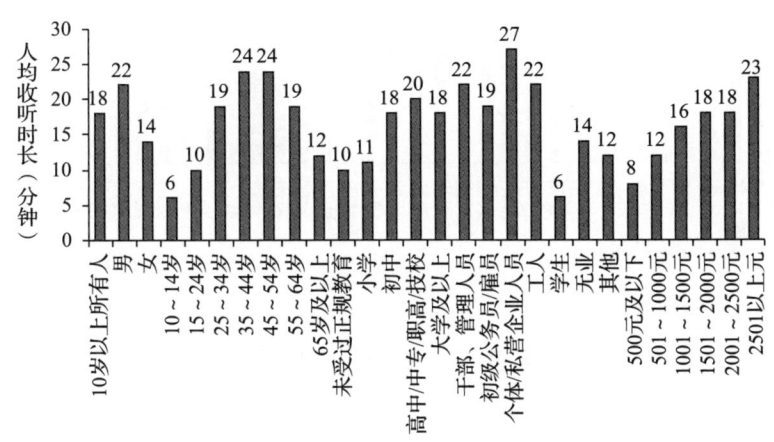

数据来源：CSM媒介研究

图12　2013年交通类频率不同目标听众人均收听分钟数

三、各城市交通类频率的收听表现

1. 交通类频率在各城市的收听表现差异较大

比较全国33个城市中交通类频率的人均收听分钟数和到达率，可以看出交通类频率在各城市的人均收听时长和听众规模的差异。2013年交通类频率在全国33个城市中的人均收听分钟数为18分钟，33个城市中有13个城市的人均收听分钟数超过这个平均水平。其中，天津、乌鲁木齐、杭州三地交通类频率的人均收听分钟数排在前3位，分别为32分钟、32分钟和31分钟；而厦门、南宁、宁波、上海、清远的听众收听交通

频率的时长均低于10分钟，收听表现相对较弱。在33个城市中，有超过半数的城市交通类频率的到达率超过50%，其中长沙的听众规模最大，到达率为75.3%；青岛、天津、长春、杭州排在其后；上海的到达率最低，仅为18.9%。对于交通类频率收听表现不突出的地区，如何吸引听众以扩大听众规模，延长听众停留时间，是相关人员有待解决的问题（图13）。

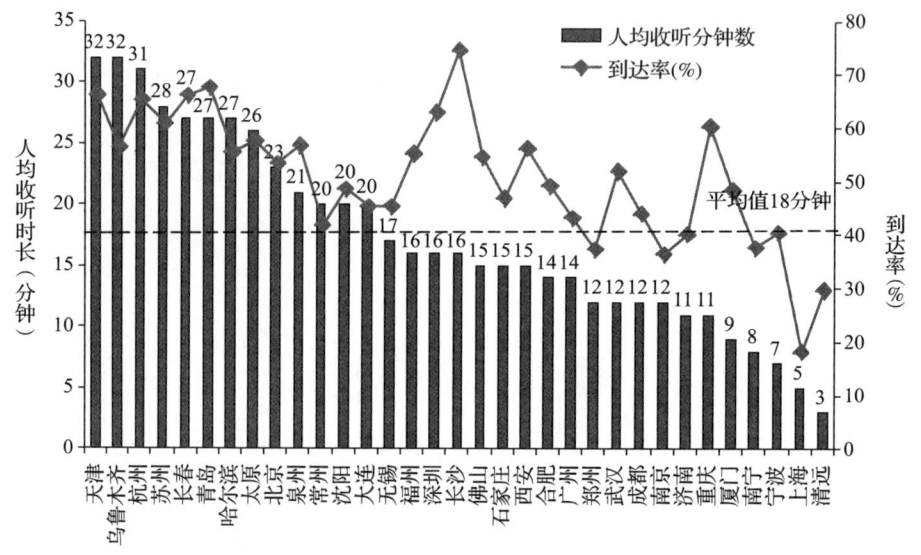

数据来源：CSM媒介研究

图13　2013年交通类频率在全国33城市中的人均收听分钟数和到达率（所有场所）

2. 交通类频率在多个城市的竞争力强劲

在"所有场所"中，有29个交通类频率的市场份额进入33个城市中的排名前3名，其中北京人民广播电台交通广播（FM103.9/CFM95.6）、长春交通之声广播电台（FM96.8）、青岛交通广播（FM89.7/AM900）在当地的市场份额均在30%以上，且在当地排名第一。在"车上"，交通类频率竞争表现更是出类拔萃，有54个交通类频率市场份额进入33个城市中的排名前三名，其中北京人民广播电台交通广播（FM103.9/CFM95.6）、长春交通之声广播电台（FM96.8）、常州人民广播电台交通广播（FM90）、重庆人民广播电台交通频率（FM95.5）、大连人民广播电台第四套广播交通广播（FM100.8）、青岛交通广播（FM89.7/AM900）、苏州交通广播（FM104.8）、天津人民广播电台交通广播（FM106.8）、无锡广播电视台交通广播（FM106.9）在当地的市场份额均超过50%，由此可见，人们已经习惯在出行期间通过交通类频率来了解各类资讯（表1）。

表1 全国33城市中交通类频率在当地的市场份额及排名情况（所有场所/车上）

城市	频率	所有场所		车上	
		排名	市场份额%	排名	市场份额%
北京	北京人民广播电台交通广播（FM103.9/CFM95.6）	1	31.0	1	62.3
长春	长春交通之声广播电台（FM96.8）	1	33.8	1	57.3
	吉林人民广播电台交通广播（FM103.8）	5	6.7	2	12.5
长沙	湖南人民广播电台交通频道（FM91.8/FM100.3）	1	25.3	1	42.0
	长沙交通音乐广播（FM106.1）	2	12.4	2	16.3
	湖南电台893汽车音乐电台（FM89.3）	9	4.1	4	6.5
常州	常州人民广播电台交通广播（FM90）	1	24.2	1	53.8
	常州人民广播电台交通广播（AM747）	8	4.1	8	1.7
	江苏交通广播网（FM101.1）	12	1.5	6	3.2
成都	四川人民广播电台交通广播（FM101.7）	1	14.7	1	29.9
	成都人民广播电台交通文艺广播（FM91.4）	3	9.2	2	19.6
	四川人民广播电台天府之声私家车广播（FM92.5）	17	1.8	16	1.6
	成都电台快乐私家车（FM105.1）	23	0.1	20	0.2
重庆	重庆人民广播电台交通频率（FM95.5）	3	21.7	1	54.6
大连	大连人民广播电台第四套广播交通广播（FM100.8）	1	23.0	1	53.7
	辽宁广播电视台交通广播（FM97.5）	15	0.6	13	0.6
佛山	佛山人民广播电台（FM92.4）	2	15.8	1	29.2
	广州电台金曲1027汽车音乐广播（FM102.7）	12	1.6	8	2.6
	广东电台羊城交通广播（FM105.2）	14	1.4	9	2.0
	广州交通电台（FM106.1）	16	0.9	12	1.6
	广东电台城市之声爱车1036（FM103.6）	18	0.5	17	0.3
福州	福建987私家车广播（FM98.7）	1	13.5	1	31.0
	福州交通之声（FM87.6）	9	5.5	3	10.2
	福建交通广播（FM100.7）	10	3.9	2	11.2
	海峡之声都市阳光调频（FM99.6）	11	3.8	8	5.1
	福建汽车音乐调频（FM91.3）	12	3.4	6	6.5
	海峡之声汽车生活广播（FM90.6）	13	3.3	4	8.2
广州	广东电台羊城交通广播（FM105.2）	2	15.1	1	32.2
	广州交通电台（FM106.1）	5	8.7	2	20.8
	广州电台金曲1027汽车音乐广播（FM102.7）	8	5.0	5	5.6
	广东电台城市之声爱车1036（FM103.6）	11	1.8	8	1.8
杭州	私家车107快乐广播城市之声（FM107/AM1530）	2	11.3	2	17.7
	浙江人民广播电台交通之声（FM93）	3	10.8	3	17.6
	杭州交通经济广播（FM91.8）	6	8.6	1	20.4
	汽车电台105.4西湖之声（FM105.4）	7	7.8	5	8.3

续表

城市	频率	所有场所		车上	
		排名	市场份额%	排名	市场份额%
哈尔滨	黑龙江交通广播（FM99.8）	4	10.8	1	36.2
	哈尔滨交通广播（FM92.5）	5	10.1	2	32.4
	黑龙江生活广播（私家车频道）（FM104.5）	9	3.7	4	4.6
合肥	安徽交通广播（FM90.8）	4	9.2	2	21.2
	合肥交通广播（AM1053/FM102.6）	5	8.1	1	21.5
	合肥汽车音乐广播（AM747/FM87.6）	10	4.0	3	9.4
	安徽交通广播汽车980（FM98.0）	20	1.5	8	2.9
济南	济南交通广播（FM103.1）	5	8.1	1	26.7
	济南文艺广播私家车936（FM93.6）	10	2.9	5	6.1
	山东广播交通音乐之声（FM101.1）	11	2.5	3	7.6
南京	南京交通台交通（FM102.4）	6	7.0	1	24.0
	江苏交通广播网（FM101.1）	7	6.4	2	16.7
	南京快乐私家车（FM98.1）	20	0.9	10	1.5
南宁	广西电台教育生活广播私家车930（FM93.0）	1	14.6	1	30.8
	广西电台交通广播（FM100.3）	7	8.2	5	11.6
	南宁人民广播电台交通音乐广播（FM107.4）	9	8.2	4	12.6
宁波	镇海台私家车音乐台（FM104.7）	1	17.5	1	34.3
	宁波电台交通广播（FM93.9/AM603）	2	12.3	2	21.1
	宁波电台音乐广播汽车音乐调频（FM98.6）	6	7.8	3	8.7
	私家车107快乐广播城市之声（FM107/AM1530）	10	3.4	4	5.3
	浙江人民广播电台交通之声（FM93）	11	3.0	5	4.8
青岛	青岛交通广播（FM89.7/AM900）	1	31.3	1	67.5
	青岛经济广播汽车生活频率（FM102.9/AM1251）	7	4.4	6	1.9
	青岛私家车电台（FM96.4）	10	2.5	4	4.0
清远	广东电台羊城交通广播（FM105.2）	11	2.0	10	2.1
	广州电台金曲1027汽车音乐广播（FM102.7）	14	1.2	11	2.1
	广州交通电台（FM106.1）	16	0.8	9	2.4
	广东电台城市之声爱车1036（FM103.6）	19	0.4	19	0.4
泉州	泉州人民广播电台904交通之声（FM90.4）	1	28.5	1	42.9
	泉州人民广播电台923私家车音乐广播（FM92.3）	6	5.5	4	7.3
	福建987私家车广播（FM98.7）	8	4.4	6	5.2
	福建交通广播（FM100.7）	10	2.8	7	4.4
上海	上海交通广播（AM648/FM105.7）	4	7.4	3	17.6
	上海公交移动电视伴音广播（FM98.1）	15	1.1	6	3.9
沈阳	辽宁广播电视台交通广播（FM97.5）	1	19.8	1	44.7

续表

城市	频率	所有场所 排名	所有场所 市场份额%	车上 排名	车上 市场份额%
深圳	深圳广播电台交通频率（FM106.2）	1	26.0	1	47.4
	广东电台南粤之声汽车优悦广播（FM105.7）	6	4.7	5	5.3
	深圳私家车广播 I Radio（FM94.2）	8	4.0	4	5.6
	广东电台羊城交通广播（FM105.2）	18	0.4	22	0.1
	广东电台城市之声爱车1036（FM103.6）	22	0.3	19	0.2
石家庄	石家庄广播电视台交通广播（FM94.6）	2	12.0	1	29.0
	河北人民广播电台交通广播（FM99.2）	7	6.5	2	15.5
	河北电台文艺广播私家车907（AM900/FM90.7）	11	3.5	7	3.4
苏州	苏州交通广播（FM104.8）	1	29.1	1	56.0
	江苏交通广播网（FM101.1）	6	5.3	3	10.3
	苏州交通经济频率汽车广播（FM102.8/AM603）	9	2.5	8	1.3
太原	太原人民广播电台交通频率（FM107）	1	16.8	1	39.2
	山西广播电视台交通广播（FM88）	2	13.7	2	22.0
	太原私家车Radio（FM104.4）	8	5.5	3	9.5
天津	天津人民广播电台交通广播（FM106.8）	1	27.9	1	59.8
乌鲁木齐	新疆人民广播电台949交通广播（FM94.9）	1	24.8	1	44.0
	乌鲁木齐人民广播电台交通广播（FM97.4）	4	8.9	2	19.1
武汉	楚天交通广播（FM92.7）	2	13.7	1	40.6
	武汉广播电视台交通广播（FM89.6/AM603）	7	5.6	2	8.8
	湖北私家车广播（FM107.8）	12	2.6	5	5.7
	湖北车主生活广播 Auto Radio（FM96.6）	13	2.1	7	4.7
无锡	无锡广播电视台交通广播（FM106.9）	1	19.0	1	50.6
	无锡广播电视台汽车音乐广播（FM91.4/AM900）	5	10.0	2	15.6
	江苏交通广播网（FM101.1）	8	5.6	3	10.9
西安	陕西广播电视台交通广播（AM1323/FM91.6）	9	5.9	1	20.9
	陕西广播电视台896汽车调频（FM89.6）	12	5.0	6	6.9
	西安交通旅游广播（FM104.3）	14	4.7	4	11.1
厦门	厦门经济交通广播（FM107/AM1278）	4	12.7	2	26.1
	福建交通广播（FM100.7）	6	4.0	4	7.4
郑州	河南人民广播电台交通广播（FM104.1）	4	7.8	1	24.7
	郑州广播电台都市广播汽车调频（FM91.2）	6	5.1	3	12.5
	郑州文化娱乐广播私家车调频（FM91.8）	11	3.6	13	1.7
	河南人民广播电台旅游广播私家车（AM900/FM99.9）	12	2.8	5	8.1

数据来源：CSM媒介研究

四、结语

CSM媒介研究收听率调查数据显示，近三年广播在"所有场所"的人均收听时长逐年递减，而在车载场所，广播的人均收听时长则是呈现逐年递增的态势。2013年在"所有场所"交通类频率的市场份额为23.2%，排名第二，略低于新闻综合类频率；而在"车上"，交通类频率则是一枝独秀，市场份额超过50%，这与交通类频率播报实时道路讯息、汽车服务类信息、交通规章制度等节目内容，为人们的出行提供了方便息息相关。在全天时段中，交通类频率在工作日早晚出行时段收听表现较好，且受到男性、中青年、高收入人群的喜爱，听众整体广告商业价值较高。

在33个城市中，交通类频率的收听表现差异较大，其中，天津、乌鲁木齐、杭州3个城市交通类频率的人均收听分钟数超过30分钟。在当地市场竞争中，"所有场所"有29个交通类频率的市场份额排名进入各城市前3名，"车上"有54个交通类频率市场份额排名进入各城市前3名。在汽车保有量快速增长的今天，专业化的交通类频率应继续保持优质品牌形象，保证信息时效性，提高节目品质，为广大听众提供专业化服务，满足广大听众的个性化需求，以稳固交通类频率强有力的竞争态势。

音乐类频率收听特征分析

张广彦

音乐类频率让人们的喜怒哀乐等各种感情和情绪通过音乐和与听众的"零距离对话"得以舒展，从而达到心灵净化和性情陶冶的目的。作为广播收听市场"三驾马车"之一的音乐类频率有何收听特征？让我们用数据来解读，以期对业界人士有所启发和借鉴。

本文根据CSM媒介研究2013年全国33个城市四波广播收听率调查数据，分析音乐类广播的收听特征。主要内容包括：音乐类频率的整体收听状况、听众特征以及在不同城市的收听表现，并选取部分收听表现突出的音乐频率，对其节目播出和收听模式进行简要分析。除非另有说明，本文所用数据中的目标听众为10岁及以上所有广播推及人口，时间段为全天。

一、音乐类频率整体收听状况

（一）音乐类频率整体的市场竞争力

1. 音乐类频率数量众多，市场竞争力强劲

正如深度报道的出现要归功于被广播挤压的报纸一样，类型化电台的出现也应归功于与电视抗争中的广播。当今，置身于全媒体时代，广播面临更多的挑战，各专业频率的定位、节目编播及专业频率间的竞争对广播的发展尤为重要。

根据CSM媒介研究2013年33个城市收听率调查数据（四波调查），在所有被调查的505个频率中，音乐类频率占83个（按频率名称及内容归类）。在2013年所划分的十大频率类型中，音乐频率的数量仅次于新闻综合类频率，已成为几乎所有调查城市不

可或缺的主要频率类型。通过对新闻、音乐、交通、文艺、都市生活、经济、农村、教育和体育各大专业频率 2013 年市场份额的比较可以看出，十大频率大致分为三个梯队：新闻综合频率、交通频率及音乐频率属于市场份额水平最高的梯队；文艺、都市生活和经济频率属于位居中游的第二梯队；而农村、教育和体育类频率由于频率数量有限，所占份额之和不足 2%，位居第三梯队。音乐类频率占据 18.24% 的市场份额，虽与新闻综合类和交通类频率有一定差距，但强于其他类型的广播频率，竞争力不容小觑（图 1）。

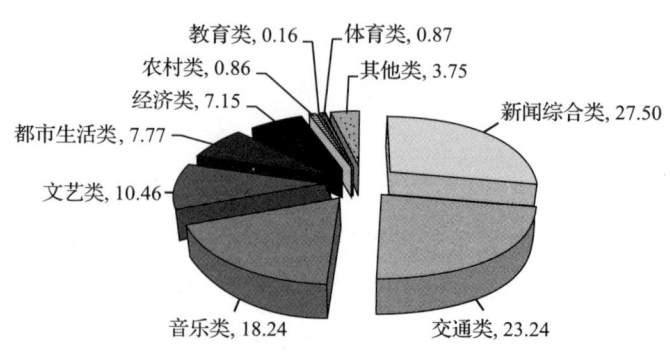

数据来源：CSM 媒介研究

图 1　2013 年各专业频率的市场份额（%）

2. 音乐类频率日均到达水平高，忠实度有待提升

到达率和忠实度可以视为反映某一频率收听竞争力的两个维度，到达率反映了某一频率的听众收听规模，即有多少不同的听众"接触过"该频率，反映收听的广度；而忠实度则表征着收听的深度，反映某一频率到达的听众中有多大比例从始至终收听了该频率。2013 年，音乐类频率的日均到达率为 14.67%，在各专业类型频率中排名第三，虽逊于新闻综合类和交通类频率，但却遥遥领先于其他各类频率（表 1）。而比较各专业频率的平均忠实度可以发现，音乐类频率的平均忠实度位列第七，处于中下水平，故而提升听众对音乐频率节目的忠诚度应该是音乐类频率当前需要优先考虑的问题。目前国内的音乐类频率其主体音乐音源大多雷同，都是来自内地、港台各唱片公司的打榜歌曲，同质化现象严重，抑制了音乐类频率的进一步发展。广播市场同样需要《中国好声音》那样的节目。

表 1　2013 年各类广播频率平均到达率与平均忠实度对比

频率类别	平均到达率（%）	平均忠实度（%）
新闻综合	19.98	7.36
交通	16.88	7.36
音乐	14.67	6.65
文艺	7.44	7.52
都市生活	6.11	6.81
经济	5.56	6.88
体育	0.72	6.45
农村	0.66	6.91
教育	0.17	5.23
其他	3.06	6.57

数据来源：CSM 媒介研究

（二）音乐类频率全天收听情况

1. 音乐类频率早高峰延后，晚高峰突出

音乐类频率作为一种专业的广播频率，其收听模式会在一定程度上区别于其他广播频率。时间段贡献指标可以很好地描述特定广播频率的分时段收听模式，是指特定广播频率在特定时段的人均收听分钟数与该广播频率所有时段人均收听分钟数的比值，比值越高，说明该时段收听量在全天收听量中所占比例越大，对于全天的时段贡献越大。从图 2 可以看出，在早间 05:00~08:00 时段，非音乐类广播时间段贡献明显高于音乐类广播频率，其中，早间 07:15~07:30 达到全天峰值 3%。出现这一现象的原因是，非音乐类广播中所包含的新闻综合类和交通类广播频率通常会表现出非常明显的早高峰特征，提升了整体的时段贡献水平。早间 08:00 之后新闻频率的早新闻大多结束，而面对拥堵的路况，好听的音乐便成为舒解压力、放松心情的良伴，此时非音乐类广播收听回落，而音乐类广播收听则在 08:00~09:00 时段表现突出。早高峰结束后，音乐广播频率继续保持稳定的收听表现，在 09:00~16:30 收听时段贡献均高于非音乐类广播频率。10:00~11:00 和 14:00~16:00 时段音乐类广播频率时段贡献优势较明显，这也体现出音乐广播频率伴随性强的特点。傍晚时段由于晚高峰时交通类广播收听的提升，非音乐类广播频率和音乐类广播频率的时段贡献比较均衡，而晚间时段由于电视等传统媒体的分流，非音乐类广播频率的时段贡献大幅下降，而音乐类广播频率则在 20:00~21:00

时段贡献逼近 2%，明显高于非音乐类广播频率。22：00 之后音乐类和非音乐类频率一路走低。这样的收听模式数据，也能为音乐类广播频率的节目和广告资源在不同时间段的配置提供参考。

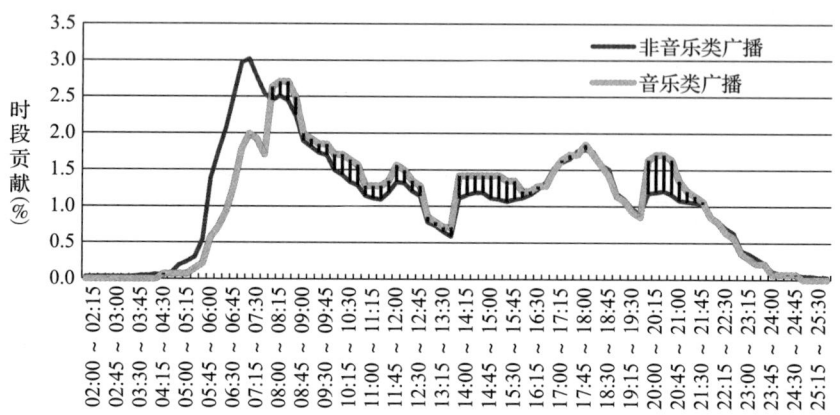

数据来源：CSM 媒介研究

图 2　2013 年音乐类和非音乐类频率全天时段贡献走势

2. 音乐类频率在不同场所的收听相对较为均衡，伴随性特征突出

一份由美国全国广播公司（NBC）委托哥伦比亚大学所做的报告指出："广播已经越来越少被看作是一种单纯的娱乐方式，而是被当作某种其他行为的陪伴。"音乐广播具有天生的伴随性优势，它不需要听众专注的接受，而可以在做许多事情比如乘车、开车的同时接收来自广播的音乐。与自己在网络收听音乐和下载 MP3 不同，听众永远不知道下一首将要播出什么歌曲。这就是音乐电台的吸引力，带给听众一种期待的惊喜。

从各专业频率在不同场所的收听时长可以发现，在家中，排在首位的是新闻综合类频率，人均收听时长达 16.82 分钟，音乐、交通和文艺类频率的人均收听分钟数较为接近，音乐类频率人均收听分钟数为 7.58 分钟；从车上的收听情况来看，由于交通出行的特质，交通类频率人均收听分钟数最高，达到 9.44 分钟，而音乐类频率位居第二，人均收听时长为 4.08 分钟，是同类场所中新闻综合类频率份额的 2 倍；从工作/学习场所收听情况来看，音乐类频率人均收听时长为 1.78 分钟，位居首位；其他场所中音乐类频率的人均收听时长为 0.61 分钟。不难看出，交通类频率由于播出的节目内容往往和交通路况、出行信息紧密相关，因此决定了其在"车上"的人均收听时间最长。新闻综合类广播在家中和其他场所收听时间较长，在"车上"和"工作/学习场所"表现一般。而音乐类频率在各个场所的收听时间相对较为均衡，说明音乐类广播无处不在，具有伴随性强的特征（表 2）。

表2 2013年各类广播频率在不同收听地点的人均收听分钟数比较

频率类型	在家	车上	工作/学习场所	其他场所
新闻综合	16.82	2.10	1.62	0.65
交通	6.81	9.44	1.32	0.33
音乐	7.58	4.08	1.78	0.61
文艺	6.33	0.82	0.62	0.28
都市生活	4.27	1.00	0.55	0.17
经济	4.34	0.56	0.44	0.16
体育	0.44	0.15	0.07	0.01
农村	0.55	0.04	0.06	0.02
教育	0.09	0.01	0.02	0.00
其他	2.25	0.35	0.20	0.08

数据来源：CSM媒介研究

二、音乐类频率的听众特征

传播学创始人施拉姆有一个十分经典的比喻：受众使用媒介如同到自助餐厅就餐，吃什么、吃多少都由受众的口味和食欲来决定。听众的本位意识强了，作为媒介，不可能强迫受众接受自己单方面传送的信息，只能在充分了解受众需求和特点后尽可能地满足他们。在音乐类频率听众构成中，女性、15~44岁、高中及以上受教育程度及各类在职人员所占比例均略高于所有频率的平均水平，而无业听众比例则明显低于所有频率的平均水平；从个人月收入来看，个人月收入2 501元及以上群体在音乐类频率中所占比例较高，没有收入和月收入在2 501元及以上的听众比例明显高于所有频率的平均水平。音乐频率拥有更多的女性、中青年听众，他们大多受过良好的教育并且收入水平高，这与音乐广播的特质和现代社会快速的生活节奏是吻合的（图3）。

从集中度来看，女性、15~44岁的年轻听众（特别是25~34岁群体）、中等学历受教育群体及中高收入群体更偏爱收听音乐类频率。基于音乐频率所拥有的年轻态、学历高和收入高的受众特点，音乐类频率应该是时尚和奢侈品广告资源投放的一个不错选择。

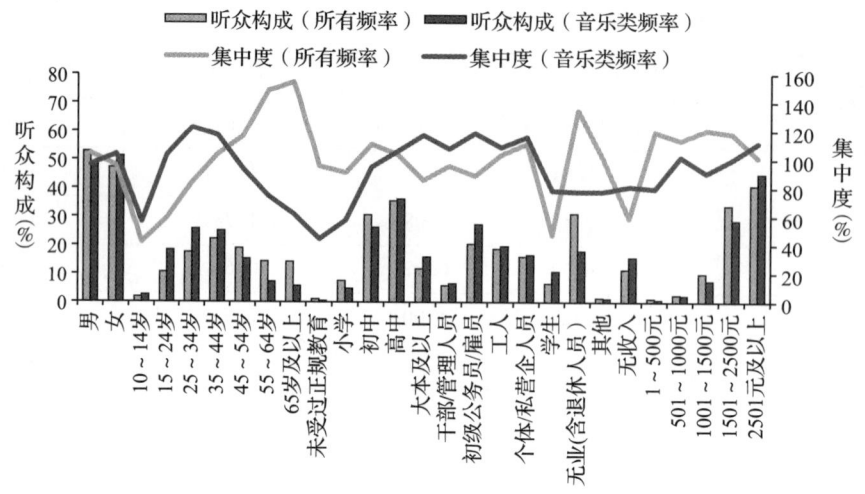

数据来源：CSM媒介研究

图3　2013年音乐类频率及所有频率的听众构成和集中度

三、音乐类频率在区域市场的收听表现

不同区域市场音乐类频率的收听表现有所区别，这与各地受众媒介使用习惯、广播收听习惯、收听选择密切相关，也与当地媒介市场的竞争情况以及音乐类频率的竞争力相关。下文通过2013年四波收听调查数据简要分析各城市音乐类频率的收听情况以及各地收听表现较好的音乐类频率。

2013年，全国33个城市音乐类频率的平均市场份额为18.2%。以这一水平为基准线，33个城市的音乐类频率又分为两个阵营，上海、南京、厦门等14个城市的音乐类频率竞争水平高于平均值，而福州、长沙、西安等19个城市音乐类频率的市场份额则处于平均水平以下（图4）。在音乐类频率竞争力较强的城市中，上海地区音乐类频率的市场份额最高，达到35.44%；南宁、厦门两个城市的市场份额也都超过30%。

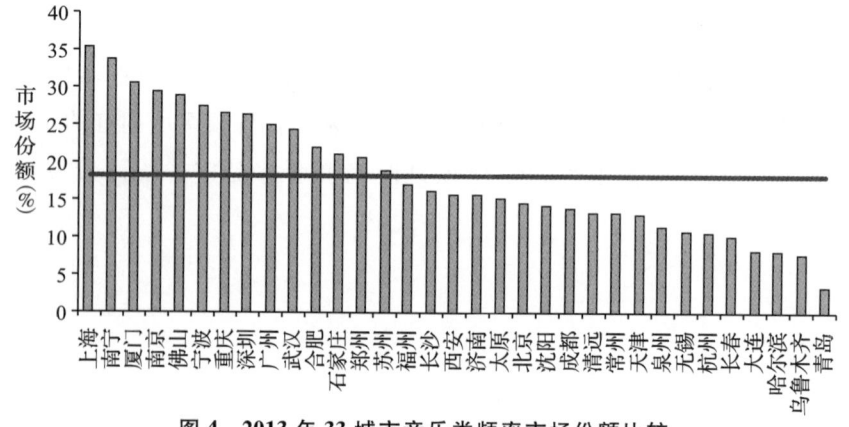

图4　2013年33城市音乐类频率市场份额比较

从选择媒介的角度看，接收终端的多元化也是影响广播发展的一个重要原因。音乐类频率使广播移动收听的优势得到了彰显，数据表明，音乐类频率市场份额较高的城市，收听广播的途径更加多元化，这也凸显了广播伴随收听、移动收听的特质。

在音乐类频率市场份额较高的南宁和厦门市场，听众最经常选择车载收听方式的比例最高，分别达到了49.10%和77.00%，而最经常选择用收音机收听的方式所占比例较低，分别仅占26.00%和10.20%。就市场份额较高的厦门市场而言，最经常选择用手机与收音机收听的比例相差无几，其他各种收听途径也都占有一定的比例，这凸显了收听途径多元化的特征。而与南宁、厦门相比，市场份额较低的沈阳和大连市场，收听广播的途径略显单一，最经常选择通过收音机来收听广播的方式仍占主导地位（表3）。

表3　2013年部分城市听众音乐类广播频率最经常收听途径的选择比例（%）

收听途径	南宁	厦门	大连	沈阳	33城市
收音机	26.0	10.2	45.3	47.0	32.9
车载广播	49.1	77.0	42.3	36.7	48.3
有线（数字）电视	1.3	1.4	0.4	0.0	0.7
音响	0.2	0.0	0.0	0.2	0.4
互联网	1.3	0.8	0.4	0.6	0.6
手机	18.5	10.3	9.9	13.3	13.6
MP3/MP4	0.8	0.0	0.2	0.2	0.7
收录机/随身听	2.3	0.3	1.5	2.0	1.4
其他	0.5	0.0	0.0	0.0	1.4

数据来源：CSM媒介研究2013年基础研究

不需要人们劳神费力看文字、图像的音乐广播，常常被当作背景、伴音而为身处不同场所的移动人群接受。从不同场所的收听情况来看，收听音乐类广播较好的宁波、深圳和厦门最经常选择在私家车上收听的比例较高，分别达到67.30%、51.20%和46.70%，大幅高于33个城市整体的选择比例35.80%，特别是宁波和深圳，最经常选择在私家车上收听广播的比例达到一半以上。而反观收听音乐广播较少的西安和沈阳可以发现，这两个城市仍以在家收听为主，收听比例分别达到52.20%和56.00%（表4）。作为传统媒体中唯一的非视觉媒体，音乐广播可以成为人们逃避视觉污染、愉悦身心的有力工具，因此，广播的伴随性特质理应得到更为长足的发展。

表4 2013年部分城市听众音乐类频率最经常收听场所选择比例（%）

收听场所	宁波	沈阳	深圳	厦门	西安	33城市
在公共汽车上	3.2	4.3	24.5	21.5	9.4	7.6
自行车/步行	0.3	0.6	0.3	0.3	1.0	0.9
在单位的汽车上	0.9	4.5	1.8	4.3	1.1	2.7
在家	22.7	56.0	17.2	17.6	52.2	43.7
在工作单位/工作场合	2.1	3.1	2.5	1.5	3.6	3.2
在学校	0.0	0.0	0.0	1.3	0.6	0.5
其他	0.0	0.0	0.0	0.0	0.3	0.1
在公园/小区/绿地	0.0	0.0	0.3	0.0	0.7	0.6
在私家车上	67.3	18.2	51.2	46.7	28.9	35.8
在公共场所	0.0	0.0	0.2	0.3	0.0	0.1
在地铁上	0.0	0.0	0.4	0.0	0.0	0.3
在出租车上	3.5	12.9	1.6	6.5	2.2	4.5

数据来源：CSM媒介研究2013年基础研究

2013年全国33个城市中音乐类频率有83个（按频率名称及内容归类），在这33个城市中，几乎每个城市都能收听到2个及以上的音乐频率。各地音乐频率的竞争力有所不同，在所有场所音乐频率市场份额进入当地前3位的有重庆人民广播电台音乐频率（FM88.1）、佛山人民广播电台（FM98.5）、广东电台音乐之声（FM99.3）、安徽音乐广播、济南电台调频88.7（FM88.7）、江苏经典流行音乐广播（FM97.5）、江苏音乐广播（FM89.7）、镇海台私家车音乐台（FM104.7）、上海流行音乐广播动感101（FM101.7）、上海流行音乐广播Love Radio（FM103.7）、辽宁广播电视台音乐广播（FM98.6）、深圳广播电台音乐频率（FM97.1）、石家庄广播电视台音乐广播（FM106.7）、苏州广播电视总台都市音乐频率（FM94.8）、天津人民广播电台音乐广播（FM99）、西安音乐广播（FM93.1）、厦门音乐广播（FM90.9）和河南人民广播电台音乐广播（FM88.1）这18个频率。由于音乐频率的伴随性特征突出，其在车上收听的竞争力更为明显，有32个音乐类频率在各地车上收听市场份额中排名前3位。

从不同级别的音乐频率收听情况来看，福州听众收听中央级音乐类频率的份额相对较高，成都、广州、哈尔滨、合肥、南京、南宁、青岛、清远、沈阳、太原、乌鲁木齐、郑州省级音乐类频率在当地市场份额较高，其他20个城市市级音乐类频率在当地收听市场份额均高于中央级、省级音乐频率（表5）。

表5 2013年主要音乐频率在当地市场的市场份额排名（依据车上进入排名前10位的频率）

城市	频率	所有场所		车上	
		排名	市场份额%	排名	市场份额%
北京	北京人民广播电台音乐广播（FM97.4/CFM94.6）	5	6.67	3	6.79
	中央人民广播电台第三套节目音乐之声（FM90.0）	6	4.11	4	4.77
	中国国际广播电台劲曲调频（HIT FM88.7）	11	2.06	5	3.44
长春	长春人民广播电台时尚音乐调频（MY FM88.0）	8	4.15	3	6.86
	吉林人民广播电台音乐广播（FM92.7）	11	3.01	6	2.33
长沙	长沙人民广播电台城市之声（FM101.7）	4	7.88	3	9.71
	湖南电台893汽车音乐电台（FM89.3）	9	4.07	4	6.46
	湖南文广青春975（FM97.5/FM96.9）	10	3.83	6	2.75
常州	常州人民广播电台音乐广播（FM93.5）	4	8.36	2	10.56
	江苏经典流行音乐广播（FM97.5）	7	4.71	5	6.86
成都	四川人民广播电台岷江音乐iRadio（FM95.5）	6	6.46	6	4.12
	四川人民广播电台城市之音（FM102.6）	9	5.25	3	7.42
重庆	重庆人民广播电台音乐频率（FM88.1）	1	25.81	2	25.37
	中央人民广播电台第三套节目音乐之声（FM90.0）	11	0.78	10	0.49
大连	大连人民广播电台第五套广播音乐广播（FM106.7）	8	4.79	3	6.36
	中央人民广播电台第三套节目音乐之声（FM90.0）	9	3.59	6	3.02
佛山	佛山人民广播电台（FM98.5）	3	11.83	3	10.96
	佛山人民广播电台（FM88.3）	5	5.37	6	6.30
	佛山人民广播电台（FM90.6）	6	4.81	5	6.33
	广东电台音乐之声（FM99.3）	7	4.18	7	4.01
	广州电台金曲1027汽车音乐广播（FM102.7）	12	1.56	8	2.56
福州	中央人民广播电台第三套节目音乐之声（FM90.0）	5	7.77	5	7.31
	福州Music Radio女主播电台（FM893）	7	5.82	7	5.35
	福建汽车音乐调频（FM91.3）	12	3.37	6	6.47
广州	广东电台音乐之声（FM99.3）	1	17.69	3	16.48
	广州电台金曲1027汽车音乐广播（FM102.7）	8	4.97	5	5.56
杭州	动听968音乐调频（FM96.8）	4	10.17	6	8.01
哈尔滨	黑龙江音乐广播（FM95.8）	7	4.12	5	3.72
	哈尔滨音乐广播（FM90.9）	8	3.99	8	2.55
合肥	安徽音乐广播（FM89.5）	2	10.31	4	9.03
	合肥汽车音乐广播（AM747/FM87.6）	10	4.04	3	9.41
	安徽MY（FM96.1）	11	4.01	5	8.87
	中央人民广播电台第三套节目音乐之声（FM90.0）	15	2.86	9	2.81
济南	济南电台调频88.7（FM88.7）	3	10.72	2	26.01
	济南文艺广播私家车936（FM93.6）	10	2.86	5	6.12
	山东广播电视台音乐频道City FM城市之音（FM99.1）	15	1.95	8	3.16

续表

城市	频率	所有场所		车上	
		排名	市场份额%	排名	市场份额%
南京	江苏经典流行音乐广播（FM97.5）	2	11.15	3	14.47
	江苏音乐广播（FM89.7）	3	8.98	4	9.90
	南京音乐台（FM105.8）	4	8.44	6	7.12
南宁	广西电台文艺广播 Music Radio（FM95.0）	4	11.21	2	15.42
	南宁人民广播电台乡村生活广播（FM104.9）	5	10.90	3	14.15
	广西电台经济广播970女主播（FM97.0）	6	10.81	6	7.91
宁波	镇海台私家车音乐台（FM104.7）	1	17.53	1	34.33
	宁波电台音乐广播汽车音乐调频（FM98.6）	6	7.84	3	8.66
青岛	山东广播电视台音乐频道 City FM 城市之音（FM99.1）	9	3.29	3	6.72
清远	广东电台音乐之声（FM99.3）	4	3.89	7	3.04
	佛山人民广播电台（FM90.6）	5	3.58	4	11.96
	佛山人民广播电台（FM98.5）	6	3.02	6	3.88
	中央人民广播电台第三套节目音乐之声（FM90.0）	15	0.89	8	2.42
泉州	泉州人民广播电台923私家车音乐广播（FM92.3）	6	5.50	4	7.28
	泉州人民广播电台881音乐之声（FM88.1）	7	5.04	3	8.30
上海	上海流行音乐广播动感101（FM101.7）	2	19.89	1	28.06
	上海流行音乐广播 Love Radio（FM103.7）	3	10.46	2	20.01
	上海经典音乐广播经典947（FM94.7）	9	3.09	8	1.82
	中国国际广播电台劲曲调频（HIT FM87.9）	16	0.61	9	1.68
沈阳	辽宁广播电视台音乐广播（FM98.6）	3	11.85	2	20.12
	中央人民广播电台第三套节目音乐之声（FM90.0）	10	2.48	8	2.65
深圳	深圳广播电台音乐频率（FM97.1）	2	15.51	3	9.87
	广东电台音乐之声（FM99.3）	4	6.82	6	3.99
石家庄	石家庄广播电视台音乐广播（FM106.7）	3	11.23	3	14.76
	河北人民广播电台音乐广播（FM102.4）	5	8.37	4	14.00
苏州	苏州广播电视总台都市音乐频率（FM94.8）	2	14.28	2	17.03
	江苏经典流行音乐广播（FM97.5）	10	2.50	6	1.56
	上海流行音乐广播动感101（FM101.7）	14	0.65	7	1.46
太原	山西广播电视台音乐广播（FM94.0）	6	6.26	4	6.49
	太原人民广播电台音乐频率（FM102.6）	7	6.12	7	4.31
	中央人民广播电台第三套节目音乐之声（FM90.0）	12	2.91	9	1.37
天津	天津人民广播电台音乐广播（FM99）	3	10.00	2	15.65
	中央人民广播电台第三套节目音乐之声（FM90.0）	11	1.88	5	3.45
乌鲁木齐	新疆人民广播电台音乐广播（FM103.9）	6	5.40	3	9.58
	乌鲁木齐人民广播电台旅游音乐广播（FM106.5）	13	1.85	8	2.48

续表

城市	频率	所有场所		车上	
		排名	市场份额%	排名	市场份额%
武汉	武汉广播电视台音乐广播（FM101.8）	4	9.88	4	7.81
	湖北省广播电视总台音乐广播频道（FM103.8）	5	7.67	3	8.10
	湖北省广播电视总台楚天音乐广播频道（FM105.8）	8	5.57	9	3.45
无锡	无锡广播电视台汽车音乐广播（FM91.4/AM900）	5	9.98	2	15.59
西安	西安音乐广播（FM93.1）	2	8.83	2	12.90
	陕西广播电视台音乐广播（FM98.8）	6	6.74	3	11.48
厦门	厦门音乐广播（FM90.9）	1	27.68	1	29.88
	中国国际广播电台轻松调频（CRI EASY FM）	7	2.86	7	4.03
郑州	河南人民广播电台音乐广播（FM88.1）	2	12.86	2	16.68
	郑州人民广播电台音乐广播（FM94.4）	9	4.17	6	6.02
	郑州经典音乐广播（FM107.9）	10	3.66	7	5.36

四、音乐类频率案例分析

2013年音乐类频率在33个城市均占有比较重要的位置，下文且以收听表现突出的中央人民广播电台音乐之声、上海流行音乐广播动感101（FM101.7）和厦门音乐广播（FM90.9）为例，对其收听表现及节目编排进行简要分析，以期有所借鉴。

1. 中央人民广播电台音乐之声

音乐之声依托中央人民广播电台这一国家级广播电台，是目前唯一一家能够覆盖较多城市的音乐频率，其将目标牢牢锁定在给目标受众提供完整的流行音乐听觉享受上，符合其纯流行音乐专业频率的特点。2013年音乐之声在9个城市进入市场份额前10名，并且在北京、福州和天津三个城市跻身至前五名，影响力可见一斑。

音乐之声采取了周末和工作日分开编排的方式。在工作日，早间06:00~09:00播出的《早安音乐》拉起了早高峰并创造了全天的收听峰值；16:00~19:00时段播出的《都会音乐》节目在晚高峰时段亦有突出的收听表现。在周末，编排方式较工作日有所区别，周末版试图通过较平日更为轻松的节目来达到愉悦听众、放松心情的效果。周六日上午播出的《音乐俱乐部》、午后播出的《音乐新经典》都在周末有不俗的收听表现。晚间19:00~21:00时段则编排了音乐之声的旗帜栏目，被称为华语流行音乐的顶尖指标和风向标的《中国TOP排行榜》，该节目将晚间的收听推至高潮（图5）。综观音乐之声的节目形态，其节目名称几乎都冠有"音乐"二字，版式的整体设计一致，追求完整、规范的区块划分；其内容都带有明显的时尚、轻松的味道，符合中青年受众的品位，而且播出的全是主流音乐，体现了其流行音乐专业频率的突出特色。

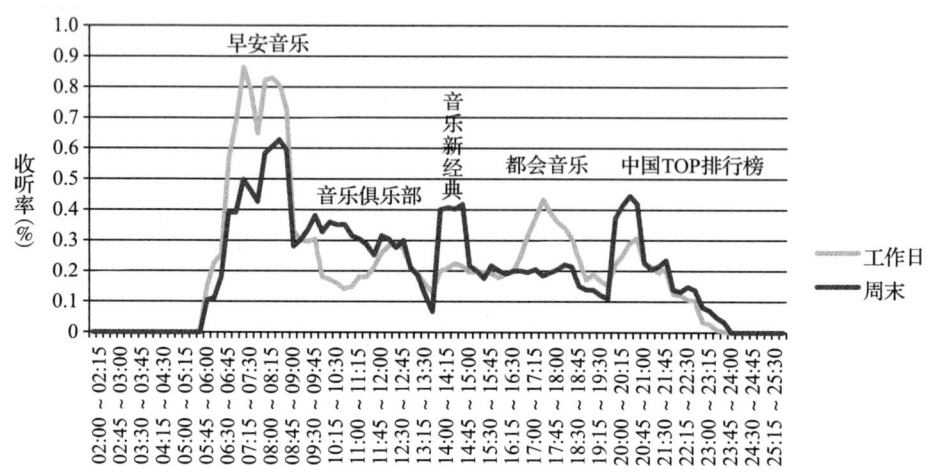

数据来源：CSM 媒介研究

图5 2013年音乐之声分时段收听率走势（10＋，北京）

2. 上海流行音乐广播动感101（FM101.7）

上海流行音乐广播动感101（FM101.7）是当地一个非常有影响力的频率。该频率是隶属于上海广播电视台的以播送华语流行音乐为主的广播频率，是中国大陆第一家纯流行音乐电台。2013年，该频率在上海广播市场的车上市场份额位居第一，深受移动人群的喜爱（表6）。动感101同样采取周末和工作日分开编排的方式。工作日早间07:00~09:00播出的《音乐早餐》是动感101的一档老牌晨间直播节目，针对在晨间收听广播的不同人群，以年轻上班族为主要目标听众，节目形式和内容丰富多样，歌曲清新明快。① 该节目不仅拉起了早间的收听高峰，而且还造就了全天逼近5%的收听峰值，成为同时段上海收听市场最为耀眼的明星。工作日晚高峰17:00~19:00时段播出的《101娱乐在线》为听众带来娱乐最新资讯和动态，是傍晚回家途中不可错过的听觉饕餮大餐，在傍晚时段收到了良好的收听效果。晚间时段凭借工作日播出的《音乐万花筒》和周末播出的《流行音乐1小时》也有力地提升了收听水平（图6）。

---

① 百度百科：http://baike.baidu.com/view/1224665.htm

表6　2013年上海广播市场份额排名前5位频率（按车上排名）

排名	频率	市场份额%	
		车上	所有场所
1	上海流行音乐广播动感101（FM101.7）	28.06	19.89
2	上海流行音乐广播 Love Radio（FM103.7）	20.01	10.46
3	上海交通广播（AM648/FM105.7）	17.62	7.38
4	上海人民广播电台（AM990/FM93.4）	10.05	26.58
5	第一财经广播（FM97.7）	4.14	6.91

数据来源：CSM媒介研究

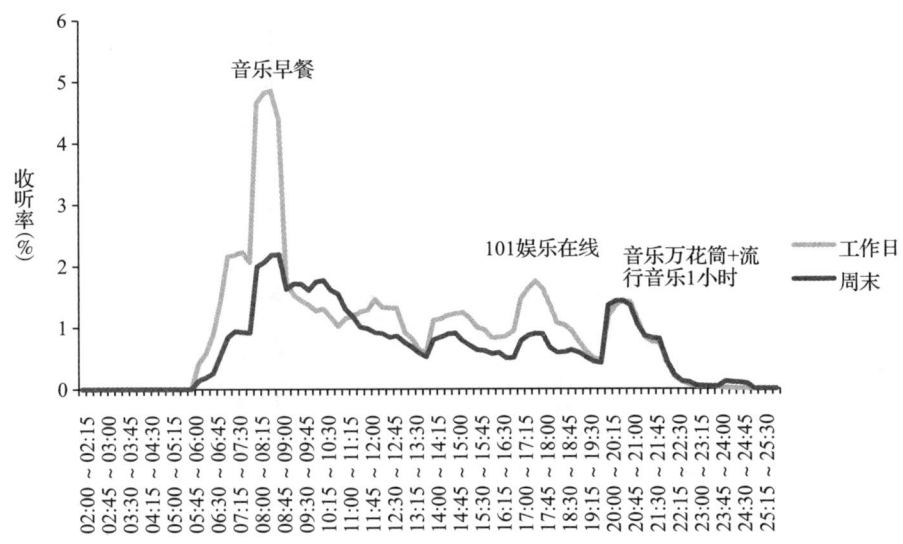

数据来源：CSM媒介研究

图6　2013年上海流行音乐广播动感101（FM101.7）分时段收听率走势（10+，上海）

3. 厦门音乐广播（FM90.9）

2013年厦门音乐广播在厦门市场依然独占鳌头，仅一个频率就占有近三分之一的市场（表7）。分析其节目编排，厦门音乐广播的成功与其差异化的市场定位紧密相关。如工作日早上07:00~09:00的交通早高峰，厦门音乐广播安排了大板块的《音乐老朋友》，以回顾经典老歌为主。通常人们认为由于交通拥堵，播有路况信息的节目会占尽先机，但是经典音乐会使人放松心情，减轻压力，从而厦门音乐广播成为该时段的领头羊。又如，傍晚17:00~18:00时段正值下班路上或下班准备晚饭时间，厦门音乐广播适时播出了美食资讯类节目《美食转转转》，十分符合听众的收听需求。厦门音乐广播根据听众的年龄分布、喜好和收听习惯等因地制宜地制作出分众指向强的节目，这成为其收听稳居前列的重要原因（图7）。

表7 2013年厦门广播市场份额排名前5位频率（按车上排名）

排名	频率	市场份额%	
		车上	所有场所
1	厦门音乐广播（FM90.9）	29.88	27.68
2	厦门经济交通广播（FM107/AM1278）	26.06	12.69
3	厦门新闻广播（AM1107/FM99.6）	11.60	14.53
4	福建交通广播（FM100.7）	7.38	3.96
5	中央人民广播电台第一套节目中国之声（FM106.1）	5.22	8.51

数据来源：CSM 媒介研究

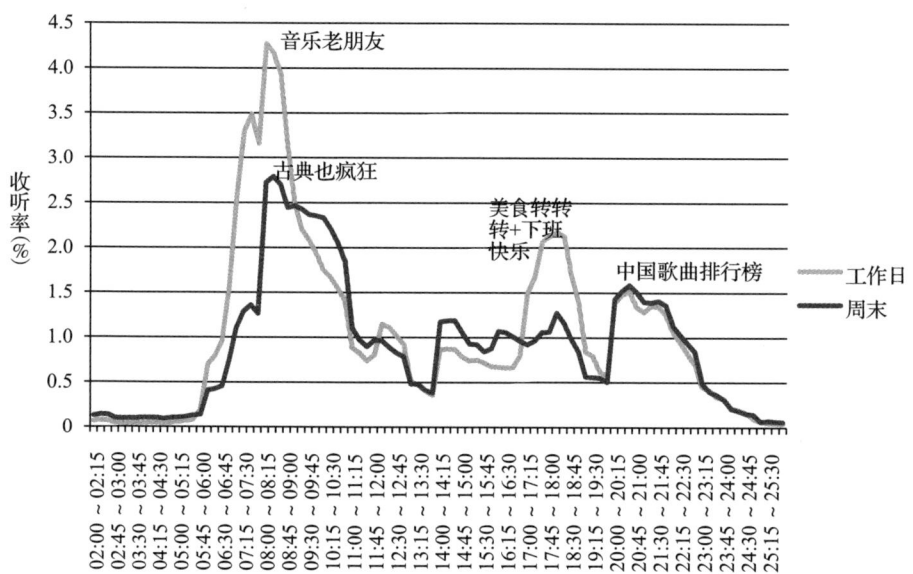

数据来源：CSM 媒介研究

图7 2013年厦门音乐广播FM90.9分时段收听率走势（10＋，厦门）

五、结语

音乐类广播频率目前依旧是拉动广播收听市场向前发展的"三驾马车"之一，其专业化特征一直比较突出，伴随性特征最为明显。比较成功的音乐类频率不仅仅表现在其自身的特征上，其所处的地域也为音乐类频率的良好发展提供了重要的、适宜的土壤环境。时代在发展，科技在进步，新旧媒体在融合，未来媒介激烈竞争的环境，这些对于广播的发展是挑战也是机遇。展望未来，音乐类频率的发展不可避免地将遭遇受众介质消费多元化、收听碎片化、传统广播收听市场持续性萎缩的冲击，现实生存和未来发展都是业内人士不得不面对的压力和难题。为有效吸引听众、服务听众，就要把音乐类频率的优势和特点发挥到极致，为音乐类频率的生存发展做足功课，以便其在媒介大融合中能够涅槃重生，进一步发展壮大。

北京、上海和广州广播收听市场
节目竞争格局浅析

杨金姝

广播节目是听众收听广播的主要内容,是广播频率参与市场竞争的基本单元。在当今媒体传播环境和传播技术对受众收听广播产生重大影响的背景下,广播收听市场的节目竞争会呈现什么样的格局?本文基于 CSM 媒介研究 2011~2013 年广播节目收听数据,以北京、上海和广州 3 个一线城市为例,从各类节目之间的竞争、同一类型节目中不同类型频率的竞争、目标听众对不同类型节目的收听偏好和节目收听排名等方面对广播收听市场的节目竞争格局进行分析。[①]

一、北京广播收听市场的节目竞争格局

1. 北京节目收听竞争格局稳中有变,新闻/时事收听份额增幅较明显

根据 2011~2013 年北京广播收听市场各类节目的收听份额数据,各类型节目收听份额整体变化不大(图 1)。生活服务、新闻/时事、音乐和文艺类节目是北京广播听众近 3 年主要收听的节目类型,收听份额居各类节目前列;其中生活服务类节目的收听份额连年下降,新闻/时事类节目收听份额呈整体攀升趋势,文艺类和音乐类节目 2013 年收听份额与 2011 年水平接近。2011~2013 年社教类节目在北京市场的收听份额在 5%~8%之间,但呈现连年下降的态势。北京市场财经和体育类节目近 3 年的收听份额都未超过 4%,其中财经类节目收听份额连年下滑,体育类节目 2013 年收听份额低于 2012 年水平。法制和外语类节目在北京市场属于小众节目,近 3 年收听份额均未超过 1%。

---

① 本文对节目市场竞争格局的分析,主要针对央视市场研究(CTR)所提供的具有节目监播数据的频率进行。

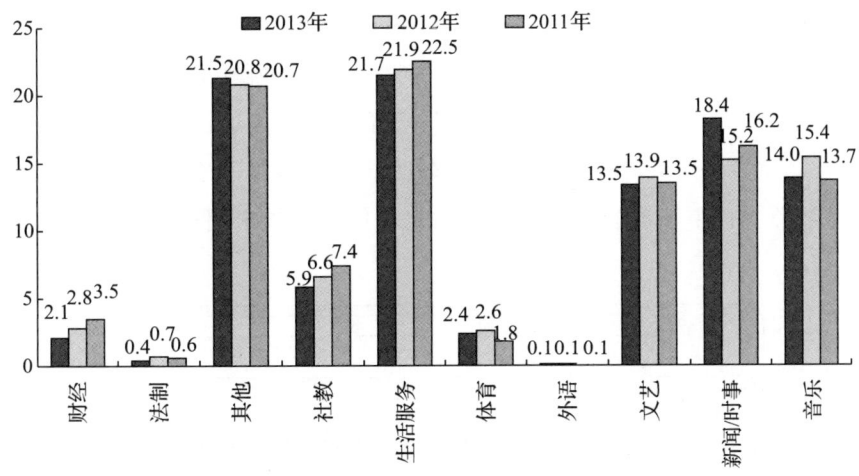

数据来源：CSM媒介研究

图1　2011~2013年北京市场各类节目的收听份额（%）

2. 北京台在本地多数类型节目市场保持领先，中央台在半数类型节目市场获得增长

2013年北京人民广播电台在北京多数类型节目市场保持领先（图2），但同比2012年，北京人民广播电台在法制、社交、新闻/时事、音乐节目市场的收听份额有所缩减。北京人民广播电台在体育、法制和生活服务节目市场保持绝对领先优势，收听份额超过90%。在体育和生活服务节目市场的份额较2012年分别上升了1.7和0.8个百分点；在法制节目市场的收听份额则下降了1.6个百分点。2013年北京人民广播电台在社教和文艺节目市场竞争力仍较强，收听份额均超过80%，较2012年前者收听份额下降了6个百分点，后者则上升了5.5个百分点。在新闻/时事和音乐节目收听市场，北京人民广播电台收听份额分别达到59.3%和49.3%，并呈领先态势，但与上一年相比，二者收听份额均有下滑，其中在新闻/时事节目市场份额下滑明显，达到10.1个百分点。2013年北京人民广播电台在财经节目市场保持缓慢增长，收听份额未超过10%，竞争力仍较弱。

2013年中央人民广播电台在北京半数类型节目市场的收听份额获得增长，发展势头可喜。同比2012年，2013年中央人民广播电台在新闻/时事类节目市场的收听份额涨幅最大，达到9.6个百分点；在音乐和社交节目市场的收听份额涨幅在5~7个百分点；在法制和其他类节目市场的涨幅均未超过3个百分点。不可忽视的是，中央人民广播电台在北京细分节目市场的竞争地位变化不大，仅在财经节目市场保持领先优势，收听份额达到90.9%，同比2012年下降了0.9个百分点。此外，中央人民广播电台在生活服务、体育和文艺类节目市场的份额较2012年均有所下降,降幅分别为0.7、1.7和5.8个百分点。

2013年中国国际广播台在北京各类型节目收听市场的竞争地位变化不大,外语节目市场仍是其主控市场,但在其余类型节目市场竞争中居劣势地位。相比2012年,中国国际广播电台在北京音乐节目市场的份额降幅较大,为2.6个百分点;此外,在社教、文艺和新闻/时事类节目市场的收听份额略有增长,但幅度均未超过0.6个百分点。

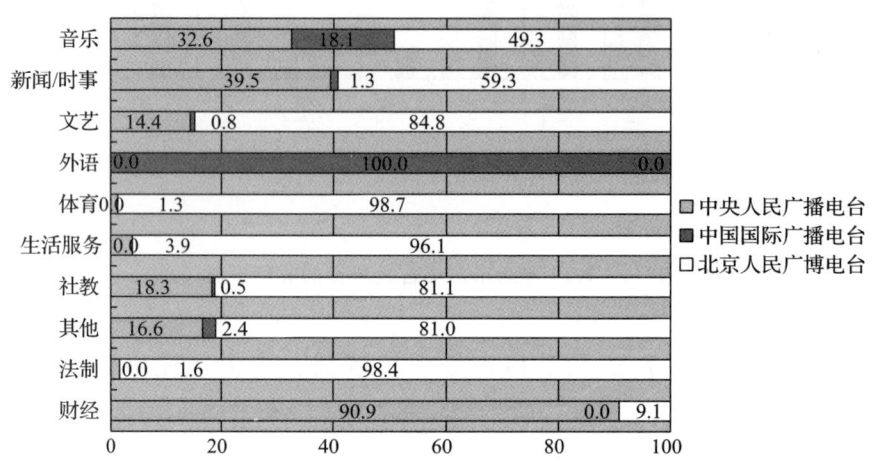

数据来源:CSM媒介研究

图2　2013年各级广播频率在北京市各类节目市场上的收听份额（%）

3. 各类听众收听倾向差异明显,节目细分市场日趋清晰

根据北京市场不同性别听众收听各类型节目的集中度,2013年男性听众和女性听众在体育节目的收听倾向差异最大,其次是外语和法制节目。其中男性听众在除外语和文艺以外的各类型节目的集中度都高于100%,尤其以体育节目的集中度最高;而女性听众集中度高于100%的节目类型是外语和文艺节目（表1）。

在年龄方面,2013年北京市场10～24岁听众群体对各类广播节目的收听兴趣均不高,各类节目收听集中度均未超过100%。25～34岁的中青年群体对外语和音乐节目表现出较高兴趣度,其中外语节目集中度在各年龄段群体中最高。北京市场35～44岁的中年群体对财经、法制、社教、生活服务和音乐类节目都具有较浓厚的收听兴趣。45岁及以上北京听众的节目收听兴趣相对广泛,其中45～54岁的听众群体对各类节目的收听集中度均在100%以上;55～64岁的收听群体对除生活服务和音乐节目外的各类节目均有较强偏好;65岁以上的收听群体除了对外语和音乐节目兴趣度较低外,对其余类型节目都具有较高的收听偏好,尤其是法制和新闻/时事节目的集中度都高于260%。

表1 2013年北京市场不同性别和年龄听众收听各类节目的集中度（%）

节目类型	性别		年龄						
	男	女	10~14岁	15~24岁	25~34岁	35~44岁	45~54岁	55~64岁	65岁及以上
财经	108.8	90.9	27.1	17.6	60.2	126.0	142.1	171.6	150.2
法制	114.3	85.2	14.1	31.8	33.9	108.6	150.6	115.3	268.0
社教	101.4	98.5	39.3	49.3	64.6	108.1	127.3	149.5	172.0
生活服务	111.0	88.6	31.6	63.4	89.7	120.3	128.3	97.8	111.6
体育	154.5	43.6	26.3	41.2	86.8	29.0	134.5	300.6	168.5
外语	86.4	114.1	2.3	36.1	220.0	37.6	123.6	131.2	52.2
文艺	95.9	104.2	40.1	65.3	57.6	88.5	131.6	154.6	191.9
新闻/时事	102.9	97.0	47.0	35.5	45.2	80.3	110.2	203.3	285.3
音乐	102.9	97.0	47.7	97.1	111.0	116.5	113.0	86.3	47.5
其他	108.1	91.6	36.4	62.1	79.3	113.0	120.2	126.6	141.4

数据来源：CSM媒介研究

在北京不同受教育程度的听众中，具有高中文化程度的听众收听偏好最广泛，对除财经以外的各类节目收听集中度均超过100%。北京小学文化程度的听众对法制、社教、文艺和新闻/时事节目具有较浓厚的收听兴趣，集中度都超过100%，其中法制、文艺和新闻/时事节目的集中度在各教育程度听众中最高。具有初中文化程度的听众对财经、社教、文艺和新闻/时事节目具有明显的收听偏好。具有大学及以上受教育程度的群体仅对财经、生活服务、外语和音乐节目具有较浓厚的收听兴趣，其中财经和外语节目的集中度在各教育程度听众中最高（表2）。

根据北京不同个人月收入听众收听各类节目的集中度，2013年北京无收入和收入在4001元及以上的听众收听兴趣相对不高，而个人月收入在1501~4000元的北京听众收听兴趣相对广泛。其中，无收入的北京听众对任何节目的收听集中度均未超过100%；个人月收入在1~500元的低收入群体对法制、社教和新闻/时事类节目有较强的收听兴趣，尤其是对法制和新闻/时事类节目有很强的收听倾向，集中度超过300%；个人月收入在1001~1500元的群体对财经、社教、文艺、新闻/时事和音乐类节目具有一定收听倾向；个人月收入在1501~2000元的人群除了对财经、体育和外语类节目兴趣度较低外，对其余各类节目的集中度都超过100%，其中对文艺节目的集中度在各个收入水平的听众中最高；个人月收入在2001~2500元的群体仅对财经和音乐类节目的收听倾向较低，对其余各类节目都具有较强的收听兴趣，节目集中度均超过100%；个人月收入在2 501~3 000元的群体对财经、外语和音乐以外的类型节目收听倾向明显；个人月收入在3 001~4 000元的听众对除体育和外语以外的节目表现出一定的收听兴趣。个人月收入在4 001元及以上的高收入群体的收听兴趣相对单一，仅对外语和音乐类节目有较大兴趣（表3）。

表2　2013年北京市场不同受教育程度听众收听各类节目的集中度（%）

节目类型	受教育程度				
	未受过正规教育	小学	初中	高中	大学及以上
财经	*	22.1	105.2	94.7	111.1
法制	*	328.6	60.8	133.8	65.9
社教	*	120.5	101.4	126.8	79.4
生活服务	*	75.7	71.1	119.5	100.5
体育	*	9.8	82.3	185.4	60.3
外语	*	2.8	26.8	101.4	137.2
文艺	*	197.5	102.3	133.4	64.0
新闻/时事	*	121.8	108.1	118.5	82.5
音乐	*	54.1	84.9	110.4	104.5
其他	*	91.2	88.4	119.5	92.1

注："*"表示该目标听众样本量不足，无法进行统计推断。

数据来源：CSM媒介研究

表3　2013年北京市场不同个人月收入听众收听各类节目的集中度（%）

节目类型	个人月收入								
	无收入	1~500元	501~1000元	1001~1500元	1501~2000元	2001~2500元	2501~3000元	3001~4000元	4001元及以上
财经	17.3	8.0	*	214.5	92.7	65.0	62.0	191.0	96.5
法制	69.6	426.8	*	90.6	130.3	137.7	111.7	109.6	65.3
社教	53.1	126.0	*	118.2	127.3	138.4	117.3	110.1	78.7
生活服务	50.5	34.1	*	99.3	115.0	121.1	106.6	120.3	99.7
体育	30.4	7.9	*	24.3	7.7	317.8	132.1	74.8	81.9
外语	13.2	1.4	*	82.1	77.1	113.4	9.9	38.3	272.7
文艺	69.0	57.6	*	147.9	162.4	147.5	112.7	105.9	53.4
新闻/时事	35.7	342.5	*	174.2	110.0	116.3	135.1	106.4	83.4
音乐	70.2	14.4	*	101.7	136.6	75.7	78.3	122.0	113.1
其他	51.3	109.0	*	122.3	125.4	116.1	107.4	115.9	93.8

注："*"表示该目标听众样本量不足，无法进行统计推断。

数据来源：CSM媒介研究

4. 收听份额排名首位的《一路畅通》领先优势持续扩大

近年来，北京市场收听份额排名前 10 位的节目构成变化不大。对比 2012 年的情况，2013 年北京市场收听份额排名前 10 位的节目在类型上仍以生活服务、文艺和新闻/时事类节目为主，其中有 3 档是新上榜节目，分别是《央广新闻》《体育新世界》和《路况信息》。2013 年，北京人民广播电台交通广播的《一路畅通》仍稳坐北京广播节目收听排行首位，收听份额较 2012 年上升了 0.72 个百分点，达到 9.54%。北京人民广播电台文艺广播的《开心茶馆》和中央人民广播电台第一套节目中国之声的《新闻纵横》分别排在第二和第三名，其中《开心茶馆》保持亚军位置，《新闻纵横》则由上一年的第六上升至本年度第三，二者收听份额较上一年均有所提升。由多个频率联袂播出的《新闻和报纸摘要》在 2013 年保持第四的排名。北京人民广播电台文艺广播的《空中笑林》在 2013 年排名虽由上一年的第三跌至第五，但收听份额略有上升，同一频率的《说学逗唱》收听份额和排名浮动不大。北京人民广播电台体育广播的《体育新世界》为前 10 名中的新晋成员，以 1.17% 的收听份额排名第九。

表 4 2013 年北京市场收听份额排名前 10 位节目

排名	节目名称	频率	收听份额（%）
1	一路畅通	北京人民广播电台交通广播（FM103.9/CFM95.6）	9.54
2	开心茶馆	北京人民广播电台文艺广播（FM87.6/CFM93.8）	1.95
3	新闻纵横	中央人民广播电台第一套节目中国之声（FM106.1）	1.88
4	新闻和报纸摘要	多频率	1.56
5	空中笑林	北京人民广播电台文艺广播（FM87.6/CFM93.8）	1.50
6	央广新闻	中央人民广播电台第一套节目中国之声（FM106.1）	1.35
7	交通天气预报	北京人民广播电台交通广播（FM103.9/CFM95.6）	1.27
8	说学逗唱	北京人民广播电台文艺广播（FM87.6/CFM93.8）	1.23
9	体育新世界	北京人民广播电台体育广播（FM102.5）	1.17
10	路况信息	多频率	1.11

数据来源：CSM 媒介研究

二、上海广播收听市场的节目竞争格局

1. 上海音乐类节目收听份额持续大幅增加，挤压其余类型节目市场空间

纵观2011~2013年上海广播收听市场各类型节目的收听份额，新闻/时事和音乐类节目是上海听众收听的主要节目类型，收听份额明显高于其余类型节目（图3）；但两类节目收听份额发展态势不同，音乐类节目连年增长，而新闻/时事类节目则连年下降。近3年，生活服务和文艺类节目在上海的收听份额在7%~11%之间，其中生活服务类节目略有增长，而文艺类节目2013年收听份额明显低于2011年水平。上海市场的财经、法制、社教和体育类节目近3年收听份额均未超过7%，且收听份额均呈下滑态势。总体而言，近3年上海收听市场各类型节目竞争格局基本稳定，在音乐类节目收听份额快速增长的势头下，其余类型节目收听份额除生活服务略有增长外多呈下滑趋势。

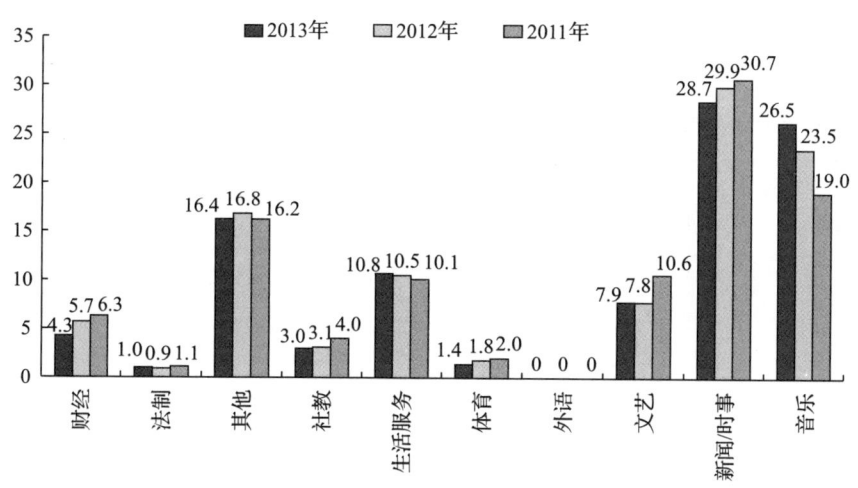

数据来源：CSM媒介研究

图3 2011~2013年上海市场各类节目的收听份额（%）

2. 上海本地频率在各类型节目市场保持优势，国家级电台实力有所提升

2013年上海广播细分节目收听市场依然由本地频率主控；中央人民广播电台在财经、社教、新闻/时事等多个类型节目市场的收听份额获得提升；中国国际广播电台在外语节目市场的收听份额大幅扩张。

2013年中央人民广播电台在上海财经类节目市场的收听份额超过30%，较上一年增加了15.1个百分点，收听竞争力明显提升；在社教和新闻/时事类节目市场，中央人民广播电台的收听份额分别达10.9%和7.1%，同比2012年分别上升了3.1和2.6个百分

点；中央人民广播电台在文艺和音乐类节目市场的收听份额也有所上升，但市场竞争力仍偏弱；2013年中国国际广播电台在上海外语类节目市场中占据37%的收听份额，市场竞争力较前一年增长了34.3个百分点，但仍弱于上海本地频率。

2013年上海本地频率——SMG频率的优势地位依然稳固，在法制类节目市场的收听份额达到100%；在音乐、新闻/时事、文艺、体育、生活服务类市场的收听份额均超过90%；在外语、社教和财经类节目市场的收听份额都在60%以上。然而受压于国家级频率的扩张，2013年上海本地频率在多个节目市场的收听份额出现缩减，如在外语类节目市场和财经类节目市场的收听份额分别下降了34.3和15.1个百分点；在社教和新闻/时事类节目市场的降幅分别达3.2和2.7个百分点；在生活服务、文艺和音乐类节目市场的降幅则都小于3个百分点。

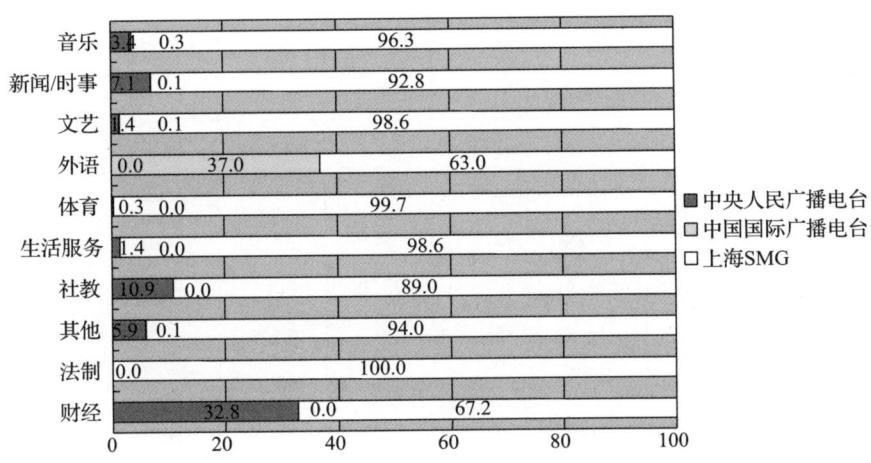

数据来源：CSM媒介研究

图4 2013年各级广播频率在上海各类节目市场上的收听份额（%）

3. 各类听众收听倾向各有不同，节目市场细分更具针对性

根据听众节目收听集中度数据，2013年上海男性听众对生活服务、体育、外语和新闻/时事类节目表现出较大的收听兴趣，而女性听众则对财经、法制、社教、文艺和音乐类节目显现出较强的收听偏好（表5）。

从年龄段来看，上海市10~14岁听众对各类广播节目的收听倾向都不高；15~44岁听众对类型节目收听兴趣相对有限；55岁及以上听众的收听爱好较为广泛。具体来看，10~14岁听众对各类型节目收听集中度均未超过100%；15~24岁听众依旧仅对体育和音乐两类节目表现出明显的收听偏好；25~44岁的听众感兴趣的节目类型也很有限；25~34岁的听众收听体育和音乐类节目集中度超过100%；35~44岁听众仅对音乐类节目表现出较高的兴趣度；45～54 岁的上海听众对法制、社教、生活服务、体育和新闻/时事节目表现出较明显的收听偏好；55～64 岁的上海听众收听兴趣相对广泛，对除体育、外语和音乐类节目以外的所有类型节目都具有较强的收听倾向，其中财经类节目的收听集中度超过 400%；65 岁及以上的听众对除了财经、体育和音乐节目以外的所有类型节目的收听集中度都超过 100%。

表5 2013 年上海市场不同性别和年龄听众收听各类节目的集中度（%）

节目类型	性别		年龄						
	男	女	10～14 岁	15～24 岁	25～34 岁	35～44 岁	45～54 岁	55～64 岁	65 岁及以上
财经	93.9	106.2	3.7	5.0	54.2	72.4	91.2	403.8	72.2
法制	94.4	105.7	22.9	55.1	41.6	90.9	160.7	139.8	154.9
社教	98.7	101.4	92.8	53.8	67.3	75.5	113.6	178.1	159.8
生活服务	109.3	90.6	36.7	29.1	78.5	89.1	129.0	178.4	145.4
体育	146.1	53.2	10.5	106.3	127.1	73.3	125.2	99.7	55.2
外语	115.4	84.4	81.9	42.7	137.9	56.0	77.0	92.1	246.4
文艺	86.6	113.6	94.4	59.6	77.0	70.5	82.9	141.4	235.8
新闻/时事	103.2	96.7	22.3	35.4	53.0	74.5	118.2	196.2	203.2
音乐	94.0	106.1	68.7	108.3	142.0	122.9	98.8	42.3	52.2
其他	99.8	100.2	51.4	64.3	97.9	98.1	104.9	139.2	123.1

数据来源：CSM 媒介研究

从受教育程度来看，上海市小学及以下和大学及以上受教育程度的听众的收听兴趣相对集中，初高中教育程度听众的收听兴趣较为广泛（表6）。在 2013 年上海收听市场，未受过正规教育的听众仅对财经节目表现出强烈的收听倾向，收听集中度超过 500%；小学教育程度的听众仅对外语节目表现出较大兴趣，收听集中度超过 400%；初中和高中教育程度的上海听众节目收听兴趣较为广泛，其中初中教育程度的听众对除体育、外语和音乐类节目以外的各类型节目的收听集中度都超过 100%，高中教育程度的听众对除外语和音乐类节目以外的所有类型节目表现出较高收听偏好；大学及以上学历的群体对各类型节目的偏好较集中，仅对体育、外语和音乐类节目的收听集中度超过 100%。

比较而言，上海没有收入的听众收听兴趣明显不高，各类节目收听集中度最高不超过 95%。个人月收入在 1 501～2 500 元的听众收听兴趣相对广泛，个人月收入在 1 001～

表6　2013年上海市场不同受教育程度听众收听各类节目的集中度（%）

节目类型	受教育程度				
	未受过正规教育	小学	初中	高中	大学及以上
财经	521.8	18.0	109.3	138.3	55.0
法制	0.0	22.0	124.2	113.6	83.0
社教	40.4	86.3	136.1	106.2	76.9
生活服务	16.8	84.0	101.6	133.2	67.1
体育	0.0	42.4	60.6	110.9	119.0
外语	0.0	467.7	76.5	78.7	101.7
文艺	29.1	93.2	141.1	105.9	73.5
新闻/时事	58.4	76.9	124.3	114.4	75.0
音乐	47.8	28.1	67.4	96.5	130.0
其他	100.6	53.9	97.6	111.4	94.1

数据来源：CSM媒介研究

表7　2013年上海市场不同个人月收入听众收听各类节目的集中度（%）

节目类型	个人月收入								
	无收入	1~500元	501~1000元	1001~1500元	1501~2000元	2001~2500元	2501~3000元	3001~4000元	4001元及以上
财经	7.9	*	*	125.7	124.6	207.6	96.9	26.7	127.6
法制	37.8	*	*	3.8	109.7	113.0	163.5	102.9	84.9
社教	49.0	*	*	52.4	146.7	120.5	170.7	77.2	78.7
生活服务	22.4	*	*	50.2	123.4	133.4	116.6	100.7	104.7
体育	77.0	*	*	11.9	90.8	99.8	84.6	127.6	94.5
外语	19.6	*	*	0.0	506.0	116.5	48.3	80.7	30.4
文艺	60.1	*	*	133.4	91.4	202.1	78.3	76.9	75.4
新闻/时事	23.7	*	*	92.5	140.4	156.0	126.9	87.2	79.9
音乐	94.4	*	*	107.5	65.8	69.1	87.1	121.0	127.8
其他	53.8	*	*	99.6	105.6	122.4	103.0	96.9	108.0

注："*"表示该目标听众样本量不足，无法进行统计推断。

数据来源：CSM媒介研究

1 500元和2 501元及以上听众的收听偏好相对集中（表7）。个人月收入在1 001~1 500元区间的上海听众对财经、文艺和音乐节目的收听集中度较高；个人月收入在1 501~2 500元区间的听众节目收听兴趣相对广泛，其中个人月收入在1 501~2 000元区间的听众对除体育、文艺和音乐类以外所有类型节目都表现出较浓厚的收听兴趣，个人月收入在2 001~2 500元区间的听众对除体育和音乐类节目以外的各类型节目的收听集中度均超过100%；个人月收入在2 501~3 000元区间的听众相对偏爱收听法制、社教、生活服务和新闻/时事类节目；而个人月收入在3 001~4 000元区间的上海听众对法制、生活服务、体育和音乐类节目的收听集中度超过100%；个人月收入在4 001元及以上的听众对财经、生活服务和音乐类节目比较感兴趣。

4. 本地节目垄断上海收听榜单前10，《990早新闻》稳居榜首

近年来，上海市场收听份额排名靠前的节目较为稳定。2013年上海市场收听份额排名前10位的节目，除《早安新发现》为新上榜节目外，其余9档均为上一年收听份额前10的节目。上海收听份额排名前10位的广播节目仍集中在新闻/时事、音乐和文艺类节目上，其中7个为新闻/时事类节目。由上海人民广播电台播出的《990早新闻》稳居收听份额排名榜冠军位置，但收听份额较2012年略有下滑；由多频率播出的《直通990》以3.31%的收听份额位居亚军；由上海流行音乐广播动感101（FM101.7）播出的音乐节目《维他奶音乐早餐》，以3.31%的收听份额位居季军；由多频率播出的新闻/时事类节目《东广早新闻》位于榜单第四，同比上一年6.19%的收听成绩下滑不少；榜单第五至第七以及第十位均为新闻/时事节目，第八和第九分别为文艺节目《101娱乐在线》和音乐节目《早安新发现》（表8）。

表8 2013年上海市场收听份额排名前10位的节目

排名	节目名称	频率	收听份额（%）
1	990早新闻	上海人民广播电台（AM990/FM93.4）	6.54
2	直通990	多频率	3.31
3	维他奶音乐早餐	上海流行音乐广播动感101（FM101.7）	3.20
4	东广早新闻	多频率	3.08
5	转播中央人民广播电台新闻和报纸摘要节目	上海人民广播电台（AM990/FM93.4）	2.69
6	990八点新闻	上海人民广播电台（AM990/FM93.4）	2.22
7	990清晨新闻	上海人民广播电台（AM990/FM93.4）	2.10
8	101娱乐在线	上海流行音乐广播动感101（FM101.7）	1.48
9	早安新发现	上海流行音乐广播Love Radio（FM103.7）	1.35
10	经济生活60分	第一财经广播（FM97.7）	1.26

数据来源：CSM媒介研究

三、广州广播收听市场的节目竞争格局

1. 各类型节目竞争格局稳中有变,新闻/时事类节目涨势明显

2011~2013 年,广州广播收听市场的节目竞争格局稳中有变,多数节目收听份额变化不大,新闻/时事类节目份额攀升明显;音乐、新闻/时事、生活服务和文艺类节目是广州听众收听的主要类型节目,收听份额近 3 年排名靠前(图 5)。2011~2013 年,广州市场音乐、新闻/时事、生活服务和文艺类节目的收听份额均在 10% 以上,其中音乐和生活服务类呈连续下降的趋势,但降幅有限;新闻/时事类和文艺类节目的收听份额均有攀升,其中尤以新闻/时事类节目增幅明显。近 3 年,财经、法制、社教和体育类节目在广州市场的收听份额均不超过 8%,年度变化有限。

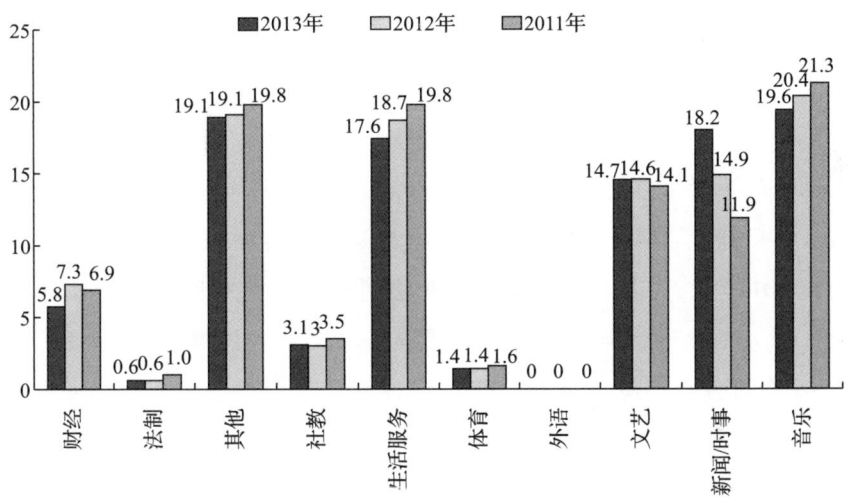

数据来源:CSM 媒介研究

图 5 2011~2013 年广州市场各类节目的收听份额(%)

2. 广州各类型节目市场竞争中你进我退,广东省台在多类节目市场保持强势

2013 年,广东人民广播电台在广州除外语节目市场外的各类市场中均居领导地位(图 6)。其中,广东人民广播电台在音乐和财经类节目收听市场获得的收听份额均超过 80%;在生活服务类节目市场的收听份额超过了 70%;在文艺和法制节目市场的收听份额都超过 60%;在体育和社教节目市场占据的收听份额都在一半以上;在新闻/时事类节目市场的收听份额低于 50%,但仍在市场内处于领导地位。相比 2012 年,2013 年广东人民广播电台在财经、法制、社教、体育、文艺和新闻/时事类节目市场的收听份额

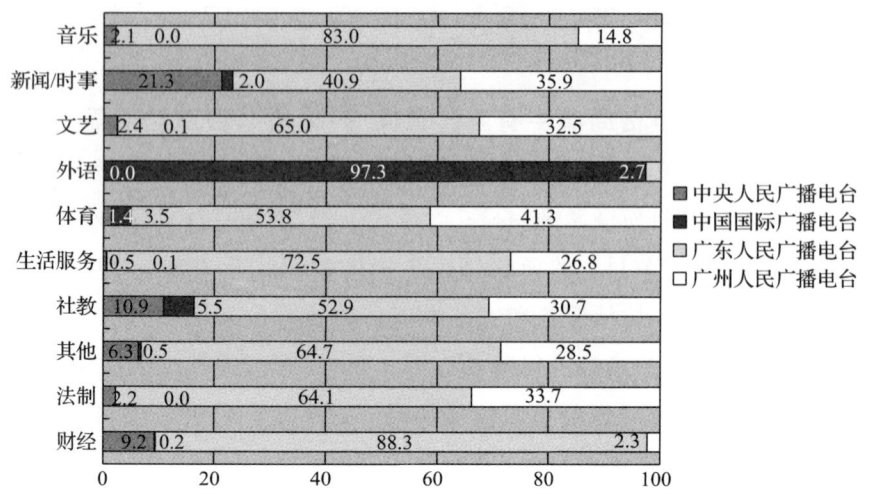

数据来源：CSM 媒介研究

图 6　2013 年各级广播频率在广州各类节目市场上的收听份额（％）

均有增长，其中在新闻/时事类节目市场涨幅最大，超过 9 个百分点，仅在音乐节目市场的收听份额有所下滑，降幅为 2.7 个百分点。

除广东人民广播电台外，广州人民广播电台是广州各类型节目市场上的又一强势竞争力量。相比 2012 年，广州人民广播电台在法制和体育类节目市场的收听份额获得 10 个百分点以上的大幅上升，但在财经、生活服务、文艺、新闻/时事和音乐类节目市场则分别有 1~9 个百分点不等的下滑。在各类型节目市场竞争中，广州人民广播电台在体育节目市场的收听份额超过了 40%，居亚军位置；在新闻/时事、文艺、社教和法制类节目市场的收听份额均超过 30%，在生活服务节目市场的收听份额超过 20%。

2013 年中央人民广播电台在广州细分节目市场仍居弱势竞争地位，收听份额最高不超过 25%。但相较 2012 年，中央人民广播电台在除音乐、生活服务和外语外的各类节目市场上均获得了不同程度的增长，发展势头良好。其中，在新闻/时事类节目市场收听份额增幅最大，达到 9.2 个百分点；在财经、法制、社教和文艺节目市场的收听份额增幅均在 1~3 个百分点；在音乐类节目市场有所下滑，幅度为 2.7 个百分点。

2013 年中国国际广播电台仍只在外语节目市场保持领先优势，收听份额超过 97%。但在其余节目市场的竞争力仍很微弱，收听份额均未超过 6%。

3. 广州不同听众对各类型节目的收听倾向不同，类型节目满足听众收听偏好

广州市场不同性别听众对各类型节目的收听偏好有所不同。2013 年男性听众收听倾向明显的节目类型较多,对除财经和音乐类之外的各类节目都表现出较高的收听倾向;女性听众仅对财经和音乐类节目表现出明显的收听偏好,收听集中度超过100%(表9)。

表9 2013年广州市场不同性别和年龄听众收听各类节目的集中度(%)

节目类型	性别		年龄						
	男	女	10~14岁	15~24岁	25~34岁	35~44岁	45~54岁	55~64岁	65岁及以上
财经	87.0	112.8	11.5	43.0	59.6	123.8	172.1	249.8	87.8
法制	115.9	84.4	25.6	60.9	73.1	129.4	171.8	175.9	57.5
社教	104.8	95.2	12.1	84.5	65.9	94.6	127.4	188.3	149.0
生活服务	112.2	88.0	18.0	45.2	85.5	112.8	140.1	170.3	161.0
体育	115.0	85.3	16.4	50.5	64.0	96.2	125.8	235.0	197.0
外语	106.2	93.9	0.0	38.7	25.8	99.8	26.6	619.8	135.2
文艺	102.3	97.8	40.3	75.9	67.9	74.4	130.9	200.1	181.6
新闻/时事	107.2	92.9	16.6	67.0	80.1	91.1	109.5	261.8	132.7
音乐	97.0	102.9	49.4	68.2	88.9	113.1	117.5	132.7	146.6
其他	110.5	89.6	26.3	60.1	85.6	112.2	130.3	168.6	136.7

数据来源:CSM媒介研究

在年龄上,广州34岁及以下听众类型节目收听乏力,对各类节目收听的集中度都未超过100%;35~44岁听众的收听倾向相对集中;45岁及以上听众的收听偏好相对广泛。其中,35~44岁的广州听众对财经、法制、生活服务和音乐类节目都表现出较强的收听倾向;45~54岁的听众收听兴趣较为广泛,对除外语之外的所有类型节目的收听集中度均超过了100%;55~64岁仍是广州听众中收听最活跃的群体,该听众群对所有类型节目的收听集中度均超过了100%;65岁以上群体的收听兴趣也较广泛,对除财经和法制外的各类节目都表现出较浓厚的收听兴趣。

广州不同受教育程度的听众偏好收听的广播节目类型各有不同,相比之下,小学及以下和大学及以上受教育程度的听众收听兴趣较为集中,初高中听众的收听兴趣相对广泛(表10)。其中,未受过正规教育的广州听众对社教、生活服务、体育和文艺类节目具有较高收听倾向;小学受教育程度的广州听众收听兴趣相对狭窄,仅对生活服务、体育和文艺类节目表现出明显的收听偏好;初中文化程度的听众收听兴趣最广泛,对除社教外的各类节目均有较高收听兴趣,收听集中度都超过了100%;高中学历的广州听众收听兴趣相对广泛，对法制、社教、生活服务、外语和音乐类节目的收听集中度超过100%；大学及以上的广州听众仅对社教和新闻/时事节目具有明显的收听倾向。

表10　2013年广州市场不同受教育程度听众收听各类节目的集中度（%）

节目类型	受教育程度				
	未受过正规教育	小学	初中	高中	大学及以上
财经	12.1	93.6	113.0	97.8	97.5
法制	45.5	53.1	123.3	115.3	67.2
社教	107.2	74.7	95.9	105.0	110.8
生活服务	131.4	104.6	114.3	103.9	67.2
体育	245.4	116.7	138.2	80.9	65.2
外语	15.7	57.0	155.9	112.0	27.6
文艺	167.2	113.8	111.0	94.8	83.2
新闻/时事	60.6	53.2	109.8	99.3	117.3
音乐	97.3	81.5	109.9	101.4	93.6
其他	99.2	83.0	109.7	103.5	89.5

数据来源：CSM媒介研究

从收入水平来看，广州市没有收入的听众收听兴趣最低，对各类型节目收听集中度均不高于90%；个人月收入在1 001～2 000元的广州听众收听兴趣较为集中；个人月收入在1～1 000元和2 001～2 500元的广州听众收听兴趣相对广泛；个人月收入在2 501元及以上的广州听众收听兴趣广泛（表11）。其中，个人月收入1～500元的听众对除财经、法制和外语外的各类节目都有明显的收听偏好；个人月收入在501～1 000元的广州听众对除财经和外语节目之外的各类型节目均感兴趣；个人月收入在1 001～1 500元的收听人群仅对生活服务、文艺和音乐类节目表现出明显的收听倾向；个人月收入在1 501～2 000元的听众群仅对外语节目具有明显的收听偏好；个人月收入在2 001～2 500元的听众对财经、社教、生活服务、体育、文艺和音乐类节目较为感兴趣。相比之下，个人月收入在2 501元及以上的广州听众收听倾向最活跃，对几乎所有类型节目的收听集中度均高于100%。其中，个人月收入在2 501～4 000元的听众对除音乐外各类节目的收听集中度都超过100%；个人月收入在4 001元及以上的广州听众对除外语和文艺类外的各类节目有较高收听倾向。

表 11　2013 年广州市场不同个人月收入听众收听各类节目的集中度（%）

节目类型	个人月收入								
	无收入	1~500元	501~1000元	1001~1500元	1501~2000元	2001~2500元	2501~3000元	3001~4000元	4001元及以上
财经	52.2	9.5	24.7	34.3	95.9	104.7	162.4	109.3	174.9
法制	72.2	20.6	148.7	98.9	93.6	86.8	106.7	121.6	146.9
社教	75.0	226.0	131.7	86.2	92.8	112.6	100.9	112.3	108.0
生活服务	53.3	192.5	139.8	103.0	96.7	102.5	110.0	125.3	146.2
体育	73.7	284.3	268.0	96.1	96.3	100.8	104.2	100.3	111.4
外语	37.2	0.0	0.0	56.6	143.7	44.8	270.4	116.1	66.8
文艺	82.9	229.8	160.4	111.7	95.1	113.9	112.1	101.1	76.8
新闻/时事	78.8	104.5	112.8	92.5	91.3	95.7	125.8	105.7	124.5
音乐	78.1	148.1	192.1	113.4	94.2	114.8	86.5	99.3	121.2
其他	64.5	128.1	126.9	103.9	94.1	98.1	113.6	118.7	140.8

数据来源：CSM 媒介研究

4.《珠江第一线》收听份额居榜首，榜单前 10 的节目类型多样

2013 年广州市场收听份额排名前 10 位的节目较 2012 年有一定变化，《珠江第一线》、《天生快活人》和《长篇武侠小说》为新上榜节目，各节目排序变化较大；此外，2013 年广州市场收听份额排名前 10 位的节目组成类型相对多样，由新闻/时事、音乐、生活服务、文艺、财经多类节目组成（表12）。2013 年，由广东电台珠江经济广播电台播出的《珠江第一线》以 2.26% 的收听份额位于排行榜首位；多频率播放的《歌曲欣赏》在 2013 年居亚军位置，收听份额较 2012 年略有下降，降幅不超过 0.3 个百分点；广州新闻电台的《广州早晨》稳居广州排名榜季军位置，但收听份额略有下降；广东电台羊城交通广播台的《交通消息》以 1.78% 的收听份额排名第四；由广东电台音乐之声播出的《天生快活人》和广州新闻电台播出的《新闻在线》分别以 1.28% 与 1.13% 的收听份额分列第五、第六；广东电台音乐之声播出的《潘多拉音乐盒》、多频率的《长篇武侠小说》和广东电台股市广播的《股市第一线》均以 1.06% 的收听份额并列第七；由多频率播出的《长篇小说》排名第十，收听份额未超过 1%。

表12　2013年广州市场收听份额排名前10位的节目

排名	节目名称	频率	收听份额（%）
1	珠江第一线	广东电台珠江经济广播电台（FM97.4）	2.26
2	歌曲欣赏	多频率	1.98
3	广州早晨	广州新闻电台（FM96.2）	1.80
4	交通消息	广东电台羊城交通广播台（FM105.2）	1.78
5	天生快活人	广东电台音乐之声（FM99.3）	1.28
6	新闻在线	广州新闻电台（FM96.2）	1.13
7	潘多拉音乐盒	广东电台音乐之声（FM99.3）	1.06
7	长篇武侠小说	多频率	1.06
7	股市第一线	广东电台股市广播（FM95.3）	1.06
10	长篇小说	多频率	0.99

数据来源：CSM媒介研究

四、结语

2011~2013年北京、上海和广州3个城市各类型节目竞争格局均呈现稳中有变的发展态势：新闻/时事和音乐类节目在3个城市的收听份额均名列前茅，其中北京和广州市场的新闻/时事类节目收听份额的上升幅度较大；上海市场音乐类节目收听份额的上升趋势明显。

多年来，各级广播电台在地方广播类型节目市场竞争中你进我退，占据贴近性优势的本地电台往往能在本地细分节目市场中保持领先。延续往年的竞争态势，2013年北京人民广播电台、上海SMG下属频率、广东人民广播电台分别在北京、上海、广州3个城市的大多数节目类型市场中占据强势竞争地位。相比2012年，2013年中央人民广播电台在北京、上海和广州多个细分节目市场的竞争力有所增强，但整体来看，相比本地频率仍有较大的差距。

从不同性别、年龄、受教育程度和个人月收入听众收听各类型节目的情况来看，北京、上海和广州三地男女听众的收听偏好差异明显：从年龄来看，三地听众均呈现两极化特征，10~14岁听众收听节目的兴趣均不高，对各类节目的收听集中度都未超过100%；55岁及以上听众的收听兴趣较广泛，绝大多数节目类型的收听集中度都高于100%。从不同受教育程度听众的收听偏好看，三地初、高中教育程度听众的收听兴趣相对广泛，小学及以下和大学及以上受教育程度听众的收听兴趣相对集中。从个人月收入来看，三地没有收入的听众对广播收听兴趣不高，对各类节目的收听集中度均不超过100%；北京个人月收入在1 501~4 000元、上海个人月收入在1 501~2 500元、广州个人月收入在2 501元及以上的听众收听兴趣较广泛。

就北京、上海和广州三地收听份额排名前10位的节目来看，近3年三地较受欢迎的强势节目的竞争力较稳定，榜单前10位更迭变化不大。相比之下，北京和上海节目收听前10榜单节目类型构成相对集中，广州收听份额排名前10位的节目类型构成相对多样。

广播生活服务类节目之新观察

戴静怡

生活服务类节目是广播媒体播出比重较大、形式较为多样的节目类型，也是受众日常生活中获取必不可缺信息的重要渠道之一。生活服务类节目基本涵盖了受众日常生活中衣、食、住、行的主要方面。在移动终端飞速发展的今天，智能手机、平板电脑加速普及，广播媒体的伴随性和移动优势正面临较大冲击，以购物、美食、出行等方面为代表的生活服务类移动终端应用也成为当下不少受众生活中不可或缺的一部分。那么广播媒体在生活服务这类节目中有着怎样的收听表现？是否存在一些新的发展趋势？又将如何进一步发展？本文以北京、上海、广州、深圳四城市有节目监播的频率数据为基础，观察近年来生活服务类节目的现状及新的发展趋势，旨在抛砖引玉，给业内相关人士启发和帮助。

一、广播生活服务类节目的收听现状

1. 生活服务类节目的播出比重较大，在交通类频率中的收听比重最高

2013年1月至11月北、上、广、深四城市节目播出比重数据显示，生活服务类节目在各种主要类型频率中均有播出，总体播出比重接近两成，为17.60%，仅次于音乐类节目，比重为24.44%（图1）。从四城市整体各类频率中生活服务类节目的收听比重来看，交通类频率中生活服务类节目的收听比重最高，达50%以上，其次是文艺类、新闻类、都市生活类频率，收听比重均在10%左右。与2012年相比，2013年听众对交通类频率中该类节目的收听比重提升明显，其余频率中生活服务类节目的收听比重基本保持稳定（图2）。

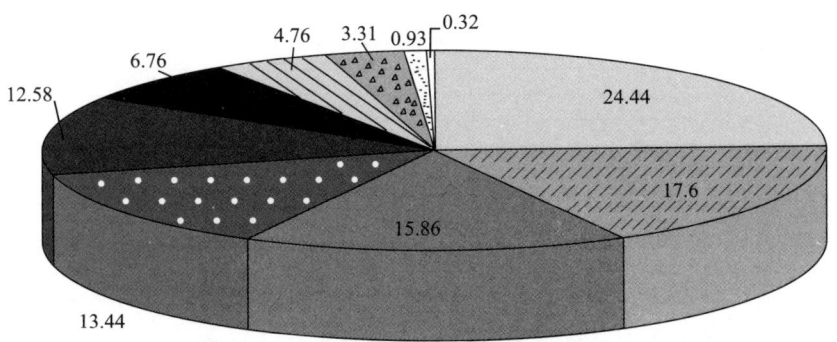

数据来源：CSM 媒介研究

图1　2013年1~11月北、上、广、深四城市整体各类型节目播出比重（%）

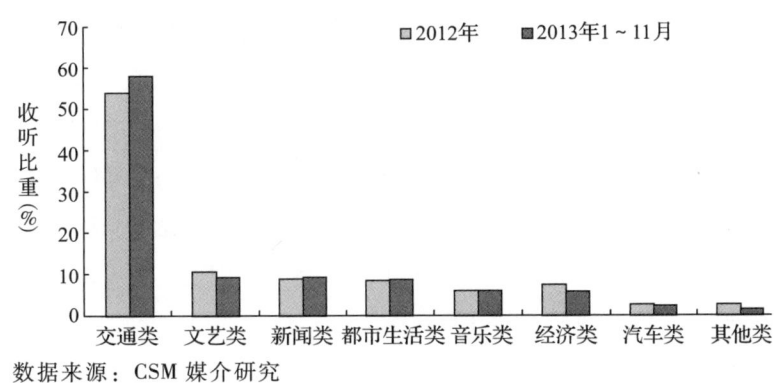

数据来源：CSM 媒介研究

图2　2012~2013年11月四城市不同类型频率①中生活服务类节目的收听比重

2. 生活服务类节目播出贯穿全天，不同城市播出高峰时段有差异

北、上、广、深四城市生活服务类节目不同时段播出比重数据显示，生活服务类节目在全天主要时段均有播出，以交通消息、天气预报、健康类等节目为主。从时段分布上看，四城市的生活服务类节目在凌晨、早间07:00~08:00和傍晚时段的播出量较少。而四大城市该类节目的播出高峰却不尽相同，北京在午间11:00和下午16:00左右播出量较大，广州则在上午08:00~10:00左右的播出量较高，上海在白天时段播出量均较平均，但在04:00~05:00左右的播出量较高，深圳则在05:00和晚间24:00左右时段的播出量较大（图3）。

---

① 汽车类频率的分类标准为频率名称中含有汽车、私家车等类似名称的频率。

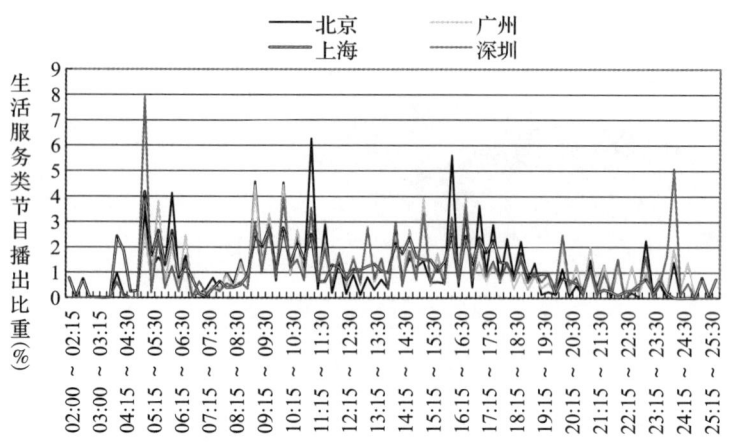

数据来源：CSM 媒介研究

图 3　北、上、广、深四城市生活服务类节目各时段的播出比重（2013 年 1～11 月）

3. 北、上、广、深四城市听众普遍集中收听两到三种类别的生活服务类节目

生活服务类节目主要分为汽车服务、健康、天气预报、饮食、旅游、家居/房产、美容/时尚、导听和生活服务其他类 9 个类型。从北、上、广、深四城市生活服务类节目各细分类目的收听状况来看，四城市听众普遍集中收听其中的两到三种类别的节目。其中北京和广州听众对汽车服务类节目的收听比重最高，分别达 59.72% 和 44.57%。上海和深圳听众对生活服务其他类节目的收听比重最高，分别达 51.49% 和 37.81%，其余细分类节目的收听比重相对偏低（表 1）。

表 1　北、上、广、深四城市生活服务类节目中不同细类节目的收听比重（2013 年 1～11 月）

节目细类	收听比重（%）			
	北京	上海	广州	深圳
汽车服务	59.72	13.25	44.57	32.86
健康	4.36	24.21	22.58	14.09
天气预报	12.40	3.94	3.80	1.53
饮食	0.69	3.71	2.42	2.78
旅游	6.71	3.00	2.10	7.36
家居/房产	0.77	0.36	1.30	3.28
美容/时尚	0.51	0.04	0.43	0.29
导听	0.21	0.00	0.01	0.00
生活服务其他	14.63	51.49	22.78	37.81

数据来源：CSM 媒介研究

4. 不同类型频率播出的生活服务类节目吸引不同目标人群

从不同类型频率播出的生活服务类节目听众上看，不同类型频率播出的生活服务类节目吸引不同目标人群。经济类、音乐类、新闻类、都市生活类频率播出的生活服务类节目以女性听众为主，男性听众较偏爱交通类和汽车类频率播出的生活服务类节目。从年龄段来看，45岁及以上中老年听众较偏爱经济类、新闻类和都市生活类频率播出的生活服务类节目，而15~44岁人群则较偏向音乐类、交通类、汽车类频率播出的生活服务类节目。大学及以上高学历听众则更为关注交通类频率播出的生活服务节目（表2）。

表2 北、上、广、深四城市不同类型频率生活服务类节目的听众集中度（%）（2013年1~11月）

目标听众	经济类频率	音乐类频率	新闻类频率	都市生活类频率	交通类频率	汽车类频率
男	87.6	92.7	98.1	93.1	127.4	104.7
女	113.0	107.7	102.0	107.3	71.3	95.1
10~14岁	18.0	36.0	34.6	10.8	26.5	12.3
15~24岁	29.8	111.6	51.9	21.7	46.9	106.9
25~34岁	52.5	110.0	72.1	49.0	102.7	117.1
35~44岁	83.1	117.2	92.9	51.2	157.3	149.0
45~54岁	143.9	97.3	130.3	161.9	130.6	82.6
55~64岁	321.1	60.7	190.3	196.8	90.2	57.1
65岁及以上	146.0	74.8	174.9	350.5	59.5	30.6
未受过正规教育	43.7	18.6	20.3	425.6	21.4	26.0
小学	86.3	60.0	133.1	207.9	51.2	26.7
初中	108.1	98.3	133.5	110.5	72.7	124.4
高中/中专/职高/技校	151.9	113.5	109.4	115.2	110.3	111.4
大学及以上	43.6	95.1	64.5	53.1	116.4	85.7

数据来源：CSM媒介研究

5. 北、上、广、深四城市人均收听总时长排名前10位的生活服务类节目类型差异明显

北、上、广、深四城市人均收听总时长排名前10位的生活服务类节目显示：在北京，除两档旅游类节目、一档天气预报、一档生活服务其他类节目进入排名前10外，其余六档节目均属于汽车服务类节目，并且均是由北京电台交通广播、文艺广播播出的

节目；在上海，除两档健康类节目和一档汽车服务节目排名进入前十外，其余均是生活服务其他类节目，上海交通广播（AM648）、上海人民广播电台（AM990）的节目表现较优；在广州，进入人均收听总时长排名前10位的节目属于汽车服务类、健康类、生活服务其他类节目，其中羊城交通台、广州交通电台的汽车服务类节目表现较优；在深圳，深圳交通频率播出的生活服务节目在人均收听总时长排名前10位中占了8席，但不同种类的生活服务类节目百花齐放，也表明深圳广播市场听众对该类节目的收听选择相对较广泛（表3）。

表3 北、上、广、深四城市人均收听总时长排名前10位的生活服务节目（2013年1~11月）

排名	节目名称	频率	节目属性	人均收听总分钟数	市场份额（%）
北京					
1	一路畅通	北京人民广播电台交通广播（FM103.9）	汽车服务	2223	40.01
2	交通天气预报	北京人民广播电台交通广播（FM103.9）	天气预报	301	30.57
3	路况信息	北京人民广播电台交通广播（FM103.9）	汽车服务	248	28.47
4	汽车天下	北京人民广播电台交通广播（FM103.9）	汽车服务	215	32.16
5	吃喝玩乐大搜索	北京人民广播电台文艺广播（FM87.6）	生活服务其他	131	12.22
6	快乐超级旅行	北京人民广播电台文艺广播（FM87.6）	旅游	99	14.00
7	百姓TAXI	北京人民广播电台交通广播（FM103.9）	汽车服务	97	27.20
8	交通路况预报	北京人民广播电台交通广播（FM103.9）	汽车服务	85	39.66
9	环球旅行家	北京人民广播电台文艺广播（FM87.6）	旅游	83	6.90
10	876路况信息	北京人民广播电台文艺广播（FM87.6）	汽车服务	79	11.16
上海					
1	欢乐早高峰	上海交通广播（AM648）	生活服务其他	215	11.31
2	活到100岁	上海人民广播电台（AM990）	健康	127	17.40
3	消费直通车	上海交通广播（AM648）	生活服务其他	101	8.22
4	阳阳主播台	上海交通广播（AM648）	生活服务其他	100	9.42
5	轻松集结号	上海人民广播电台（AM990）	生活服务其他	96	8.87
6	都市新空气	上海东方都市广播（AM792）	生活服务其他	80	5.73
7	大城晓事	第一财经广播（FM97.7）	生活服务其他	76	8.81
8	为您服务	上海东方都市广播（AM792）	生活服务其他	70	8.46
9	启源堂蜂胶皇健康专题	上海戏剧曲艺广播（AM1197）	健康	62	5.95
10	1057车管家	上海交通广播（AM648）	汽车服务	62	9.74
广州					
1	交通消息	广东电台羊城交通广播台（FM105.2）	汽车服务	307	15.43

续表

广州					
排名	节目名称	频率	节目属性	人均收听总分钟数	市场份额（%）
2	朝朝早精神好	广东电台羊城交通广播台（FM105.2）	生活服务其他	131	17.32
3	即时交通消息	广州交通电台（FM106.1）	汽车服务	110	8.61
4	车天车地车世界	广州交通电台（FM106.1）	汽车服务	105	10.32
5	新新生活	广东电台南方生活广播（FM93.6）	健康	95	4.46
6	车乐汇	广东电台珠江经济广播电台（FM97.4）	汽车服务	90	12.75
7	车载生活	广东电台音乐之声（FM99.3）	汽车服务	90	20.26
8	车麟时代	广东电台羊城交通广播台（FM105.2）	汽车服务	72	15.15
9	藏地养生密码	广东电台南方生活广播（FM93.6）	健康	66	9.83
10	微博热辣榜	广州交通电台（FM106.1）	生活服务其他	64	10.58
深圳					
1	伴你同行	深圳广播电台交通频率（FM106.2）	汽车服务	450	41.22
2	交通动态	深圳广播电台交通频率（FM106.2）	生活服务其他	290	32.48
3	缤纷车世界	深圳广播电台交通频率（FM106.2）	汽车服务	159	27.09
4	至真养生堂	广东电台新闻台（新闻频道）（FM91.4）	健康	151	5.29
5	从深圳出发	深圳广播电台交通频率（FM106.2）	旅游	127	24.85
6	于洋四维养生论坛	广东电台新闻台（新闻频道）（FM91.4）	健康	102	4.96
7	E路大玩家	深圳广播电台交通频率（FM106.2）	生活服务其他	99	35.19
8	爱车有道	深圳广播电台交通频率（FM106.2）	汽车服务	87	21.68
9	交通生活热线	深圳广播电台交通频率（FM106.2）	生活服务其他	84	22.34
10	快乐家居	深圳广播电台交通频率（FM106.2）	家居/房产	75	22.17

数据来源：CSM 媒介研究

二、广播生活服务类节目的发展新趋势

1. 对象细分，移动人群以汽车服务类节目为主要收听节目类型

从听众的角度来看，为什么需要关注生活服务类节目？这是因为这些节目包含的信息能够为听众提供帮助，使他们获得出行、健康、饮食等方面的实用性资讯。从上文的分析中也可以看出广播生活服务类节目中最常见最受关注的就是交通、出行方面的信息。一直以来，交通类频率在生活服务类节目中的优势也是以这一点为主，而收听这类节目的往往就是移动收听人群。这些人群主要在车上收听广播，以中青年为主，教育程度也较高。因此针对这类人群推出的更多汽车保养、行车安全方面的节目也相继成为很多频率的主打节目。而除此之外，健康类节目则偏向于以老年受众为主，该类节目中有很多内容与养生保健相关，老年听众对这方面的需求也比较大。健康类节目在北、上、广、深四城市中也有不俗的收听表现（图4）。

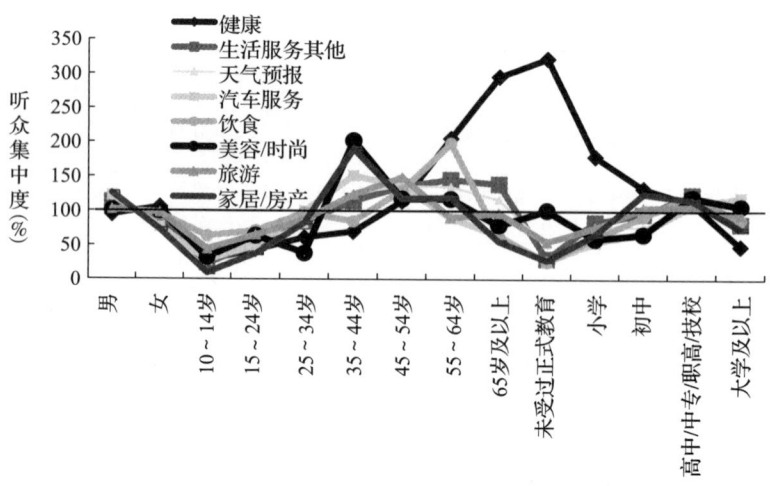

数据来源：CSM 媒介研究

图 4　2013 年 1～11 月不同生活服务类节目的听众集中度（四城市组）

2. 品牌化拓展，与频率特点及定位相结合

从北、上、广、深四城市可以观察到一些频率的生活服务类节目呈现出同样的特点：即将许多线性播出的生活服务类节目品牌化，从名称、形式、内容、播报方式上加入频率的品牌概念。例如广州的羊城交通台、城市之声、珠江经济台等频率的交通消息不仅仅是简单的《交通消息》《出行提示》这样的命名，还会加上"路氏家族"、"爱车SUN家族"、"珠江导航宝"等这样的概念，将节目品牌化，打造符合频率个性的生活服务品牌节目（表4）。

表 4　广州部分频率播出的生活服务类节目名称

频率	节目名称	类别
广东电台珠江经济广播电台（E FM 财富 974）	珠江导航宝	汽车服务
	珠江新气象	天气预报
广东电台城市之声爱车1036（FM103.6）	爱车 SUN 家族	汽车服务
	1036 天气预报	天气预报
	1036 私家资讯	生活服务其他
广东电台羊城交通广播台（FM105.2）	马路的事有路氏	汽车服务
	路氏家族路文文交通消息	汽车服务
	路氏家族路路顺交通消息	汽车服务
	路氏家族路灵灵交通消息	汽车服务

续表

频率	节目名称	类别
广州交通电台（FM106.1）	1061 心贴心	生活服务其他
	1061 今日教路	汽车服务
中央人民广播电台第四套节目都市之声（FM101.8）	1018 空港信息	生活服务其他
	1018 交通路况	汽车服务
	1018 天气馆	天气预报
	1018 资讯网	生活服务其他
	1018 路况服务站	汽车服务
	1018 气象服务站	天气预报

数据来源：CSM 媒介研究

3. 多元互动新形式，涵盖生活的方方面面

从内容和形式上来看，现今的广播生活服务类节目呈现百花齐放、多元互动的新趋势。下面从几个主要类型的生活服务类节目出发，概括其发展新态势：

（1）交通消息：通过指挥中心现场播报＋微信实时爆料＋特约人员实时报告，有效加强听众互动，提升及时性、权威性、贴近性；

（2）汽车资讯：涵盖汽车维修、养护、交易、行车安全等方面，通过电话连线、微信、微博等多样化沟通方式提升效率，使嘉宾和听众互动更直接；

（3）天气预报：播报天气之余增加生活小知识，向更多元化的健康生活概念延伸；

（4）饮食类：商家优惠＋美食攻略，倡导健康饮食理念；

（5）旅游类：名人游记＋嘉宾访谈＋连线互动，全方位满足听众关于旅游的信息咨询；

（6）消费服务类：跨平台、多维度听取意见，权威部门指导及建议，及时、快速解决消费难题。

4. 实用性与娱乐性兼备

广播生活服务类节目在兼顾实用与涵盖面广之余，在节目风格上也有新的变化，有些节目的风格颇娱乐化。广州交通电台的《微博热辣榜》《一路好玩》节目，主持人会用热门的潮语和网络词汇，结合微博、微信上热门的话题进行讨论，主持人汤面是广州比较出名的 DJ 之一；节目风格轻松、快乐，经常会听到主持人欢快的笑声。深圳交通频率的《E 路大玩家》是关注数码产品方面的专业化生活服务类节目，其节目主持人欢乐愉快的现场风格总能将一些晦涩难懂的数码专业词语变得生动易懂。该节目的主持人

也是颇具娱乐精神的"数码蟑螂—小强组合",通过男女主持加上嘉宾的问答交流使这档节目氛围兼具实用性与娱乐化,在深圳地区别具一格。北京人民广播电台文艺广播《吃喝玩乐大搜索》为了突出广播节目的特点,还特别增设了外景主持人带领听众探店的环节,通过电话连线的形式将外景主持人或嘉宾品尝美食的真实感受在第一时间传递给更多的听众,既丰富了节目的声音元素,也增强了节目的互动性、现场感。这些节目代表了新风格和新探索,也从另一个角度反映出广播生活服务类节目所蕴含的勃勃生机。

三、广播生活服务类节目进一步发展的对策

1. 借鉴延伸,创新广播生活服务类节目的内容

近年来,以《非诚勿扰》《交换空间》《顶级厨师》为代表的生活服务类节目在电视频道中掀起了一波又一波的收视热潮,一时之间,相亲类、家装类、美食类、调解类等生活服务类节目如雨后春笋般加入到电视媒体的竞争中来。与电视相比,广播不具备视觉的冲击,仅在依赖听觉的基础上无法达到像电视节目那样震撼、直观的效果,但广播在私密性和个性化上依然具备一定优势。现在已经有部分频率利用广播的特色在相亲类、家居类、调解类节目上进行创新,而这些节目又恰恰是广播中比较稀缺的类型。比如有些频率在相亲类节目中用声音作为第一印象,通过电波的沟通了解双方的个性;又比如在广播节目中邀请风水师、设计师作为嘉宾对听众的家居布置进行答疑。

2. 时效+实效双拳出击,紧抓移动收听人群

移动听众是近年来很多频率重点关注的听众群之一,车上收听的重度听众以男性、中青年、高学历、较高收入人群为主,听众的含金量较高。从上文的分析中也看到这类听众更关注广播生活服务类节目中的汽车服务类,特别是出行资讯类节目。以广播的交通消息这类节目来说,不仅要体现其时效性,更要突出其实用性,即听众不仅要知道现有的路况,其更深层次的需求是如何找到更快捷的行驶道路。交通消息并不是以多取胜,试想一下,在塞车途中听众已经比较烦躁的心态下,如果反复广播路况拥堵的信息是很容易引起听众的厌烦的。因此在解决听众收听需求上还需要广播频率做更多的内容和技术方面的尝试和探索。

3. 保持节目吸引力,发挥主持人感染力

在广播节目中,主持人是非常关键的一环。生活服务类节目涉及面广,部分专业化

节目又需要主持人具备相对专业的知识结构和生活阅历，但"专家型"主持人在现今的节目中并不适合，专家更多的会作为被邀请的嘉宾。作为一档生活服务类节目，主持人的服务意识至关重要，比如汽车类节目中比较专业的内容，如发动机的特点等应由专家负责解释，主持人则需要把这些难懂的内容转换成听众能直观感受到的东西，比如最佳时速、刹车的优劣等等。

4. 推动生活服务类节目的商业化运作

现在的广播生活服务类节目商业化运作有以下几类形式：其一，冠名节目。直接冠名的优点在于排他性、唯一性，但通常收听率较高的节目或者是频率主打的精品节目才会有冠名的市场，品牌也会因听众对节目的喜爱而爱屋及乌，从而形成良性循环。因此，很多频率会开发如"×××特约播出/×××提醒您"等形式的冠名方式。其二，植入式广告。植入式广告在广播中的形式没有网络、电视等媒体那么丰富，但在一些频率的节目中我们也经常能听到以某种产品为主要宣传对象但附带生活类内容的节目，这些节目以健康类节目为主。其三，定制类节目，这种方式通常是以某种品牌定制的节目内容和活动形式为主。比如以汽车品牌定制的试驾活动，以某快消品牌定制的时尚节目等。这种商业运作模式在现在的广播频率中也非常受欢迎，一方面能够为频率进一步拓展品牌影响力，另一方面通过试驾、车迷俱乐部等活动为企业主产生直接的经济效益，实现双赢。

5. 巧妙应对移动终端生活服务类应用对听众的分流

以淘宝、天气通、行讯通等为代表的生活服务类移动终端应用现在已成为许多人日常生活中必不可少的一部分。2013年，不少商业巨头和大型企业更是加大了在移动终端推出这类应用的力度。在如此态势之下，移动终端的生活服务类应用进一步分流听众，广播的生活服务类节目也面临着挑战。如何巧妙地应对这种分流，是广播生活服务类节目目前面临的重大任务之一。在未来的发展中，广播媒体已经不能再独善其身，广播人也必须走在科技发展的前端，才能使得广播媒体焕发更强的生命力。

"秀"的角色扮演
——数说广播脱口秀节目

马　超

"脱口秀"一词中的"秀"（英文为"Show"）表明这类节目的最大特色就是展示，即节目是主持人的展示，是嘉宾的展示，也是参与受众的展示，是让他们将自己的优势和特点展现给别人的节目形式。脱口秀节目对制作人员提出了更高的要求。

广播脱口秀节目最早起源于美国，到了上世纪60年代，以新闻评论为主的舆论表达成为当时脱口秀节目的主要内容。上世纪80年代，大众传媒消费呈现出明显的媒介娱乐化和文化娱乐化倾向，于是娱乐脱口秀节目大量涌现出来。现在，广播脱口秀节目已经有了丰富的内容和多种多样的形式。脱口秀节目按人数来分，可分为单口秀、双口秀和多口秀；按性别来分，有男女声单挑和男女声混搭；按节目内容来分，可分为娱乐脱口秀、新闻脱口秀、商业财经脱口秀等。从目前情况来看，我国广播脱口秀节目的发展状况较好。本文基于CSM媒介研究2013年1月至6月的收听率调查数据，通过一些优秀广播脱口秀节目的收听表现来谈谈广播脱口秀节目。

一、数说广播"脱口秀"节目风格

在广播脱口秀节目中，主持人就像在和好友聊天一样，将发生在身边的趣事、笑话娓娓道来，与听众进行情感上的互动。具体来说，广播脱口秀节目具有以下几个要素：首先，节目以谈话为主；其次，"脱口秀"一词暗含着脱口而出之意，要求主持人不预先备稿，所谈内容应具有很强的随意性；最后，主持人是整个节目的核心与灵魂，强烈的个人魅力和鲜明的个人风格是广播脱口秀节目不可或缺的要素。总体而言，广播脱口秀节目在语言特色、话题选择、表现手法等方面都有着鲜明的风格。

1. 语言特色——亲和自然、风趣幽默[①]

广播脱口秀节目所涉及的内容既可以是普通百姓中的生活话题，也可以是新闻中的社会热点话题，既可以是大型活动的主题类话题，也可以是非常个人化的话题。话题的广泛性、贴近性本身就是一种亲和力。广播节目主持人通过声音表现出来的亲和力使听众对主持人，进而对广播产生出一种亲近感，从而营造出一种轻松、愉快、自然的交谈氛围。《海阳现场秀》（原名《给力17点》）是中央人民广播电台文艺之声创办的首档直播新闻娱乐脱口秀栏目，每天下午17:00～18:00直播，该栏目将美式脱口秀与中国传统曲艺表现形式以及新闻评论有机地结合起来，以此探索新闻与娱乐节目相结合的新路径。节目以小人物视角，嬉笑中关注民生，以善意的幽默讽刺嘲解新闻热点，同时运用自嘲夸张的表达方式、脑筋急转弯式的幽默，让听众在情理之中、意料之外会心一笑。节目极具亲和力，获得了不同层面听众的广泛好评。《海阳现场秀》已经成为文艺之声的一个王牌栏目，支撑该频率傍晚的收听高峰（图1）。

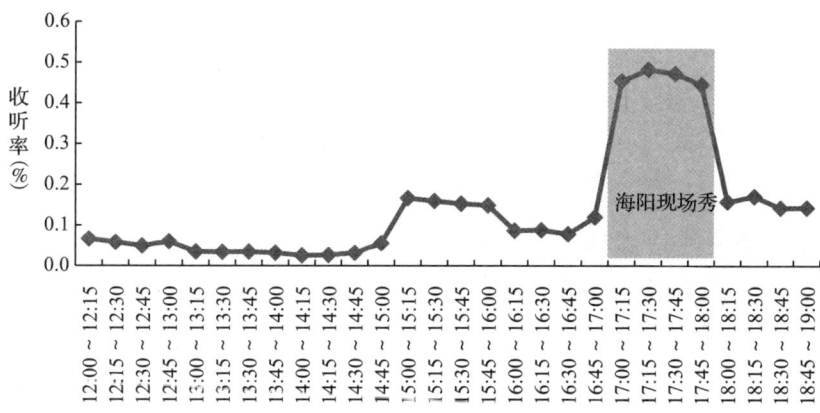

数据来源：CSM 媒介研究

图1 《海阳现场秀》听众收听率

幽默是一种意志的力量，使你从失败中找到鼓舞；幽默是一种出众的智慧，使你倍受别人的青睐；幽默是一种乐观豁达的品格，使你倍受别人的尊敬；幽默是一种宽广的胸襟，使你包容万物。如果你把握了幽默感，你就已经在事业上先胜一筹。广播脱口秀节目的幽默一般不仅仅是指滑稽可笑，而是追求审美心理的愉悦和发自内心的笑意。广播脱口秀节目主要以幽默语言作为表现元素，讽刺、戏说、调侃，还有故作正经的无厘

[①] 《脱口秀节目：另类特色彰显人文关怀》，网址：http://www.cnr.cn/zggbb/jiemu/201002/t20100210_506012688.html。

头。以常州音乐广播每天16:00~17:00时段播出的脱口秀节目《悠悠甩吧》为例,主持人悠悠以自己的视角看待周围的小快乐,从生活的点滴出发,自然延伸,无厘头的语言特色给听众留下了深刻的印象。说到天气风大的时候,会延伸到玛丽莲·梦露"裙摆飞扬"的性感撩人;说到开车,最开心的是发现油表不动;说到早起,可以遇见晨跑的帅哥等等。语言风格轻松自如,来自生活的趣闻让节目充满活力,来自收听市场的突出表现,足以证实其受欢迎的程度(图2)。

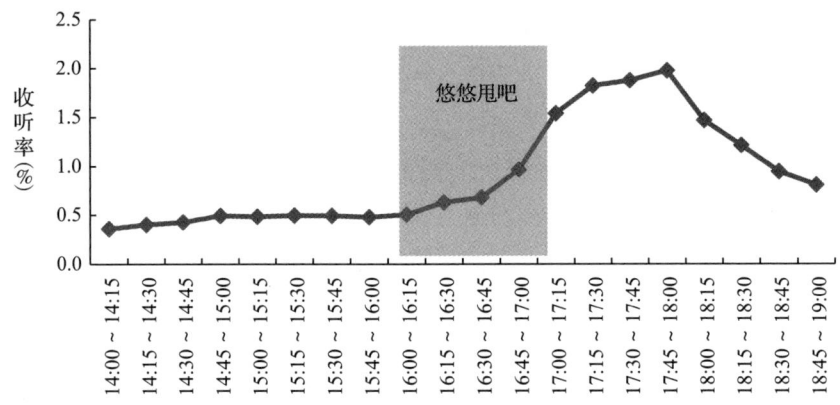

数据来源:CSM媒介研究

图2 《悠悠甩吧》听众收听率

2. 话题选择——严肃活泼、时效性强

广播脱口秀节目在话题选择上通常是以与百姓日常生活密切相关的"软新闻"为主,看人间趣事,聊新鲜话题,长生活智慧,消郁闷烦恼。即使碰上像购房、医疗、交通事故、自然灾害这样比较严肃的话题时,主持人也会用一种比较幽默的方式来解读,让听众在笑过之后有所思考。明星采访环节中所聊的话题轻松、幽默,访谈氛围自然、清新、活泼。此外,节目在话题的选择上还十分注重时效性。多元与趣味的话题使广播脱口秀节目自然会吸引听众的耳朵。

中央人民广播电台FM106.6文艺之声每日07:00~09:00播出的《快乐早点到》是一档内容涵盖百姓生活当中所见所闻所想、社会新闻、文化、短信、笑话等方方面面的纯脱口秀节目,每期话题都不同。

比如,2013年6月18日,节目以"奇葩、搞笑、夸张的口号"为话题,将生活中各种类似于"司机朋友请注意:您和汽车不同的是上帝忘了给您准备零配件"等好玩的、夸张的、恐怖的、用力过猛的标语口号和听众做了一次分享讨论;6月19日,更是以时下最为热门的"赚钱不容易"为话题,讨论城市白领生活压力等问题,极为贴近

"所谓白领,就是交完水电费以后,这个月工资等于白领"的上班一族;6 月 25 日,节目紧跟上一段时间出现的股票市场沪指大跌的问题,延伸讨论男女老少的"投资意识"。这些话题或灵活幽默,或贴近生活,或紧跟当下,均取得了较高的收听水平,话题选择的重要程度可见一斑(图 3)。

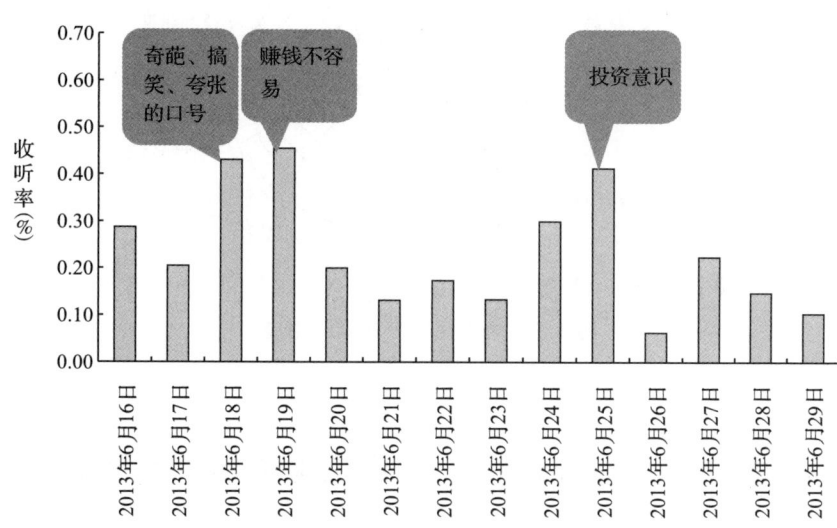

数据来源:CSM 媒介研究

图 3 《快乐早点到》分期收听率

3. 表现手法——形式多样、不拘一格

广播脱口秀节目通过多样的表现手法为听众营造出一种轻松惬意的氛围,奉献精彩纷呈的节目。

陕西人民广播电台交通广播每周一至五每晚 20:00~21:00 播出的《老冯说事》,采用话题讨论的形式,主持人和听众充分互动,利用不同观点的交锋,以另类的方式解读身边故事,从而使节目内容更为充实、丰满。最初,《老冯说事》主持人使用普通话主持节目;后来,为了能够让当地听众听得更加亲切,让主持人与听众交流得更加顺畅,《老冯说事》开始使用方言做节目,方言显示出了无可比拟的地域优越性。风趣、诙谐、幽默而不失正气,嬉笑怒骂而不失真诚成了《老冯说事》节目的特色,主持人在节目中则用记者的眼光看世界,用百姓的语言说新闻,与当地百姓打成一片。从节目的听众集中度上可见,《老冯说事》不仅受到了 65 岁及以上老年听众的喜爱,同时也受到 25~44 岁的中青年听众的青睐;另外,高学历听众也较为喜欢收听该节目(图 4)。

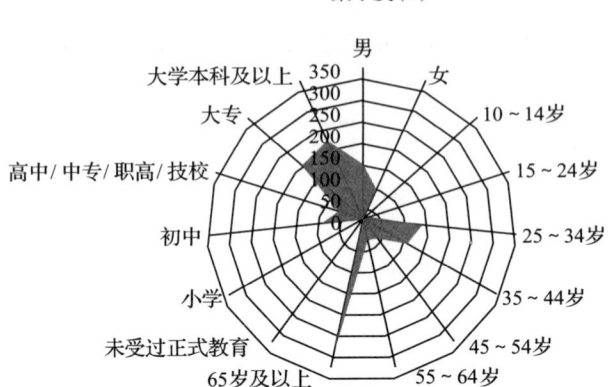

数据来源：CSM 媒介研究

图 4 《老冯说事》听众集中度

二、数说广播"脱口秀"节目成功的必要元素

1. 节目内容要与时段开机听众对位

节目话题和风格的选择关系着节目的成败，制作人员在确定话题与风格时应当充分考虑节目的功能、品位、对象、层次，考虑节目主要针对的是具有什么样特征的听众，这些听众是在什么样的时间、环境中收听节目，他们的心理状态如何等等。现在不少广播脱口秀节目办得不成功，大多是由于节目的话题和风格定位不准，没有针对特定时段听众的特征和收听状态等因素进行选取。

《嘀嘀叭叭早上好》是江苏交通广播网 FM101.1 的名牌节目，周一至周五早上 08：00～09：00 播出。"简单＋快乐＋服务"是节目的一贯宗旨，该节目风格独特，伴随性强，收听人群面广量大。其最大的特色在于颠覆了传统广播节目主持人的角色定位，他们从"主持人"降格为"对话市民"，成为市民身边的人，这档节目在话题和风格的定位方面就非常明确。从不同地点收听率走势和听众构成、集中度来看，这档开始于早晨 8 点的节目能够有针对性地为正处于上班路上、心情紧张的移动中青年群体制作节目内容，风格幽默、温馨。这档节目以轻松的音乐和话题，以及与听众的互动等为主要内容，倡导"轻松地开始一天生活"的理念，并且每隔一段时间就插播一次路况信息，使得听众上班的路途变得轻松有趣（图 5、图 6）。

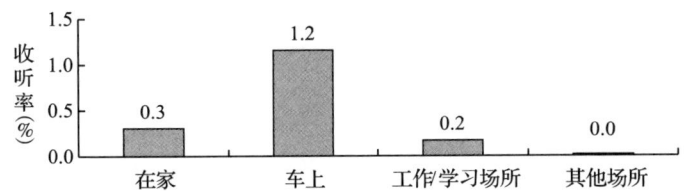

数据来源：CSM 媒介研究

图 5　《嘀嘀叭叭早上好》不同地点收听率

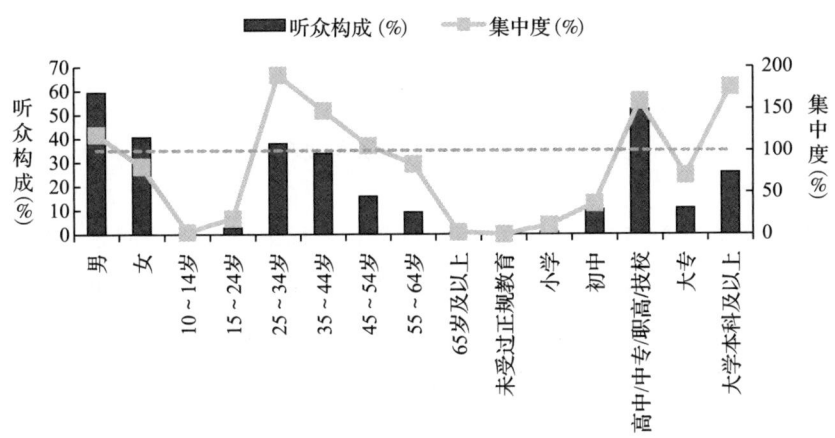

数据来源：CSM 媒介研究

图 6　《嘀嘀叭叭早上好》听众构成和集中度

2. 细节处理要得当

广播脱口秀节目的细节包括必然细节和偶然细节。必然细节主要运用在节目的开头和结尾，偶然细节则会出现在节目的任何一个坏节上。一个细节就像是一首歌曲中的一个音符，如果一个音符被唱走音了，那么整首歌曲的演唱效果都会因此大打折扣。细节成就精品，广播脱口秀节目应当注意在每一个细节上下功夫。

《越说越开心》是江苏文艺广播 FM91.4 在每天晚上 18:00~19:00 播出的一档综艺脱口秀节目，其定位是既轻松幽默，又具思考张力，充满娱乐精神，旨在为下班回家路途中的行人送去快乐。节目注重细节的处理，节目在语言上注意了南京人的语言幽默，在节目中加入了富有幽默元素的南京俚语以及南京市民一段时间内的热门语汇。正是这种适时和适量的南京方言所带来的贴近性与归属感，增加了听众与节目的互动性。从节目的听众构成和集中度上来看，无论是 35~44 岁的中青年还是 55~64 岁的中老年听众，均较喜爱收听（图 7）。

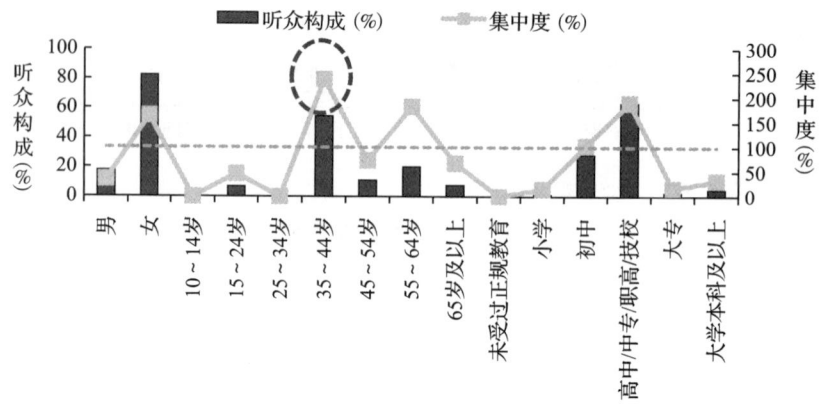

数据来源:CSM 媒介研究

图 7 《越说越开心》听众构成和集中度

就目前的广播脱口秀节目来看,许多节目都有忽视细节处理的问题,使节目听上去磕磕绊绊、不流畅。比如节目中主持人的话语和即将播放的音乐衔接不上,主持人说到兴奋处忘记了下面该说的内容而停顿等。虽然看上去这些都是小问题,但正是这些小问题影响了节目的传播效果,甚至导致了节目听众的流失。

3. 主持人要有驾驭谈话现场的能力①

广播脱口秀节目主持人驾驭谈话现场能力主要表现在"一心二用"的能力方面。所谓"一心二用"的能力就是指脱口秀节目的主持人在谈话节目中一边倾听嘉宾和听众的谈话、一边思考谈话内容和如何进行衔接的能力。这种能力集中体现了脱口秀节目主持人和其他类型节目主持人的区别。广播脱口秀节目主持人需要在倾听的同时思考话语的衔接,思考如何控制谈话的节奏,如何在恰当的地方切断嘉宾及听众的谈话,以控制全场的节奏,牵引出节目需要的东西。

广播脱口秀节目主持人应当是个性鲜明的人物,而个性又以深厚的文化内涵为前提。美国广播电视界在选拔主持人时,最看重的一般不是个人的容貌和仪表,而是学识、经验和幽默感,因为这些内在的素质不会随着时间的推移而消逝。美国的脱口秀节目听众常常会被主持人风趣的语言、个性化的表现所感染和打动,同时又深深叹服于他们学识的渊博和见解的深刻。而我国的广播脱口秀节目主持人在知识结构、社会阅历、幽默感这三方面与之相比,仍有很多欠缺和不足。

---

① 《广播"脱口秀"节目存在的问题及对策》,网址:http://qnjz.dzwww.com/gdst/200804/t20080418_3503321.htm。

曾经被温州广电集团和业界视为一种现象而进行讨论的温州广播电视传媒集团交通频率节目主持人"大铭",其主持的几档脱口秀节目《大铭的快乐时间》《大铭的幸福生活》等都因主持人信手拈来的知识和独树一帜的风格而取得不俗的收听成绩。"大铭"最可贵的地方,不是草根的愤青,而是草根的智慧。比如其主持的"大话房价"一期,他说自己是买不起房的,只能望房兴叹,可是节目的落点是只要睡得香,哪里都是床;"大话皮鞋"一期,从皮鞋谈到食品安全问题,甚至幽默地总结为"上得厅堂、下得厨房、吃得酸奶、咽得胶囊"。播音主持工作是知识吞吐量极大的工作,需要以有限的知识应对不停播出的节目。俗话说,功夫一出手,便知有没有。主持人开口谈几分钟,听众就知道主持人是不是有水平,他的节目是不是能吸引人。

2013年3月18日起,"大铭"在中央人民广播电台FM106.6文艺之声每日07:00~09:00播出的《快乐早点到》中与听众见面,从节目播出前后收听情况对比中可以看出,节目播出以后,收听率提升100.0%,市场份额提升101.5%,由此可以看出优秀主持人对于收听率水平的带动优势(图8)。

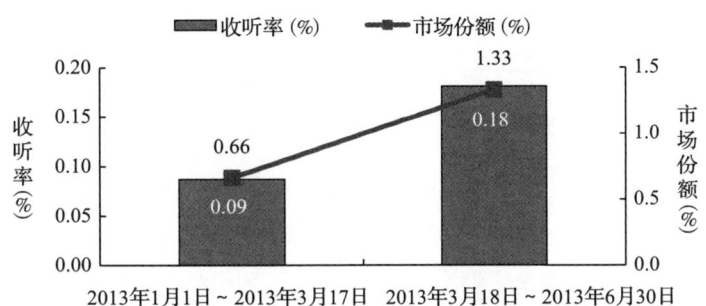

数据来源:CSM媒介研究

图8 《快乐早点到》播出前后收听对比

三、娱乐"脱口秀"节目举例

广播具备几个明显的优点:一是靠声音传达,及时性高;二是传达范围广阔,穿透性高;三是合理有效,富有感情;四是普及性高,采用比率大。要将此类优点完全展现,最基本的因素便是强调"说"的能力。无论是广播新闻,还是广播综艺,均非常讲究富有感情、直观动人,以便利用"说"的技术实现"融汇生动直观之美,引领形象想象之听"之目的,形成合理有效"像外之言"的力度,也就是"言能尽像,像能尽言"。在我国,谈话类节目的娱乐性与严肃性常常划分不清晰,由于"娱乐"非常安全,因此严谨的对话节目便更加接近"娱乐化"了,这样经过十余年的演变,一种类似于"相声"的脱口秀节目也就正式呈现在我们眼前。

在综艺节目当中,"脱口秀"节目不像其他娱乐节目那样受到多方的制约,通常主持人都是靠现场随机应变,它会因为某个主持人的技能,而有效提升此类节目的质量。主持人的技能成为此类节目能否达到目的的首要因素。主持人的知识、素养与性格也将变成此类节目十分重要的特点。在话题的选取上面,娱乐类型"脱口秀"节目具有某些特定的需求,针对娱乐类型"脱口秀"节目,轻松的话题比深沉的话题更能够激发人们的兴趣。在范围的展现方面,娱乐类型"脱口秀"节目十分注意"表演化",而新闻评论"脱口秀"节目的关键在于话题的内在质量。娱乐"脱口秀"节目的主持人一定是具备很高表演技能的人才,节目的嘉宾也必须注意其表演上面的技能。

表1 部分频率的部分娱乐"脱口秀"节目一览

地区/广播电台	节目名称	播出频率
中央人民广播电台	都市潮社会	都市之声(FM101.8)
	快乐早点到	文艺之声(FM106.6)
	海阳现场秀	文艺之声(FM106.6)
北京	欢乐正前方	北京交通广播(FM103.9)
	娱乐大篷车	北京交通广播(FM103.9)
	知道不知道	北京文艺广播(FM87.6)
	幽默集装箱	北京文艺广播(FM87.6)
河北	一听可乐	石家庄经济广播(FM100.9)
河南	越夜越动听	河南经济广播(FM103.2)
	全城娱乐 live 秀	河南人民广播电台私家车广播(FM99.9)
	陪你压马路	河南人民广播电台私家车广播(FM99.9)
	下班路上全城娱乐	河南人民广播电台私家车广播(FM99.9)
湖南	声音图书馆	湖南潇湘之声(FM93.8)
吉林	爆笑茶馆	吉林故事广播(FM103.3)
	红高粱青纱帐	吉林乡村广播(FM97.6)
江苏	越说越开心	江苏文艺广播(FM91.4)
	快乐点点	南京人民广播电台交通频率(FM102.4)
	悠悠甩吧	常州音乐广播(FM93.5)
江西	幸福味道	江西都市广播(FM106.5)
	文彦茶馆	江西农村广播(FM98.5)
山东	快乐茶餐厅	山东 iRadio 女主播电台(FM97.5)
陕西	全城闯关 High 一点	陕西交通广播(FM91.6)
四川	笑傲江湖	成都交通广播(FM91.4)

四、结语

广播作为依靠声音传达的媒体，唯有打动人们的听觉，才能实现信息的有效传达。

当前我国广播收听人群的碎片化程度加剧，如年龄结构、文化程度、收听习惯等方面的变化导致广播电台不得不面对新的挑战，不得不用更多、更新的节目演绎手法来吸引听众，由此产生了包括"脱口秀"节目在内的更多的节目类型和表现形式。对于此类广播节目来讲，一定要明确特定人群的娱乐需要，节目才具备让人喜欢的条件，才能更好地为听众服务。优秀的"脱口秀"节目基本都具备上文提到的成功元素。

当今，伴随着社会的发展和人民生活水平的不断提高，人们对艺术的追求和审美观也与以往有了较大的不同。从收听市场角度看，广播听众是个多层次、多结构的听众群，广播节目如果想获取更多的目标听众，除了要提高广播电台的技术水平，使听众能获得一个良好的听觉体验外，更为重要的还是节目的内容，节目题材和形式的选择必须要有很好的创意，优秀节目主持人的发掘和培养等也非常重要。只有具备这些综合性因素才能在传统的线性播出方式中不断给听众带来新鲜感，给听众带来期待感，才能在与新媒体融合中实现二次及多次传播。

广播收听率波峰时段及所播节目分析

王 平

传统的媒介消费,通常表现为受众在闲暇时间收听、收看以及浏览新闻资讯和娱乐内容,这些资讯或者娱乐内容是以音频、画面抑或文字的形式为受众所接收。广播媒介的消费,通常也较多地发生在受众的闲暇时间。但又不同于其他传统媒介,广播媒体作为伴随性媒体,其消费行为还可以发生在受众行进或从事其他活动的时候。广播收听不仅能明显地体现为在家的收听,还可以明显地体现为在车上的收听和在工作/学习场所的收听。广播收听率波峰时段是电台频率竞争激烈的时段,也是电台或者频率赢取收听率、广告价值最为昂贵的时段,研究收听率波峰时段及所播节目,有助于广播从业人员更好地从听众收听需求出发,制作和播出节目,也可使广播广告经营者进行更为精准的广告投放。

除非特别说明,本文分析所用数据中目标听众为10岁及以上所有广播推及人口(简称10+),时间段为全天,市场范围为2012年上半年CSM媒介研究进行收听率调查的33个城市组合,频率为所有广播频率。

一、收听率波峰因收听场所不同而多寡不同

广播媒体与电视媒体在受众的使用时间上,体现出了较好的互补性。电视媒体的收视率最高峰通常出现在晚间时段,而广播媒体的收听率高峰则较多地出现在早间时段。在一些市场,也会出现在早间、午间或晚间若干个不同时段的收听率相对高峰时段。CSM媒介研究收听率调查数据提供了"在家、车上、工作/学习场所和其他场所"4个不同收听场所的收听信息。借助这些信息,我们可以更为深入地研究广播听众在不同时间段和不同收听场所的收听行为。2011年CSM媒介研究调查的33个城市数据显示,在总共85分钟的人均日收听时间中,在家收听时间占69%,车上收听时间占20%,在工作/学习场所和其他场

所合计10%，可见"在家"和"车上"是两大主要收听场所。这里将"在家"以及收听份额相对较小的"工作/学习场所"和"其他场所"3个收听场所归类为"非车上"，并与听众在"车上"的收听数据进行比较，分析这两大收听场所收听率高于前后相邻时段的收听率波峰时段。

时间段贡献①数据显示，对于以在"在家"为主的"非车上"收听而言，全天出现07:00、12:00、18:00和20:00这4个明显的收听率波峰，广播媒体在这些波峰时段的节目播出可以丰富多样，既在早间时段播出资讯类节目，也在夜间时段安排播出谈话互动类节目。对于"车上"收听而言，全天仅出现07:00～09:00和17:00～18:00两个时段的收听率波峰，这两个收听率波峰时段为服务移动人群的广播媒体提供了宝贵的市场空间（图1）。

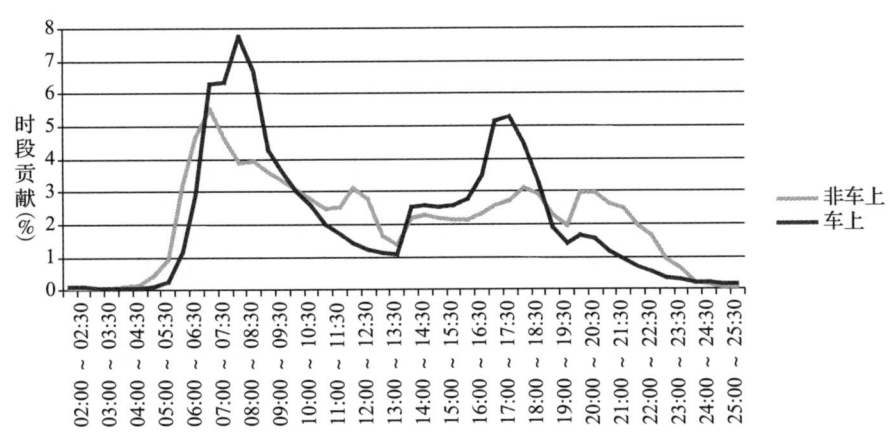

数据来源：CSM媒介研究

图1 不同收听场所的广播收听时段贡献走势

二、收听率波峰因听众不同而早晚各异

从各目标听众收听率波峰的最高峰和次高峰出现的时段来看，绝大多数目标听众的收听率最高峰出现在07:00～08:00时段，而25～44岁听众的收听率最高峰出现在08:00～09:00时段。10～14岁听众收听率波峰出现的顺序与成年人相反，其最高峰出现在18:00～19:00时段，次高峰出现在07:00～08:00时段。就收听率的次高峰而言，绝大多数听众的收听率次高峰出现在17:00～18:00下班前后的交通高峰时段，而老年听

---

① 时间段贡献% = 特定时段人均日收听分钟数/全天时段人均日收听分钟数×100%

众的次高峰则出现得更早一些,在 16:00~17:00 时段。收听率次高峰出现时间最晚的听众是 15~24 岁听众,该类听众可能是夜间娱乐和谈话互动类节目的重要听众(表1)。

表1 不同目标听众收听率各波峰时段的时间段贡献

目标听众	最高峰集中时段		波峰时段		次高峰集中时段				波峰时段
	07:00~08:00	08:00~09:00	12:00~13:00	14:00~15:00	16:00~17:00	17:00~18:00	18:00~19:00	20:00~21:00	21:00~22:00
10~14 岁	10.41	.	6.80	.	.	.	10.88	7.78	.
15~24 岁	9.40	.	6.03	4.35	.	.	7.79	8.48	.
25~34 岁	.	10.98	4.61	4.85	.	.	7.27	6.24	.
35~44 岁	.	9.94	4.96	.	.	6.99	.	5.54	.
45~54 岁	10.55	.	5.44	4.58	.	6.41	.	4.67	.
55~64 岁	12.31	.	.	4.79	.	5.56	.	3.60	.
65 岁及以上	12.17	.	4.98	.	5.27	.	.	.	3.74
小学及以下	9.87	.	5.24	5.04	.	.	6.20	4.99	.
初中	9.59	.	5.25	5.06	.	5.94	.	5.09	.
高中	10.14	.	5.30	4.89	.	6.21	.	5.36	.
大学及以上	13.00	.	4.88	3.69	.	.	7.88	5.68	.

注:非波峰时段数据没有列出,以"."表示。
数据来源:CSM 媒介研究

从不同目标听众在不同收听场所(车上和非车上)的收听率数据来看,男性听众、中青年听众(25~54 岁)、中高学历听众(高中及以上学历)和中高收入听众(月收入 2 000 元及以上)的"车上"收听率相对较高,因而可以判别这类听众是早晚交通高峰时段的主要收听力量,而从 55 岁及以上、中低收入(月收入 501~2 000 元)和低学历听众(初中及以下)的"非车上"收听率相对较高这一现象来看,这类听众会更多地出现在全天 4 个"非车上"收听率高峰时段,也会成为保证这些时段播出节目的收听率的听众力量(图2)。

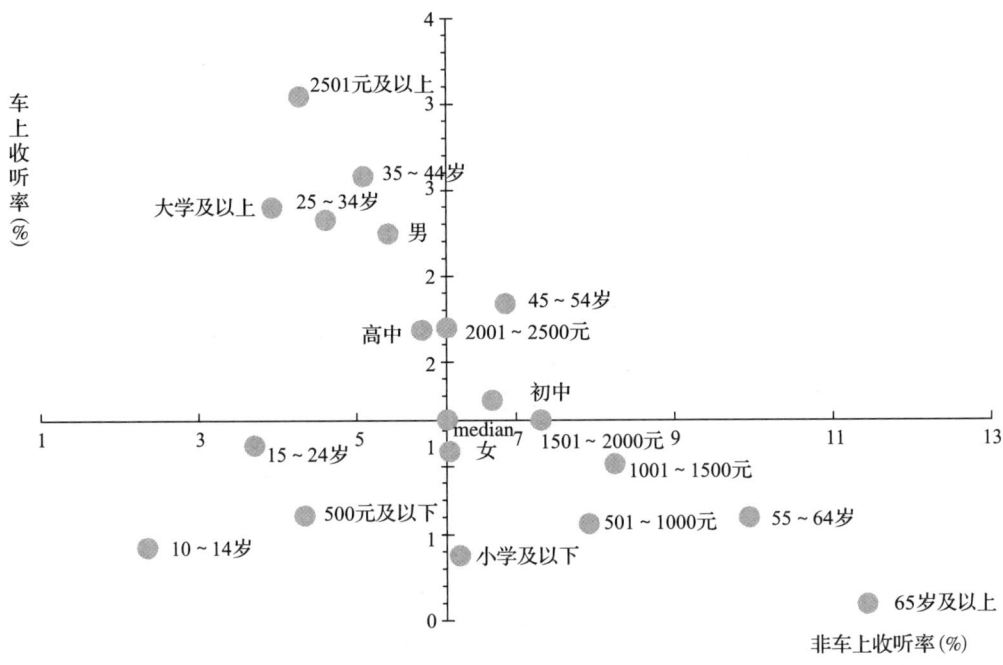

数据来源：CSM 媒介研究

图 2 不同目标听众的"车上"和"非车上"收听率（06：00～24：00）

三、收听率波峰因市场不同而分布不同

广播收听分时段收听率走势示意图（图3）显示，CSM 媒介研究 2012 年调查的 33 个城市的收听率波峰大致可分为 3 类，即收听率波峰集中于早间时段型、收听率波峰集中于早午时段型和收听率波峰集中于早晚时段型。

收听率波峰集中于早间时段的市场有上海、大连、南京、厦门、武汉、青岛、石家庄、成都、北京、天津、郑州、长沙和乌鲁木齐 13 个城市，新闻/综合和交通类广播频率或节目会在这些收听率高峰时段领先。

收听率波峰集中于早间和午间时段的市场有太原、沈阳、泉州、广州、清远、佛山和南宁 7 个城市。在这些城市中，除新闻/综合和交通类广播频率或者节目在早高峰时段领先外，会有评书连播或者谈话类节目在这些午间高峰时段领先。

收听率波峰集中于早间和晚间时段的市场有宁波、杭州、无锡、常州、长春、苏州、济南、福州、西安、合肥、重庆、深圳和哈尔滨 13 个城市。在这些市场，夜间谈话互动类节目成为另一类市场认可度较高的广播节目。

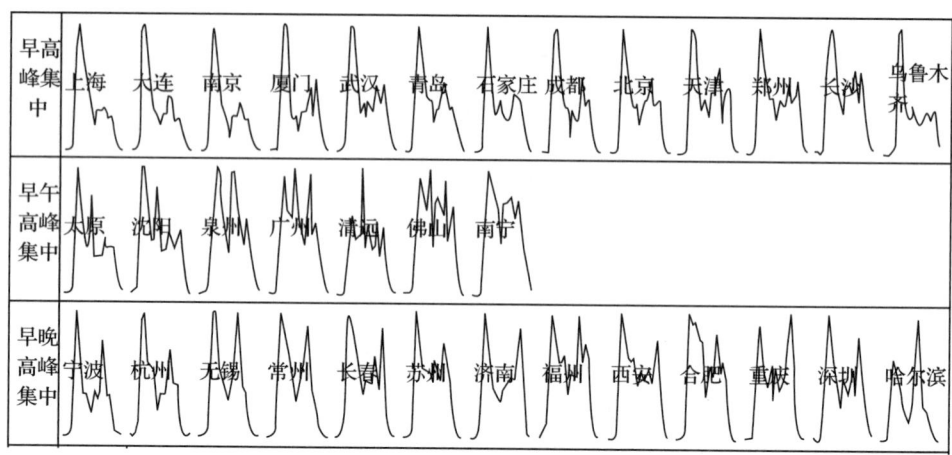

数据来源：CSM 媒介研究

图3 各城市收听率全天走势示意图

收听率波峰集中于早晚交通高峰时段的市场为新闻资讯和交通路况等节目提供了受众空间；收听率波峰集中于午间时段的市场则为服务于午休受众的节目提供了市场空间；收听率波峰时段集中于夜间时段的市场则为谈话和互动类节目提供了受众群体。

四、收听率波峰的位置与领先节目的类型高度相关

在各地总体收听率最高峰时段，收听率领先的广播频率多为新闻/综合和交通类本地广播频率，这些频率通常播出新闻资讯类节目和交通路况类节目。在石家庄、太原、合肥和成都，早高峰时段领先的广播频率则是中央台中国之声，播出的节目为《新闻纵横》。

在早高峰时段具有代表性的本地广播频率是辽宁交通广播。该频率 06:30 播出的《新闻麻辣烫》，不仅收听率较高，而且听众满意程度也相对较高。该栏目以特有的轻松、调侃方式播报社会新闻，栏目组成板块包括汇集了众多信息的"新闻快递"，反映社会民声的"提醒"和针对重点问题的"特别策划"等。在辽宁电台听众满意度调查中，该栏目被评为"老百姓最爱听最满意"的节目[①]。该栏目还参与解决了很多老百姓关注的社会问题，被医院、客运集团等单位特聘为"行风建设监督员"。

在常州、苏州和无锡3个华东城市市场的早间波峰时段，当地3个交通广播均以直

---

① 《中国广播报》，网址：http://www.cnr.cn/zggbb/jiemu/200908/t20090825_505444151.html。

播形式播报新闻资讯和路况资讯，成为早高峰时段的收听冠军。

在众多资讯类节目群星璀璨的早间波峰时段，南京和厦门是两个值得关注的市场。南京市场出现了江苏经典流行音乐广播，其播出的《阳光倾城》音乐类节目成为该时段的收听冠军。该节目主要内容包括音乐放送、交通和新闻资讯播报以及主持人讲述的趣闻轶事。江苏广播电视台广播传媒中心的评估结果显示，《阳光倾城》节目质量评估得分52.25分，名列第二；总体评估得分133.75分，名列第一[①]；该节目是一档收听率和满意度双馨的广播节目。厦门音乐广播在08:00则播出《音乐老朋友》和《古典也疯狂》，其节目形式是音乐放送、路况和资讯播报，也领先于厦门市场该高峰时段的收听竞争。

在佛山、广州和清远3个华南市场，总体收听率最高峰出现在午间时段，期间收听领先的广播频率分别是佛山台FM94.6（为新闻/综合类频率）、珠江经济广播电台和清远台FM88.7（为新闻/综合类频率）。这3个频率此时段的共同特点是播出的节目均为新闻资讯和小说连播。

全天收听率最高峰出现在晚间时段的市场是哈尔滨、福州和重庆。在哈尔滨总体收听率最高峰时段的17:30，黑龙江都市女性广播播出的《叶文有话要说》成为多年的收听率冠军。该节目以关注女性情感、婚姻生活为宗旨，集新闻性、思辨性、参与性于一体，且已输出到全国多个电台。

福州台左海之声在福州的总体收听率最高峰18:00时段处于领先地位。该频率是国内第一个全天24小时使用福州方言进行播音的广播频率，早、中、晚交通高峰时段目标受众定位为移动收听人群，其他时段定位为移动公务人群和居家收听人群，18:00播出的《下班万岁》正是定位于移动上班人群的节目。

在重庆的收听率高峰时段20:00，重庆台音乐频率以四分之一的市场份额领先，其间播出的《娱乐宣言》和《城市夜沙龙》则是一档娱乐和谈话类节目（表2）。

在各城市总体收听率次高峰时段，收听率领先的广播频率也多为交通类和新闻综合类本地广播频率，但却出现了更多的文艺、都市/生活和音乐类广播频率，次高峰时段领先频率的类别较最高峰时段更为丰富，这也说明次高峰时段听众的收听需求更具多样性。

---

① 参考网址：http://www.vojs.cn/zx/jmpg/201209/t20120905_211702.html。

表2 各城市全天中总体收听率最高峰时段及其间收听率领先的广播频率①

城市	总体收听率最高峰时段	所有频率收听率%	最高峰时段收听率领先的广播频率				
			频率名称	收听率%	市场份额%	频率类别	领先频率播出的节目主要片断②
大连	06:30~07:00	23.64	大连广播电台第一套广播新闻广播（FM103.3/AM882）	12.68	53.63	交通	转播中央台《新闻和报纸摘要》
沈阳	06:30~07:00	21.55	辽宁广播电视台交通广播（FM97.5）	4.83	22.40	交通	新闻麻辣烫+麻辣第七天
北京	07:00~07:30	18.87	北京台交通广播（FM103.9/CFM95.6）	6.74	35.74	交通	一路畅通+路况信息
常州	07:00~07:30	20.99	常州台交通文艺频率（FM90）	4.79	22.81	交通	直播常州
济南	07:00~07:30	18.37	济南新闻广播（FM106.6/AM1053）	5.70	31.03	新闻	济南新闻+泉城多媒体
南京	07:00~07:30	21.77	江苏经典流行音乐广播（FM97.5）	3.53	16.19	音乐	阳光倾城+假日经典
宁波	07:00~07:30	13.63	宁波电台宁波之声新闻广播（FM92.0 AM1323）	3.93	28.86	新闻	宁广早新闻
青岛	07:00~07:30	18.63	青岛交通广播（FM89.7/AM900）	6.42	34.46	交通	动感青岛（上午版）
上海	07:00~07:30	18.22	上海台（AM990/FM93.4）	8.41	46.19	新闻	天气预报+990早新闻
苏州	07:00~07:30	20.69	苏州交通广播（FM104.8）	7.03	33.96	交通	直播苏州
天津	07:00~07:30	24.44	天津台交通广播（FM106.8）	7.78	31.83	交通	新闻早班车
无锡	07:00~07:30	13.47	无锡广播电视台交通频率（FM106.9）	2.92	21.70	交通	直播无锡
武汉	07:00~07:30	11.50	武汉广播电视总台新闻综合广播（AM873/FM88.4）	2.72	23.66	新闻	武汉新闻
西安	07:00~07:30	18.91	西安新闻广播（AM810/FM90.4）	3.70	19.59	新闻	西广早新闻

① 本表所列各频率播出节目信息来自各电台官方网站和其他相关网站，未经相关电台核实，可能与实际播出情况不完全相符。

② 此处所列节目，其完整的开始和结束时间可能超越所列高峰时段或仅是该高峰时段的一部分，下文次高峰时段情况亦相同。

续表

城市	总体收听率最高峰时段	所有频率收听率%	最高峰时段收听率领先的广播频率				
			频率名称	收听率%	市场份额%	频率类别	领先频率播出的节目主要片断
长春	07:00~07:30	12.63	长春交通之声广播电台（FM96.8）	5.68	45.00	交通	968新闻早高峰
杭州	07:00~07:30	23.20	浙江之声（FM88/FM101.6/AM810）	4.93	21.26	新闻	浙广早新闻
郑州	07:00~07:30	12.36	郑州台新闻广播（AM549/FM98.6）	2.64	21.40	新闻	549早新闻
石家庄	07:00~07:30	17.32	中央人民广播电台第一套节目中国之声（FM106.1）	4.37	25.25	新闻	新闻纵横
太原	07:00~07:30	15.82	中央人民广播电台第一套节目中国之声（FM106.1）	3.26	20.61	新闻	新闻纵横
合肥	07:00~07:30	13.60	中央人民广播电台第一套节目中国之声（FM106.1）	4.40	32.34	新闻	新闻纵横
成都	07:00~07:30	13.40	中央人民广播电台第一套节目中国之声（FM106.1）	4.03	30.08	新闻	新闻纵横
南宁	08:00~08:30	5.28	广西电台交通广播（FM100.3）	0.85	16.03	交通	路况先锋+一路领先
长沙	08:00~08:30	8.40	湖南台交通频道（FM91.8/FM100.3）	3.00	35.78	交通	新闻早班车+路况信息
厦门	08:00~08:30	11.57	厦门音乐广播（FM90.9）	3.81	32.91	音乐	音乐老朋友+古典也疯狂
深圳	08:00~08:30	11.42	深圳广播电台交通频率（FM106.2）	4.12	36.04	交通	深圳早班车
泉州	08:30~09:00	7.22	泉州台904交通之声（FM90.4）	1.40	19.40	交通	欢乐Morning Call+音乐第七天
乌鲁木齐	09:00~09:30	24.27	新疆台949交通广播（FM94.9）	4.91	20.25	交通	开心路路通
佛山	12:00~12:30	13.99	佛山台（FM94.6）	2.79	19.93	新闻	讲古台
广州	12:00~12:30	7.94	广东电台珠江经济广播电台（E FM财富974）	1.49	18.77	财经	小说连播+民生热线
清远	12:00~12:30	11.97	清远台（FM88.7）	5.65	47.16	新闻	午间新闻+小说连播

续表

城市	总体收听率最高峰时段	所有频率收听率%	最高峰时段收听率领先的广播频率				
			频率名称	收听率%	市场份额%	频率类别	领先频率播出的节目主要片断
哈尔滨	17:00~17:30	32.42	黑龙江都市女性广播（FM102.1）	22.68	69.97	都市/生活	叶文有话要说
福州	18:00~18:30	9.81	福州台左海之声（FM90.1）	1.32	13.49	都市/生活	下班万岁（福州方言节目）
重庆	20:00~20:30	10.69	重庆台音乐频率（FM88.1）	2.73	25.56	音乐	娱乐宣言+城市夜沙龙

数据来源：CSM媒介研究

除交通晚高峰时段的路况资讯节目外，次高峰时段较多的节目类型是谈话互动类节目，如辽宁台文艺广播12:00次高峰时段播出的《叶文有话要说》、吉林台新闻综合广播20:30播出的《晓声长谈》、陕西台都市广播21:30播出的《秦岭夜话》、济南新闻广播在22:00播出的《金山夜话》和郑州台新闻广播在22:30播出的《今夜不寂寞》。值得注意的是，《叶文有话要说》是一档不仅在本地市场哈尔滨雄踞全天收视率最高峰时段，而且在外地的沈阳市场也引领了收视率次高峰时段的谈话类节目，成为谈话类节目输出外地市场的成功典范（表3）。

表3　各城市全天中总体收听率次高峰时段及其间收听率领先的广播频率

城市	总体收听率最高峰时段	所有频率收听率%	次高峰时段收听率领先频率				
			频率名称	收听率%	市场份额%	频率类别	领先频率播出的节目主要片断
哈尔滨	07:00~07:30	22.20	黑龙江交通广播（FM99.8）	5.14	23.13	交通	资讯早车
福州	07:00~07:30	9.79	中央人民广播电台第一套节目中国之声（FM106.1）	1.75	17.92	新闻/综合	新闻纵横
重庆	08:00~08:30	10.42	重庆广播交通频率（FM95.5）	3.43	32.89	交通	资讯早班车
广州	08:00~08:30	7.42	广东电台羊城交通广播台（FM105.2）	1.51	20.30	交通	朝朝早，精神好
沈阳	12:00~12:30	17.71	辽宁广播电视台文艺广播（FM95.9/FM101.8）	5.21	29.43	文艺	叶文有话要说

续表

城市	总体收听率最高峰时段	所有频率收听率%	次高峰时段收听率领先频率				
			频率名称	收听率%	市场份额%	频率类别	领先频率播出的节目主要片断
太原	12:30~13:00	12.90	山西文艺广播（FM101.5）	2.47	19.11	文艺	石头记+吉祥鸟
乌鲁木齐	14:00~14:30	9.05	新疆台102.8故事广播（FM102.8）	2.31	25.50	文艺	武侠客栈
泉州	15:00~15:30	7.02	泉州台904交通之声（FM90.4）	3.26	46.48	交通	欢喜就好（闽南语）
大连	16:30~17:00	10.01	辽宁广播电视台资讯广播（FM90.6）	3.43	34.25	都市/生活	天气与资讯+动感星海湾
苏州	17:00~17:30	15.32	苏州交通广播（FM104.8）	4.71	30.77	交通	高峰五六点
无锡	17:00~17:30	12.57	无锡广播电视台交通频率（FM106.9）	3.30	26.25	交通	新闻新鲜报+欢乐直通车
青岛	17:30~18:00	9.99	青岛交通广播（FM89.7/AM900）	4.35	43.53	交通	动感青岛（下午版）
常州	17:30~18:00	17.55	常州台交通文艺频率（FM90）	3.48	19.84	交通	一路畅通
宁波	17:30~18:00	10.36	宁波电台都市生活广播（FM102.9/AM747）	1.49	14.42	都市/生活	生活在宁波+绝对美食
武汉	17:30~18:00	5.62	楚天交通广播（FM92.7）	1.42	25.20	交通	全省高速公路天气路况
天津	18:00~18:30	17.42	天津台相声广播（AM567/FM92.1）	5.60	32.14	文艺	满不懂和假行家
北京	18:00~18:30	11.25	北京台交通广播（FM103.9/CFM95.6）	4.32	38.37	交通	一路畅通晚间版3
佛山	18:00~18:30	12.24	佛山台（FM94.6）	2.87	23.46	新闻/综合	傍晚新闻快线
清远	18:00~18:30	6.63	清远台（FM88.7）	2.64	39.89	新闻/综合	食指大动
杭州	18:00~18:30	14.36	汽车电台105.4西湖之声（FM105.4）	2.08	14.47	交通	新闻进行时
长沙	18:00~18:30	6.12	湖南台交通频道（FM91.8/FM100.3）	1.92	31.29	交通	平安小精灵+车行路路通
合肥	18:00~18:30	10.54	合肥故事广播（FM98.8）	1.46	13.85	文艺	胡小图闯江湖
成都	18:00~18:30	7.92	四川台新闻频率（FM98.1/AM1116）	1.33	16.73	新闻/综合	今日新闻快递

续表

城市	总体收听率最高峰时段	所有频率收听率%	次高峰时段收听率领先频率				
			频率名称	收听率%	市场份额%	频率类别	领先频率播出的节目主要片断
上海	18:00~18:30	6.20	上海流行音乐广播动感101（FM101.7）	1.29	20.71	音乐	101娱乐在线+
南京	18:00~18:30	8.43	江苏新闻广播（FM93.7）	1.14	13.51	新闻/综合	晚间新闻时空
石家庄	18:00~18:30	7.97	石家庄广播电视台交通广播（FM94.6）	1.08	13.58	交通	交通晚班车
南宁	18:00~18:30	4.23	广西电台教育生活广播私家车930（FM93.0）	0.84	19.86	交通	边走边唱
深圳	20:00~20:30	9.11	深圳广播电台音乐频率（FM97.1）	2.39	26.23	音乐	亲爱的相亲们
长春	20:30~21:00	10.26	吉林台新闻综合广播（FM91.6/AM738）	5.81	56.64	新闻/综合	晓声长谈
厦门	20:30~21:00	6.31	厦门音乐广播（FM90.9）	1.62	25.66	音乐	中国歌曲排行榜
济南	21:30~22:00	17.44	济南新闻广播（FM106.6/AM1053）	7.42	42.54	新闻/综合	金山夜话
西安	21:30~22:00	14.35	陕西广播电视台都市广播（FM101.8/AM1008）	2.65	18.43	都市/生活	秦岭夜话
郑州	22:30~23:00	7.58	郑州台新闻广播（AM549/FM98.6）	4.50	59.32	新闻/综合	今夜不寂寞

数据来源：CSM媒介研究

五、结语

通过上面的分析可以看到，全天时段内会出现4个明显的"非车上"收听率波峰，而仅出现两个明显的"车上"收听率波峰，说明"非车上"收听率波峰的出现更为频繁和分散，而"车上"收听率波峰的出现更为集中。造就"非车上"收听率波峰的广播听众用于广播收听的闲暇时间较为充裕和分散，而造就"车上"收听率波峰时段的听众用于收听广播的闲暇时间则更为有限和集中。因此，对于"车上"收听率波峰时段的听众，广播媒体安排播出的节目应该是节奏快、信息量大的新闻资讯类节目，而对于"非车上"收听率波峰时段的听众，广播电台则可以更多地播出节奏相对缓慢、内容更为详尽的专题类节目、文艺类节目。从听众的年龄段来看，老年听众收听率波峰出现的时段较非老年听众更为提前。波峰时段收听率领先的节目多数为交通高峰时段的新闻资讯、路况信息等节目。早晚最高峰时段，中青年听众及移动听众收听率较高，而在非交通高峰的次高峰时段，收听率领先的节目中出现了更多的评书连播、谈话互动类节目。最高峰时段的节目类型相对单一，以信息资讯为主，而午间和夜间次高峰时段的节目类型则更为多样。成功的谈话互动类节目不仅能引领本地收听市场，在输出到外地市场时，也能创造较高的收听率。

重大体育赛事期间广播市场动态浅析
——以伦敦奥运会为例

顾颖华

北京时间 2012 年 7 月 28 日凌晨,奥运圣火在伦敦斯特拉特福德奥林匹克体育场点燃,也拉开了广播媒体奥运节目热播的序幕。体育频率当仁不让,新闻综合频率、音乐频率等也不甘落后,纷纷推出了奥运相关节目,争夺受众市场。本文主要利用 CSM 媒介研究进行收听率连续调查城市的数据,简要回顾 2012 年伦敦奥运期间[①]广播市场情况。

一、奥运期间广播收听整体表现

1. 奥运期间广播媒体不温不火

2012 年伦敦奥运期间,广播媒体的人均每日收听时长(79 分钟)与 2012 年上半年人均每日收听时长(80 分钟)相比,基本持平。相比 2008 年北京奥运[②],2012 年伦敦奥运对广播媒体收听总量的影响更小。

相比电视媒体通过图像和声音能够直击赛场的点滴,广播媒体则通过声音来向听众传达赛事以及点评运动员表现,表现力不如电视媒体。伦敦奥运会的赛事主要集中在北京时间的晚间和深夜时段,这时听众已经下班回到家中,可以在电视机上直接收看奥运赛事,广播的户外收听优势没有得到体现。相对于电视媒体人均收视时长的明显增长[③],广播媒体在奥运期间总体表现不温不火(图 1)。

[①] 如无特殊说明,本文中的"奥运期间"指 2012 年 7 月 28 日~8 月 13 日。
[②] 北京奥运指 2008 年 8 月 8 日~8 月 24 日。
[③] 如无特殊说明,第一部分收视数据基于 71 城市组数据,目标观众为 4+电视人口,其中 2008 年数据使用 64 城市组数据。

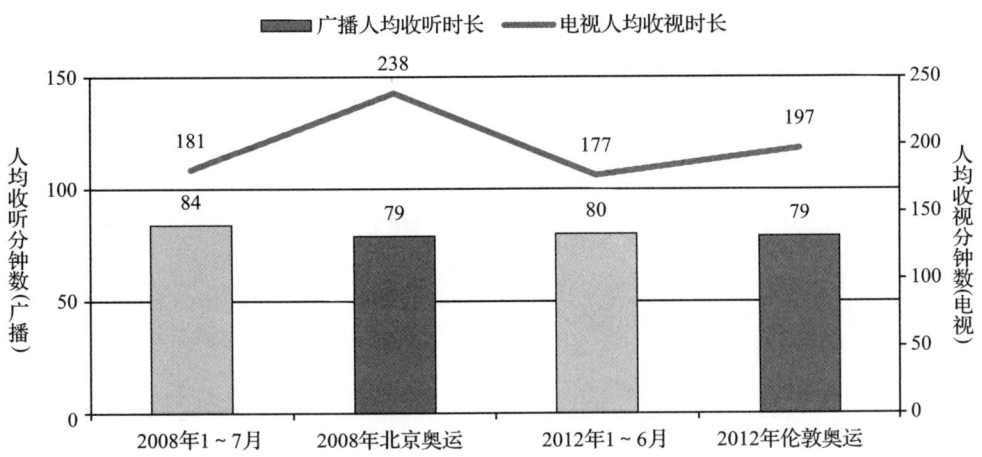

数据来源：CSM 媒介研究

图 1　全国广播连续调查城市人均收听时长及全国 71 城市电视观众人均收视时长

2. 在电视媒体收视出现明显增量的时段，广播收听变化不明显

本届奥运会由于时差因素，赛事直播集中在北京时间的傍晚至凌晨时段。电视媒体收视增量最大的时段是在 21：00 至凌晨 02：00 以及白天的 08：00 至傍晚 18：00，这两个时段分别是赛事直播的时段和白天赛事重播的时段。而在电视媒体收视出现明显增量的时段，广播媒体的全天收听曲线与上半年相比变化并不明显，走势基本吻合（图 2）。

无论是广播媒体还是电视媒体，奥运赛事并没有颠覆人们日常的收听/收视习惯，凌晨赛事直播密集时段并没有带来明显的收听率/收视率的提升，而白天的非赛事直播时段反而是电视收视增量最明显的时段。

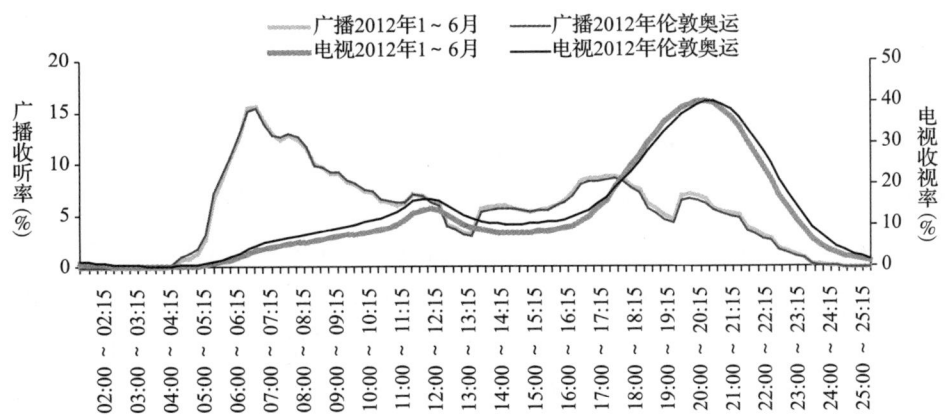

数据来源：CSM 媒介研究

图 2　全国广播连续调查城市全天收听走势及全国 71 城市全天收视走势

二、体育广播频率和体育节目的播出及收听情况

1. 广播体育节目播出量骤升,收听总量同步增长

2012年伦敦奥运期间,在北京、上海、广州、深圳4地监测到的节目中,广播体育节目播出量上升较为明显,占全天节目播出总量的比重增长幅度都超过了1倍。其中又以北京地区的播出比重为最高,全天体育节目播出比重突破7%;深圳地区播出比重涨幅最明显,从原先的1.5%提高至4.5%,提高了两倍(图3)。

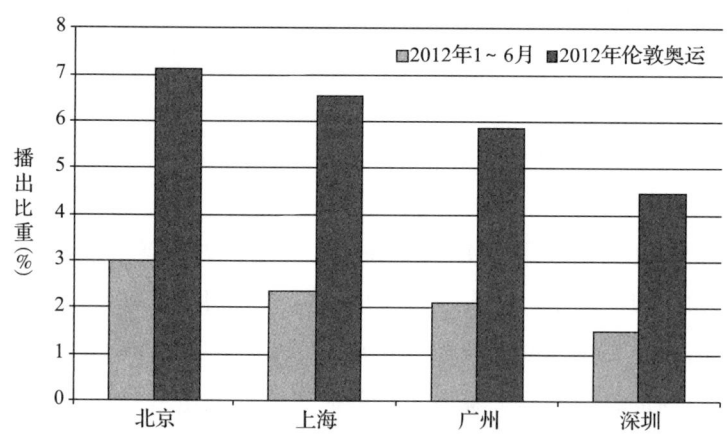

数据来源:CSM媒介研究

图3 北京、上海、广播、深圳4地体育节目播出比重

随着体育节目播出总量的上升,体育节目的收听比重也呈现出同步增长的态势。其中北京地区以5.5%的收听比重居4地之首;其次是广州、深圳;上升最快的是广州地区,涨幅达到173%(图4)。

2. 体育广播频率市场份额增加明显,但未改变收听市场格局

在2012年伦敦奥运期间体育节目的播出热潮中,体育广播频率当仁不让,纷纷推出了打破日常节目框架的大板块报道,并成为奥运期间市场份额涨幅最明显的专业广播频率。伦敦奥运期间,体育广播频率的市场份额从2012年上半年的1.32%提升至1.76%,涨幅达33.3%。同样出现市场份额增长的还有经济广播频率、音乐广播频率和新闻综合广播频率,而都市生活广播频率、文艺广播频率、交通广播频率市场份额则有不同程度的下滑(图5)。

伦敦奥运期间,各地主要体育广播频率在当地的市场份额及排名都有不同程度的增

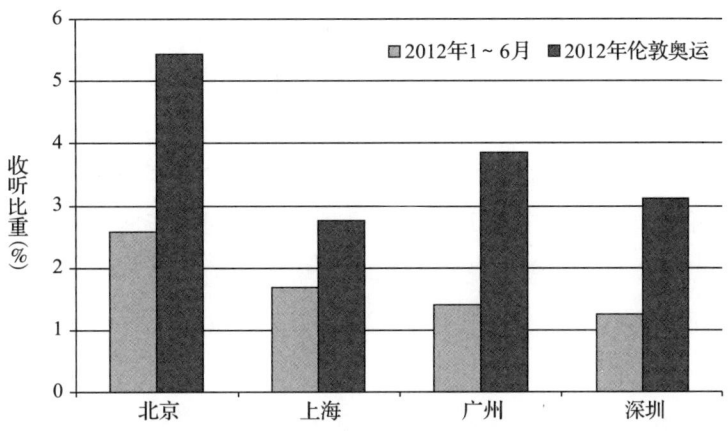

数据来源：CSM 媒介研究

图 4　北京、上海、广播、深圳 4 地体育节目收听比重

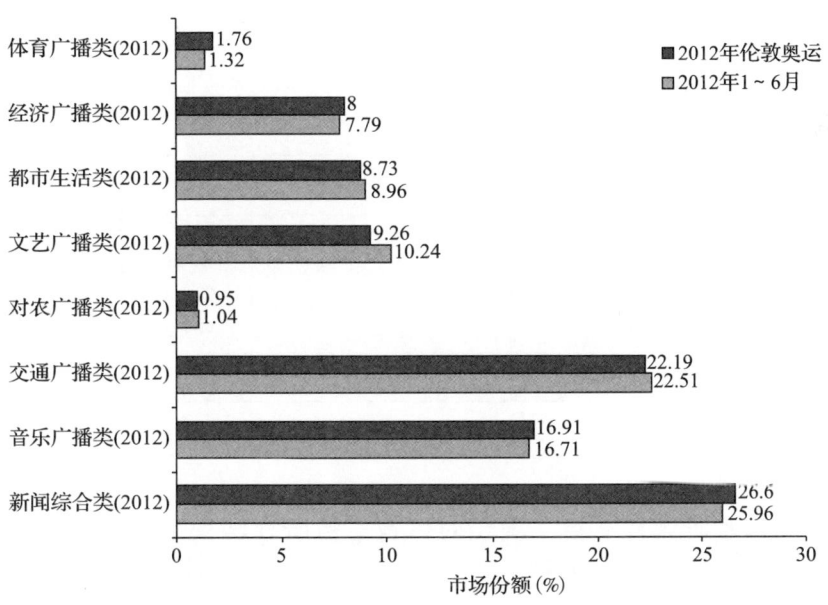

数据来源：CSM 媒介研究

图 5　全国连续调查城市各类专业频率的市场份额

长和上浮。其中，大连人民广播电台第三套广播体育广播在当地的竞争力较强，2012 年上半年平均市场份额排名进入前五，在伦敦奥运期间，该频率市场份额涨幅达 31%，排名维持不变；在当地进入前 10 的还有北京人民广播电台体育广播，2012 年上半年，该频率以 4.4% 的市场份额位居第七，奥运期间市场份额增长至 5.4%，排名上升两位；南京体育广播和上海五星体育广播在当地的排名都在奥运期间提升至前10位,市场份额的上升幅度超过50%;广东电台文体广播在广州地区的涨幅居首,突破了100%,排名则从原来的第十九位上升至第十四位;山东广播体育休闲频道排名从第十六位升至第十五位(表1)。

体育广播频率可以说是奥运期间广播媒体市场的最大赢家之一,不过市场份额的增长和排名的上升并没有改换原来的市场竞争格局。在全国,新闻综合广播频率、交通广播频率和音乐广播频率仍然以较大优势占据市场份额的前3位,而在各地市场,体育广播频率的排名变化相对来说也不大,上浮大都限于3个位次以内。

表1 几个城市主要体育广播频率市场份额及在当地排名情况

城市	频率	2012年1~6月平均		2012伦敦奥运期间		市场份额升幅%
		市场份额%	当地排名	市场份额%	当地排名	
北京	北京人民广播电台体育广播(FM102.5)	4.40	7	5.44	5	23.64
大连	大连人民广播电台第三套广播体育广播(FM105.7)	7.56	4	9.90	4	30.95
广州	广东电台文体广播(FM107.7)	0.44	19	0.97	14	120.45
济南	山东广播体育休闲频道(FM102.1)	1.14	16	1.51	15	32.46
南京	南京体育广播(FM104.3)	3.19	12	4.79	9	50.16
上海	上海五星体育广播(FM94)	1.73	12	2.68	9	54.91

数据来源:CSM媒介研究

3. 男性热衷收听体育节目,奥运对体育节目听众结构影响不大

作为一项全民盛事,奥运对体育节目的收听总量有一定的带动,而对听众结构的影响不大。不论是奥运期间还是非奥运期间,男性听众都是广播体育节目的热衷者,在听众中约占七成,女性约占三成。在奥运期间女性听众比例略有上升,不过幅度较小(图6)。

从年龄来看,体育节目的听众以15~54岁为主,在奥运期间15~24周岁的年轻听众比例略有下滑,而45岁以上中老年听众比例略有上升。从教育程度来看,奥运期间初中和高中学历的人群在体育节目的听众中比例有所上升,大学及以上高学历听众比例出现下滑。

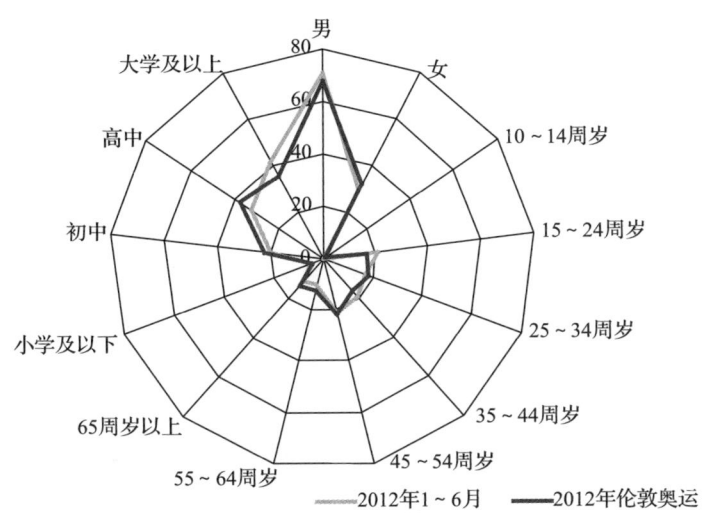

数据来源：CSM 媒介研究

图 6　北京、上海、广州、深圳 4 地整体的体育节目听众构成（%）

三、各地方电台奥运期间播出与收听表现

1. 奥运资讯快报节目"多频快"，而赛事转播较少

奥运是全民的体育盛会，也是媒体的盛会，更是体育类专业频道、频率的盛会。体育类电视频道由于赛事转播权等因素，相比其他频道来说优势比较明显；而体育专业广播频率的优势却并不那么明显，因为奥运并非是体育频率的专利，新闻综合频率、音乐频率、交通频率也纷纷推出了针对奥运节目的编排，除了奥运赛事的转播涉及较少外，金牌榜、特别报道等节目大量涌现。这类节目素材丰富、成本低廉、制作简单，几乎没有门槛，而且可以发挥广播伴随性收听的优势。

除了大量的奥运资讯快报节目以外，常规栏目也在不少频率播出，从几分钟至几十分钟不等，一般以一天一至两档为多，或播报或谈论，形式也比较多样。有许多节目都是在原来常规节目基础上的"变脸"，以奥运元素为主题，以娱听众，如上海五星体育广播的《奥运王小毛聊体育》。

在伦敦奥运期间，也有少数频率制作了一期或数期的特别节目，多集中在奥运开幕和闭幕当天播出。上海五星体育广播别出心裁地在 8 月 13 日闭幕式当天制作了多档《奥运之星》，向听众一一介绍本届奥运中表现出色的体育健儿。中央人民广播电台中国之声则筹划了三档《中国之声大型全民奥运竞技》，让听众在收听收看奥运节目之余，也有机会去节目现场一展身手。此外，还有音乐频率穿插播出奥运音乐来迎合听众的不同口味。

而奥运赛事的转播集中在少数频率，中央台由中国之声主力播出，北京台由北京体育广播播出，上海电台由东广新闻台和五星体育广播两个主要播出平台播出，广东电台由城市之声播出赛事（表2）。

表2　北京、上海、广州、深圳4地奥运相关体育节目播出情况①

类型	节目名称	播出频率	播出时间	播出时长
赛事转播	奥运特别直播	中央人民广播电台第一套节目中国之声（FM106.1）	不定	不定
	第30届奥运会特别节目	北京人民广播电台体育广播（FM102.5）	全天大板块放送	—
	奥运赛事	东广新闻台（AM1296/FM90.9）	不定	不定
	奥运赛事	上海五星体育广播（FM94）	不定	不定
	激情伦敦同步奥运	广东电台城市之声SUN FM爱车1036（FM103.6）	19:00	180分钟
特别节目	中国之声大型全民奥运竞技	中央人民广播电台第一套节目中国之声（FM106.1）	7月31日、8月4日、8月8日 10:00	60分钟
	世界纵览奥运特别节目	北京广播电台新闻广播（FM100.6/AM828/CFM90.4）	8月11日 21:20	30分钟
	2012伦敦奥运会闭幕式特别节目	东广新闻台（AM1296/FM90.9）	8月13日 02:00	120分钟
	2012伦敦奥运会特别报道		7月28～29日 22:00	60～240分钟
	奥运特别直播		7月28日 02:00	90分钟
	奥运之星	上海五星体育广播（FM94）	8月13日 多档	2分钟
	2012伦敦奥运会特别节目		7月28日 24:00	60分钟
	奥运特别节目	广东电台羊城交通广播台（FM105.2）	8月12日 10:00	100分钟
	奥运前哨站	广东电台音乐之声（FM99.3）	7月28～29日 08:00	120分钟
	第一资讯奥运特别节目	广东电台珠江经济广播电台（FM97.4）	8月12～13日 07:30	25分钟
	1061奥运来啦	深圳私家车广播 I Radio（FM94.2）	7月29日 17:00	120分钟

① 筛选条件：伦敦奥运期间（2012年7月28日~2012年8月13日）节目名称中含有"奥运"的节目。

续表

类型	节目名称	播出频率	播出时间	播出时长
栏目	伦敦奥运会特别节目	中国国际广播电台环球资讯广播（FM107.1）	21:07	100分钟
	HIT THE ROAD 奥运周特别节目	中国国际广播电台劲曲调频（CRI HIT FM）	周日12:00	120分钟
	奥运面对面	北京广播电台新闻广播（FM100.6/AM828/CFM90.4）	14:00档、20:00档	35分钟
	天天看奥运		17:00档、23:00档	60分钟
	喜鹊登枝奥运特别节目	北京人民广播电台体育广播（FM102.5）	12:00	60分钟
	奥运嘉年华		11:00档、15:00档	45分钟
	奥运茶馆		夜间不定	25分钟
	奥运风云榜	东广新闻台（AM1296/FM90.9）	21:00	60分钟
	奥运王小毛聊体育	上海五星体育广播（FM94）	17:30	60分钟
	非常奥运会		20:00	200分钟左右
	决战伦敦奥运晚间报道		19:00	60分钟
	决战伦敦奥运早间报道		07:00档、09:00档	30~40分钟
	奥运第一线	广东电台城市之声 SUN FM 爱车1036（FM103.6）	07:30	30分钟
	奥运尖峰时刻	广东电台文体广播（FM107.7）	19:30	60分钟
	奥运围观@微观		11:00	60分钟
	奥运早晨		07:30	90分钟
	2012伦敦奥运会特别报道	广东电台新闻台新闻频道（FM91.4/AM648）	07:30	20分钟
	美丽说奥运		17:30	60分钟
	1052奥运欢乐帮	广东电台羊城交通广播台（FM105.2）	周日10:10	100分钟
	奥运第一线		07:30	30分钟
	伦敦奥运会特别节目	广东电台珠江经济广播电台（FM97.4）	22:05	50分钟
	听奥运		14:00	2分钟
	奥运新势力	广州电台金曲1027汽车音乐广播（FM102.7）	16:33	20分钟
	奥运在线	广州新闻电台（FM96.2）	18:30左右	不定

续表

类型	节目名称	播出频率	播出时间	播出时长
快讯	奥运金牌榜	中央人民广播电台第一套节目中国之声（FM106.1）	滚动	1分钟
	奥运金牌榜	北京人民广播电台体育广播（FM102.5）	滚动	1分钟
	奥运快报		一天三档	6分钟
	1036奥运快讯	广东电台城市之声 SUN FM 爱车1036（FM103.6）	滚动	1分钟
	奥运金牌榜		滚动	20秒
	伦敦奥运激情时刻		滚动	1分钟
	奥运传奇	广东电台文体广播 SING RADIO 至爱1077（FM107.7）	滚动	1分钟
	至爱奥运男人帮		滚动	2分钟
	2012伦敦奥运金牌榜	广东电台新闻台新闻频道（FM91.4/AM648）	滚动	1分钟
	1052伦敦奥运金牌时刻	广东电台羊城交通广播台（FM105.2）	晚间不定	多为2分钟
	1052伦敦奥运快讯		晚间不定	1分钟
	奥运993	广东电台音乐之声（FM99.3）	19:00	2分钟
	奥运美声		每天四档	2分钟
	1027奥运加油国	广州电台金曲1027汽车音乐广播（FM102.7）	滚动	1分钟
	1027伦敦奥运金牌榜		滚动	1分钟
	1027伦敦奥运展望台		滚动	1分钟
	奥运快报		滚动	1分钟
	跟伦敦奥约定现场同声同气		滚动	1分钟
	1061奥运金牌榜	广州交通电台（FM106.1）	滚动	1分钟
	1061奥运快报		滚动	1分钟
	1061奥运来啦		滚动	1分钟
	奥运经典旋律		滚动	1分钟
	奥运好声音	广州新闻电台（FM96.2）	16:05	2分钟
	奥运快报		滚动	1分钟
	伦敦奥运大看点	深圳广播电台新闻频率（FM89.8）	滚动	2分钟
	先锋奥运赛场		不定	不定

数据来源：央视市场研究（CTR）北京、上海、广播、深圳广播节目监测数据

2. 北京体育广播奥运节目密集播出，利用微博提升影响力

对于以体育节目为主的北京体育广播来说，伦敦奥运是继北京奥运以后该频率迎来的又一场重头戏。为了唱好这场重头戏，北京电台多管齐下，组建了一个19人团队前往伦敦采访报道奥运，在北京则设置了20多人的报道团队承担全天的奥运节目制作播出工作；搭建伦敦直播间，每天制作播出两档总长约3.5小时的直播节目《龙腾不列颠》；与北京广播网展开密切合作，开设《播播会客厅——奥运凉茶》《播播探奥运》《RBC在伦敦》等栏目，对奥运健儿、赛场内外花絮、志愿者及伦敦风貌，进行快速及时的报道，同时充分利用微博等流行的网络形式，提升记者、编辑、主持人在网络平台的影响力，拉动北京电台奥运报道的网络关注度。

奥运节目全天密集播出，频率收听率在多个时段上升，其中上升最为明显的时段是在早晨07:00~08:00和傍晚17:00~20:00。下午14:00~18:00虽然没有奥运节目的播出，但收听率同样获得了一定幅度的提升，说明奥运节目的密集播出对整个频率平台的影响有一定的提升作用（图7）。

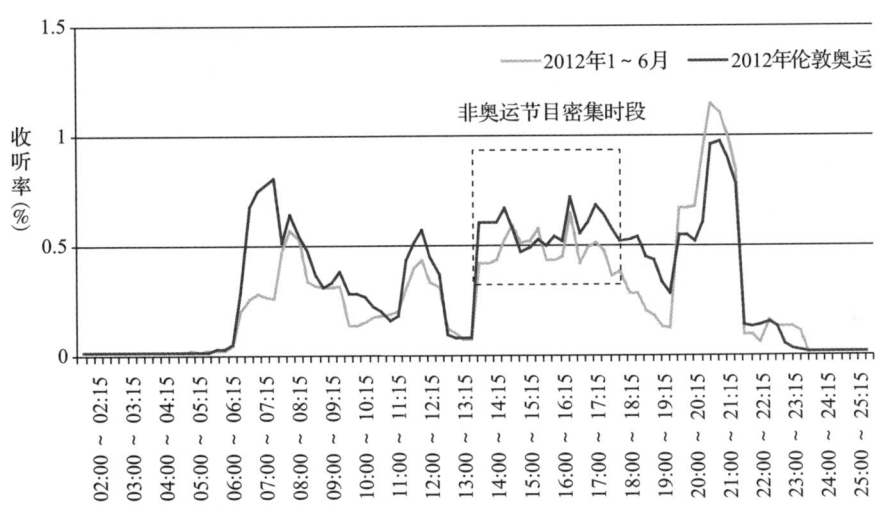

数据来源：CSM 媒介研究

图 7 北京体育广播全天收听率走势

3. 上海五星体育全程关注，广播、电视、新媒体聚力奥运

上海五星体育拥有广播和电视两个平台，早在2012年5月初，上海五星体育广播就启动了奥运预热活动——"伦敦直通车"。只要通过上海五星体育广播的短信平台或者新浪微博报名参与上海五星体育广播的节目，或在街头巧遇特别改装的伦敦直通车，就有机会赢得免费前往伦敦现场观摩奥运赛事的机会。在伦敦奥运期间，上海五星体育通

过前后方连线、新闻滚动播报和赛况实时传送等方式对奥运盛况进行了转播。其中，上海五星体育广播 FM94.0 为听众转播多场热门赛事的实况，此外还由特派记者实时连线，实现奥运资讯 24 小时不间断播报；奥运期间，该频率还在南京西路 818 广场推出"强强三人组"大型户外特别直播，每天中午 12:00 到下午 13:00，主持人刘阳邀请上海众多明星嘉宾，与听友们一起热情互动畅聊奥运。

值得一提的是，上海五星体育电视平台除了全天候的大量奥运相关节目外，还与风行网携手合作，打造"五星奥运频道"多媒体伦敦奥运资讯传播平台。人们通过 PC、iPad、智能手机上的"五星奥运"客户端，还能全天候欣赏伦敦奥运视频。

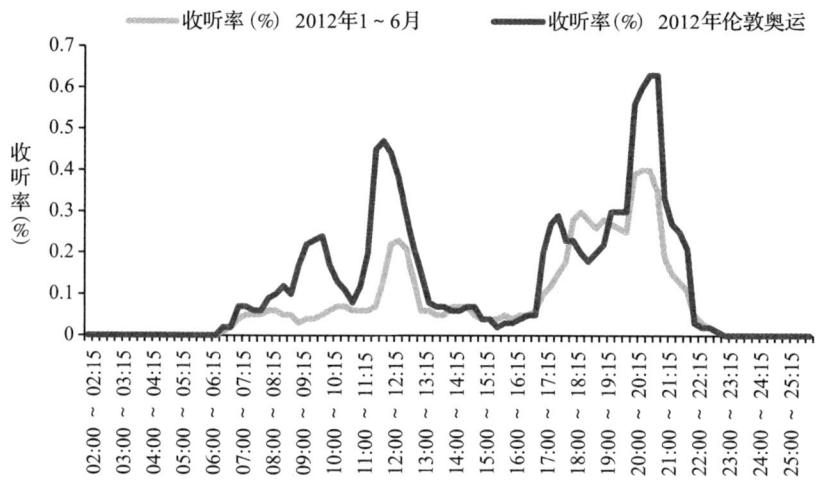

数据来源：CSM 媒介研究

图 8　上海五星体育广播全天收听率走势

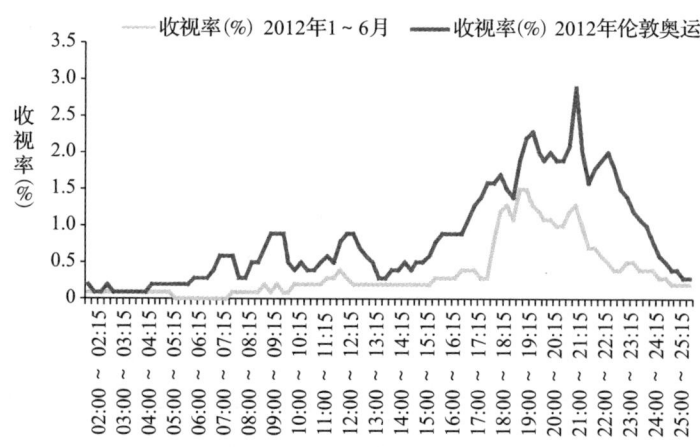

数据来源：CSM 媒介研究

图 9　上海五星体育频道全天收视率走势

从上海五星体育的全天收听与收视走势情况来看（图 8 ~ 图 9），广播与电视不同的是，广播出现了两个收听高峰，是午间和晚间，奥运期间收听率上升明显的时段是在早晨 08：00 ~ 10：00、午间 10：30 ~ 13：00 以及晚间 20：00 ~ 21：00；而电视媒体仍是以晚间收视为主，收视率上升幅度最显著的时段是在晚间 18：30 ~ 24：00。广播与电视有一定的互补作用，双平台使五星体育的整体价值获得更大提升。

4. 广东台联合作战，奥运全天候热播

在伦敦奥运期间，广东电台旗下九大频率推出多个奥运资讯强档，全天候无缝连接，全方位电波覆盖，使听众随时随地都能与奥运亲密接触。广东电台多位资深体育记者、主持人、评论员前往伦敦，联动中国国际广播电台专业体育记者，全面覆盖奥运所有重点赛事，知名主播、强档栏目各自以不同时段、不同风格报道奥运新闻和奥运赛事，满足广大听众的收听需求。

表 3　广东电台伦敦奥运期间相关节目编排情况

时间	周一至周五	周六、日
07：00 ~ 07：30	直击伦敦奥运（新闻频道） 奥运第一线——连线伦敦（珠江经济台）	
07：30 ~ 08：00	奥运第一线（珠江经济台、羊城交通台、城市之声、南粤之声） 奥运盛宴——伦敦奥运特别报道（07：30 ~ 07：50 新闻频道） 奥运早晨（文体广播）	
08：00 ~ 08：30	奥运快报（音乐之声） 伦敦记者连线（城市之声） Sing Radio 伦敦奥运奖牌榜、奥运早晨（文体广播）	
08：30 ~ 09：00	奥运"早"知道（新闻频道） 奥运点评（音乐之声） 1052 奥运快讯（羊城交通台） 奥运早晨（文体广播）	
09：00 ~ 10：00	奥运快讯（南方生活广播） 奥运进行时（南粤之声） Sing Radio 伦敦奥运奖牌榜（文体广播）	
10：00 ~ 11：00	奥运快讯（南方生活广播） Sing Radio 伦敦奥运奖牌榜（文体广播）	1052 伦敦奥运欢乐帮（羊城交通台）

续表

时间	周一至周五	周六、日
11:00~12:00	奥运快讯（南方生活广播） 1052 奥运快讯（羊城交通台） Sing Radio 伦敦奥运奖牌榜、奥运围观@微观（文体广播）	1052 伦敦奥运欢乐帮（羊城交通台）
12:00~13:00	午间半小时——直击伦敦奥运（新闻频道） 1052 奥运快讯（羊城交通台） 12:10 奥运进行时（南粤之声） 奥运男人帮（文体广播）	
13:00~14:00	1052 奥运快讯（羊城交通台） 锵锵五环行（南粤之声）	
14:00~15:00	体育新闻网——直击伦敦奥运、奥运微博（新闻频道） 奥运快报（音乐之声） 1052 奥运快讯（羊城交通台）	
15:00~16:00	Sing Radio 奥运经典旋律（文体广播）	
16:00~17:00	奥运快讯（南方生活广播） Sing Radio 伦敦奥运奖牌榜（文体广播）	
17:00~18:00	美丽说奥运（新闻频道） 奥运360度——第三只眼看奥运（珠江经济台） 17:30 奥运点评（音乐之声） 奥运快讯（南方生活广播） 奥运男人帮（文体广播）	
18:00~19:00	美丽说奥运（18:00~18:30 新闻频道） 18:30 全省新闻联播——直击伦敦奥运（新闻频道） 奥运快讯（南方生活广播） 18:10 奥运进行时、奥运三人行（南粤之声）	
19:00~20:00	奥运热点（新闻频道） 奥运快报（音乐之声） 1052 奥运快讯（羊城交通台） 激情伦敦，同步奥运（城市之声） 奥运快讯（南方生活广播） 奥运男人帮、19:30 奥运尖峰时刻（文体广播）	
20:00~21:00	激情伦敦，同步奥运（城市之声） 20:10 奥运进行时（南粤之声） 奥运尖峰时刻（文体广播）	

续表

时间	周一至周五	周六、日
21:00~22:00	直击伦敦（南粤之声） 激情伦敦，同步奥运（城市之声） 奥运男人帮（文体广播）	21:30 奥运的一些事一些情 （珠江经济台）
22:00~23:00	直击伦敦——奥运最关注（珠江经济台） 今晚播报——直击伦敦奥运、精彩奥运（新闻频道）	奥运的一些事一些情 （珠江经济台）
23:00~24:00	精彩奥运（新闻频道） 奥运男人帮（文体广播）	

节目单来源：广东广播在线网

早在2010年亚运会，广东电台就有多频率平台播出亚运节目的先例。本次伦敦奥运也采取了多平台密集播出的策略，在广州和深圳，广东电台的人均收听时长与2012年上半年平均量相比，有所斩获（图10）。

其中，文体广播是广东电台奥运节目播出量最大的频率之一，也位居广东电台各频率收听率涨幅之首。其在全天多个时段收听率都有所上升，尤其是10:00~13:00左右时段，有多档奥运节目轮番播出，收听率上升较为显著。其中11:00~12:00推出的《奥运围观@微观》引进了微博这一新鲜传播方式为频率吸纳注意力，吸引了不少听众收听（图11）。

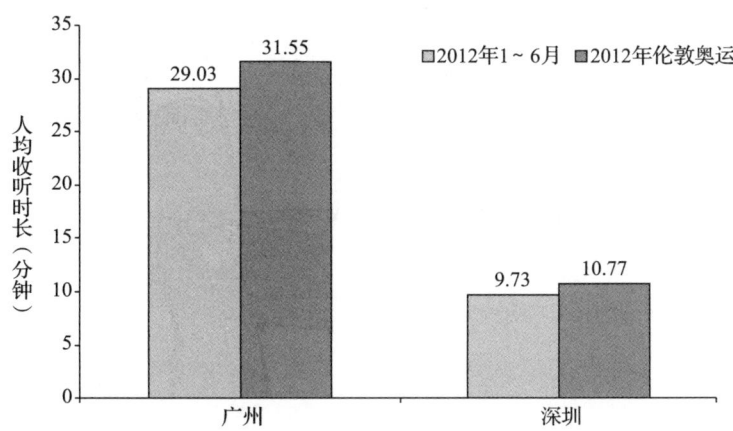

数据来源：CSM媒介研究

图10 广州、深圳两地广东电台人均收听时长（分钟）

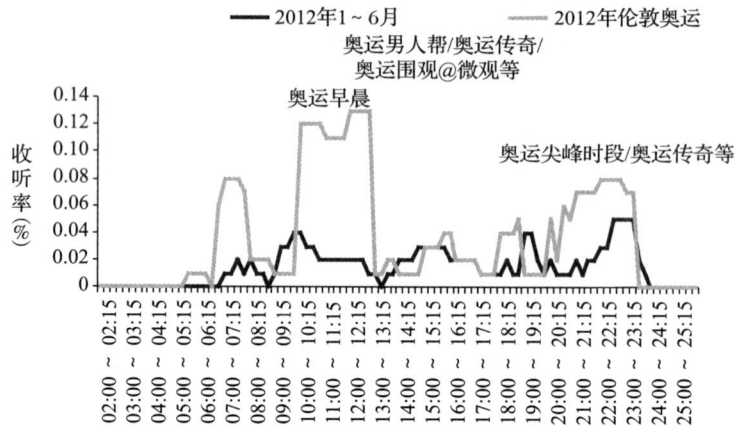

数据来源：CSM 媒介研究

图 11　广东电台文体广播全天收听率走势

四、小结

2012 年伦敦奥运期间，广播媒体整体表现不温不火，人均收听时长基本稳定；体育节目的播出比重、收听比重都有明显上升；听众仍以男性为主，体育节目听众结构变化不大；听众时段收听习惯并未打破，赛事直播集中的深夜和凌晨收听量未有明显变化。

从各频率来看，加入奥运收听份额争夺战的频率除了体育广播频率以外，还有新闻综合频率、音乐频率、交通频率等。大多频率采取在常规节目中夹插奥运资讯快报的方式编排奥运节目，也有一些老牌节目加入奥运主题进行"变脸"。参与奥运赛事转播的频率不多，体育广播频率虽然是伦敦奥运期间市场份额涨幅最大的专业广播频率，不过并未改变各类型频率的整体市场竞争格局。

新媒体的身影在奥运节目中也屡屡出现，或借网络，或借微博等流行传播平台，壮大了节目影响力。

"汶川地震"抗震救灾期间
中国之声收听解析

吴 东

2008年5月12日是个悲伤的日子，四川汶川大地震夺去近七万条生命，导致数百万人无家可归。汶川、北川、青川、茂县……这些原本默默无闻的地方，一下子吸引了全中国、全世界的目光。

人们在为废墟下已失去的生命痛惜的同时，也感到了中国政府在处理灾情方式上的巨大进步，为普通民众在大灾之后的空前爱心而感慨。汶川地震发生后，中国政府救灾机制和管理得到了国内外的一致好评，海外舆论认为，中国政府在应急处理中的"以人为本"和"高度透明"令人印象深刻。

汶川地震发生当天，中央人民广播电台中国之声在15:04收到中国地震局的传真后立即插播地震消息，随后不间断更新相关消息，并在当晚制作了特别直播节目《汶川紧急救援》，将一条条抗震救灾的消息、一道道电波送到了灾区人民的心中。本文将主要依据CSM媒介研究2008年在全国13个城市（北京、上海、广州、哈尔滨、长沙、重庆、南京、杭州、无锡、深圳、厦门、佛山和乌鲁木齐）的收听率调查数据，对中国之声及《汶川紧急救援》21天直播收听状况进行全方位解析。

一、抗震救灾期间广播节目中"新闻/时事"类播出量增加1倍，收听量增加65%

大众传媒有两大功能：一是传播资讯，二是娱乐大众。在这场地震灾难面前，中国新闻史上空前宏大的媒体战役也在进行着，媒体的"传播资讯"功能突现，广播以传播速度快，传播范围广阔，在危机时刻独领风骚。

2008年5月12日至6月2日的21天中，各类广播节目在播出量和收听比重上都有很大的变化，播出量上只有新闻/时事类节目和社教类节目比重有所增加，特别是新闻/时事类节目，与2007年同期相比，播出量增加108%，高居各类节目播出时间之首。在收听比重方面，新闻/时事类节目、社教类节目和体育类节目的比重有所提高，特别是新闻/时事类节目，收听比重增加了65%，占到听众收听总时长的35.89%。

抗震救灾期间大多数类型的节目播出量和收听量都受到较大冲击。与2007年同期相比，播出时间生活服务类节目下降31%，文艺类节目下降29%，音乐类节目下降16%；观众收听时间生活服务类节目下降27%，文艺类节目下降34%，音乐类节目下降25%。

表1 抗震救灾期间各类节目的播出比重和收听比重

节目类型	播出比重（%）		收听比重（%）	
	2007年5月12日~2007年6月2日	2008年5月12日~2008年6月2日	2007年5月12日~2007年6月2日	2008年5月12日~2008年6月2日
新闻/时事	12.40	25.82	21.74	35.89
音乐	20.24	16.98	16.89	12.75
生活服务	20.70	14.20	15.69	11.40
社教	7.30	10.01	6.20	8.48
文艺	13.92	9.91	13.02	8.53
体育	2.75	2.70	2.04	2.29
财经	2.69	2.53	4.00	3.10
法制	0.61	0.52	0.70	0.55
外语	0.51	0.48	0.21	0.20
其他	18.88	16.86	19.51	16.83

数据来源：CSM媒介研究

二、抗震救灾期间中国之声收听份额平均提高40%，竞争力大增

中国之声作为中国广播频率的领军者，在突如其来的巨大的灾难面前，以前所未有的力量迅速投入到抗震救灾的报道中，在灾区陷入通讯中断、与外界隔绝的危机时，以电波第一时间搭建了灾区与世界间的桥梁，把党中央的声音、民族的强音带到了灾区。

中国之声在本次抗震救灾的报道中发挥出了主流媒体在危机时刻服务大局的突出作用，不断刷新中国传媒对重大事件的报道纪录，为抗震救灾工作提供了强大的精神动力和舆论支持。在 2008 年 5 月 12 日至 6 月 2 日的 21 天中，中央人民广播电台一套中国之声的收听份额从 5 月 12 日 4.41% 增长到 5 月 20 日的最高点 12.17%，比 2007 年同期平均增加了 40%；而在 5 月 18 日至 5 月 22 日的 5 天中，份额更比 2007 年同期增加了 1 倍以上。

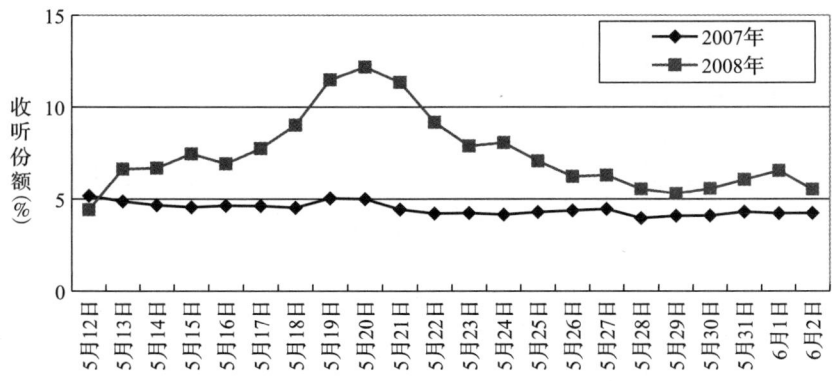

数据来源：CSM 媒介研究

图 1　抗震救灾期间中国之声与 2007 年同期收听份额对比

在汶川大地震抗震救灾期间，中国之声凸显了国家大台的风范，竞争力与其他频率相比有较大优势。到达率与忠实度是评价一个频率竞争力的两个维度，到达率反映了频率听众规模，即有多少不同的听众"接触过"该频率，反映收听的广度，忠实度则反映收听的深度，反映频率到达的听众中有多大比例是从始至终收看了这一频率。从图 2 中可以看出，中央人民广播电台中国之声的听众到达率和忠实度都远高于其他频率，也就是说中国之声的竞争力是所有广播频率中最强的，其听众的广度和深度都超过其他中央台和地方台的广播频率。

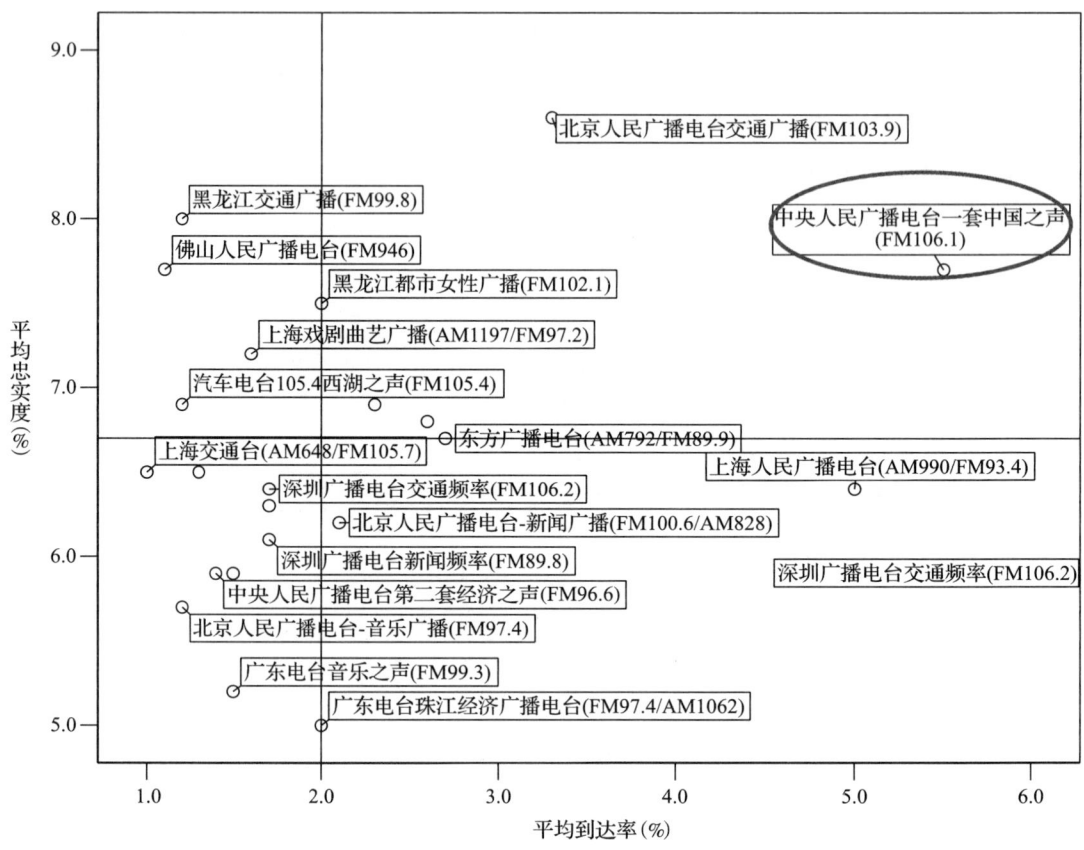

图 2　抗震救灾期间中国之声等频率竞争力分析

数据来源：CSM 媒介研究

三、抗震救灾期间中国之声听众以男性为主

听众构成反映收听此频率的听众结构，听众集中度则描述了目标听众收听行为与总体听众收听行为的差异，反映目标听众对频率的偏好程度。在汶川大地震抗震救灾期间"中国之声"听众中，男性、55岁以上的中老年人、具有初高中受教育程度的听众占较大比重。从听众集中度上看，男性的偏好度高于女性，随着年龄的增加，听众的偏好度也增加；学历上，初高中学历的听众偏好度高于大学及以上学历的听众；个人收入上，中等收入听众的偏好度高于较高或较低收入的听众。

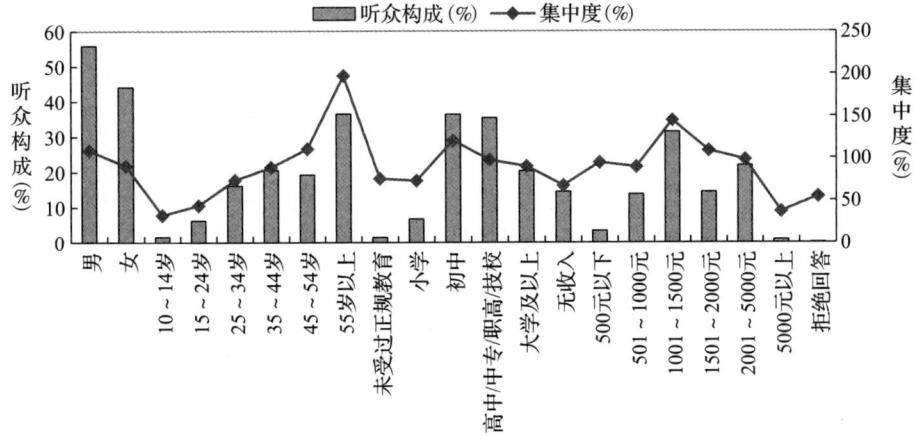

数据来源：CSM 媒介研究

图 3　抗震救灾期间中国之声听众的构成和集中度

在抗震救灾期间，中国之声听众的类型在 13 个城市有一定的差异，通过对应分析可以看出中国之声在各地受到不同类型听众的偏爱。比如中国之声在上海、深圳受大学及以上学历、年龄在 15~54 岁听众的偏爱，在佛山、杭州受 25~34 岁且有初中学历听众的偏爱，在北京、无锡、南京、广州和厦门 5 个地区受 55 岁以上听众的偏爱，在乌鲁木齐受 35~44 岁听众的偏爱，在重庆和哈尔滨受 10~14 岁听众的偏爱。

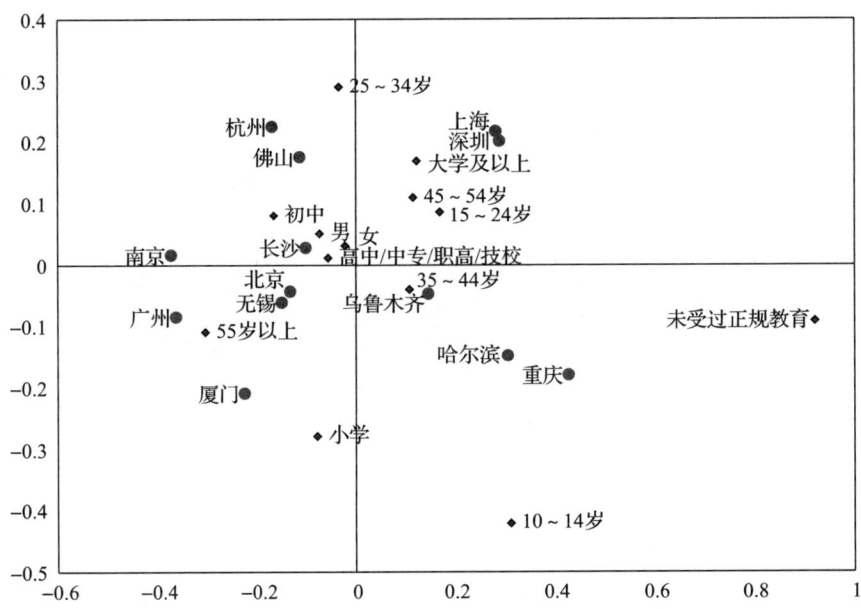

数据来源：CSM 媒介研究

图 4　抗震救灾期间中国之声听众在 13 城市的对应分析

四、中国之声收听率最高的 3 天集中在震后一周的 5 月 19 日、20 日和 21 日

中国之声自 2008 年 5 月 12 日 19：00 开始播出抗震救灾特别节目《汶川紧急救援》，中国之声在抗震救灾的收听情况实际上就是《汶川紧急救援》的收听情况。13 日 07：00 开始，《汶川紧急救援》全天 24 小时直播，这是中国之声，也是中央人民广播电台历史上第一次全天 24 小时开通直播节目。截至 6 月 2 日 15 时，《汶川紧急救援》连续播出 420 小时，连线前方记者、各部委负责人、专家近 3 100 次，播出录音报道 1 300 余条，消息 4 000 多条。

中国之声自 2008 年以来，在 13 个城市中的平均收听份额一直保持在 3%～5%，而自 2008 年 5 月 12 日开始，收听份额一路上扬，其中有 3 天的收听份额超过 10%，5 月 19 日是 11.48%，5 月 20 日是 12.17%，5 月 21 日是 11.35%。从 5 月 19 日起，中央人民广播电台除民族之声外，其余 8 套节目并机播出中国之声的《汶川紧急救援》，这是中央人民广播电台的首次多频率并机直播，同时，各地方台也均转播中国之声的抗震救灾节目，形成了全国电台并机播放中国之声的盛况。

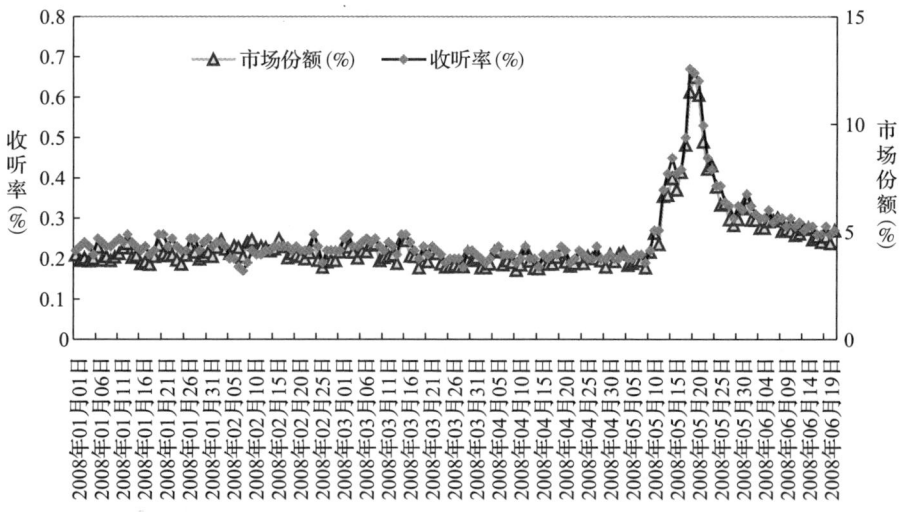

数据来源：CSM 媒介研究

图 5　中国之声汶川地震前后收听率和收听份额变化

汶川抗震救灾是一段不寻常的经历，它是对汶川人民、四川人民、中华民族的考验。汶川抗震救灾也是一场媒体面对突发事件反应的考验，中央人民广播电台以其快速的反应、详尽的报道为灾区人民与全国听众搭建了一座沟通的桥梁，引起广大群众尤其是灾区群众的关注，播出的节目成为地震灾区群众和救援人员获取信息的最主要途径。

广播受众跨媒体消费研究

赵 璇

当今世界正在经历一个多种媒体共同发展的时代，新媒体的崛起并没有带来传统媒体的消亡。然而受众的注意力是有限的，电视、广播、报纸、杂志、互联网、移动终端以及户外媒体等各种媒介对于受众的争夺日趋激烈，媒体市场也越来越多元化。本文将使用 CSM 媒介研究 2011～2013 年视听率调查基础研究中长卷调查城市的数据[①]，分析探讨作为传统媒体的广播，在这个多媒体时代，其受众呈现出何种特点，以及他们在多元化媒介环境下对不同媒体消费的变迁。

一、广播受众特征

根据 2013 年的调查数据，广播受众[②]在人群中占比近四成（36.9%）。而在所有广播受众中，重度听众[③]近七成（68.6%），中度听众超过两成，为 22.8%，轻度听众占比不足一成，仅为 8.6%（图1）。

从广播受众的性别构成来看，男性受众的比例明显高于女性受众；从年龄构成来看，各年龄段的比例相对比较均衡，45～54 岁受众的比例略少于其他年龄段，在 15% 左右，其他各年龄段的比例基本在两成左右；从受教育程度构成来看，中等学历水平的受众比例较高，高中/技术中学的受众占到三成，初中学历的受众其次，大约占到四分之

[①] 注：本文中使用的数据均来自 2011～2013 年 CSM 基础研究中长卷调查城市的数据，其中 2011 年和 2012 年长卷城市包括成都、深圳、重庆、武汉、沈阳、广州、南京、北京、上海、天津 10 个城市；2013 年包括上述 10 个城市以及长沙和西安，共计 12 个城市。

[②] 注：本文中所指的"广播受众"为"过去半年内接触过广播的受众"。

[③] 注：本文中"重度听众"是指"过去半年内每周接触 3 次或以上的受众"；"中度听众"是指"过去半年内接触广播频次每月至少 1 次，但每周少于 3 次的受众"；"轻度听众"是指"过去半年内接触广播至少 1 次但每月不到 1 次的受众"。

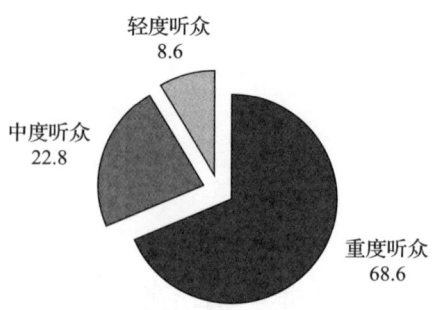

数据来源：CSM 媒介研究

图 1　2013 年不同类型广播受众的分布比例（%）

一，大学及以上学历的受众比重在两成左右；从职业构成来看，以初级公务员/雇员、退休没有工作和工人群体的受众为主（图2）。

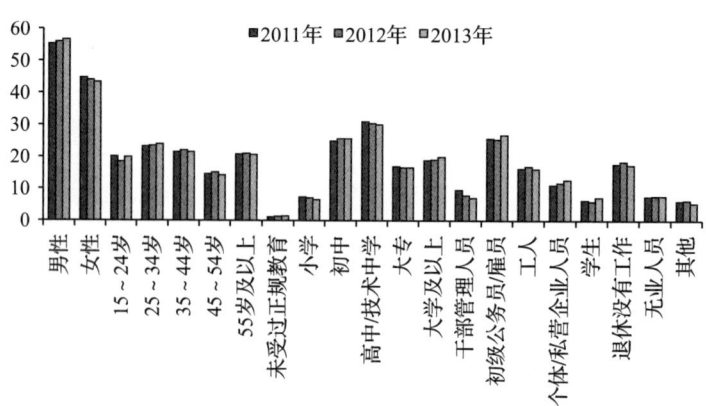

数据来源：CSM 媒介研究

图 2　2011～2013 年广播受众构成（%）

若从时间纵向来考察广播受众构成的变迁，在 2011～2013 年期间，男性、25～34 岁和大学及以上学历的广播受众的比例在逐年增加。究其原因，这种变化可能与在车上收听广播的受众增加有关。考察 2011～2013 年广播受众在本地最常使用的交通工具，可以发现，最常用小轿车的广播受众比例逐年有明显增加，从 2011 年的 24.3% 增加到 2013 年的 30.4%。换言之，2013 年的广播受众有三成最常用的交通工具为小轿车（图3）。

从不同程度广播受众的构成比较可以发现，性别构成差异主要体现在重度听众中。在 2013 年重度听众中，男性的比例将近六成（59.6%），比女性（40.4%）高出近两成；而在中度听众中，男性和女性的比例基本持平；轻度听众中，女性听众（51.6%）的比例甚至略高于男性听众（48.4%）。虽然广播受众的整体年龄分布较平均，但细分来看，重度听众中 55 岁及以上听众的比例明显较高，将近四分之一（24.8%），15～24 岁的年轻听众较少；而中度和轻度听众则以年轻听众较多，尤其是 15～24 岁听众近三成，且随着年龄的上升，比例逐渐下降。从学历来看，值得注意的是，大学及以上学历

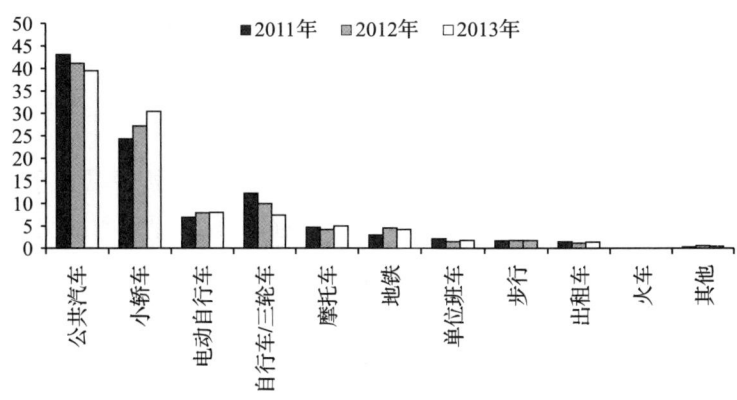

数据来源：CSM 媒介研究

图3　2011～2013年广播受众在本地最常用交通工具的分布比例（%，单选）

的听众构成比例随着收听广播程度（频次）的下降而递减，重度听众中大学及以上学历的听众比例超过两成（21.5%），轻度听众中这一比例为13.2%，而非广播听众中这一比例仅为11.6%（图4）。

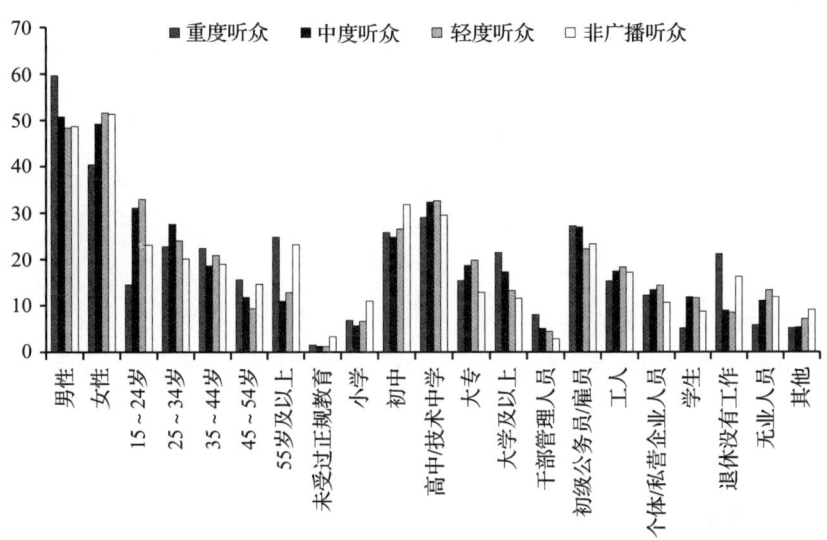

数据来源：CSM 媒介研究

图4　2013年不同程度广播受众、非广播受众构成比较

综上所述，整体而言，广播听众尤其是在重度广播听众中更具消费能力的受众正在逐渐增多。

二、广播受众对不同媒体消费的变迁

从前文的分析中可以发现，广播受众构成的变化可能主要来源于经济的持续发展，以及人们生活水平和受教育水平的普遍提高。本部分则将主要探讨另一个重要问题，即大的媒介环境的变化对受众收听广播的影响——在多媒体并存的时代,广播受众的媒介消费呈现出何种特征。

1. 人均日收听广播时长逐年下降,车载广播收听比例持续上升

就对广播自身的消费而言,广播受众在收听广播的模式上呈现出明显的变迁。一方面,从收听地点来看,虽然家中仍然是广播受众最常收听广播的地点,但其比例在逐年递减,而最常在私家汽车上收听的比例则逐年上升(图5)。相应地,收听设备的变迁则更为明显,最常使用车载广播的比例逐年上升,而使用收音机的比例则逐年下降,且从2013年的数据来看,车载广播(42.3%)已经取代收音机(34.8%)成为广播受众最常使用的收听设备(图6)。

数据来源:CSM 媒介研究

图5　2011~2013 年广播受众最常收听广播的地点分布比例(%,单选)

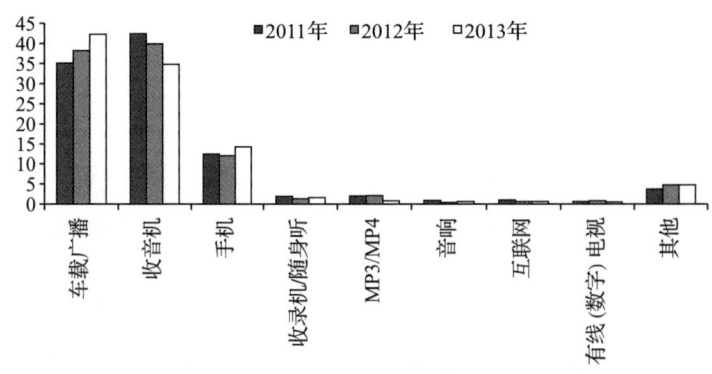

数据来源:CSM 媒介研究

图6　2011~2013 年广播受众收听广播最常使用的设备或途径分布比例(%,单选)

从收听广播时长来看,近3年广播听众过去一周平均每天收听广播的时长,无论是工作日还是周末都呈现出明显的下降。2013年周一至周五平均每天收听广播的时间较2011年下降了6.2分钟,周末则下降了5.4分钟。可见,在多媒体环境下,听众的注意力有限,其过去花在收听广播上的时间可能被其他媒体分流(图7)。

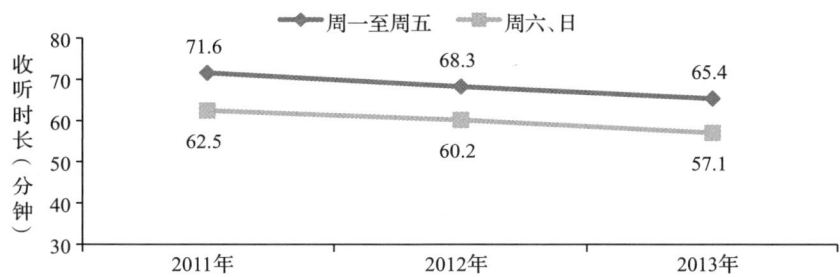

数据来源:CSM 媒介研究

图7 2011～2013年广播受众在过去一周平均每天收听广播的时长

从广播受众喜欢收听的节目类型来看,听众喜好的变化并不大,仍以喜欢新闻/时事类的比例最高,超过六成;其次是生活服务类节目,社教类节目排第三。从2011～2013年纵向比较来看,听众对于生活服务类节目的喜好有逐年递增的趋势,而对于体育类和财经类节目的喜好则呈现出较为明显的下降(表1)。

表1 2011～2013年广播受众喜欢收听的广播节目类型选择比例(多选)

节目类型	2011年	2012年	2013年
新闻/时事	65.2	65.5	67.4
生活服务	51.9	52.3	53.1
社教	40.8	43.0	37.6
音乐	28.6	25.2	26.9
外语	10.0	7.3	7.4
体育	7.7	6.0	5.6
财经	8.9	6.3	4.6
文艺	1.6	1.4	1.3
法制	0.8	0.7	0.5
其他	1.6	2.9	2.6

数据来源:CSM 媒介研究

2. 重度广播受众收看电视时长明显高于其他受众

同样作为传统媒体，受众对于电视的消费量也呈现出了明显的下滑趋势。考察2011~2013年广播受众在过去一周平均每天收看电视的时长可以发现，广播受众被分流的注意力可能并没有转移到电视消费上。2013年广播受众工作日平均收看电视的时长为183.9分钟，较2011年下降了15.5分钟；周末的收看时长则较2011年下降了16.5分钟。与电视不同的是，广播受众在周末收听广播的时间少于平时，而看电视的时间则是周末高于工作日（图8）。

从细分广播受众来看，重度听众看电视的时间明显长于中度和轻度听众，这可能主要与其受众结构有关，重度听众中年龄在55岁及以上的受众比例较高，他们是较为保守的传统媒体消费者（表2）。

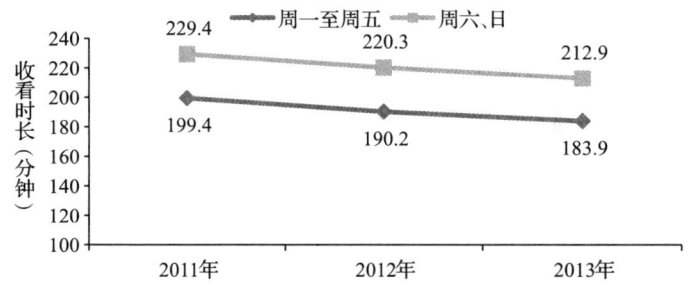

数据来源：CSM 媒介研究

图8　2011~2013年广播受众在过去一周平均每天收看电视的时长

表2　2013年不同程度广播受众和非广播受众在过去一周平均每天收看电视的时长（分钟）

周天	重度听众	中度听众	轻度听众	非广播听众
周一至周五	195.1	173.6	180.8	186.9
周六、日	226.1	205.7	206.7	217.3

数据来源：CSM 媒介研究

从2011~2013年广播受众喜欢收看的电视节目类型来看，喜欢收看综艺类节目的广播受众比例上升明显（图9），这可能与近年不同类型综艺类节目层出不穷的大环境有关；体育类和法制类电视节目则与广播节目一样，受众喜好度逐年下降；而在广播中喜好度上升的生活服务类节目在电视节目中则呈现出下降的趋势，这可能是由于广播中的生活服务类节目提供了更多的迅速快捷符合人们需要的信息，如出行路况、交通信息等。

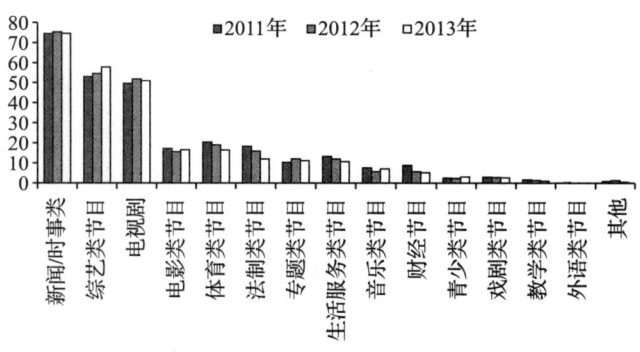

数据来源：CSM 媒介研究

图 9 2011～2013 年广播受众喜欢收看的电视节目类型选择比例（%，多选）

从广播受众细分来看，重度广播受众相较于其他受众而言，更喜欢收看新闻/时事类节目，而对于比较娱乐化的综艺类和电视剧的喜爱程度则明显低于其他受众（表3）；轻度广播受众对于电影的喜爱程度明显高于中度和重度的广播受众。此外，虽然广播受众对广播和电视中的体育类和财经类节目的喜爱程度都在逐年下降，但不同程度的广播受众喜爱这两类电视节目的比例都明显高于非广播受众，且越重度的受众对这两类节目的喜爱比例越高。整体而言，越重度的广播受众越偏爱信息类的电视节目，而越轻度的广播受众则越偏爱娱乐类的电视节目。

表 3 2013 年不同程度广播受众和非广播受众喜欢收看的电视节目类型选择比例（%，多选）

节目类型	重度听众	中度听众	轻度听众	非广播听众
新闻/时事	76.4	71.6	68.5	70.7
综艺	56.0	61.5	62.5	60.7
电视剧	49.2	54.9	54.8	58.8
体育	17.8	13.9	13.3	11.7
电影	15.3	17.9	23.1	17.3
专题	12.8	7.7	7.8	9.8
法制	12.7	11.3	8.9	12.7
生活服务	11.8	8.6	7.1	11.2
音乐	6.1	9.7	7.6	7.8
财经	5.7	4.4	3.8	2.6
戏剧	3.3	1.5	1.2	2.0
青少	2.4	4.9	4.3	2.6
教学	1.0	1.0	0.8	0.9
外语	0.3	0.1	0.1	0.3
其他	0.7	0.6	0.7	0.4

数据来源：CSM 媒介研究

3. 日均上网时长基本持平，移动互联网日益普及

广播受众对于广播和电视等传统媒体的消费时间都在逐年下降，那么，其媒介消费的时间是否转移到了互联网这一在人们生活中日益重要的新媒体上呢？

考察 2011~2013 年广播受众在最近一周平均每天上网时间（表 4）我们可以看到，工作日无论是在家还是在外上网的时间都没有明显的变化，在家平均每天上网的时间在两个半小时左右，在外上网的时长大约 130 分钟；周末在家上网的时间大约在 180~210 分钟之间，但呈现出明显的下降趋势，2013 年较 2011 年下降了 14.3 分钟；而周末在外上网的时间，2013 年明显增加，较 2011 年增长了 8.4 分钟。整体而言，广播受众工作日的平均上网时间近 3 年基本持平，周末在家上网时间减少，在外上网时间增加，但减少的时长高于增加的时长。

表 4 2011~2013 年广播受众在过去一周平均每天上网的时长（分钟）

	2011 年	2012 年	2013 年
最近一周平均每天在家上网时间（周一至周五）	150.9	151.2	150.4
最近一周平均每天在家上网时间（周六、日）	206.8	200.2	192.5
最近一周平均每天在外上网时间（周一至周五）	133.5	131.9	132.2
最近一周平均每天在外上网时间（周六、日）	18.2	18.4	26.6

数据来源：CSM 媒介研究

从细分受众来看，重度、中度和轻度广播受众最近一周工作日平均每天在家上网的时长和周末在外上网的时长呈现出递增的趋势；而工作日在外上网的时长，重度广播受众则显著高于其他组别。这可能与轻度广播受众中年轻群体所占比重较大有关，相较而言，周末他们可能有更多的户外活动而不是待在家里；而重度广播受众中职业为初级公务员/雇员的比例较高，则可能有更多工作日在单位上网的情况（表 5）。

表 5 2013 年不同程度广播受众和非广播受众在过去一周平均每天上网的时长（分钟）

	重度听众	中度听众	轻度听众	非广播听众
最近一周平均每天在家上网时间（周一至周五）	149.22	151.70	154.89	150.65
最近一周平均每天在家上网时间（周六、日）	191.08	196.96	189.98	201.44
最近一周平均每天在外上网时间（周一至周五）	140.74	118.57	109.54	109.74
最近一周平均每天在外上网时间（周六、日）	21.71	32.52	44.59	28.66

数据来源：CSM 媒介研究

从2011～2013年广播受众在最近一周使用互联网的地点来看（图10），变化最大的是移动上网比例，这一比例从2011年的18.7%上升到2013年的38.2%，上涨了1倍多，在其他地点使用互联网的比例则基本没有太大的变化。可见，通过移动终端上网已经越来越普遍。如果考察不同程度广播受众在过去一周最常上网的地点（表6），当然还是以家里为主。最经常使用移动上网的广播受众比例虽然仅在5%左右，但可以发现轻度听众的使用比例最高，为7.6%，不仅高于中度和重度的听众，也高于非广播听众。可见，轻度听众是一个对媒介使用相对开放的群体。

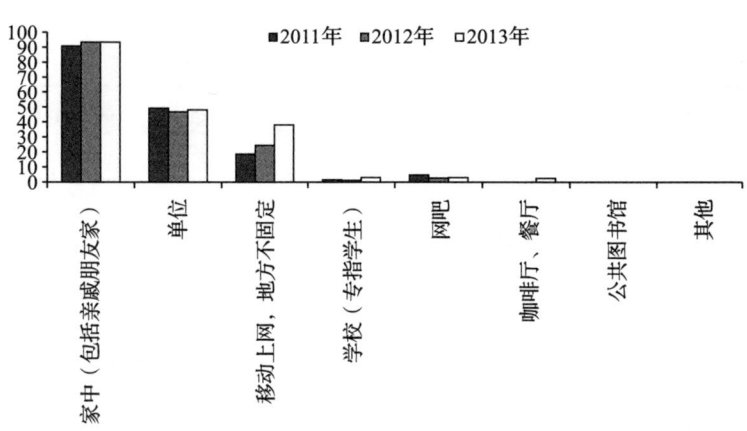

数据来源：CSM媒介研究

图10 2011～2013年广播受众最近一周使用互联网的地点分布（%，多选）

表6 2013年不同程度广播受众和非广播受众最近一周最常上网的地点分布（%）

地点	重度听众	中度听众	轻度听众	非广播听众
家里（包括亲戚朋友家）	73.5	79.3	72.8	78.1
单位	21.1	14.8	15.7	15.5
移动上网，地方不固定	3.6	4.4	7.6	4.5
网吧	1.1	0.9	2.3	1.1
学校（专指学生）	0.5	0.5	1.5	0.6
公共图书馆	0.0	0.0	0.0	0.0
其他	0.3	0.1	0.0	0.2

数据来源：CSM媒介研究

从手机功能的使用上，也能发现随着智能手机的普及，移动互联网开始有了越来越多地被用户使用的痕迹。手机上网聊天、手机上网浏览网页、手机收看在线视频、用手机看下载的视频等都需连接移动互联网的服务功能，用户使用的比例都逐年上升，2013年较2011年几乎都上升了十几个百分点（表7）。

而从横向比较来看，可以发现一个有趣的现象，即不论何种程度的广播受众在手机的各项功能使用上几乎都高于非广播受众；而在广播受众内部，除了手机报这一功能外，其他功能都是中度和轻度受众的使用比例高于重度受众；相比较而言，轻度广播受众更喜欢使用信息类和社交类的手机功能，如上社交网站等，而中度广播受众则更喜欢使用偏娱乐类的手机功能，如用手机拍照、手机收看在线视频等。此外，中度广播受众用手机听广播的比例也是最高的（表8）。

表7 2011～2013年广播受众最近一个月内使用过的手机功能选择比例[①]（％，多选）

手机功能	2011年	2012年	2013年
短信	76.1	76.7	79.3
手机上网聊天	26.5	32.2	43.1
用手机拍照/摄影	34.2	39.1	41.3
手机上网浏览网页	20.7	25.7	35.0
手机游戏（手机自带的）	12.3	16.1	27.2
彩铃/彩信	27.3	28.5	26.2
用手机听存储/下载的音乐	11.2	14.2	20.9
听广播	13.5	13.8	16.8
手机收看在线视频	2.3	3.5	15.2
用手机看下载的视频	1.7	3.8	14.0
用手机看小说	8.9	12.9	13.7
使用手机应用软件（App）	——	——	13.1
手机邮箱	5.3	5.3	9.3
GPS导航	3.2	4.9	8.4
手机报	9.5	8.4	8.2
通过手机看电视节目（手机电视）	3.2	4.5	8.0
上社交网站（微博、人人网等）	——	——	6.9
手机游戏（需付费的）	2.7	2.0	3.0
视频通话	0.7	1.0	2.7
其他	0.3	0.3	0.2

数据来源：CSM媒介研究

---

① 注："使用手机应用软件（App）"和"上社交网站（微博、人人网等）"为2013年调查问卷中新增选项，故2011年和2012年没有数据。

表8 2013年不同程度广播受众和非广播受众最近一个月内使用过的手机功能选择比例（%，多选）

手机功能	重度听众	中度听众	轻度听众	非广播听众
短信	76.9	85.4	82.2	70.1
手机上网聊天	38.9	52.8	50.8	35.9
用手机拍照/摄影	38.2	48.3	46.5	32.1
手机上网浏览网页	31.3	42.8	43.2	24.3
彩铃/彩信	25.5	28.1	26.2	18.9
手机游戏（手机自带的）	25.1	33.4	28.2	19.2
用手机听存储/下载的音乐	18.4	26.6	25.4	15.6
听广播	15.1	22.2	16.5	0.0
手机收看在线视频	14.0	19.3	14.7	10.0
用手机看下载的视频	13.7	16.2	10.6	9.8
用手机看小说	12.2	17.4	16.6	10.9
使用手机应用软件（App）	11.3	17.2	16.8	7.1
手机邮箱	9.0	9.8	9.5	5.2
手机报	8.4	7.7	8.1	5.7
GPS导航	8.0	9.7	8.4	3.2
通过手机看电视节目（手机电视）	6.9	10.7	9.4	4.1
上社交网站（微博、人人网等）	5.9	8.7	9.9	4.4
视频通话	2.5	3.0	4.0	1.8
手机游戏（需付费的）	2.2	4.8	5.0	2.6
其他	0.1	0.2	0.2	0.1

数据来源：CSM媒介研究

三、结语

随着人们生活水平的提高，拥有私家车的人群逐渐增加，广播受众也呈现出消费能力强的受众逐渐增多的趋势，男性、25～34岁和大学及以上学历的广播受众比例逐年增加。从横向比较来看，重度听众与中度、轻度听众的构成区别较大。重度听众主要以男性、55岁及以上的受众为主；而中度和轻度听众男女比例差别不大，年龄上则以年轻听众为主，随着年龄段的升高，受众比例逐渐下降。

考察近3年广播受众对不同媒体消费的变迁情况，可以发现，在多媒体并存的时代，广播受众对广播的消费时间逐年下降，对同为传统媒体的电视的消费时间也在逐年下降，而对互联网的消费时长也没有明显的增加。我们认为，这一现象可能与媒介消费的碎片化有关。随着科技的发展，移动终端日益普及，快速的生活节奏和接触媒体的便捷性导致媒介消费呈现出碎片化的特征，而利用大块的时间来看电视、听广播和上网可能越来越不符合人们的生活习惯。从对各类媒介的消费偏好来看，广播受众并不像我们一般想象中的都是非常传统保守的人群。从前文数据中可以看到，不论何种程度的广播受众在手机各项功能的使用上几乎都高于非广播受众，可见，广播受众在新的移动媒介的使用上非常开放。横向比较而言，重度听众相对保守，他们在各类媒介的消费习惯上，更偏爱信息类的媒介内容，中度听众则更偏爱娱乐轻松的媒介内容，而轻度听众的媒介消费特征则更为明显，他们也可以说是对于媒介使用最为开放的群体，更倾向于娱乐休闲化的媒介使用，也更乐于接受新的媒介事物。

下编 收听率应用

本 编 导 读

本篇所包括的 14 篇文章从不同侧面论述了收听率在广播节目编排、评价及广告投放决策等方面的应用，既有收听率应用方法的理论分析，又有收听率实际应用状况的总结，还有基于收听率数据对我国广播媒体在新媒体背景下如何实现价值重塑与创新发展的对策讨论。这 14 篇文章既能让读者了解如何在实际工作中更好地应用收听率，又能给读者就新媒体背景下广播媒体的发展策略以有益的启示。

《对收听率"误读"与"误用"的解析》通过举例的方法，对在实际工作中"误读"与"误用"收听率的常见情况进行了详细剖析，并提出了应该如何正确使用收听率数据。

《收听率数据在广播节目编排中的应用》采取举例的方法，详细论述了收听率数据在把握节目编排市场环境、节目内容定位、内容选择及编排、重点时段编排以及实行差异化竞争编排策略等方面的应用。《如何利用收听率数据对广播节目进行评价》在分析了收听率、市场份额、到达率、忠实度等几个指标在节目评价中的作用之后，重点论述了如何构建包括收听率指标在内的广播节目评价体系，最后提出了广播节目评价中应该注意的几个问题。《收听率数据在广告投放中的应用》同样采取举例的方法，详细分析了收听率数据在广告投放前、广告投放策略制定、广告播后效果评估以及在广告时段交易中的应用。《收听率数据应用实践——基于客户访谈的分析》则基于对部分广播电台的调研资料，总结了我国目前收听率数据在节目编排、节目评价和广告投放中的实际应用状况。

《新时期广播听众变化特征与发展对策探讨》《稳定中求增长，增长中促创新——广播发展现状思辨》《移动互联时代的广播变革与价值重塑》《新媒介环境下广播价值创新路径分析》《内容为王，终端制胜——广播市场经营新方向探寻》5 篇文章分别从不同角度，对新传播格局中的广播媒体、广播听众收听特征变化以及广播价值创新与发展对策进行了深入探讨。

对收听率"误读"与"误用"的解析

周欣欣　王建平　梁　帆

一、正确理解收听率作为一种抽样调查的特征

众所周知，收听率调查是一种抽样调查。作为非全面调查的一种，抽样调查是基于科学的原则，按照随机的方法从全部调查研究对象中，抽选一部分单位进行调查，并据以对全部调查研究对象作出估计和推断的一种调查方法。

抽样调查之所以可以通过样本来推断总体，在于抽样调查的以下几个特点：首先，按照随机原则抽取样本的抽样调查，由于不受主观意愿的影响，保证被抽中的样本在总体中的合理、均匀分布，样本对总体的代表性较强；其次，抽样调查的样本数量，是根据调查总体各个单位之间的差异程度和由样本推断总体允许误差的大小，并结合对调查费用的考虑，经过科学计算而确定；再次，抽样调查必然存在抽样误差，在其他条件一定的情况下，抽样误差与样本量和抽样方法密切相关。抽样误差在调查前就可以根据样本数量和总体中各单位之间的差异程度进行计算，可以把抽样误差控制在一定范围之内，保证调查结果的准确性。

统计学的确在我们生活的各个方面起着重要的作用，但如果有意或者无意地误用统计学方法，其结论则会带来更大的误导。收听率数据是基于抽样调查获得的，使用者有意或无意的数据"误读"或者"误用"将对收听数据的正确应用产生严重影响，应当引起研究者和使用者的高度关注。

二、收听率"误读"和"误用"情况分类及案例分析

在收听率数据使用中，有时分析目的相同、使用资料相同，但由于使用者的计算分

析方法不同，也会得出不完全相同甚至相反的结论。因此，正确使用分析方法、选用数据指标极其重要。

基于文献资料的回顾和实践中用户的反馈，我们可以将对收听率的误读与误用大致分为以下三种情况：第一，对收听率调查流程和方法的理解不透彻，包括对样本量及调查覆盖范围的误解；第二，对收听率指标的误读和误用，包括对指标概念理解混淆、对指标推算方法错误理解、对指标微小变化的异常敏感以及对动态竞争中指标变化的僵化理解；第三，在节目评估中收听率的误用，包括单一倚赖和盲目加权。下面就上述三种情况中的常见案例进行分别解析。

（一）对收听率调查流程和方法的理解不透彻

1. 对样本量的误解

"××地区广播人口××百万，而收听率调查样本量仅为××，究竟在多大意义上具有代表性？"

这是一种最为常见的对收听率调查本身或者对统计抽样不理解而产生的对收听率的质疑。提出问题者虽然意识到样本量越大抽样误差越小，但是对于二者的变化关系不甚清晰。收听率调查是一种成数（比率）调查，样本量与调查总体中各单位的差异程度、调查的允许误差以及抽样方法有关。对于一个简单随机调查，样本量与允许误差之间的关系可以表示为：$n = t^2 p(1-p)/M^2$。当 $p = 0.5$ 时，$p(1-p)$ 最大，在 95% 的置信水平下，样本量 n 超过 1 067 后，最大误差 M 降到 3% 以下，而此后样本量的增加对于降低误差来提高精度的贡献减小。也就是说，从统计学上看，成数调查其样本量与总体规模没有必然的联系。基于统计抽样理论，同时考虑精度和成本之间的权衡，样本量为 1 067 人（300 户）是较为合理的样本规模，CSM 在城市收听调查网中的样本规模一般为 300 户。

2. 对调查覆盖人口范围的误解

"收听率没有反映高教育程度群体的收听趋向"；"我曾向周围不同年龄和职业的近百人询问，发现竟无一人被调查，调查样本是否具有各个阶层、各种职业、各年龄段听众的代表性？"

收听率调查首先是一种抽样调查而非普查，因此以收听率调查未选择自己身边熟识的人而质疑收听调查的代表性，是因缺乏基本统计学常识而产生的一种误解。实际上，在 CSM 媒介研究的收听率调查中，城市调查网的样本抽取，依据国家统计局发布的省、市年鉴以及公安部的"全国分县市人口统计资料"建立抽样框，采用多阶段、PPS、整群抽样得到，同时根据每年基础研究调查的最新人口结构，以户规模、性别、年龄等重要指标为配额指标，对样本进行配额控制，以保证样本对总体及各目标群体的代表性。因此，经过科学的抽样设计和严格规范的现场执行得到的收听率数据，不仅调查对象本身可以划分出清晰的性别、年龄、学历、职业、收入等层级，对社会各阶层的受众均具有较强的代表性，同时经过加权后的收听率数据已经对样本结构与总体结构的偏差进行校正，能够准确反映总体收听情况，也可以提供不同目标群体的收听数据。

（二） 对收听率指标的误读和误用

1. 对"收听率"和"到达率"理解的混淆

"我们台的电话调查显示，有56%的家庭收听我们这档节目，而你们调查的收听率仅为1.23%，你们的数据有问题。"

在对收听指标进行引用、分析中，最为常见的指标混淆出现在反映听众规模的到达率、反映平均每分钟（或15分钟）收听人数比例的收听率以及反映听众观后感的满意度3个指标之间。收听率是指针对某特定时段（或节目），平均每分钟的收听人数占推及人口总体的百分比。例如一个30分钟的节目的收听率为5%，意味着该节目平均每一分钟的收听人数占所有推及人口比例是5%，并不是在节目播出过程中所有曾经收听过该节目的听众比例。所有曾经收听过该节目的听众数量比例反映该节目听众的整体规模，正是到达率的概念，例如这个30分钟的节目的到达率为45%，意味着30分钟内总共有45%的听众曾经有收听过，无论收听时间长短，无论是否同时收听。

以对"根据电话调查的结果，有56%的家庭收听了我们这档节目"的理解为例，首先，这里的"收听"概念近似于到达率，亦即在该节目播出时间内，曾经收听过的家庭在所有调查家庭中的比例，而不是平均每分钟的收听家庭比例。另外，这里的家庭比例与收听率和到达率等收听指标是以个人为基础计算不同。

2. 对"收听率"和"满意度"理解的混淆

"根据网络投票、听众热线和手机短信的统计结果，我频率互动节目《A》的听众反响热烈，好评如潮，听众参与程度高，但是收听率却一直不见有大的上升，甚至还在下滑……"

票选、听众热线和短信回复量的统计结果，严格意义上说是一种"得票率"、"喜爱率"，而非收听率。满意度是测量受众对节目的态度，与收听调查对收听行为的测量显然有所不同。收听调查测量听众的收听行为，反映收听听众的规模、收听量大小及听众特征，而满意度更多的是反映听众对节目满意程度的一种心理指标。我们认为听众的满意度、参与度等与收听率之间不存在绝对的正相关关系。收听率与听众规模（即看节目的人数）和听众的收听时间（即收听节目的时长）这两个因素密切相关，而热线量、短信量等在一定程度上反映的是听众对节目互动的参与程度。某节目的热线量、短信量高说明听众对节目的关注程度和参与度相对较高，与收听率高低没有必然联系。

3. 指标推算方法错误

"节目播出了7天，将7天的收听率加总除以7，得到的收听率就是节目的平均收听率"，"节目首播时段的市场份额与重播时段的市场份额，相加除以2就是节目的平均市场份额"。

不考虑收听率指标的意义以及相关影响因素，而是在已有指标基础上对其进行简单的加减乘除，是收听指标使用中较为常见的一种误用，尤其对于收听率和市场份额这两个常用的指标，在对其本身的意义和计算方法理解不充分的情况下，错误推算的情况更加常见。

收听率是特定时段或节目平均每分钟的收听人数占推及人口的百分比，播出7天的节目，如果每天节目播出时长并不完全相同，那么在计算平均收听率时就不能对每天的节目收听率进行简单算术平均，必须考虑到节目时长的影响进行加权平均。例如，一期播出30分钟的节目与一期播出50分钟的节目，计算两个节目的平均收听率应当以总共80分钟为收听计算基础，两个节目由于时长不同在80分钟中的收听影响不同，80分钟中30分钟内的平均每分钟收听率和另50分钟内的平均每分钟收听率不能简单算术平均，必须根据时长加权平均才能正确反映80分钟内的收听率。

市场份额是特定时段内收听某一频率或节目的人数占同一时段所有收听广播的人数的百分比。不同日期、不同时段收听广播的总人数是动态变化的，因而市场份额的分母在不同的日期、不同时段是不同的，在实践中就更不能将其进行简单的算术平均而得出平均市场份额。例如，某节目在早间黄金时间（07:30~08:30）总收听率为30%的基础上获得10%的市场份额，而深夜时段（23:00~24:00）在总收听率为2%的基础上获得50%的市场份额，两者的计算基础完全不同，两次播出的市场份额不能做简单的算术平均，应该以该节目在上述两个时段的平均收听率除以所有频率在上述两个时段的平均收听率来计算相应的平均市场份额，否则错误的推算方式会导致对节目竞争力的错误理解。

4. 对收听率数值的微小变化异常敏感

- 数值敏感型

"节目的收听率为 0.0132%。"

收听率是根据样本的收听行为通过统计推断获得的，数值的获得不可避免地会存在一定的抽样误差。抽样误差与调查的样本量以及所采用的抽样方法有关。当我们计算获得某节目的收听率数值极小时，尽管说明该节目的收听率很低，但其具体数值已经没有多大的意义，因为有可能其统计误差已经大于其数值本身。上面例子中收听率为 0.0132%，这个结果很有可能是基于 1~2 个个体样本的收听行为推断出来的，在这种极低收听水平的情况下，再对其收听率计算到小数点后更多位数，甚至根据千分位或万分位的差异来比较大小，其实是没有任何意义的。假设昨天的收听率为 0.0132%，经常收听这档节目的 1~2 个样本可能因为某种原因，今天未能收听，如果没有其他样本收听，那么其收听率结果必然为"0"，这也是收听数据出现"0"的最常见情况，并不意味着整个城市所有广播人口中没有人收听。另外，日记卡的收听记录原则是采用 8 分钟规则（收听某频率超过 8 分钟才记录），也容易造成主要频率、黄金时段收听被夸大，次要频率、非黄金时段收听被低估的现象。

- 幅度敏感型

"收听率由 0.04% 降至 0.02%，降幅达到 50%。"

收听率变化可反映当下收听行为与前期收听行为的比较情况，对收听率变化的分析要做到客观和全面，必须把相对数和绝对数结合起来分析。绝对值差异在千分之一的水平，很有可能是 1~2 个样本收听行为的变化所致，小概率事件的特征和数值低带来的误差影响明显，不考虑收听率绝对数值而单纯强调变化相对幅度是对收听数据的一种误读，实际上收听率绝对值的变化微小。如本例中，虽然相对变化幅度达 50%，但收听率的实际变化也只是下降了 0.02 个百分点。

- 短期见效型

"前一天的收听率还是 2.1%，后一天就变成 1.8%，节目收听率是一个下降的趋势。"

收听率研究其实就是在一连串的时间序列点上，观测和分析收听率的变化趋势和变动幅度。因而考察收听率波动时，既要重视收听率变化的趋势，即在时间序列点上呈现出的整体变化方向，又要重视收听率变动幅度的显著性，即两个时点之间收听率差异是否较大。只有在收听率变动与节目发展整体趋势不一样，且与变动幅度具有显著性的差异时，界定收听率波动的合理性和所蕴含的实际意义才是有效的。对于短期内数值变化幅度的过分关注也会误导对收听率的解读和使用，一般情况下对节目尤其是新节目的收听变化，应该适当延长观察期以对变化的趋势及原因有更准确的判断。

5. 对市场动态竞争中收听率变化的理解孤立僵化

"同样的节目，内容和编排都没有调整，为什么收听率下降了呢？"

收听率反映听众在频率和节目选择中的收听行为结果，上面的表述隐含着这样不真实的前提，即节目所处的收听市场是凝固的，其他所有频率的节目都是一成不变的，收听率不受到听众选择差异的影响。此前提在现实中是不成立的，尤其是在一些突发事件时期或者节目进行重大调整时，收听人群可能会出现向其他频率其他节目的分流，收听率的数值就可能出现此消彼长的变化。即使节目本身没有变化，市场中其他众多节目都可能发生程度不同的变化，竞争变化是常态和动态的，导致听众选择变化，孤立关注自身收听变化而忽视市场竞争动态是上述疑问产生的根源。

（三）在节目评估中误用收听率

1. 单一依赖型

收听率作为一种易识别、好量化的指标，在广播节目评估体系中占据着越来越重要的地位。但是在实际操作过程中，如果单纯以收听率为标准对节目进行评估，对其赋予了100%的权重，忽视频率平台、时段竞争、节目类型、目标听众定位等因素对收听率的影响，不考虑节目定位、听众态度、投入产出等对于节目发展的意义，将无法科学全面地衡量广播节目的传播价值和自身品质，也让收听率负担了其不能承受之重担和不能达成之任务。

2. 盲目加权型

单纯运用收听率这一个指标对节目进行评估固然是不可取的，但在节目评估实践中还存在一种与此截然相反的方法，那就是零散地选择多个指标对收听率数值进行加权，没有形成逻辑严密的有机整体，而对这些指标赋予权重时，也仅从某一需求出发，没有经过科学认真的调查研究，最终无法达到全面有效地评估节目的目的。

那么，收听率在广播节目评估中到底应该占有什么样的地位？解决这个问题，就需要明确评估体系的指标和指标的相互关系和重要性。如果以收听率为基础，那么需要对收听率的外部权重和内部权重加以设置。设置外部权重需要将来自听众的意见反馈、领导和专家的评价打分相结合，解决来自不同评价主体的意见平衡。设置内部权重则要对影响收听率变化的因素加以识别和测定，解决不同节目之间收听率可比性的问题，这同时也需要区分影响收听率变化的外生因素和内生因素。外生影响因素,或环境设定因素,包括节目类型、节目播出频率、节目播出时段等;内生影响因素,包括节目题材、音响效果、剪接形式、节奏进度、主持人风格、版块设置等。[①] 在综合考虑上述多种影响因素的前提下,在对各类因素赋予合理权重的情况下,以收听率为基础进行节目评估才更加有效。当然,在实践应用中的节目评估可能更加复杂,就更需要在评估前对指标选择和权重赋予进行全面而审慎的考量。

三、结语

与西方国家半个多世纪的收听率运用历史相比,我国收听率调查与应用的历史要短得多,因此业界对收听率的认知和应用都不可避免地要经历一个从简单到复杂、从迷信到科学、从盲目到理性的过程。本文仅对当前存在的收听率数据的误读与误用现象进行了简要总结、分析和释疑,以期对使用者正确理解、合理使用收听率数据和分析方法有所裨益。当然,随着广大媒体从业者对收听率认识的不断加深,行业对收听率的认知渐趋理性,运用也更加科学。但收听率毕竟是一个科学指标,对其科学的解读和理性的运用需要一个不断积累经验、不断学习提高的过程,我们相信,对收听率的误解和误读能够逐渐减少和化解,真正回归理性科学的轨道。

---

① 王兰柱等:《中国电视节目评估:理论与实践》,中国传媒大学出版社 2007 版。

收听率数据在广播节目编排中的应用

张 嫄

在信息时代来临之际,消费者的媒体选择不断增多,媒体消费的个性化日趋明显,广播由大众化、综合性的"广播"走向小众化、专业化的"窄播"乃大势所趋。"窄播"的推行除了需要专业化的频率设置外,更为重要的是根据听众收听偏好、收听习惯做好节目编排,收听率数据在这方面具有极为重要的参考价值。

本文基于CSM媒介研究2009年至2013年四波次调查数据打通的29个城市收听率调查数据,对如何利用收听率数据指导广播节目编排进行分析,希望起到抛砖引玉之效,引导业内人士对收听率数据在节目编排中进行更充分的利用。

一、借助市场整体状况分析,把握节目编排市场环境

对收听市场整体状况进行分析的目的,是为了了解整体收听市场的规模及发展趋势,进而了解本频率(本广播电台或本节目)的潜在市场空间和发展机会。听众规模和听众收听量可从空间广度和时间长度两个维度来描述一个广播收听市场的大小,是反映一个收听市场大小最基本的指标。

从空间维度来看,我们使用到达率这个指标来反映在某个时段内某频率或某节目的听众规模大小。到达率是指在一定时段内,至少收听过一次某频率或某节目的不重复听众人数占全体广播听众的百分比值。到达率高,听众规模大;到达率低,听众规模小。从时间维度来看,我们通常会用到人均收听分钟数这个指标,来反映广播听众平均每人每天收听广播的时间长短。同时,我们还会通过人均收听分钟数(听众)这个指标来考察实际收听广播听众的人均收听时长。

在2009~2013年CSM媒介研究均进行调查的29个城市中,广播听众人均每天收听

广播的时间在78~86分钟之间，相比历史数据，广播人均收听量在波动中持续下降，于2013年达到历史最低。同时，广播日均听众规模也在逐年缩减。但从实际收听广播的听众在收听时长上的变化来看，则在近五年一直保持着稳定的状态（图1）。

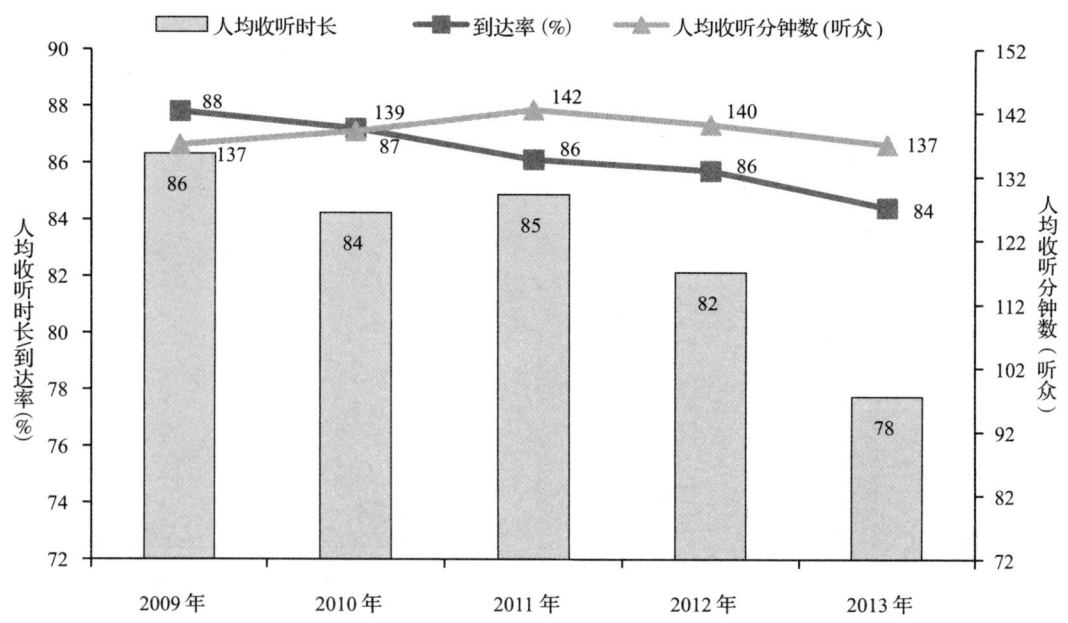

数据来源：CSM媒介研究

图1　2009~2013年听众规模和人均收听量

近些年来，受到互联网等新媒体发展的冲击，广播听众被分流的情况也十分严重，收听时间受到挤压，听众人均收听时长呈现下降趋势。但随着近几年收听设备和技术的发展，收听广播的渠道不断增多，使得忠实广播听众的收听量依旧稳定。要在有限的市场中获得更多听众的注意，就需要广播节目编排者从听众收听习惯、听众结构、节目收听和频率竞争的角度，对听众的收听特征及变化进行深入剖析，以便准确定位节目的目标听众，制定有的放矢的编排策略。

二、了解听众收听状态，寻找合适节目内容

与电视和报纸等其他大众媒体相比，广播媒体在移动收听和伴随收听上的优势明显，这就使得广播内容可以在多种地点和多种状态下被听众收听。同时，听众的收听行为与其日常生活规律密切相关，分析听众在不同周天收听率的变化，也可以帮助我们了

解听众在不同周天的收听习惯。从 2013 年[①]北京地区听众在不同收听场所、不同周天的收听率对比可见，在听众出行较多的工作日，在车上和工作/学习场所的收听水平明显高于周末；在周末的休闲时间，受众则更多的选择在家收听广播（图2）。

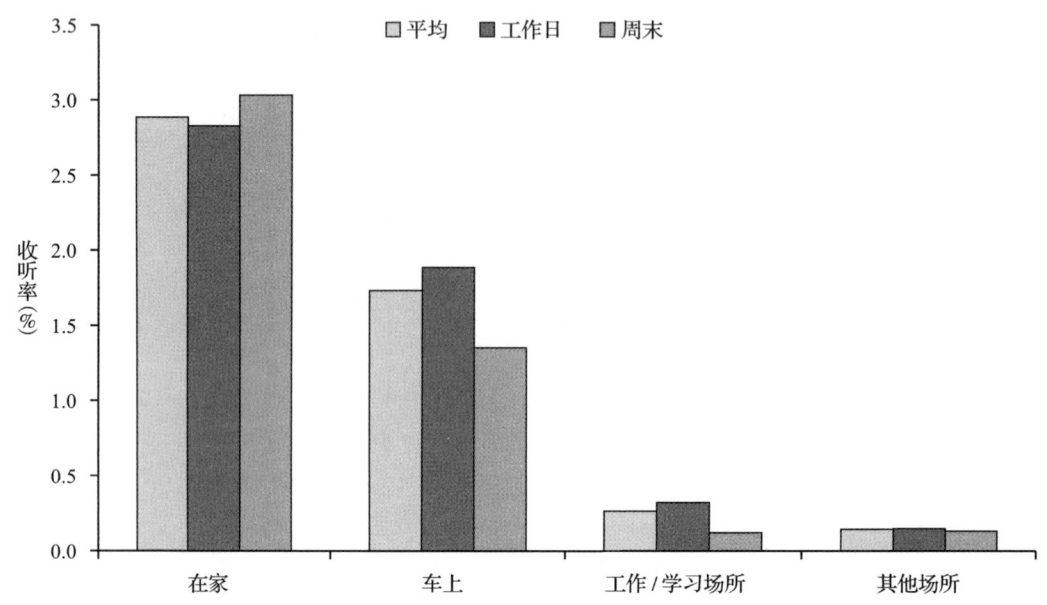

数据来源：CSM 媒介研究

图2　2013 年北京地区听众在不同场所、不同周天收听率对比

将对听众收听地点的分析与听众收听周天规律相结合，有助于确定各个时期适合播出的广播节目内容。听众在不同周天的工作和生活习惯，会对其对广播媒体的消费量产生影响。在不同地点和不同状态下，听众的信息接收环境和信息接收状态不同，需要广播频率选择和编排不同的节目内容，以适应听众的需求。比如听众在开车收听广播时，对交通路况和气象信息相对比较敏感；而在工作/学习场所收听广播时，更多的是要寻求一种"背景声音"，这个时候，音乐类节目就比较符合听众的需求。

三、确定目标听众群体，指导内容选择和编排

听众构成是对特定频率、节目或时段听众类型结构的客观描绘，回答了"哪些人收听该频率、节目"的问题；而听众集中度则是通过比较目标听众收听率与所有听众平均

---

① 2013 年数据为 2013 年四波次调查数据。

收听水平的差异,来判断目标听众的收听倾向性。集中度本身是一个指数,其值如果大于100%,则表示该类听众的收听倾向高于平均水平,也就意味着该类听众群体更偏爱收听这个频率或节目。

以某城市电台交通频率为例,从听众构成上来看,该交通频率男性听众的比例明显高于女性;35~44岁的中青年听众群比例相对较高;从受教育程度来看,高中以上教育程度群体的比例相对也较高。从听众集中度来分析,尽管年龄在25~34岁和45~54岁的人群在听众比例上的数据差异不大,但45~54岁听众群则更偏向于收听这个频率;虽然高中学历人群收听的比例低于大学及以上学历的人群,但他们比大学及以上学历人群更偏爱收听这个频率;从职业类别来看,干部/管理人员、个体/私营企业人员和工人在听众群体中的比例相对较低,但这些听众收听这个频率的倾向性相对其他职业更高(图3)。

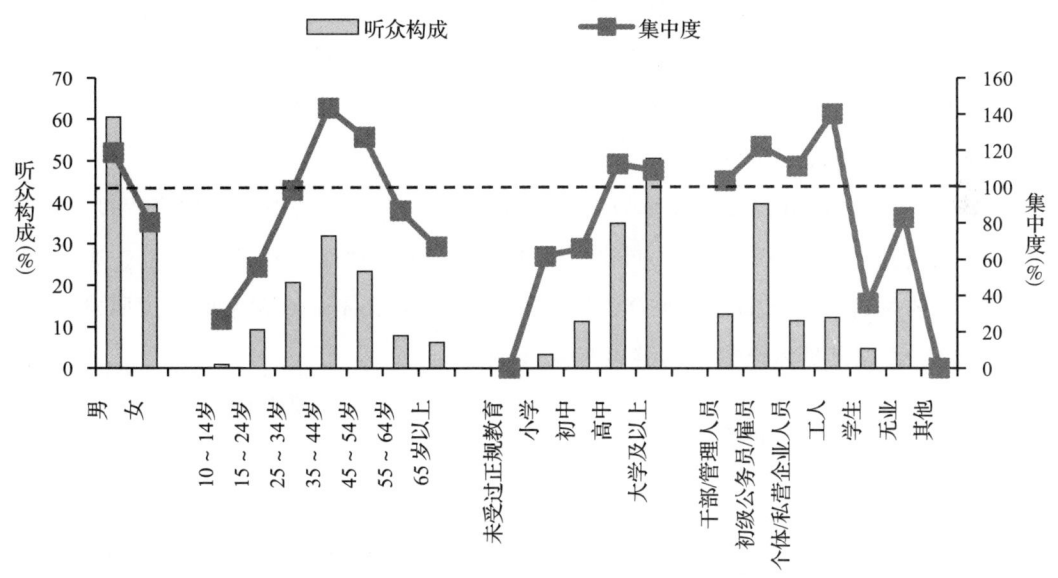

数据来源:CSM媒介研究

图3 2013年某城市电台交通频率的听众构成和集中度

听众构成与集中度数据反映了听众的构成情况和收听偏好,因此广播电台会以此项分析作为节目编排的一个依据。这种分析可以帮助我们找到特定频率、节目的重度听众,能够帮助频率、节目判断自己现有的节目编排和选择是否有效地满足了目标听众的需求。在听众收听行为细分化和碎片化的整体市场环境下,不同节目类型和不同频率广播节目的听众构成和听众集中度都会有很大差别。节目编排者还需要将听众构成与节目类型和频率竞争进行交互分析,了解不同频率和不同节目类型在不同目标人群中的优势,进而结合自身的目标听众定位和节目资源,发掘自身的潜力市场。

四、深入分析听众倾向，精准定位节目内容

虽然收听率从表面上看只是一个简单的数值，但实际上收听率包含了两个密不可分的维度：一个是到达率；另一个则是反映听众对特定频率（节目）收听忠实程度的指标，即忠实度。

根据不同听众群体到达率、忠实度与整体听众平均水平之间的关系，我们将听众群体分为四大类。到达率和忠实度均高于平均水平的听众为重度听众，也就是收听特定频率（或节目）的人数比较多，且收听时间也比较长；到达率高于平均水平但忠实度低于平均水平的听众称为游离听众，这个群体中有很多人会收听特定频率（或节目），但频率（或节目）内容对其吸引力不大，听众很快就会转换频率或者关机；到达率低于平均水平但忠实度高于平均水平的群体为稳定听众，尽管这个群体中收听特定频率（或节目）的听众人数不多，但收听者都比较喜欢该频率的节目，收听的时间比较长；到达率和忠实度均低于平均水平的群体为轻度听众，这个群体中，收听特定频率（或节目）的人数较少，停留时间也比较短。

就2013年某城市电台交通频率为例，男性、35~64岁、高中以上教育程度、个体/私营企业人员和初级公务员/雇员为该频率的重度听众；女性、65岁及以上、小学和初中学历的群体是这个频率的稳定听众；10~24岁和学生群体是该频率的轻度听众；25~34岁、干部/管理人员为该频率的游离听众（图4）。

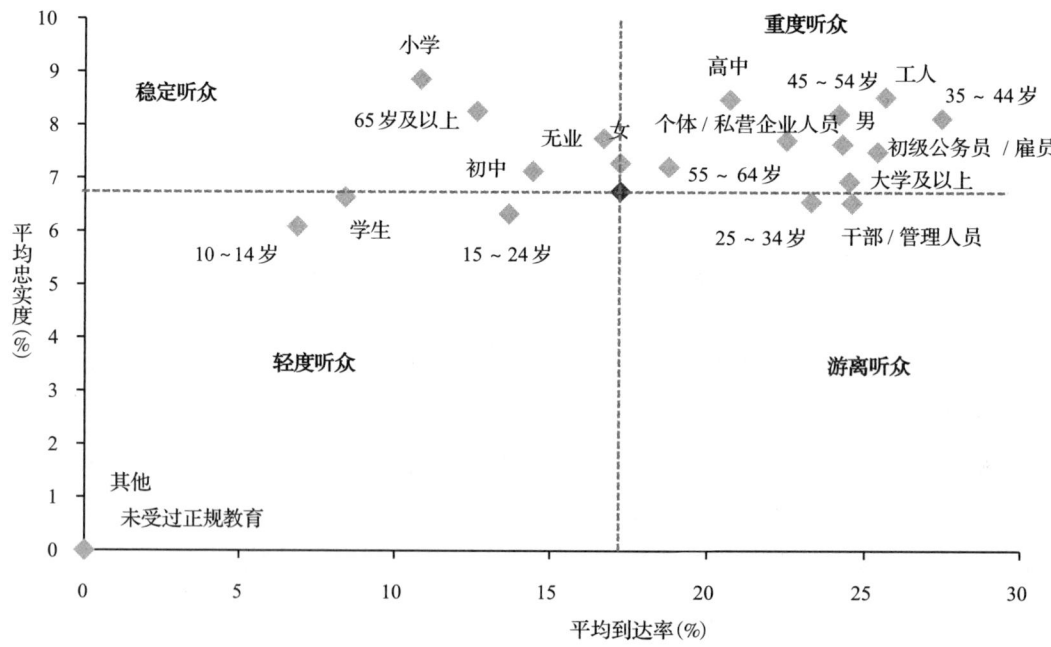

数据来源：CSM媒介研究

图4　2013年某城市电台交通频率听众平均到达率和平均忠实度

对各类频率、各种节目都可以通过上述方法，来分析了解频率（节目）的重度和稳定听众群体，了解目前的节目编排是否有效地实现了频率（节目）的定位，从而进一步明确频率（节目）应该从什么角度着手，改善目标群体的收听状况。此外，在分析过程中，还可以把诸如听众收入等变量以及收听地点的因素考虑在内，形成对听众收听倾向更深入的认知。

五、了解听众收听时段规律，明确重点编排时段

为了更好地迎合不同听众群体在不同时段的收听需求，需要把握听众收听的时段规律，这样可为广播频率确定收听黄金时段，并制定相应节目编排策略提供依据。在节目编排时可以根据不同性别或年龄层听众群体的收听习惯和偏好，选择在不同的时间段播放特定收听群体喜欢的节目，以吸引更多此类听众群体的关注。

分析听众在全天不同时段的收听走势，可以从听众性别、年龄、文化程度等多角度入手，以了解不同听众在不同时段的收听差异。以2013年北京地区男性和女性听众在全天不同时段的收听走势来看，男性听众和女性听众在一天中都有早晨、中午、下午、傍晚和晚间几个时段的收听高峰，并且男性听众在全天大多数时间的收听率均高于女性群体，尤其是在早间07:00~09:00时段、傍晚17:00~19:00时段和晚间21:00~23:00时段较为明显。这是因为随着人们生活水平的提高，城市人群移动生活的扩大，收听峰值伴随着早晚上下班时段而出现，且男性群体多作为移动收听的主力听众群体，在这个时段具有明显的收听优势（图5）。

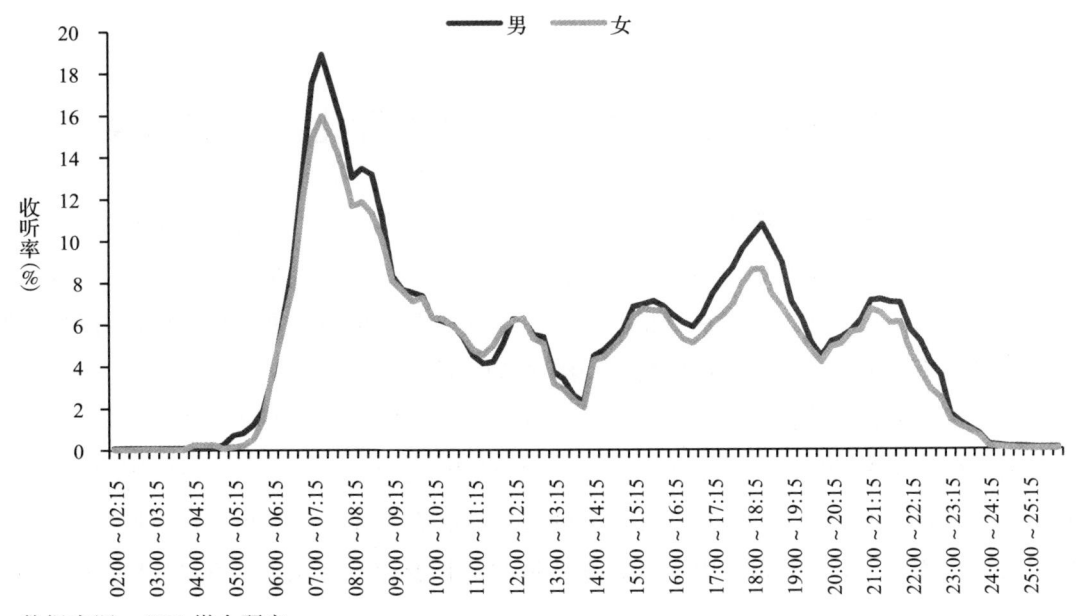

数据来源：CSM 媒介研究

图5　2013年北京地区男女听众全天收听走势

对比不同年龄段听众全天的收听走势差异不难发现，55岁以上的中老年听众在早间06:00~08:00时段的收听高峰明显高于年轻听众，尤其是55~64岁的听众在06:45~07:45时段这一个小时内的收听率位于所有年龄层之首。在白天大多数时段，中老年人的收听率也都明显高于年轻群体。在傍晚17:00~19:00时段，35~44岁中青年听众群体的收听水平超过了其他年龄段听众（图6）。

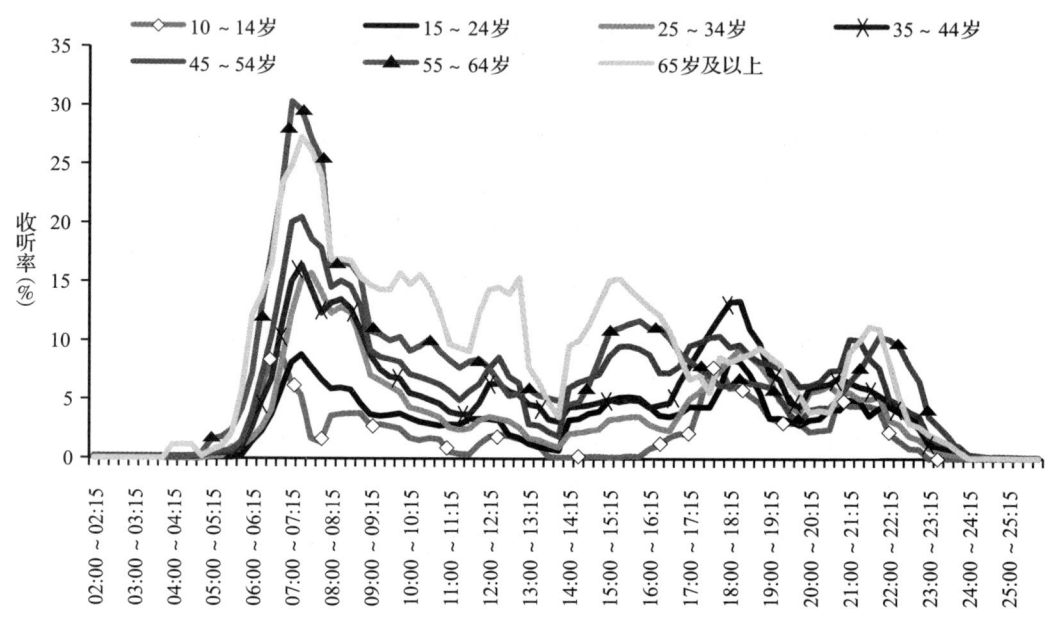

数据来源：CSM媒介研究

图6 2013年北京地区不同年龄段听众全天收听走势

六、实施频率竞争格局分析，借差异化寻求竞争突破

近些年，广播整体收听市场规模变小的趋势与竞争频率日趋增多的趋势相结合，使得广播市场的份额竞争趋于白热化。面对着众多或同质或异质的竞争频率对于听众注意力的争夺，广播频率在进行节目编排前，需要对本地市场频率竞争格局的状况有清晰的把握，以明确竞争对手，选择有的放矢的编排策略。

与电视媒体相比较，广播具有更强的地域性特点。除了中央人民广播电台和中国国际广播电台的频率能够覆盖全国外，其他频率只能覆盖到本省或本市的收听市场。因此，分析不同收听市场上各级频率的竞争格局，不仅能了解中央级频率在不同市场的竞争力变化，还可以对不同市场中各级频率力量的消长变化有所把握。在2013年CSM调查的 29 个城市中，省级频率市场份额占整体市场一半以上，达到 56.7%；市级频率也具有较强的竞争力，占 30.9% 的市场份额；中央级频率则占据了 10.0% 的份额。在北京市场，北京人民广播电台的频率竞争力最强，市场份额达到 70.9%，但中央级频率也保持了一定的优势，占据 26.9% 的收听份额（图 7、图 8）。

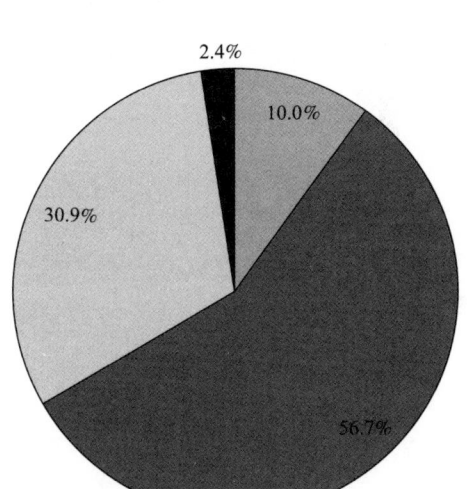

数据来源：CSM 媒介研究

图 7　2013 年 29 城市市场各级频率的市场份额

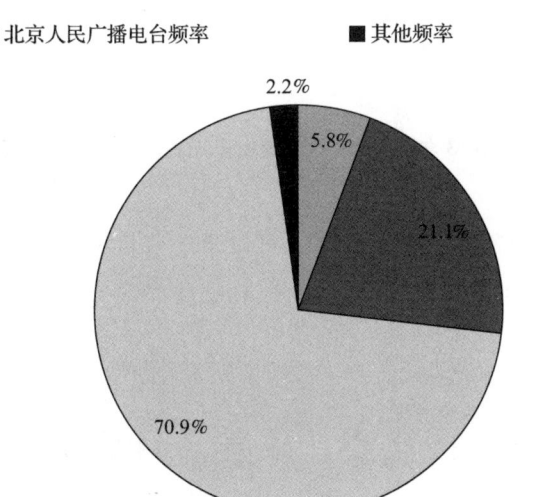

数据来源：CSM 媒介研究

图 8　2013 年各级频率在北京市场的市场份额

七、时间与频率交互分析，了解不同时段的频率竞争态势

从各级频率在全天不同时段的市场份额走势，我们可以进一步看出不同级别频率基于节目编播和听众收听规律而形成的特有的"优势"时段。以2013年29个城市各级频率全天市场份额走势为例，省级频率在全天各时段都具有较强的竞争优势，而市级频率则在清晨04:00~05:00时段竞争力更强，中央级频率的相对优势时段是在早间和晚间时段（图9）。

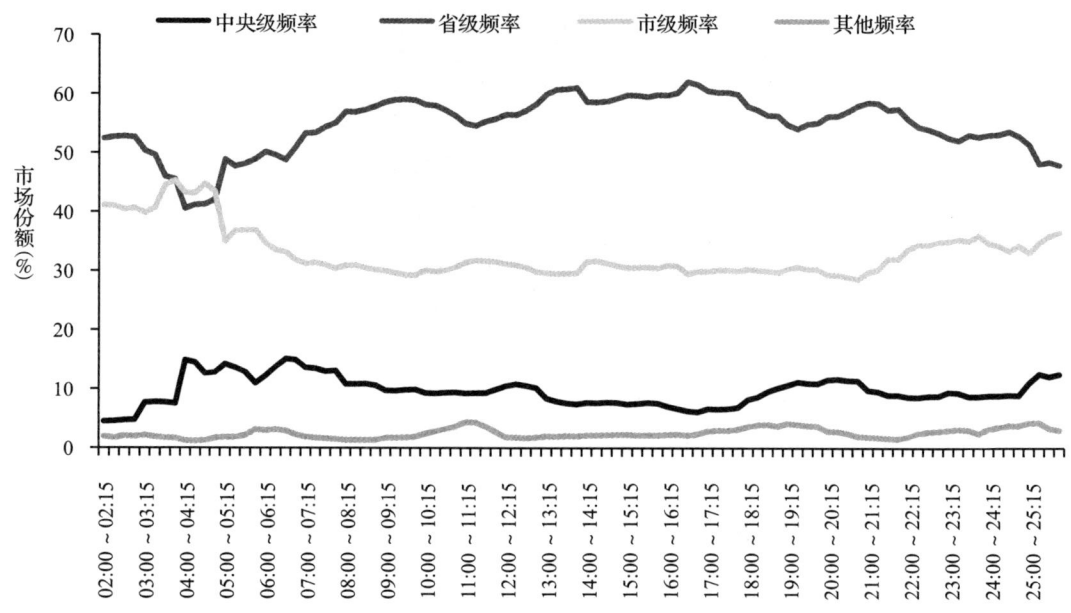

数据来源：CSM媒介研究

图9 2013年29城市各级频率全天不同时段市场份额

将时间与频率市场份额进行交互分析，可以帮助节目编排者了解自身和竞争对手在各个时段上的竞争状况，明确自己的优势时段和弱势时段，并选择性地安排节目强化优势时段，带动弱势时段。

八、比较节目收播比重，改善节目资源使用效率

在进行节目分析时，对各类节目的播出比重和收听比重进行比较也是非常重要的。播出比重是指某类节目的播出时间占所有节目播出总时间的比例，收听比重指的是听众

收听某类节目的时间占所有节目收听总时间的比例。广播节目投放到收听市场后,对其收听效果最直观的检验是其获得的收听份额大小,但是我们同时需要考虑获得这一收听回报与所付出的成本之间的关系,即分析节目的资源使用效率。该指标由收听比重减播出比重的差值占播出比重的百分比来表示。

节目资源使用效率可以反映节目播出的供求平衡关系,节目资源使用率大于零的节目,是需求量大于供给量的节目,播出效果通常较好,在投放上存在着一定的增长空间;而节目资源使用率小于零的节目,供给超过需求,投放相对过剩。编排节目时不能盲目跟风,要以市场供需情况为指导。

从2013年北京地区各类节目的资源使用效率来看,新闻/时事和其他类节目的资源使用状况非常不错,相比其他类型节目有较大的开发空间;而外语、体育、法制、文艺、音乐、社教、生活服务及财经类节目则存在着明显的供大于求的状况(图10)。

图10　2013年29城市节目收播比重及资源使用效率

节目类型	播出比重%	收听比重%	资源使用率%
财经	4.79	4.69	-2.09%
法制	0.97	0.55	-43.30%
其他	15.97	18.28	14.46%
社教	6.82	5.29	-22.43%
生活服务	17.79	14.73	-17.20%
体育	3.44	1.49	-56.69%
外语	0.3	0.08	-73.33%
文艺	13.07	9.68	-25.94%
新闻/时事	12.56	26.88	114.01%
音乐	24.27	18.33	-24.47%

数据来源:CSM媒介研究

九、小结

广播节目编排并不只是将节目按一定的时间顺序排列而已,而是要对时间进行巧妙的艺术分割。无论对于广播电台的舆论宣传功能而言,还是对广告创收功能而言,通过切合听众需求、适应市场竞争环境的节目编排,来最大化目标听众规模,是广播节目编排的重要目标。

在当前日新月异的媒体环境下，广播作为一种相对传统的媒体形态，面临着越来越多新兴媒体的挑战，尤其是在广播曾经一度占据统治地位的移动传播领域。新媒体参与竞争，对广播媒体如何吸引并挽留听众注意力提出了更高的要求。要把握住听众的注意力，广播媒体必须从内容选择、节目编排和播出推广等多个方面寻求对听众需求的满足；而对听众需求的满足需要以对听众收听市场准确的、动态的了解为基础。

收听率调查通过对广播听众的收听行为进行连续性的抽样调查，可以反映出听众市场需求的现状和变化；正因为如此，以收听率数据为重要参考进行节目编排，对于广播媒体把握并适应听众市场变化有着重要的意义。

收听峰值背后的成因及实现路径探讨

梁　帆

传统电视的收视模式比较单一，无论在哪里，皆是晚间出现收视最高峰，俗称"黄金时段"。而各地广播的收听模式却多种多样，诸如单峰型、双峰型，还有多峰型，这些收听峰值出现的时段也不尽相同。本文想探讨一个问题：不同收听市场出现这些收听峰值背后的原因是什么？驱动力是什么？作为广播媒体而言，希望自己的节目能够产生良好的收听效果，形成高峰；并且频率的高峰期尽可能地延长，又高又宽、高位企稳。但现实情况是产生收听高峰不易，即使是产生了收听高峰，把收听高峰做宽又很困难。

本文从分析收听率数据出发，尝试归纳和梳理做高、做宽收听高峰的部分成因，为业内人士了解听众收听行为，优化时段编排，合理、充分、有效地使用各种资源，以便在当今新媒体强势挤压传统媒体、听众碎片化程度加剧的背景下，能够在传统线性收听领域创立收听高峰、增强频率竞争力提出拙见，算是抛砖引玉，期待共同探讨。

一、透视影响广播收听高峰的关联要素

1. 地域、生活形态与收听模式的关联

广播媒体的伴随性、地域性、属地化特征十分明显，中国幅员辽阔，各个地区的气候、人文、生活形态不尽相同，对广播媒体的收听和接触也呈现千差万别的结果。在北方城市中，不管全天出现几次收听高峰，但趋同的一点是都有早间收听高峰；而在南方城市中，像广东的城市，基本上是收听最高峰值出现在午间，像南宁这样的城市，全天的峰值却不是十分突出（图1）；东西部城市之间的差异与时差相伴，东北哈尔滨的早间开机时间要比北京早半个小时，比西部的乌鲁木齐要早两个半小时（图2）。收听峰值这些差异的背后都与地域属性和生活形态的因素密切相关，而收听高峰的出现与这些因素相伴而生，形成常态的收听模式。

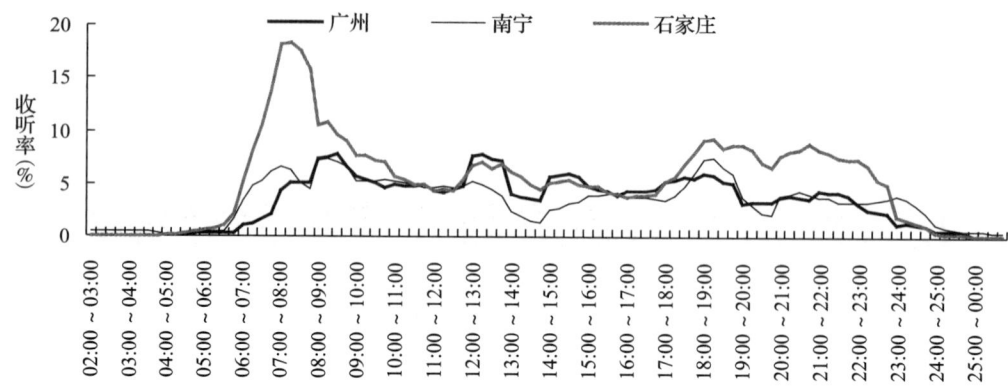

数据来源：CSM 媒介研究

图 1　广州、南宁、石家庄全天收听率走势比较（2014 年 9 月）

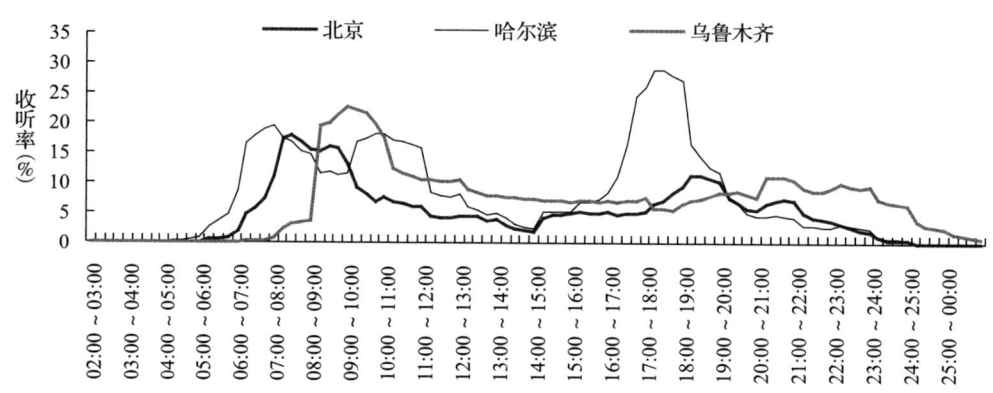

数据来源：CSM 媒介研究

图 2　北京、哈尔滨、乌鲁木齐全天收听率走势比较（2014 年 9 月）

2. 在家及车载收听的变化与收听模式的关联

近年来，随着城市化进程的快速推进以及人民收入水平的提高，城市中私家车数量显著增加。CSM 媒介研究收听调查数据显示：城市中在家的收听率不断走低，而车载的收听率稳中有升（图 3）；同时也使得在车载收听市场中，收听峰值发生了变化，早高峰时段后移，峰值基本出现在早晚的上下班出行时段（图 4）；车上收听的听众结构与在家收听的听众结构具有显著差异（图 5）。数据显示，在家的听众中女性、高年龄、低收入、退休人员居多，而在车载收听市场听众中是男性、社会中坚人群、在职人员为多。上述收听峰值的错位、移动是随着社会环境的变迁自然产生的结果，并且随着时间的推移而变得越来越显著，车轮子成为这种现象的主要驱动因素。

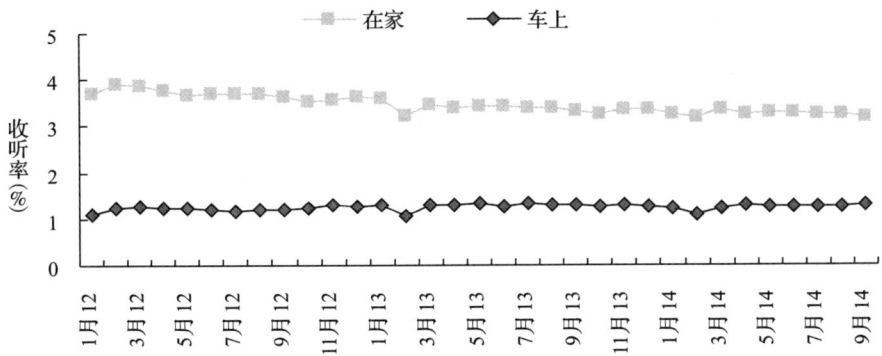

数据来源：CSM 媒介研究

注：22 城市组合是指 CSM 媒介研究全年连续收听调查城市中 2012~2014 年相同的 22 个城市。

图 3　2012~2014 年全国 22 城市组合在家和车上月度收听率走势

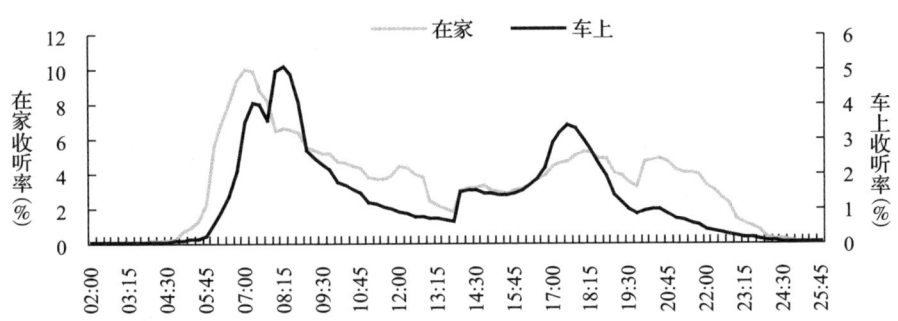

数据来源：CSM 媒介研究

注：23 城市组合是指 CSM 媒介研究在 2013 年进行全年连续收听调查的 23 个城市。下同。

图 4　2013 年全国 23 城市组合在家和车上全天收听率走势

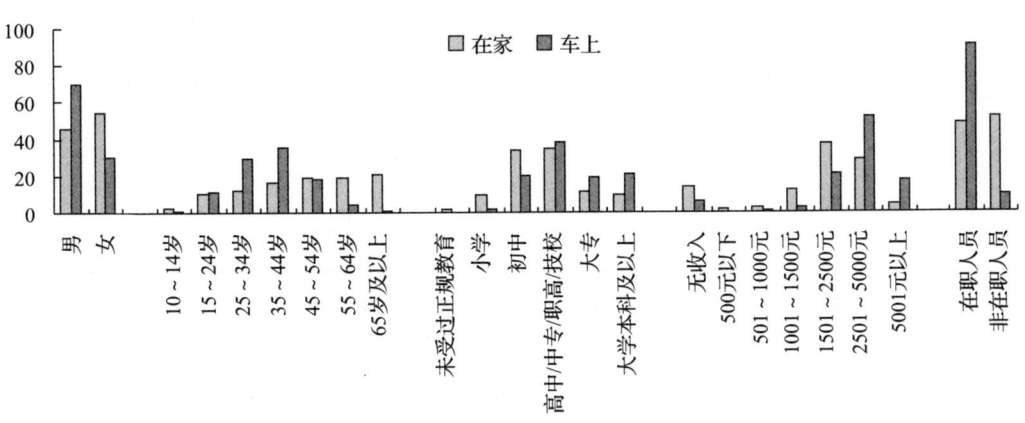

数据来源：CSM 媒介研究

图 5　2013 年全国 23 城市组合在家和车上的听众构成比较

3. 频率定位与收听模式的关联

综观城市中广播电台频率的构成，除了中央级频率外，各地省级台和市级台的频率分门别类，丰富完整，而且还在不断地拆分、增加，使得广播收听市场的竞争更加多元和激烈。业界的共识是广播频率朝着专业化、对象化和窄播化的方向发展。一个城市中存在着新闻、交通、音乐、经济、都市、文艺等类型的频率，仍不断涌现的是以城市移动人群和私家车主为目标群体的各类型细分广播频率。在广播曾经的黄金岁月里，频率数量少且比较单一，其收听模式也相对较为简单。近年来多频率的出现，不断地分流、又重新聚合受众群体，不同频率所聚集的目标群体存在着竞争关系，也有差异，听众对频率的收听也产生了不同的收听模式，使得各类频率的收听峰值形成了多样化的格局。比如新闻综合类频率以在家收听为主（图6），峰值基本出现在早（07:00~08:00）和晚（20:00~21:00）两个时段；交通频率以车载收听为主，峰值出现在早晚出行时段（图7）；音乐类频率伴随性特征体现最明显，各个收听地点呈现时段互补的特征，在家里早间、午间、晚间有明显收听高峰，车上是早晚出行时段高峰明显，工作/学习场所则是午间、上午、下午时段高峰明显，其他场所全天都有收听（图8）。

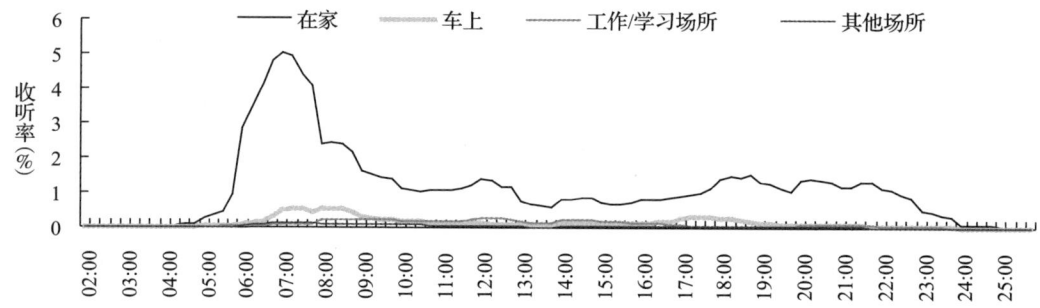

数据来源：CSM媒介研究

图6 2013年全国23城市组合新闻类频率在不同地点的收听率走势

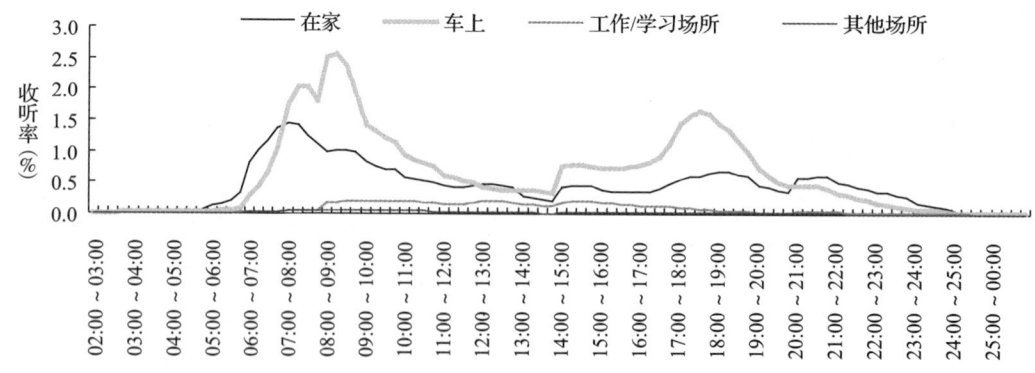

数据来源：CSM媒介研究

图7 2013年全国23城市组合交通类频率在不同地点的收听率走势

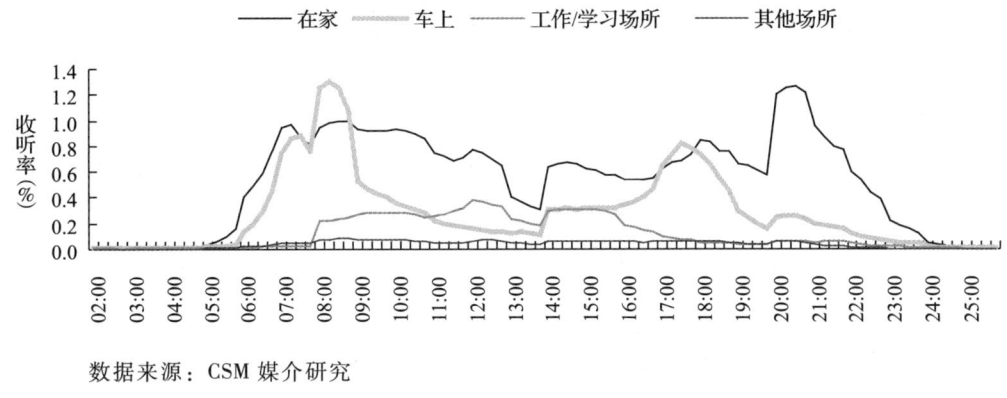

数据来源：CSM 媒介研究

图 8 2013 年全国 23 城市组合音乐类频率在不同地点的收听率走势

4. 强势节目与收听模式的关联

多年来，早间时段是广播播报新闻的天下，各个广播电台几乎把最优质的新闻节目都安排在早间播出，从而形成了早间收听新闻的节目约会模式。一个城市中大部分强势频率在早间都有新闻节目播出，除了固定转播中央台的《新闻与报纸摘要》节目外，在其播出时段的前后都会编排本地的新闻类节目，形成新闻节目带。早间时段也是多数城市广播开机最茂盛的时段，各频率新闻类节目的群体效应共同推升了该时段的整体市场收听，形成了常态的、较为固化的早高峰收听模式。以上海市场 2014 年 8 月份为例，早 06:00～09:00 时段新闻类节目的播出比重占所有节目类型的 30.91%，而收听比重更是高达 61.01%。

早间新闻时段的收听高峰在大多数城市具有趋同性，但不同城市第二个、或者第三个收听高峰的出现却多与强势节目密切关联。以 CSM 媒介研究 2014 年 9 月份的数据为例，哈尔滨、长春、济南市场的第二个收听高峰，基本上都是以情感类、互动性心理访谈类节目拉动的，这类节目在当地反响强烈，影响力大。黑龙江都市女性频率的《叶文有话要说》在哈尔滨收听市场中该节目同时段占据 70% 的市场份额，吉林新闻综合频率的《晓声长谈》占据长春收听市场同时段 40% 的市场份额，济南新闻频率的《金山夜话》多年来占据晚间时段的高点，9 月份的市场份额达到 55%，这些节目不仅是当地市场收听率最高的节目，也是推升当地收听第二高峰的最主要力量。这说明，一档强势广播节目，不但能够托升起一个频率，甚至能支撑起市场的一个收听高峰。

二、把脉形成广播收听高峰的路径要素

1. 了解目标听众群体的收听习惯

洞察一个广播收听市场各类目标听众群体的收听习惯,对于广播媒体经营者意义重大。要想高效地运营频率,就要了解频率所定位的目标听众的收听习惯,了解目标听众收听广播时间在各时段的分配,这样才能在最合适的时段里把节目推送上去,以期获得目标听众的最大收听可能。所以,了解不同目标听众群体的时段收听走势就显得尤为重要。例如在北京收听市场,15～34岁的年轻人与55岁以上的中老年人在全天开机时间及早高峰时段上差异十分明显,下午的收听形成强烈反差(图9)。如果专注于移动收听人群,那么单独考察车载收听市场,不同年龄组听众车载收听的差异显然与所有场所的差异对比鲜明(图10)。

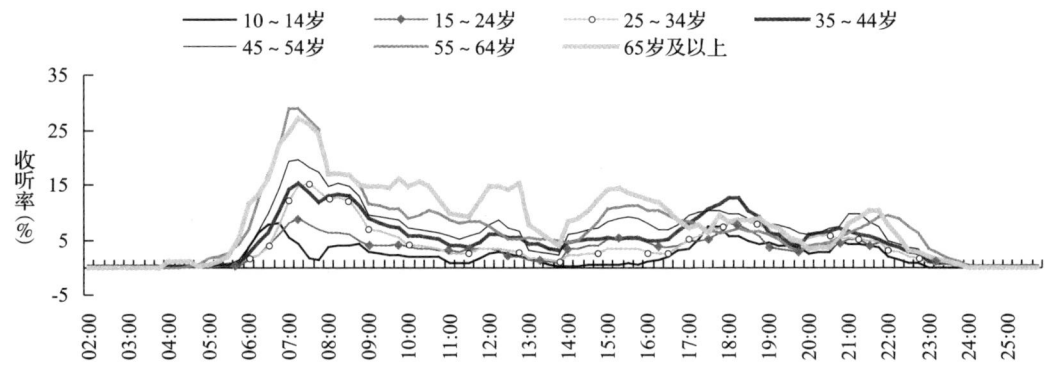

数据来源:CSM媒介研究

图9 北京市场不同年龄听众全天收听率走势(所有场所,2013年)

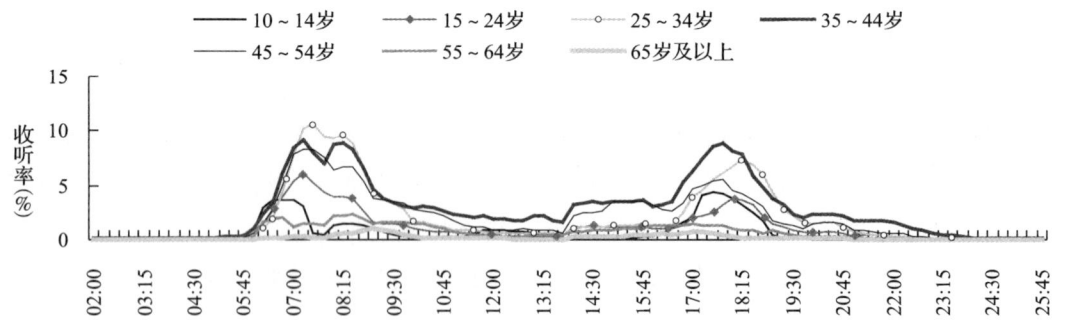

数据来源:CSM媒介研究

图10 北京市场不同年龄听众全天收听率走势(车上,2013年)

2. 了解目标听众群体的节目喜好

CSM媒介研究的广播收听率调查数据显示，新闻、音乐、生活服务类节目是拉动收听率的"三驾马车"。这3类节目，无论是在节目的播出量中，还是在节目的收听量中，都占据相当大的比重。在北京、上海、广州、杭州、深圳5个城市中，这3类节目基本占到节目总播出量的一半以上，而收听比重更占到60%左右。像交通频率中有关出行天气、交通方面的提示信息，以及带有很强幽默感、地方色彩、方言土语、娱乐元素的双人脱口秀节目，均非常受欢迎。而像叶文、晓声、金山式的情感谈话类节目在当地成为拉动收听的"第四架马车"。南宁广播市场上空飘荡的多是音乐的声音，当地以音乐为主的频率占据强势媒体地位，这与当地听众喜欢收听音乐密不可分。当然，一方水土养一方人，一个在当地强势的节目，换了环境，也有可能产生水土不服的结果。所以，了解一个市场听众对节目的口味和需求，对于办什么样的节目，以及如何办好节目，意义十分重大。

3. 了解目标听众群体的收听场所

近几年许多电台针对城市听众，开办了许多针对移动收听市场的频率，频率的呼号和内容针对性很强，并随着车载收听市场的壮大，稳步走向繁荣。究其原因，其中一个最主要的因素就是瞄准这个市场中的优质人群。前文提及的移动收听人群是以男性、社会中坚力量、高收入、在职为主（图5），很显然，这部分群体的消费能力更高，社会影响力巨大，同时，不乏意见领袖式的高端人士。所以，追逐这部分人群的广播媒体接触和节目体验，成为电台打造频率内容、吸纳品牌硬广告的原始驱动力。但是对于以在家收听为主的老年退休人群，广播的传播价值也不应该被矮化，除了多年培育的忠实听众，多数频率如新闻综合频率的公信力一直没有衰减，时政要闻、民生节目、优质的健康节目都能够获得听众的青睐。对于许多省级广播电台，一些频率要面向全省，其节目内容也要适位于全省，如新闻综合、乡村频率等，在中心城市难与定位于城市的频率竞争，但在全省范围内，尤其是在广大的农村地区，收听效果十分显著。因此，了解在不同的收听场所、不同的地域，不同频率对不同目标听众群体的吸纳和吸引程度是非常必要和必需的。

4. 了解全天收听时段的开发价值

广播媒体的传播是随全天时段线性播出的，全天不同时段的收听会出现波动，深夜收听微弱。早间新闻集中的时段多为早高峰时段，也是常态下的黄金时段，开机率最高，但是竞争往往也最激烈。一些频率考虑把自己的优质节目投放进去，却又担心淹没在沸腾的红海中,对于其他非黄金时段,往往也没有十足的把握。

本文认为竞争是全天候的,时段价值是可以开发出来的,任何时段都有可能成为目标听众群体的第二、第三、第 N 个收听高峰时段。《叶文有话要说》节目在下午 16:30 开播,这个时段历史上曾经是哈尔滨市场的收听洼地;《晓声长谈》节目在晚间 20:00 开播,是传统的电视黄金时段,但是他们都创造了收听市场中的奇迹,开辟出属于自己的蓝海,获得最大的听众收益。即使是收听沉寂的深夜时段,也不能放弃,也具有开发利用的价值。

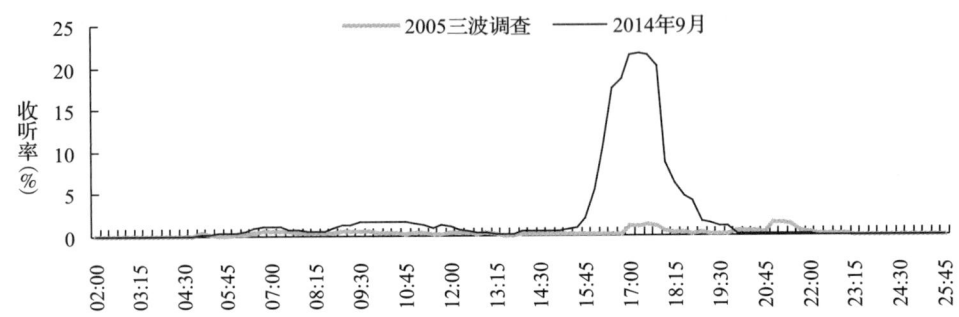

数据来源:CSM 媒介研究

图 11　黑龙江都市女性频率在《叶文有话要说》节目开播前后的时段收听率对比

三、优化整体收听效果的资源要素

1. 频率平台的自身条件影响传播效果

经营好广播与频率自身的先天条件不无关系。以传统方式发射广播信号的收听效果会受到诸多因素的影响,例如:一个频率所搭载的调频受其发射功率大小的影响,FM 与 AM 的收听效果差别很大。这就好比竞争平台相同,但各自的先天条件不同,300 瓦与 3 000 瓦不可同日而语,后者可以对一个市场进行 100% 的有效覆盖,而前者可能只能有效覆盖一部分⋯其竞争的结果自然而明。某一北方城市市场,曾经有一个小调频频率,自身做节目很努力,但收听市场效果不显著,在发射设备升级完成后,覆盖有了大幅度的改善,同时加紧开发优质节目并优化编排,在很短的时间里,跃居市场竞争的前列,而且一直保持良好的势头(图 12)。频率的先天条件很大程度上决定了收听结果,有效覆盖是个硬指标。

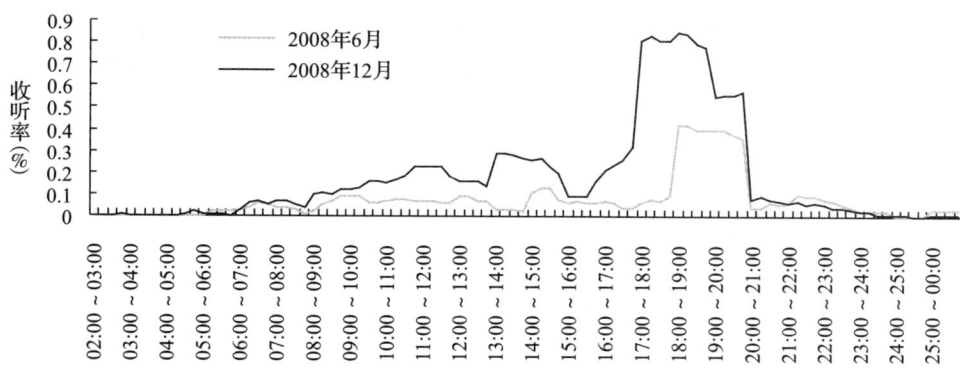

数据来源：CSM 媒介研究

图 12　北方某一频率发射条件改善半年后与改善前收听效果对比

2. 明确频率听众定位，打造适位广播

日益增多的频率在不断分流、不断割裂、不断碎片化听众资源，找准目标群体，有效聚合，编排对位节目，培养目标听众的忠实度，有效增加频率黏性度，目前已成为业界的共识。原来孤芳自赏、自娱自乐的节目选择和播放已成为过去，但是以行业经验和个人经验对听众和节目做出判断难免出现偏颇和错位现象。所以，要深度挖掘数据，研究受众行为，把握市场动向，使收听率数据真正发挥其有效作用。我们考察北京收听市场，北京台戏曲曲艺有线广播的核心听众主要为男、女 65 岁及以上的老人，这些老年听众群体规模不大，又是通过有线收听，听众规模就更小，但是这部分听众的忠实度非常高，俨然是该频率的听众（图 13）。定位于年轻群体的 FM88.7 劲曲调频，节目以偏

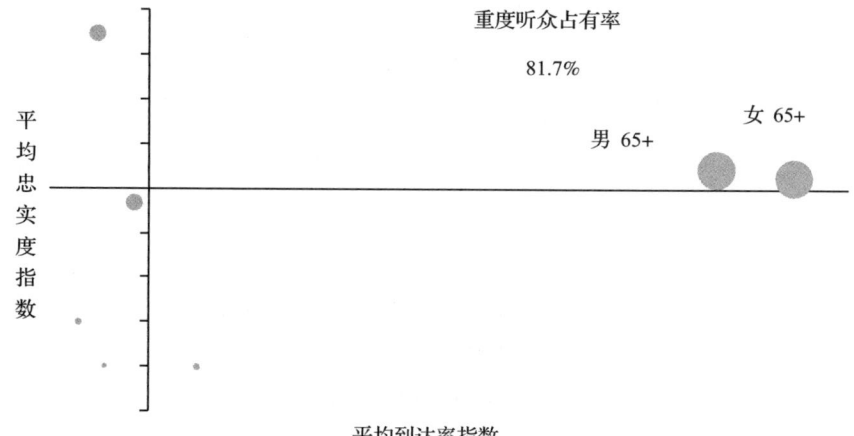

数据来源：CSM 媒介研究

图 13　北京戏曲曲艺有线广播核心听众（2011 年 12 月 1~17 日）

格式化的国际流行音乐为主，获得部分年轻听众的高度认同和喜爱，在北京整体市场中，尽管它的目标听众规模小，但是忠实度很高，成为高适位度的优势媒体（图14）。频率市场定位清晰，吸纳聚合目标听众，打造适位媒体，是广播经营者必须要解决的问题。

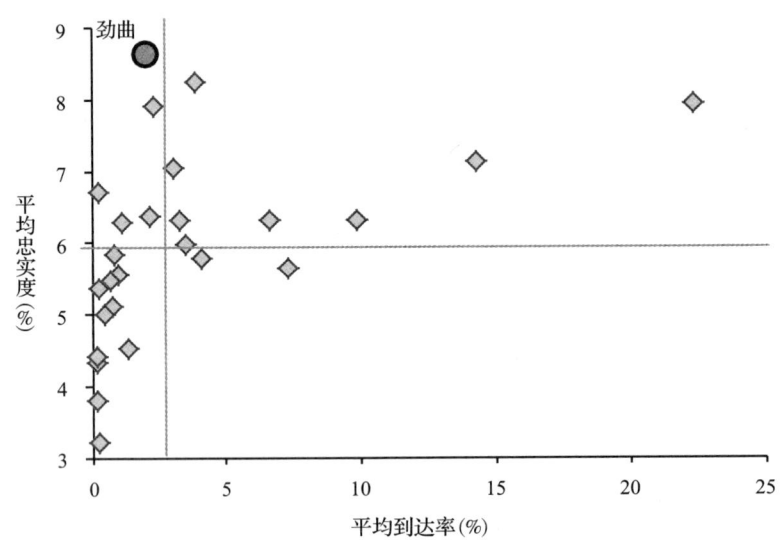

数据来源：CSM 媒介研究

图14　2011 年 10 月北京市场各频率的平均到达率和平均忠实度

3. 优化编排结构，把控听众流向

广播按时间序列编排节目，上下节目间的衔接直接影响节目的收听效果。节目编排的核心就是对听众的流向进行把控。听众流向一般分为顺流（即沿本频率自然流向下一档节目）、溢流（即听众流向其他频率）和入流（即把听众从其他频率争取过来）。

城市中大多数频率的编排一般是按栏目式来进行的。近几年来，借鉴国际上频率资源丰富、听众区隔显著国家和地区的经验，一些城市也重新规划了频率的编排，打造了一些格式化的频率，弱化栏目和主持人，提升整体频率形象和识别度，诸如听歌的频率、听新闻的频率、听故事的频率等，取得了良好效果。

收听率数据显示：以栏目和主持人编排为主的频率，其全天收听走势波动明显，起伏较大；以格式化为主的频率收听走势相对平稳。

透过对数据的分析，我们发现综合性频率的听众比较宽泛，专业性频率的听众比较单一（也即同质性听众），这与频率的定位与节目编排有关。从听众流的角度来看，要使同质性听众最大限度地沿本频率往下档节目流动，其两档节目的内容就要具有同质性，听歌的听众不断地听歌，听评书的听众不断地听评书，而格式化的频率编排恰恰满足了这一点。反观一些栏目式编排的频率，上下节目间的脱节较严重，上一个节目有可能是针对老年人健康节目，下一个节目就变成少儿节目，两个节目的听众完全错位，前节目对后节目没有多少听众贡献，造成溢流和听众断层，下一个节目只能从其他频率来争取听众，这样，破坏了频率本身的黏性度，造成收听起伏。即使是强势节目，多半在该节目的前后时段缺乏有效编排，没有前节目的助跑，也没有后节目的延展，强势节目孤零零地自我耸立。如果将强势节目自身延时拉宽，会造成节目内容资源缺失或注水，同时对主持人是个巨大的考验，历史数据对此也有验证。这也是收听高峰做高相对容易，而做宽很难的编排因素。

图 15 中显示的是南方某城市广播市场中某一频率在频率定位、编排改版前后全天收听走势的对比情况。改版前是一个栏目式的编排，内容较杂，还包括几档医疗节目，收听低迷。改版后，定位于更能迎合市场需求的音乐格式化频率，极大地拉升了收听，而且高位企稳，上节目对下节目的贡献达 84%（2011 年 6 月，08:00~09:00 时段的听众有 84% 流入到了 09:00~10:00 时段），而一年前的同期同时段，上节目平均只有 52% 的听众流入下节目中。

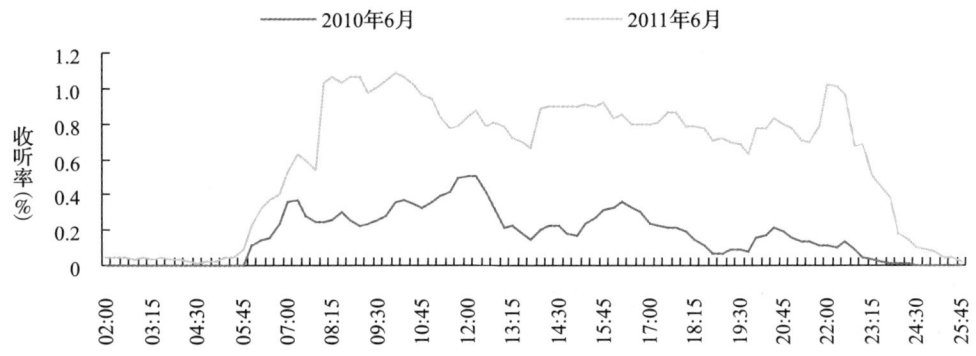

数据来源：CSM 媒介研究

图 15　南方某城市某一频率编排调整前后全天收听走势对比

4. 发掘优质主持人资源，做强、做大重点节目

格式化编排固然有一定的优势，但并不是适合所有的频率。广播的传播效果还在于声音的魅力和主持人的个性及特点，同样的故事、笑话在不同的主持人嘴里释放出来的效果大相径庭。优秀的主持人是一个节目的灵魂，是这个节目的价值符号，这个价值不仅仅在于节目的收听突出，更在于他们在听众中的影响力、号召力。利用这种价值进行社会公益活动，不仅能收到良好的效果，更能彰显广播媒体的责任感和公信力；利用这

种价值拓展商业开发，可以跨行业、跨领域，因为他们的听众有可能成为与他们密切相关产品的潜在消费者。

优秀的主持人靠平台、靠培养，也靠发掘。只要有适合的土壤，定能有种子茁壮成长。很多优秀主持人都是从电台内部发掘出来的，实现从最初的默默无闻到最后的声名远扬的跨越。合适的节目、合适的平台，再加上把自己最擅长的特点发挥到极致，是成功的必要条件。东北某城市的一个频率有一个优秀的节目主持人，频率就以这个优秀主持人为核心搭建一个团队，在全天早、午、傍晚播出3档这个团队的节目，现在这3档节目成为支撑整个频率的顶梁柱，再围绕这3档节目研究前后节目的编排，这就是从做强到做大的一个现实案例（图16）。

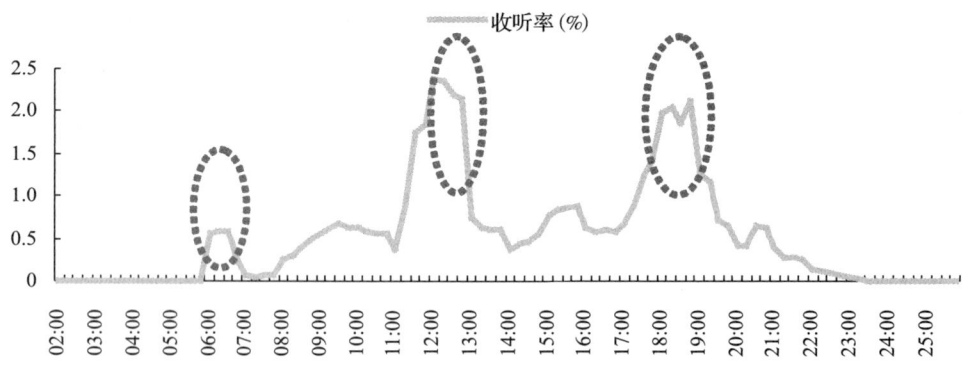

数据来源：CSM 媒介研究

图16 某频率同一主持人3档节目的收听表现

四、实现收听峰值再造的路径臆想

上文将收听峰值的成因做了一些探讨，那么对于传统线性广播的收听怎样才能实现创造新的收听高峰，扩大节目影响呢？本文下面做些大胆猜想。

首先，根据当地人们的生活形态和生活习惯，在开机人数最多的时段，将精心打造的节目推送到市场，在激烈的竞争中崭露头角，在沸腾的红海中，逐渐占据一席之位。北方某城市的一个娱乐频率，在早间07:00～09:00时段大胆推出一档新闻脱口秀节目。该节目一反传统广播新闻播报的特征，采用主持人脱口秀方式，极具主持人特色和魅力，期间夹杂富有特色串场嘉宾的连说带唱、嬉笑怒骂，不时插播路况和出行信息。节目生动活泼、幽默快乐、跃动感十足，经过一两年的发展现已成为该城市中早时段一道亮丽的风景。收听数据显示，2014年9月份该节目对本频率的时段贡献超过30%，上年同期为23%，而再上一年只有9%。回溯这个节目的成功，不外乎两点：一是抓住了这个城市广播听众的喜好——喜欢语言类的节目；二是抓住车载收听市场上升的势头和车上年轻族群的收听需求和口味。经过相当长一段时间的市场培育，终于修成正果。

其次，打破固有传统的收听黄金时段、非黄金时段的思维定式，全天24小时都可以开发利用。只要节目适销对路，就有消费者埋单。上文提到的《叶文有话要说》《晓声长谈》和《金山夜话》节目都不是在传统的广播黄金时段，但是仅凭单一节目却创造了当地市场的收听高峰。新媒体在冲击传统广播的同时，也给听众带来了非线性实时收听的良好体验，比如说时移收听、选择收听、片段收听等。数据表明，利用App收听广播的重度时间段为深夜及凌晨，这一时段往往是我们传统广播的垃圾时段、沉寂时段，有播出的节目也基本上是白天节目的重播、卖药或者长时间的轻音乐等，基本没有新鲜的直播节目。这不能不给我们警示，所谓的"垃圾时段"并不是没有价值，而是没有很好地开发出来，年轻人用App可以在自己方便的时间里选听自己喜欢的节目，为什么我们传统的广播不能开发深夜和凌晨的沉寂时段，将其"激活"呢？

再次，在新旧媒体融合、听众碎片化的背景下，充分发挥传统广播的优势。本文认为互联网时代是个分享的时代，是自媒体发达的时代，但是其传播路径、传播范围毕竟有限，热热闹闹欢娱过后，大众真正愿意花时间和金钱消费的还是制作精良的精品，还是那些优秀主持人的节目，而这些也正是我们传统媒体的优势所在。掌握好了这些精品内容的节目和主持人，就基本上能够引导并满足大众的收听需求，剩下的就是分配在不同平台上，通过各自平台渠道传播出去。在这一点上，传统的线性播出仍然占据主要位置，频率或节目（主持人）在每天的同一时点都会给广大粉丝、听谜带来新鲜的、值得期待的、有味道的、有特质的节目。这个期待就是节目约会，就是线性播出的特点，就是时段峰值的打造机会。

五、小结

本文通过对收听率数据的分析和解读，尽可能地梳理出产生收听波动，尤其是收听高峰形成的相关影响因素，为业界同仁提供一些参考。也希望能有更多的人参与讨论，关注听众，关注市场，关注节目，关注广播在新形势下的发展。

广播发展到今天，经历过辉煌，也有过低谷，又体验了二次重生，现在面临着更为复杂的媒介生态环境。数字化生活摆在我们面前，传统媒体的空间受到空前的挤压，受众接触多介质的时间更长，但是持续地被分流、分化，走向碎片化的趋势更猛烈；电台赖以生存的广告也在不断被分流到新媒体中去，作为核心的内容资源也在不断地被分享；生存和发展成为广播永恒的主题。但是，广播作为一种介质具有一些不可替代的特性，有声音的传递，同时能够解放眼睛和手。近年来，移动收听市场的收听增加，反映出受众对广播媒体的使用趋向。城市化、机动车、高速路这些要素是传统广播发展的现在也是未来；今后的广播可能不拘泥于狭小的地域，机动车和高速路会把广播和听众延展得更远、更宽、更阔；现实中的新旧媒体的多平台、多渠道、多终端的传播路径为广播的未来发展也提供了无限的可能性。收听峰值说到底也就是对优质节目的海量消费，只是体现出线性播出的时间段特征。要保住并能持续开发、再造新的收听峰值，广播媒体的内容制作和主持人资源是重要条件，同时要通过对收听率数据的分析来准确把握当前及未来的听众特征和收听市场。

如何利用收听率数据对广播节目进行评价

吴 东

节目评价是指为保证和提高节目质量及其传播效果，由媒体自身或委托有关机构，按一定的原则、标准和程序，运用科学的方法，对节目的质量及其产生的社会效益和经济效益进行评判。节目价值是社会价值和经济价值的结合，所以节目评价通常也涉及这两个方面。在广播节目评价体系中，听众满意度、领导意见、业界反馈等指标，主要检验节目的社会价值，而节目收听率指标、广告收入及投入产出比等指标则能很好地衡量节目的经济价值。

一、收听率数据在广播节目评价中的重要性

收听率数据在广播节目评价中处于重要地位。收听率数据作为广播收听市场中重要的数据指标，较为客观地反映了人们的收听行为及习惯，包括什么人在什么时段收听什么频率的什么节目，它反映了听众选择收听的情况。收听率数据还可以从一个侧面反映出节目制作及编排方面的问题，对节目的编排和播后评价具有重要的作用，运用收听率数据中的一些指标还可以评价听众对节目的喜好程度。收听率数据也是市场化的指标，是广告商进行科学广告投放和广告投放后评价的重要依据，通过它可以指导广告商用多少钱在什么时段什么节目进行某种产品广告的投放，了解广告播出后的收听效果以及某种产品与目标消费者之间的契合度，从效益方面对广播节目进行评价。

收听率数据是广播节目评价的重要指标，但并不是唯一指标。广播电台虽然是国家的事业单位，但它同时兼顾社会效益和经济效益两方面的压力，不可能完全市场化运作，必须综合考虑国家舆论导向及相关的社会效应。收听率数据主要反映节目的市场状况，更多地体现了经济效应，但对节目的思想性、艺术性等方面社会效应的评价作用很

小，所以在很多广播电台节目评价中，除了使用收听率数据外，还加上了听众满意度、领导和业界意见等方面的评价，除此之外还有一项指标在节目评价中也相当重要，就是节目的广告创收能力，在目前的经济社会中，此项指标更显突出。

二、几个重要收听指标在广播节目评价中的应用

在运用收听率指标体系对广播节目进行评价时，并不是指标用得越多越好，实际上我们更倾向于指标少而精，灵活运用。使用收听率指标体系对节目进行评价时，应用最多的几个指标是收听率、市场份额、到达率、忠实度、听众构成和集中度，这几个指标反映了广播节目的听众数量、听众稳定性、什么人在收听、什么人喜欢收听以及节目的竞争力如何等。

1. 收听率和市场份额的应用

收听率是指在某一特定的时段里，收听某一特定频率或某一特定节目的人数占总体推及人数的百分比。市场份额也叫市场占有率，是指在某一特定的时段，收听某一特定频率或者某一特定节目的人数占总体收听人数的百分比。就同一市场同一时段（频率）而言，二者的差异就在于百分比的分母部分，收听率的分母是该市场的总体推及人口，既包括有收听行为的群体，也包括未发生收听行为的其他人口；市场份额的分母则只包括在该时段有收听行为的人群。因此，从数值上看，市场份额的数值往往大于收听率。市场份额可以看作收听率的派生指标，它实际上是某一时段某频率（节目）的收听率与同时段总收听率的比值，反映了该频率（节目）在当时市场上的竞争力。

以 2014 年 5 月的北京市场为例，收听率排名前 20 位的节目主要集中在北京广播电台的 3 个频率中，交通广播 13 个，新闻广播 6 个，文艺广播 1 个。单就收听率的高低而言，北京交通广播的《交通新闻热线》《交通路况预报》和《交通新闻》排名占据前 3 位。

由于不同节目的播出时间和播出时长不同，同时段的竞争强度有所差异，收听率的高低虽然能反映出收听人数占总体推及人数的比例，但并不能反映出节目的竞争力强弱，而市场份额则正好可以反映其竞争力。以收听率排名第四位的北京交通广播《一路畅通》节目为例，它在一天中有两次播出，分别在早上 07：30～09：30 和晚间 17：00～19：00，这是两个大板块的编排，整个播出过程占到同时段 41.17% 的份额，也就是说在这 4 个小时中，广播的听众中有超过四成是在收听这个节目，很明显，交通广播《一路畅通》的节目竞争力要高于很多比它收听率更高的节目。

表1 2014年5月北京市场节目收听率排名前20位

排名	节目/频率	收听率%	市场份额%
1	交通新闻热线／北京人民广播电台交通广播（FM103.9/CFM95.6）	7.79	36.16
2	交通路况预报／北京人民广播电台交通广播（FM103.9/CFM95.6）	7.09	34.86
3	交通新闻／北京人民广播电台交通广播（FM103.9/CFM95.6）	6.54	34.47
4	一路畅通／北京人民广播电台交通广播（FM103.9/CFM95.6）	4.60	41.17
5	出行提示／北京人民广播电台交通广播（FM103.9/CFM95.6）	4.37	33.93
6	今日交通／北京人民广播电台交通广播（FM103.9/CFM95.6）	3.69	26.23
7	北京新闻／北京广播电台新闻广播（FM100.6/AM828/CFM90.4）	3.62	18.98
8	路况信息／北京广播电台新闻广播（FM100.6/AM828/CFM90.4）	3.38	18.45
9	新闻大视野／北京广播电台新闻广播（FM100.6/AM828/CFM90.4）	3.32	19.29
10	1039新闻早报／北京人民广播电台交通广播（FM103.9/CFM95.6）	3.22	30.25
11	天气预报／北京广播电台新闻广播（FM100.6/AM828/CFM90.4）	3.15	18.05
12	1039楼市观察／北京人民广播电台交通广播（FM103.9/CFM95.6）	2.79	36.63
13	欢乐正前方／北京人民广播电台交通广播（FM103.9/CFM95.6）	2.72	37.00
14	每日空气质量播报／北京人民广播电台交通广播（FM103.9/CFM95.6）	2.67	35.08
15	空中笑林／北京人民广播电台文艺广播（FM87.6/CFM93.8）	2.50	13.60
16	转播中央人民广播电台新闻和报纸摘要节目／北京广播电台新闻广播（FM100.6/AM828/CFM90.4）	2.36	22.40
17	新闻热线／北京广播电台新闻广播（FM100.6/AM828/CFM90.4）	2.32	21.72
18	专家聊天气／北京人民广播电台交通广播（FM103.9/CFM95.6）	2.22	32.86
19	路况信息／北京人民广播电台交通广播（FM103.9/CFM95.6）	1.88	28.00
20	音乐来了／北京人民广播电台交通广播（FM103.9/CFM95.6）	1.74	27.64

数据来源：CSM媒介研究

2. 到达率和忠实度的应用

到达率是指在特定的时段内，接触过（收听过）某一频率（节目）的不重复的听众人数或其占听众总人数的百分比；忠实度是收听率与到达率的比值，其值在 0～100% 之间，值越高，则该频率（节目）聚合受众的能力越强。到达率与忠实度可以视为某一频率（节目）收听评价的两个维度，到达率反映了某一频率（节目）的听众收听规模，即有多少不同的受众"接触过"该频率（节目），反映收听的广度；而忠实度则表征着收听的深度，反映了某一频率（节目）到达的受众中有多大比例是从始至终收听了某一频率（时段）。到达率与忠实度的乘积就是收听率，即收听率＝到达率×忠实度。

了解节目收听率在两个维度上的不同表现是进行广播节目总体评价的重要方面。有的节目到达率高，忠实度也高；有的节目到达率高但忠实度低；有的节目到达率低而忠实度高；有的节目到达率低，忠实度也低。做这样四种组合类型的区分，将十分有助于我们对节目市场表现优劣势的判断，找到改进节目市场表现的有效途径。

上述考虑可以用广播节目市场竞争力评价四象限图来表示（图1），落入第Ⅰ象限的节目，听众到达率高、忠实度高，是最具竞争力的强势节目；落入第Ⅱ象限的节目听众到达率低但忠实度高，是留得住听众的特色节目；落入第Ⅲ象限的节目，听众到达率和忠实度均较低，是竞争力较差的弱势节目；落入第Ⅳ象限的节目，听众到达率高但忠实度低，听众流动性强，形不成相对稳定的听众群，是问题节目。

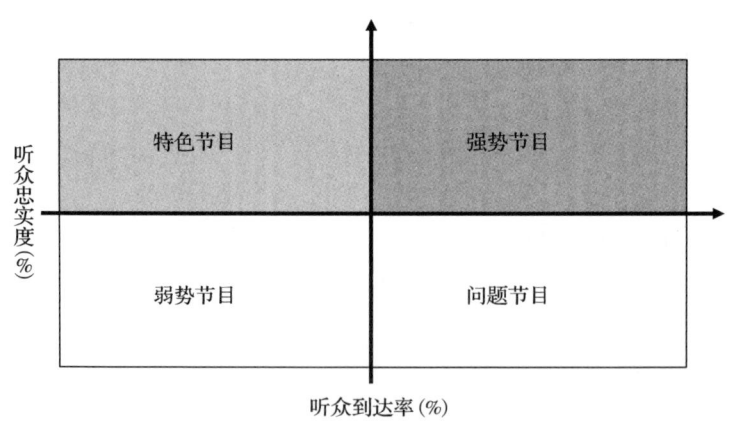

图1 广播节目市场竞争力评价四象限图

以2014年5月北京广播电台文艺频率播出的节目为例，从该频率节目的四象限图（图2）中可以看出，落入第Ⅰ象限的节目，如《空中笑林》，到达率和忠实度都比较高，在文艺频率的节目中属于强势节目；落入第Ⅱ象限的节目听众到达率低但忠实度高，如

《午夜拍案惊奇》，到达率不是很高，但具有很高的忠实度，属于具有固定听众群的小众特色节目；落入第 III 象限的节目，如《子夜柔情》，由于播出时间的原因，其听众到达率和听众忠实度均很低，是竞争力较差的弱势节目；落入第 IV 象限的节目，如《开心茶馆》，听众到达率高，但听众忠实度低，属于问题节目。

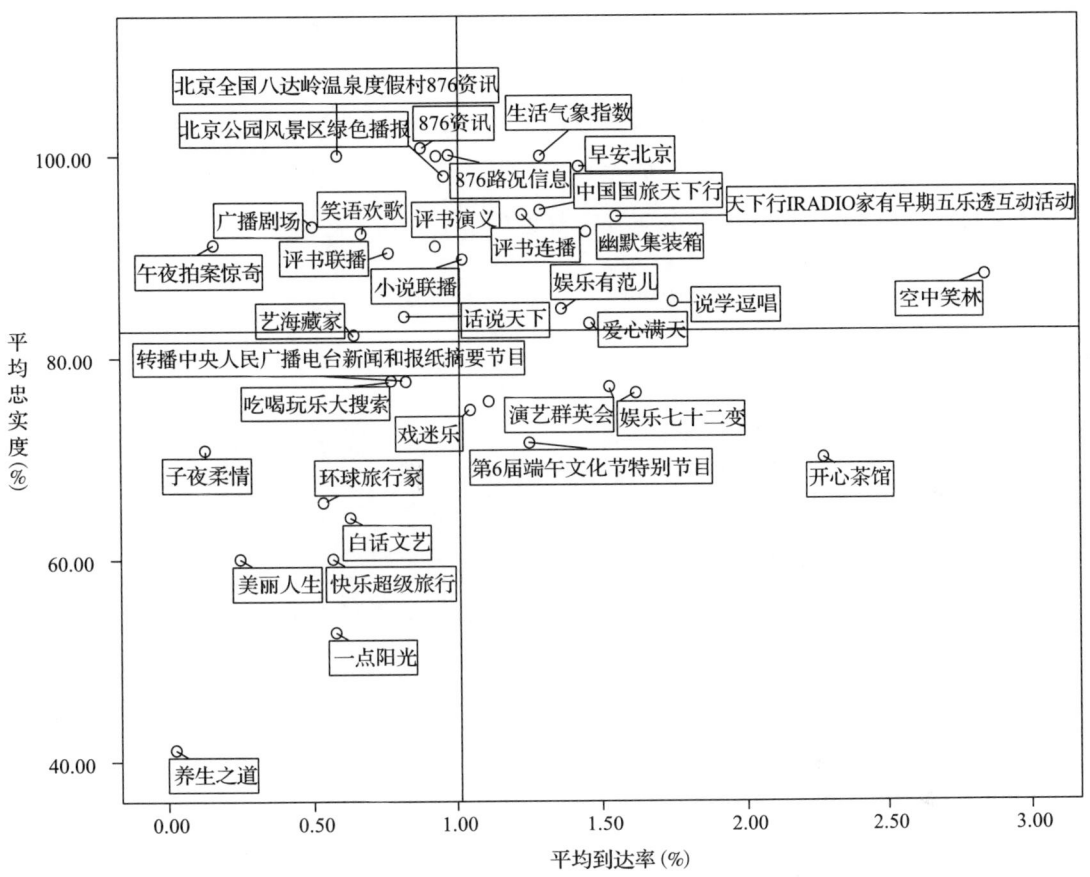

数据来源：CSM 媒介研究

图 2　2014 年 5 月北京广播电台文艺频率节目评价四象限图

3. 听众构成和集中度的应用

听众构成是指特定节目（时段）目标听众的收听量在该节目（时段）总收听人口的总收听量中的比例，反映该节目（时段）的听众结构；听众的集中度则是目标听众的收听率与该节目（时段）所有听众的平均收听率的比值，描述目标听众收听行为与总体听众收听行为的差异。两个指标都是对目标听众收听行为的刻画，区别在于，听众构成是对特定节目（时段）的听众结构的客观描绘，回答"什么人在收听这个节目"的问题；而集中度则是通过比较目标听众收听率与所有听众平均收听水平的差异，来推断目标听众的收听倾向性，集中度本身是一个指数，值大于100%，表示该类目标听众的收听倾向高于平均水平，回答"什么人更爱听这个节目"的问题。

以北京广播电台文艺频率收听率最高的《空中笑林》为例，2014年5月的听众构成有如下特征：性别上，女性比例高于男性15个百分点；年龄上，较大年龄段听众比例比较高；学历上，高中及大学学历的比例大；职业上，初级公务员、工人、无业人员（含退休）比例大；个人月收入中，3 000元以上的比例大。从听众喜好上看：性别上，女性听众喜好度略高于男性；年龄上，55~64岁老年人喜好度高于平均水平；学历上，除了高学历的听众喜好度较高外，小学及以下的听众喜好度也比较高；职业上，工人、无业人员（含退休）、干部管理人员表现出较高的喜好度；在个人月收入上，收入在1 501~2 500元和3 001~4 000元的听众喜好度高于平均水平。

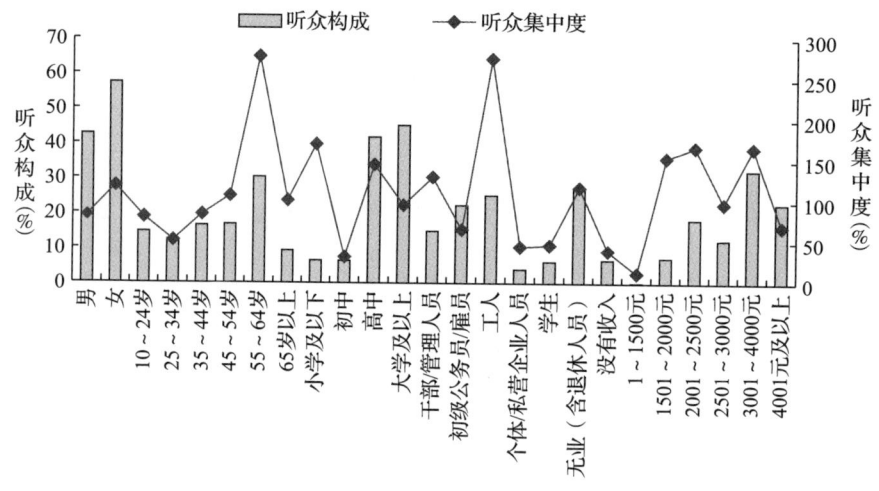

数据来源：CSM媒介研究

图3　2014年5月北京广播电台文艺频率《空中笑林》的听众构成和集中度

三、广播节目评价体系的建立

节目评价体系是围绕节目评价工作而形成的包含评价指标体系、评价方法体系、评价操作体系、评价分析体系、评价应用体系等子体系在内的总体系。评价指标体系规定了评价的对象、内容和标准，是整个评价体系的基础和核心部分；评价方法体系规定了评价的方式、方法和技术，评价操作体系规定了评价的机构、人员和流程，评价分析体系规定了评价的结果及成因的检验、剖析和定论，评价应用体系规定了对评价结果的管理、使用和研究。下面重点对广播节目评价指标体系进行分析。

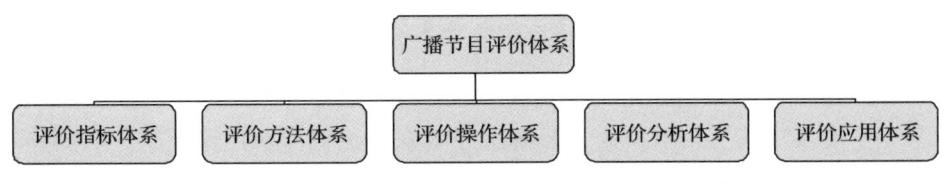

图 4 广播节目评价体系基本构成①

广播节目评价指标应该从两个方面考虑，即社会效益和经济效益。在广播节目评价指标体系中引入领导打分、专家打分和听众满意度等指标，主要是反映节目的社会效益；节目收听率、广告收入等指标则能够很好地衡量节目的经济效益。从另外一个角度看，广播节目评价指标体系主要由客观评价指标、主观评价指标和投入产出比指标三大部分构成（图5）。客观评价指标主要由收听率和满意度构成，主观评价指标则由领导打分、专家打分构成，投入产出比指标则由制作成本和广告收入两项指标构成。

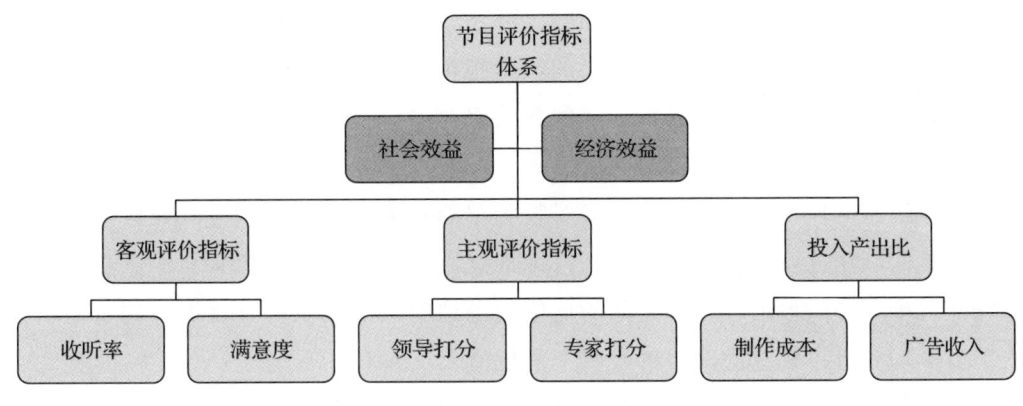

图 5 广播节目评价指标体系

根据广播节目评价指标体系的设定，可以设定节目评价得分的计算公式如下（公式中 X1、X2、X3 分别为各指标的权重）：

节目得分 = X1 × 客观评价指标 + X2 × 主观评价指标 + X3 × 投入产出比指标

1. 客观评价指标

客观评价指标由收听率和听众满意度两项指标构成，节目客观指标评价就是这两项

---

① 周步恒：《衡量广播媒体实力之杠杆——论节目评估体系》，《2003 中国传播学论坛暨 CAC/CCA 中华传播学术研讨会论文》，2003 年。

指标的加权平均数，即：

客观评价指标 = A1 × 收听率 + A2 × 听众满意度（A1 和 A2 为各指标的权重）

收听率指标是最基本的节目评价指标，从狭义上讲，收听率就是一个百分比，它表示收听某一个时段或某一个节目的人数占所有听众的比例。从广义上讲，收听率就是听众对广播节目和广告消费的一组量化指标，它包括与节目评价有关的诸如收听率、市场份额、到达率、忠实度、听众构成和集中度等指标，也包括点成本、千人成本、接触度、SOV/SOS 等与广告评价有关的指标。

听众满意度调查和收听率调查是相辅相成的，互相不可替代。第二次世界大战期间，英国 BBC 开始进行广播节目的欣赏指数调查，节目欣赏指数又称为听众满意度。满意度和收听率都将听众作为广播节目的中心，二者为广播经营管理工作提供了可靠的依据。听众满意度反映的是节目在听众心目中的质量和特点，反映的是节目的"质"；收听率反映的是收听节目的听众人数的多少，反映的是节目的"量"。

对广播节目的收听评价有一点非常重要，就是如何让不同时段、不同类型的节目具有可比性。对于这个问题，可以有两种解决办法，一是假定其他条件都是一样的，即简单比较各节目收听率的高低或其他重要的收听指标，就像我们现在经常看到的节目收听率排行榜；还有一种办法就是采取一定的方法将时段、节目类型等因素的影响去掉，再对各节目的收听状况进行比较。

为消除播出时段、节目类型等因素对收听率的影响，可以分别计算时段、节目类型的权重，然后利用这些权重对收听率进行标准化。时段的权重一般来自于开机率，每天的平均开机率与各时段的开机率之间的比值就是该时段的权重。节目类型的权重可以是所有节目平均收听率和这类节目的收听率的比值。

按照实际收听率和播出时段、节目类型等权重可以对节目的收听率进行调整，使其具有可比性，我们将最终得到的收听率称为"标准化收听率"，它的计算方法如下：

标准化收听率 = 收听率 × 时段权重 × 节目类型权重等

以北京广播电台文艺频率为例，针对 2014 年 5 月收听率前 10 位的节目进行评价（生活气象指数由于节目时间短，被排除在本次分析之外）。前 10 位的节目主要集中于以下三类节目，如文艺、社教和生活服务，主要播出时段集中在早间 07:00~09:30，下午 14:00~16:30，晚间 20:00~22:00。

表2 2014年5月北京广播电台文艺频率节目收听率排名

排名	名称/描述	播出时间	收听率%
1	空中笑林／文艺	07:00~08:00	2.50
2	开心茶馆／文艺	15:00~16:30	1.59
3	说学逗唱／文艺	21:00~22:00	1.49
4	天下行I RADIO家有星期五乐透互动活动／文艺	08:30~09:00	1.45
5	早安北京／社教	08:00~08:30	1.41
6	幽默集装箱／文艺	09:00~09:30	1.35
7	演艺群英会／文艺	20:00~21:00	1.24
8	中国国旅天下行／生活服务	08:30~09:00	1.22
8	爱心满天／社教	14:00~14:30	1.22
10	娱乐七十二变／文艺	14:00~14:50	1.18

数据来源：CSM媒介研究

时段权重来自于开机率，我们可以用所有频率的收听率来等同于开机率，由于时段权重是各时段的平均开机率与每一时段开机率之间的比值，所以哪个时段的开机率高，它的时段权重反而低。

时段权重＝全天开机率／节目所在时段开机率

表3 北京市场各时段广播权重列表

时间段	开机率%	时段权重	时间段	开机率%	时段权重
02:00~02:30	0.02	257.50	14:00~14:30	4.45	1.16
02:30~03:00	0.02	257.50	14:30~15:00	5.26	0.98
03:00~03:30	0.02	343.33	15:00~15:30	6.38	0.81
03:30~04:00	0.02	302.94	15:30~16:00	6.20	0.83
04:00~04:30	0.04	125.61	16:00~16:30	4.93	1.04
04:30~05:00	0.08	66.03	16:30~17:00	5.16	1.00
05:00~05:30	0.26	19.81	17:00~17:30	7.81	0.66
05:30~06:00	1.07	4.80	17:30~18:00	9.08	0.57
06:00~06:30	4.72	1.09	18:00~18:30	9.65	0.53
06:30~07:00	10.63	0.48	18:30~19:00	8.91	0.58
07:00~07:30	19.10	0.27	19:00~19:30	6.53	0.79
07:30~08:00	17.26	0.30	19:30~20:00	5.27	0.98
08:00~08:30	14.76	0.35	20:00~20:30	7.66	0.67

续表

时间段	开机率%	时段权重	时间段	开机率%	时段权重
08:30~09:00	13.57	0.38	20:30~21:00	8.04	0.64
09:00~09:30	8.45	0.61	21:00~21:30	6.13	0.84
09:30~10:00	7.37	0.70	21:30~22:00	5.29	0.97
10:00~10:30	6.04	0.85	22:00~22:30	3.33	1.55
10:30~11:00	5.49	0.94	22:30~23:00	2.22	2.32
11:00~11:30	4.55	1.13	23:00~23:30	0.89	5.81
11:30~12:00	4.57	1.13	23:30~24:00	0.35	14.55
12:00~12:30	5.50	0.94	24:00~24:30	0.08	66.03
12:30~13:00	5.13	1.00	24:30~25:00	0.01	572.22
13:00~13:30	3.05	1.69	25:00~25:30	0.00	—
13:30~14:00	1.87	2.75	25:30~26:00	0.01	1030.00
			全天	5.15	1.00

数据来源：CSM 媒介研究

节目类型权重来自于各类节目收听率，是所有节目平均收听率与这类节目收听率的比值，本类节目的收听率越高，权重反而越低。

节目类型权重 = 所有节目平均收听率/此类节目的收听率

表4 北京市场各类广播节目权重列表

节目类型	收听率%	节目类型权重
新闻/时事	0.66	0.52
生活服务	0.57	0.60
文艺	0.33	1.03
体育	0.24	1.42
音乐	0.21	1.62
社教	0.20	1.70
法制	0.15	2.27
财经	0.12	2.83
外语	0.03	11.33
所有节目	0.34	1.00

数据来源：CSM 媒介研究

各节目的收听率经过时段权重、节目类型等权重处理后，得到标准化收听率，这样不同时段、节目类型的节目就具有了可比性。在将北京广播电台文艺频率收听率前10位节目收听率标准化后，发现原有的次序有了很大的变化，在标准化后的排名中，《爱心满天》《开心茶馆》和《说学逗唱》排名前三甲。

表5　北京广播电台文艺频率收听率前10位节目收听率标准化后排名

排名	名称/描述	收听率%	时段权重	节目类型权重	标准化收听率%
1	爱心满天/社教	1.22	1.16	1.7	2.41
2	开心茶馆/文艺	1.59	0.89	1.03	1.46
3	说学逗唱/文艺	1.49	0.91	1.03	1.39
4	娱乐七十二变/文艺	1.18	1.09	1.03	1.32
5	幽默集装箱/文艺	1.35	0.61	1.03	0.85
6	早安北京/社教	1.41	0.35	1.70	0.84
6	演艺群英会/文艺	1.24	0.66	1.03	0.84
8	空中笑林/文艺	2.50	0.29	1.03	0.73
9	天下行 I RADIO 家有星期五乐透互动活动/文艺	1.45	0.38	1.03	0.57
10	中国国旅天下行/生活服务	1.22	0.38	0.60	0.28

数据来源：CSM 媒介研究

2. 主观评价指标

主观评价指标由领导打分和专家打分构成，主观评价指标也就是领导打分和专家打分的加权平均数，即：

主观评价指标 = B_1 × 领导打分 + B_2 × 专家打分（B_1、B_2 为各指标的权重）

其中：领导打分 = 本节目所有领导打分之和/领导人数

专家打分 = 本节目所有专家打分之和/专家人数

广播电台领导是频率整体战略的操控者，它包括台领导、频率领导、各节目中心领导、总编室和广告部的领导等。一方面他们往往是节目的审查者，对节目的舆论导向负责；另一方面，他们对播出市场非常了解，也很熟悉广告市场的变化，对节目有很好的敏感度，所以他们对节目的评价数据是节目定性评价的重要指标之一。

专家学者是电台的智囊团，请他们给节目打分，是电台通常的做法。专家学者往往有较强的专业代表性，对指导节目制作、编排都有着重要的作用，受邀的学者应该有合理的构成,如新闻传播、节目制作、社会学、心理学、经济学等各方面的专家学者。专家评分能较好地体现对节目的思想性、艺术性、导向性以及技术方面的要求,具有较好的权威性。

3. 投入产出指标

投入产出指标由制作成本和广告收入两项指标构成,具体计算公式如下:

$$投入产出指标 = 节目广告收入/节目制作成本$$

投入产出指标直接体现了节目的经济效益,降低成本、提高广告收入对于每个栏目都有着重要的意义,但广播节目并不完全是商品,它有其特殊性,特别是在中国,很多节目的舆论导向作用很强但并不一定有好的广告收入。节目成本指标对于节目评价具有重要作用,一是可以增强节目的成本意识,加强节目的成本核算,从而提高节目运作的综合经济效益;二是在评价中,具有有效的排位调整作用,通过减少节目的成本来改善自己在节目评价排名中的位置,以避免被警告或淘汰。

四、广播节目评价中需要注意的几个问题

1. 指标选择问题

不同广播电台对评价指标的选择上不尽相同,如何选择具体评价指标,应该依据电台自身情况而定。评价体系中并不是指标越多越好,比如有些电台会简化评价体系,以最简单的市场份额作为评价指标,同样取得了很好的效果,他们以上一年本频率在此时段的收听份额作为基数,给予一定百分比的上调,然后在此基础上可以有一定的上下浮动,高出此标准予以奖励,反之则进行惩处。

2. 数据获取问题

选定评价指标后,应当着手于相关指标的数据收集。数据的获取要注意两个方面,一是数据的准确性,二是数据的有效性。数据的准确性指的是如何获得正确的数据,一些评价指标的数据获取方法已经很成熟,比如收听率数据和满意度数据的获取,而有些数据则带有较浓的主观色彩。数据的有效性则是指在数据正确收集后,此数据能否有可重复操作性,对于这一点,电台应当与资质好的媒介调研公司建立长期合作,通过连续数据来检验所使用数据的有效性。

3. 指标权重分配问题

广播电台对节目评价多采用加权评价法。在选定评价指标后，重点工作就应在指标权重的分配上，那么在节目评价体系中各指标具体应该占有多大的权重？对于大多数电台而言，权重多数是凭经验估算出来的，比如在节目评价体系中客观指标、主观指标和投入产出指标分别占有的权重是 50%、40% 和 10%。其实权重的分配各电台也不会一样，对于一般地方电台，可以加大投入产出指标的权重而减小主观指标的权重，以适合自身的发展情况。

4. 末位淘汰问题

建立相关奖惩机制是节目评价体系不可或缺的一个组成部分，当前很多电台在节目评价中都推行了末位淘汰制，一般规定连续三次评价结果排在末位将被淘汰。末位淘汰制本身是正确的，有必要的，但如果在评价指标体系不完整的情况下，评价结果并不能全面反映节目的价值，所以在进行末位淘汰之前还应当对节目进行更加全面的综合考虑。

收听率数据在广告投放中的应用

梁 帆

尽管目前国内对于收听率在传统线性播出的广播广告（硬广告）方面的应用还不像收视率在电视广告中的应用那样深入和普遍，但收听率数据在广播广告投放中的重要作用越来越得到业内人士的认同。收听率数据是对听众收听行为的实时记录，能够反映每个时段广播媒体所传播信息的听众数量，以及听众人口结构属性。对于搭载在广播节目中的硬广告来说，收听率数据能够真实反映广告的传播效果，从而更好地为广告主、广告公司提供广告投放整套流程的量化依据。这套流程包括：要在投放前对媒介市场、媒体特性和听众特点进行分析；要制定购买策略；投放完成后，要对播后效果进行评估等，收听率数据在这些环节中都具有非常重要的作用。

一、收听率数据在广告投放前的应用

1. 评估市场

广告主和广播媒体在广告交易前，需要了解这个目标市场的广告花费池有多大、多深，对应的听众群体总量有多少，各个频率在收听市场中的竞争地位、占有份额，以及在整体广告池中的贡献度等。这就需要通过收听率数据及广告相关数据对一个目标市场进行分析，做出准确的研判。本文通过分析频率收听份额和广告份额的对应关系，帮助交易双方建立起较为清晰的交易平台，从而为挑选合适的媒体进行广告投放奠定必要的基础。

本文认为，一个理想的广告市场状态为均衡状态，即一个广播频率所获得的收听市场份额与其获得的广告市场份额基本相近，这个市场中的频率听众音量与其广告音量相匹配。这样才能保证频率获取听众的能力转化为吸纳广告收益的能力。

然而在现实的收听市场中，往往频率的收听份额与其广告份额鲜有完全匹配的情况，多数情况下频率对广告主所关心的目标听众群体的吸纳水平与其对广告的吸纳结果相悖。通过收听率数据和广告数据可以较清晰地比较其匹配程度、差距和未来各自的努力方向。

图1是模拟的坐标图，其中X轴是收听市场份额，Y轴是广告投放量份额，中间45度的直线代表Y/X=1，即说明在这条线上任何一点（假设为P）频率的收听市场份额等于其广告份额。

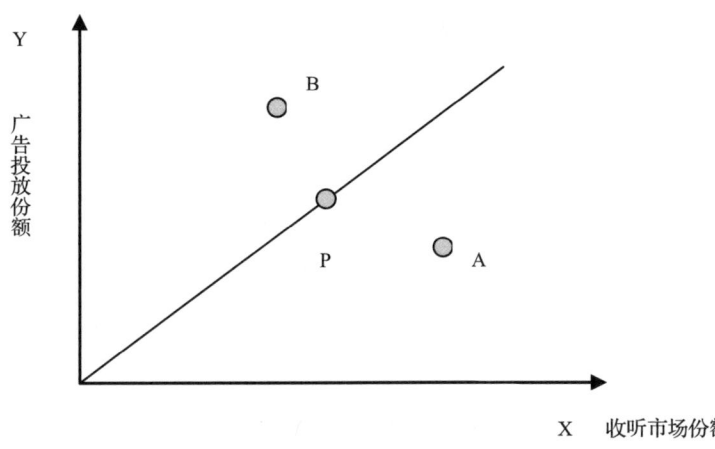

图1 频率收听份额与广告份额匹配度示意图

然而在现实市场中，一般鲜有频率的收听市场份额与其广告份额完全相等的情况，它们往往位于斜线的下方或者上方，如图中的A点和B点。其中A点在斜线下方，它代表的是收听市场份额大于广告市场份额，即X/Y>1；B点在斜线上方，代表的广告市场份额大于收听市场份额，即Y/X>1。如果频率位于A点所在的区域，则说明该频率占有相对较大的收听市场份额，但是在广告收益上并没有获得与之匹配的份额，即没有体现出收听份额与广告收入份额的对等关系。对于频率本身来说，努力做好广告营销，推广频率价值，争取吸纳更多的广告或者通过提高广告售价来实现广告份额的增加。比如北京交通广播在2014年早高峰时段，占有超过三分之一的北京收听市场份额，但是却没能实现占有同等份额的广告投放额，其早间广告段已经没有更多的承载空间，只有提高售卖价格才能实现广告收益增加。对于广告主来说，认知并发掘频率深层价值，获得物有所值甚至物超所值的广告时段，双方才能共同实现收听效果向广告效益的转化，进而趋近于收听市场占有和广告市场占有的平衡。如果频率位于B点所在区域，则说明该频率在广告市场上体现出较强的吸纳能力，一方面说明其广告营销能力强，但收听市场竞争力弱，广告主购买的听众量少而蒙受广告投资损失；另一方面，可能该频率听众的规模不大,但是听众含金量很高,广告主愿意为高价值的潜在消费者埋单。例如,国际台的轻松和劲曲调频听众市场占有率较低,但是广告额占有率较高。

当然,频率占有收听市场的份额和其占有广告市场的份额受到诸多因素的影响。但是投放广告的目的是购买目标听众的注意力,一个频率在一个市场中的收听份额和广告份额彼此平衡反映出注意力的基本价值,对其价值的高或低的买卖则反映出注意力的深层次价值。所以尽管一个市场中频率的收听与广告的关系不一定完全均衡,但是通过收听率数据和广告数据,可以使得交易的双方清晰地了解目标市场的整体轮廓,了解和认知彼此的优劣及各自的需要,达成交易,实现双赢。

2. 了解媒体

广告主在某个产品广告投放前,除了需要了解市场的基本情况,还要了解各种媒体的情况,确定什么样的媒体适合于自己的产品,什么媒体的核心受众是自己产品的目标消费者等等。比如,针对广播媒体来说,需要了解相关频率的定位、频率的听众群体特征、频率的核心竞争力等,广告主(广告代理)结合产品的特点,了解其目标消费者是否与频率的核心听众群具有相同的共性,目的就是要发现目标听众与目标消费者是否具有一致性。

以北京交通广播为例。CSM 媒介研究的数据显示,北京交通广播一直以来雄踞北京收听市场的榜首,尤其是车载收听,更是占有北京车载收听市场 70% 左右的份额。全天时段的收听率都是以车载收听为主(图 2),图中清晰地显示北京交通广播在不同收听地点的全天收听状况,可以帮助广告主找出优势时段。北京交通广播的核心听众群体是男性、25~54 岁的社会活跃人群,受教育程度为高中、大专及以上、收入较高人群,这些受众群体的收听偏好程度也大多很强,这些信息能帮助广告主找出核心听众群体(表 1)。

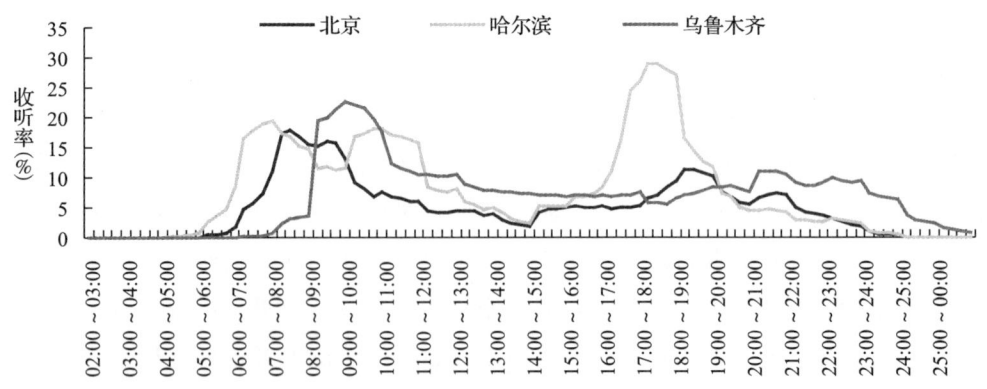

数据来源:CSM 媒介研究

图 2 2014 年 8 月北京交通广播在不同收听地点的全天收听率走势

表1　2014年8月北京交通广播听众构成及集中度

目标听众		听众构成（%）	集中度（%）
10岁及以上所有人		100.0	100.0
性别	男	62.2	120.5
	女	37.8	78.1
年龄	10~14岁	0.8	27.0
	15~24岁	9.7	53.4
	25~34岁	23.6	99.9
	35~44岁	30.4	155.6
	45~54岁	20.5	130.6
	55~64岁	10.5	96.1
	65岁及以上	4.5	49.4
教育程度	未受过正规教育	*	*
	小学	2.1	51.6
	初中	16.6	87.2
	高中/中专/职高/技校	35.4	116.7
	大专	17.5	117.5
	大学本科及以上	28.5	90.5
个人月收入	无收入	7.7	43.1
	500元以下	0.0	4.0
	501~1000元	*	*
	1001~1500元	1.4	93.2
	1501~2500元	13.8	96.7
	2501~5000元	58.9	137.4
	5001元以上	18.0	81.1

数据来源：CSM媒介研究

注：*表示样本量太小，无法进行统计推断。

3. 与产品的媒介目标结合

在明确了北京交通广播在车载收听市场的竞争优势和它的核心听众群体后，对其投放的产品也就有了相应的依据。但要进行广告投放，必须要结合产品的媒介目标。不同的媒介目标有不同的要求，比如：

以扩大认知为目的？——高到达率、高频次（新产品）

以巩固品牌为目的？——高到达率、低频次（成熟产品）

以传播新功能为目的？——高频次、信息清晰（化妆品，电器）

以树立品牌形象为目的？——媒介形象吻合

以推广促销信息为目的？——时效性强（手机）

以建立保持偏好度为目的？——媒介与受众相关性高（饮料）

以维持记忆为目的？——媒介成本效益突出（成熟产品）

以应对竞争为目的？——广告音量

……

如果选择 2014 年 8 月北京交通广播早间 08：15~08：30 时段投放 1 个月（30 次）的广告，收听率数据评估的结果显示，北京在 8 月份收听过该时段广告的听众到达率高达 25.4%，即 203 万人（北京广播人口 821.7 万，CSM 媒介研究 2013 年基础研究数据），听过 5 次以上（假定为有效到达率）的有 120 万人，占 14.6%，平均暴露频次为 8.6。广告主的媒介目标如果是以"扩大认知"为主要目的，则选择这个高到达和高频次的时段是合适的。

4．了解竞争对手

如果产品的策略以竞争为目的，那就要对竞争对手的广告投放策略进行分析，分析竞争对手的投放次数、投放位置、播出比重、SOS（Share Of Spending，媒体投资比重或广告花费比重）、SOV（Share Of Voice，媒体占有比重或广告音量）、点成本等，以便制定相应的对抗策略。以××交通频率为例，如果一家新的银行的信用卡要争夺××交通广播核心听众的话，它必然要了解竞争对手的投放情况，综合考虑介入进去的风险和竞争策略（表2）。表2中显示20××年×月份有大量的银行卡产品投放××交通广播，共有来自10家银行的15种银行卡，各个银行卡的投放次数、投放时间比重、SOS、SOV、点成本、广告花费等一目了然。对于同类产品的竞争性分析，可以了解对手的广告投放预算、投放力度，从而推测对手的销售业绩，为下一阶段的竞争提前做好准备。

运用同样的方法，还可以对本产品的历史投放进行梳理，评估历次投放的效果以及带来的销售业绩，从而为销售策略、宣传推广策略（包括广告投放策略）的制定和调整提供充实的数据依据。

表 2　20××年×月××交通广播银行卡广告投放情况

广告名称	插播数	播出比重%	SOS%	SOV%	点成本（元）	千人成本（元）	成本（元）
北京农村商业银行凤凰卡	18	5.23	5.44	6.29	1069.9	17	65340
广东发展银行广发卡	29	8.49	6.46	5.15	1551.0	25	77550
广东发展银行信用卡	95	28.08	19.34	22.02	1085.7	17	232260
上海浦东发展银行轻松理财卡	23	6.81	8.97	10.46	1059.3	17	107640
中国工商银行牡丹交通卡	31	9.15	11.63	11.02	1303.2	21	139580
中国工商银行牡丹灵通卡 E 时代借记卡	31	9.07	12.04	12.54	1186.4	19	144580
中国工商银行牡丹中油国际卡	12	3.53	3.63	4.88	919.5	15	43560
中国建设银行龙卡信用卡	7	2.05	2.12	1.64	1593.6	25	25410
中国民生银行钻石信用卡	21	6.17	8.19	5.90	1715.4	27	98280
中国农业银行金穗贷记卡	10	2.95	2.50	1.06	2901.0	46	30000
中国农业银行金穗环保卡	4	1.17	0.79	0.33	2930.1	47	9480
中国银行信用卡	5	2.93	2.92	0.75	4833.8	77	35100
中国银行信用卡 & 必胜客	6	1.78	2.13	1.57	1672.6	27	25580
中汽南方沃尔沃汽车销售服务有限公司 & 招商银行信用卡	1	0.20	0.24	0.14	2163.6	35	2840
中信银行香卡	42	12.41	13.61	16.25	1035.5	17	163460

说明：表中涉及的有关成本项按 CTR 监测的刊例价计算。
数据来源：CSM 媒介研究，央视市场研究（CTR）

二、收听率数据在广告投放策略制定中的应用

（一）广告投放的简单流程

广告投放必须有计划性，如果仅仅只是花钱做广告，那么很可能最后一无所获。为了避免这种情况的发生，需要明确以下几个问题：首先，必须明确做广告的目标是什么；其次，投资于广告的资金有效，即广告有助于我们接近既定目标；第三，必须能够有办法衡量是否达到了既定的目标。我们将一般的广告投放过程简单地概括如下：

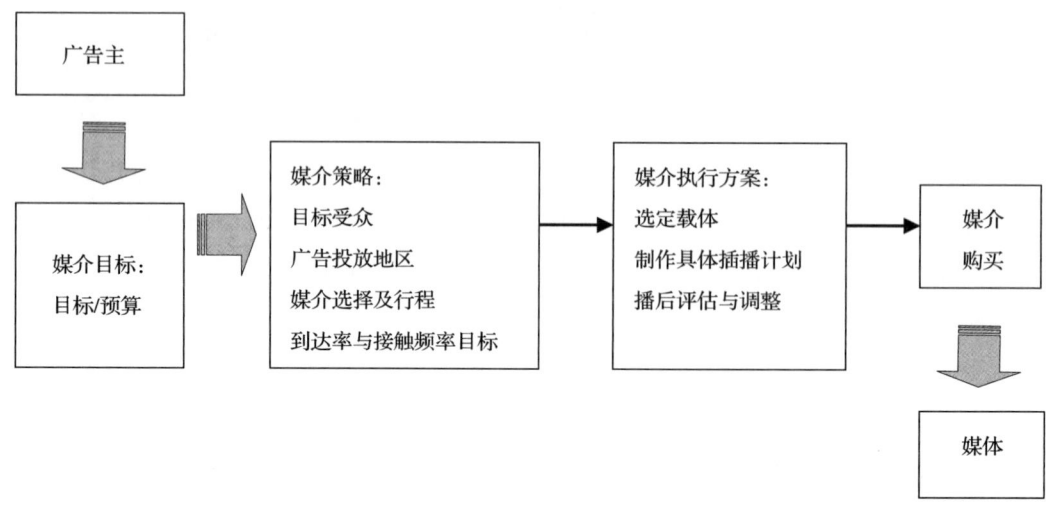

图 3　广告投放简要流程

1. 确立媒介目标

广告投放行为是出于营销目的，为实现营销目的，需要一定的媒介目标。不同的营销目标需要不同的媒介目标。

构建媒介目标的关键问题在于产生冲击力，具体内容包括使人们知晓广告产品，并为产品树立良好的品牌形象，改变人们的观念（在观念上对产品重新定位或更正偏见），巩固市场地位，鼓励消费者尝试使用，引发大众及经销商的热情等。例如某银行卡品牌的媒介目标可能是：

- 在不同的目标市场建立品牌知名度以促进销售；
- 最大限度地加强品牌印象以提升品牌忠诚度及对品牌价值的认知；
- 扩大市场占有率。

广告投入是否实现了媒介目标不容易量化，但是广告的花费却是非常明显的，因而制定预算也是广告主必须要考虑的问题之一，制定广告预算通常有以下几种方法：

（1）支出可能法。这是从广告主出发决定预算的方法，广告支出只能量力而行，当广告主只能够提供有限的广告费用时，即使从其他方面上考虑应该增加预算，广告主也无能为力。

（2）销售百分比法。该种方法的广告预算是通过一年销售收入乘以一个给定的百分比得出的，因此，广告预算的数量直接建立在品牌销售业绩之上。

（3）竞争对抗法。是指用媒体占有比重（Share of Voice）与市场占有率（Share of Market）的比值来确定自己的预算，根据竞争对手的广告支出来确定自己的广告支出。

使用这种方法的前提是竞争者很明白他们在做什么，同时各品牌的竞争环境基本一致。

（4）目标达成法。是指根据广告目标，确定广告方案，然后再推算成本，从而制定出达到目标所需要的预算的方法。

除此之外，边际回报法、市场营销模型法等也都是非常重要的确定预算的方法。还有另外一种综合法也被广泛应用于广告预算之中：人们试图将影响广告资金投入的所有因素都考虑进去，需要综合考虑的因素包括：过去的销售量，预计销售额及利润，生产能力，市场环境（竞争者、经济情况、相关政策），产品性能（产品供给、产品质量等），销售队伍的能力，分销的能力及存在的问题，季节性因素，地区性因素，可用媒体及媒体花费成本的效率及市场动向等。

2. 制定媒介策略

媒介策略主要解决的问题包括：广告对谁说，即谁是我们的目标受众？在哪些地区投放？选择什么时间投放广告？这三个问题的答案是媒介策划过程中三个重要因素，即目标受众选择、媒介预算地区分配和媒体行程选择。只有通过对营销和媒介数据的分析，再结合媒介策划人员的判断和主观评估，这三个问题才能够找到比较准确、可靠的答案。

目标受众常常需要在一个或多个人口统计特性（如性别、年龄）的基础上来确定。能够为确定目标受众提供依据的有企业的产品用户数据库、市场调查机构的消费者行为调查结果等。在这些数据的基础上能够勾勒出目标消费群的特征，为进一步细分消费者群体结构奠定坚实的基础。另外，生活形态调查的结果数据也可以帮助揭示目标受众的某些特征。

媒体在投资地区上的选定及各地区的预算分配是由各市场的获利能力所决定的。那么，如何有效地评估各市场的获利能力呢？通常需要考虑以下因素：

（1）品类发展指数（Category Development Index，CDI）与品牌发展指数（Brand Development Index，BDI）。品牌在积极的营销态势下，所追求的是市场扩张，在此情况下CDI 的重要性高于 BDI，即在品类发展较具优势的市场中扩大本品牌的影响；品牌在保守营销态势下追求的是固守既有市场，因此会考虑在品牌发展优势较大的地区保持这种优势，忽略品类发展较好而品牌发展不佳的地区；

（2）品牌铺货状况及进展。通常市场有完整的铺货才具备媒体投资的条件，但是具备完整铺货的市场不一定需要媒体投资；

（3）对象阶层人口数量；

（4）经济发展状况；

（5）销售成长趋势；

(6) 品牌占有率及获利经验；
(7) 品牌广泛传播所积累的资产；
(8) 市场对传播的反应；
(9) 媒体投资效率；
(10) 竞争状况，即竞争品牌的媒体干扰度。

媒体行程的选择与投放广告的时间有关。由于所有广告效果的建立都来自于消费者对广告讯息的理解与记忆，因此，不同产品的广告及不同类型的广告都会对广告讯息的理解与记忆产生影响。除此之外，营销策略和竞争品牌的媒体行程模式也是需要考虑的重要因素。同时，预算大小和媒体特性也无疑会影响媒体行程的选择。

确定了以上三个因素之后，选择适当的媒体载具，确定到达率与接触频率目标（相关的具体内容将在下面阐述），媒介策略的任务至此才算基本完成。

3. 提出媒介执行方案并实施

媒介目标和策略仅仅提供了广告投放的总体方向，却不能直接用于执行。因此在确定了媒介策略以后，需要以此为基础制定出具体的执行方案。制定执行方案，首先需要了解目标消费群的媒介接触习惯。通过对媒介调查数据的深入分析可以很方便地找到目标消费群相对集中的媒体载具；其次，需要对各种媒体进行评估，包括覆盖率、受众组合、媒体千人成本评估等；最后，根据策略优先顺序，以渐进方式逐渐投入媒体预算，直到预算满额。

制定媒介执行方案时，通常会提出几个不同的方案以供选择，媒体分析软件也有对执行方案进行自动优化的功能，即对几个方案进行多方比较，最终选择最有效果的一种方案并付诸实施。

除了制定可以测量的广告目标之外，还需要对广告支出是否具有价值作出判断。然而，广告播出后的到达率、接触度等收听数据可以揭示广告的投放效果，却不能回答关于支出是否有价值的问题，即是否值得投放，因为投放广告的最终目的还是促进销售。即使在今天我们也很难对广告效果进行绝对精确的度量，尤其是广告对销售的影响。有人曾经指出，"广告只是影响销售量的许多变量中的一个。一个广告变量本身就被四个附属变量所影响，即传递信息的内容、投入资金的数量、媒体的选择以及竞争性活动的数量"。因此，广告的真正效果在这个阶段还很难看到，但是与广告投放决策有关的流程到此已经结束。

（二）收听率数据在制定媒介策略中的应用

媒介策略的制定为整个广告投放决策确定了大方向，因而成为广告投放决策最重要的一个环节。"知己知彼，方能百战百胜"，与制定预算时一样，把握竞争对手的动向是制定媒介策略时需要先了解的内容。不需要商业间谍，广告监播数据就可以将对方的所有秘密呈现在我们面前。

借助媒介调查公司提供的分析工具，我们可以直接了解竞争对手在什么时间、选择什么媒体播出了什么样的广告，以及广告投放的效果如何（如表3中包含了关于竞争对手媒介策略的大部分数据），通过分析可以发现他们的媒体行程安排，并且通过他们选择投放广告的节目类型应该能够勾画出其目标消费群的轮廓。在这样的基础上我们可以有针对性地制定自己的策略，更好地达成媒介目标。

表3 竞争对手媒介策略

	播出次数	累计时长（秒）	累计成本（元）	累计毛评点	累计接触人次（000）	平均接触频次	覆盖率（%）	1+（%）	2+（%）	3+（%）
总体	7562	141203	17875585	8297	518035	115.8	71.6	71.6	67.3	63.6
品牌名称										
品牌1	3301	50746	7545005	2897.7	181044	51.8	55.9	55.9	51.4	47.3
品牌2	75	1344	244810	149.8	9364	6.2	24.2	24.2	17.1	13.7
品牌3	374	7455	1266795	660.2	41263	15.8	41.7	41.7	33.8	28.5
品牌4	29	436	102540	89.4	5587	5.3	16.9	16.9	13.8	10.4
品牌5	193	3270	180470	103.2	6341	6.8	15.0	15.0	10.2	8.4
…	…	…	…	…	…	…	…	…	…	…
播出频率										
频率1	1522	37890	1023610	595.8	37182	30.8	19.3	19.3	14.5	11.3
频率2	1065	19687	5287590	3654.2	228127	76.2	47.9	47.9	42.7	38.9
频率3	757	10569	1121950	1475.2	92112	54.9	26.8	26.8	21.7	19.9
频率4	19	292	8680	0.9	59.0	1.5	0.6	0.6	0.2	0.1
…	…	…	…	…	…	…	…	…	…	…

数据来源：CSM媒介研究

在一份专业的媒体策划书示例（表4）中，第三部分内容与收听数据的关系最为密切。选择载体是一项复杂的工作，因为载体只要存在就必定有一定的功能和价值，不同的载体传达的信息不同，送达的听众也存在着区别，只有在对目标地区进行了详细的媒体环境分析之后才能根据特定的目标听众群，选取最有效的载体。在媒介策略中选择载体的部分通常只对载体进行"质"的考虑，对载体进行具体评估并真正选出所要使用的媒体类别与载具则属于媒体执行方案作业内容。

表4 媒介策划书示例

目标定义	地区分配	覆盖/传播目标
以某银行产品的媒介策略为例： 目标受众为未来一年内有购买金融理财产品意向的人群。以调查公司的调研数据为基础，广告目标人群为男性，年龄在25～44岁之间，主要目标消费人群具有以下特点： ● 男性，25～44岁（同年龄层次的女性将作为主要影响对象） ● 家庭收入水平中高以上，拥有私家车 ● 受过良好教育 ● 政府官员/经商者/专业人员	根据每个市场X金融理财产品的现有销售量、竞争状况，同时考虑品牌发展指数及未来销售目标，将整个市场分成四类地区，分配不同比例的媒介费用。 A类市场：保护并投资的市场，保持该品牌的平均投放比重； B类市场：开拓型市场，采用占有绝对优势的投放比重； C类市场：应该进军的市场，积极开拓，满足本身扩张的需要； D类市场：准备进军的市场，仅选择个别市场做试点，为全面进军作准备；	使用媒介载具——以交通广播电台广告为主，辅以平面和户外广告； 不同的市场设定不同的总收听点和有效到达率； A类市场：4+到达率30%，总收听点不低于700GRPs； B类市场：4+到达率30%，总收听点不低于500 GRPs； C类市场：4+到达率20%，总收听点不低300 GRPs； （具体含义为在A类市场的25～44岁男性中提供至少700个GRP，至少暴露4次的25～44岁男性在投放后的到达率在30%以上）。以3个月为周期，根据季度销量分布来分配不同时期的媒介预算。

在选定要使用媒体之后的下一步工作是设定到达率和接触频次。图4是利用收听率分析软件制作的到达率曲线。由于到达率具有这样的特点——在广告投放初期增长速度较快，之后增长速度逐渐减慢，因此，在单一媒体投放获得较高的到达率是不容易实现的，如果希望更高的到达率，则需要借助媒体组合来完成。

图中的N+到达率也证实了到达率在毛评点增加的开始阶段比较容易获得，之后会变得越来越困难，因为获得一个新的N+到达率的单位成本会大大增加。并且对于同样

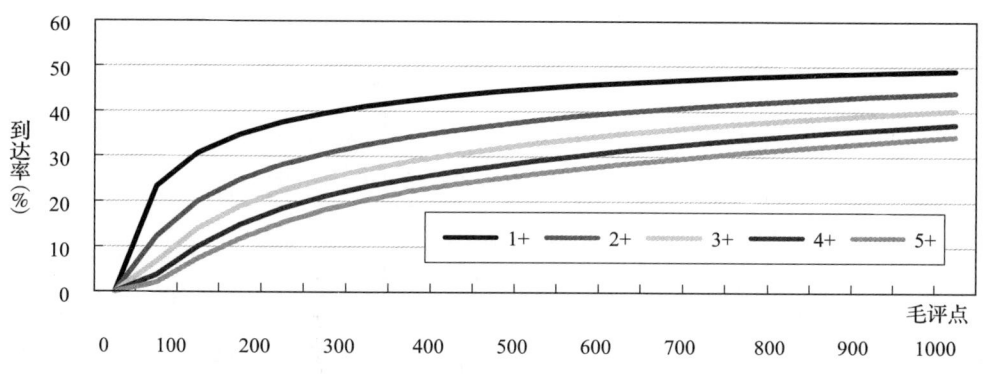

数据来源：CSM 媒介研究

图 4　25～44 岁男性到达率曲线

30% 的到达率水平，定义到达的接触频次设置值越高，需要的预算显然就越多。

最好的到达率水平是通过研究以前的情况来确定的，因此媒介策划中的到达率设定更多是建立在经验和判断的基础之上。如果某品牌在过去以给定的到达率成功地实现了市场目标，那么在制定媒介策略的时候可以使用同样的水平或按比例进行调整。

对于不同的产品，媒介策略中的有效接触频次和与之相对应的有效到达率水平的设定也不同。从理论上说，有效接触频次应该是这样一个数值 n：听众听过广告 n 次，并且这 n 次广告对听众产生的影响达到了广告投放的预期效果，考虑到成本因素，这个 n 是能够满足上述需要的最小值。较可行的做法是将各种可能影响有效接触频次的因素列出来，根据具体情况给各因素评分，在考虑各因素的权重后最终得出一个综合评定分数，然后把这个分数与依照经验值做出的范围区间相比，确定相应的有效接触频次。表 5 即为某广告公司制作的有效接触频次预估表。

本例中综合分数为 53 分，根据表中综合分数与有效接触频次的经验对应范围，可以得出 X 银行卡产品此次媒介投放的有效接触频次应该为 4 +。

制定媒介策划时的 GRP 值一般是由有效接触频次和到达率决定的，遵循的规律是通过大量的媒体市场分析总结出来的经验值。由于各地的媒体环境不同，达到一定有效到达率所需要的 GRP 值也不同。

竞争对手在相同地区的广告投放量和媒体行程安排也是在媒介策划时需要参考的因素。如图 5 表明所有的品牌都将投放集中在 5、6 月份，品牌 2 在 8 月份的投放就显得非常突出。与相应的促销行为结合，如果能在其他品牌都"音量"较小的时候（如 7 月份）投放自己的广告，也许会有事半功倍的效果。

表5　X公司银行卡产品的有效接触频次预估表

品牌：XX 银行卡		目标人群：25～44 岁						媒体：广播
			分数 低←——→高					
		各因素权重	1	2	3	4	5	
品牌因素								
品牌周期	已建立的品牌	1			✓			新品牌
品牌目标	维持占有率	1					✓	扩大占有率
广告历史	最近	1				✓		非最近
品牌忠诚度	忠诚	1				✓		模糊
易沟通目标人群	易沟通	1				✓		难沟通
品类的关心度	高关心度	1		✓				低关心度
市场媒体因素								
竞争态势	低竞争度	1					✓	高竞争度
媒介干扰	低干扰度	1					✓	高干扰度
传播因素								
广告周期	高知名度广告	1					✓	低知名度广告
信息传递	简单	1		✓				复杂
广告角色	增加认知	1					✓	改变认知
广告长度	比秒以上	1				✓		10/15 秒
广告讯息	高表现度	1				✓		低表现度
执行方案	简单	1				✓		复杂
综合分数		53	2	0	9	12	30	
综合分数与有效接触频次的经验对应范围	14－20＝1＋；21－34＝2＋；35－48＝3＋；49－62＝4＋；63＋＝5＋							
	低				中等			高

资料来源：CSM 媒介研究

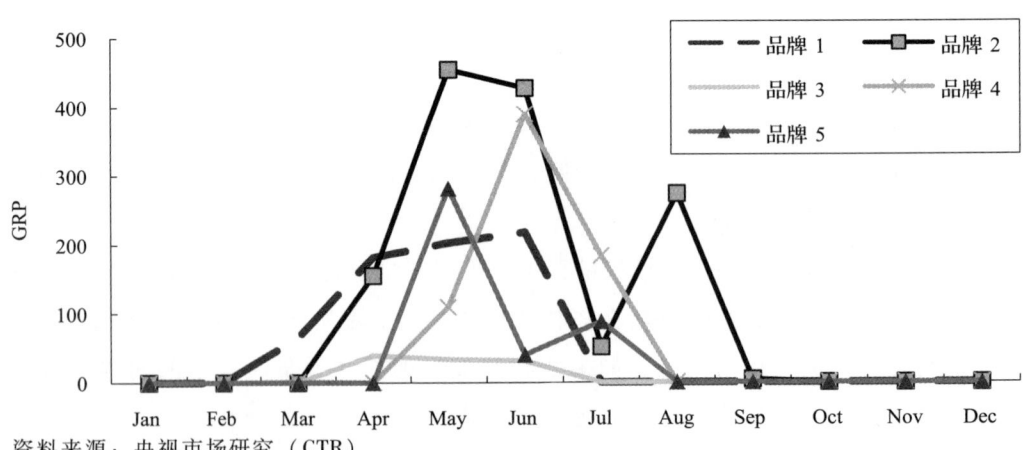

资料来源：央视市场研究（CTR）

图5　不同月份品牌投放 GRP 值

（三）收听率数据在确定媒介执行方案中的应用

媒介执行方案通常是以相关时期的历史数据为依据制定出来的。一般的做法是选取具有参考价值的四周以上的数据，以此为依据进行广告投放。选取数据的时候可以考虑销售季节、具体事件等影响。如在做重大体育赛事期间的广告投放计划时，通常使用上一次类似的赛事期间的数据作为参考；在节假日期间针对特殊节目进行广告投放时，可以考虑参考去年同期的数据；进行平常时期的投放时，可以考虑选择刚刚过去的一个月或两个月的数据来制定具体执行方案。

CSM 媒介研究的视听率分析软件（Infosys-Plus）可以代替手工进行大量复杂的媒介数据运算，计划人员可以在此基础上完成媒介计划过程。通常同一组载体在计划时有多种不同的插播方式可供选择，对几组计划进行评估比较，以选出比较理想的一组。分析软件还提供了对媒介执行方案进行自动优化的功能，优化排期根据计划人员给定的条件，如规定预算内获得最大 GRP、规定预算内获得最大到达率或有效到达率、指定最低要到达的平均接触频次等，通过复杂的数学模型和算法，经过大量计算后提出"最优"方案。尽管优化排期始终不可能替代媒介策划人员完成制定媒介执行方案的任务，但至少可以给相关人员提出一些比较有参考价值的建议。

表6 媒体排期示例表

天	频率	开始	结束	成本	毛评点	总毛评点	计划1	计划2	优化3	优化4	优化5	优化6
周日	频率1	07:00	07:15	1200	7.22	14.43	2	2	2	2	1	1
周日	频率2	08:30	08:45	1200	1.99	0.00	1	0	1	0	1	1
周日	频率2	08:45	09:00	1100	2.57	5.14	1	2	1	1	1	1
周日	频率2	09:00	09:15	800	3.09	6.19	1	2	1	1	1	1
周日	频率3	09:45	10:00	500	0.22	0.44	2	2	1	0	1	1
周一	频率1	09:00			7.96	0.00	2	0	2	2	1	1
周二	频率2	10:30			3.33	3.33	1	1	1	0	1	1
周三	频率2	10:00			5.37	10.73	1	2	1	1	1	1
周四	频率3	11:45			7.07	14.14	2	2	1	1	1	1
周五	频率1	19:00	19:15	1100	8.94	26.81	1	3	2	2	1	1
周五	频率1	19:15	19:30	1000	7.94	7.94	2	1	2	2	3	3
周五	频率2	20:30	20:45	1500	2.56	0.00	1	0	1	0	1	1
周五	频率3	21:45	22:00	500	0.47	0.47	2	1	1	7	5	5
周六	频率2	20:30	20:45	1500	1.82	5.45	2	3	1	0	1	1
周六	频率3	21:45	22:00	500	0.50	1.00	1	2	1	0	1	2

数据来源：CSM 媒介研究

表 6 是一个媒体排期的示例：根据对载具进行评估的结果，最终选择 3 个频率早间和晚间的几个时段进行广告投放。首先可以自己制订计划，按照需要手动设置每一个载具的具体插播数并进行评估，之后可以利用 Infosys-Plus 分析软件的优化功能按照不同的要求对计划进行调整（表 7）。

表 7 载具的优化方案

推及人口（000）＝1480 样本人数＝161	计划 1	计划 2	优化 3	优化 4	优化 5	优化 6
插播数	41.0	42.0	39.0	55.0	48.0	47.0
预算	151000.0	154000.0	152000.0	159000.0	156000.0	146000.0
毛评点	216.8	199.3	206.1	204.9	171.6	177.7
成本/毛评点	449.9	476.8	453.6	447.5	407.7	429.0
到达率%	44.6	43.0	44.0	44.1	42.7	43.1
有效到达率%	24.6	23.0	24.0	24.1	22.7	23.1
平均暴露频次	8.0	7.8	7.8	7.8	7.3	7.3
接触度（000）	175.0	104.0	209.0	190.0	172.0	167.0
成本/（000）接触度	28.9	27.0	30.6	37.0	29.3	30.1
到达率（000）	590.0	526.0	541.0	543.0	520.0	527.0
有效到达率（000）	350.0	326.0	341.0	343.0	320.0	327.0

数据来源：CSM 媒介研究

确定后的媒介执行方案仅仅提供了在投放时期内星期几的某个广告段插播几条广告，在此基础上还需要加上具体日期，以表 8 的格式最终送达媒体进行投放。

表 8 送达媒体的广告投放表示例

频率	广告时间段	节目名称	长度	广告刊例价	9月																10月														广告次数
					15	16	17	18	19	20	21	22	23	24	25	26	27	28	29	30	1	2	3	4	5	6	7	8	9	10	11	12	13	14	
1	XX：XX	XX 新闻/中	15	51,50		1	1		1			1			1	1	1		1		1	1	1	1		1	1	1	1		1	1	1		17
2	XX：XX	今日交通/前	15	33,20	1	1	1	1	1	1	1	1	1	1	1	1	1	1	1	1		1	1	1		1	1	1	1	1	1	1	1	1	25
	XX：XX	路况信息/前	15	38,20	1	1	1	1		1	1	1	1		1	1	1	1		1	1	1	1		1	1	1	1		1	1			1	21
3	XX：XX	体育专题/中	15	12,48							1				1					1	1			1											6
4	XX：XX	金曲排行/前	15	22,80				1				1					1									1									3
	XX：XX	XX 音乐/前	15	16,80	1	1	1	1			1	1		1		1	1	1		1	1	1	1	1		1	1	1	1		1	1				19
	XX：XX	X节目标版广告	5	9,00	1	1	1	1		1	1	1									1	1	1	1												15
		总计			3	4	5	5	4	1	4	4	4	4	2	4	3	4	3	3	5	4	2	3	3	4	5	5	3	3	1	3	106
												广告费总计																							

三、收听率数据在广告播后效果评估中的应用

由于进行媒介计划时使用的是历史数据,与真正播出时的收听数据必定会存在着差异,而且广告播出的实际情况与计划相比也可能有一些变化。因此对广告效果的评估只有在真正的投放开始以后才能进行。

计划是为了让操作过程更有目的性,条理更清晰,但并非一定不能改变。媒介购买人员不一定能够按照表格预期买到所有的广告段,因此也许会改变一些插播点的位置;由于某些突发事件的影响,电台可能会临时改变节目安排,打乱原有播出计划,这些都属于被动地改变原计划。

在播出过程中保持计划的灵活性需要有最新收听数据作支撑。对于广播收听率日记卡调查这种方式,由于数据滞后近两周左右,而我们的执行计划通常只有4周,因此调整难度较大。测量仪方法有望缓解这一难题。

播出过程中的评估与最终整体评估的考虑因素基本一致,区别只在于伴随着播出过程的评估仅仅能够了解计划中目前为止已经实施部分的效果,通常不注重总体量的大小。而整体评估需要概括出一次投放过后的整体效果,并且需要与预先设定的目标进行比较。

对广告的投放进行播后分析需要使用广告监播数据和收听数据。通过广告监播数据可得到广告实际播出状况(表9),通过与媒介排期表对比,就可以发现广告实际播出与排期的差异。

表9 广告实际播出情况

		9月	10月
日期/时间变化(与计划时间相差30分钟以上的插播点所占比例):		0%	4%
实际插播位置(在不同位置播出的插播点所占比例):	前3/倒3	87%	82%
	前5/倒5	90%	88%
实际节目位置 (在各类节目中播出的插播点所占比例):	新闻	55%	75%
	资讯	30%	10%
	音乐	15%	0%
	体育	0%	15%
	专栏	0%	0%

数据来源:CSM媒介研究,央视市场研究(CTR)

表 10　用 GRP 和到达率检验计划执行效果

目标听众	插播数	播出天数	累计毛评点	累计成本	1+（%）	2+（%）	3+（%）	4+（%）
25~44 岁	96	31	335.3	150080	42.8	32.6	27.5	21.5

数据来源：CSM 媒介研究，央视市场研究（CTR）

通过播后的 GRP 和到达率等收听指标可以检验计划的执行效果。表 9 中尽管实际播出的插播点数比原计划（表 8）点数少，但是经计算，这 30 天的投放获得的总毛评点数和 1+到达率基本接近计划，4+到达率不理想，累计成本则低于原预算（表 10）。

在制定下一次投放执行方案时，上述结果极具参考价值。只有对每次广告投放的实际效果进行及时评估，并不断改进，才能保证取得最佳的广告效果。

四、收听率数据在广告时段交易中的应用

广告时间销售存在着"折扣"现象，这并不是广告段促销的好办法，因为节约成本不能以牺牲媒体目标作为代价。只要是合理定价的广告段，都会因为"物有所值"而成为广告投放时的选择目标。通常收听率高的广告时段市场需求较大，要价也较高，这是因为广告投放时考虑的不是单独的广告成本，而是千人成本或 GRP 点成本。

因此，合理定价确实是电台可以使用并且确实能够影响广告投放决策的有效工具。产品的价格是由价值决定的，受其他因素影响，价格会在一定范围内波动。而广告时段的价值就在于将广告送达的听众数量，以及收听了广告以后能确立品牌形象并最终导致购买行为的听众数量。

在此，我们试图将广告价值归纳为一些可以被量化的收听率指标，这样可以便于评估：

- 送达的听众数量即听众规模价值，可以用到达率来衡量；
- 广告对听众的影响会随着暴露频次的增加而不断加深，而单一节目多次播出的暴露频次与节目的忠实度有关，这是听众的忠诚价值；
- 听众听到广告并最终导致购买行为，这与听众的消费力有关，影响消费力的因素比较多，我们最终选择了听众的月平均收入作为参考项，并称之为听众的消费力价值；

于是广告传播的总价值就被归纳为：

$$到达千人 \times 人均收入 \times 忠实度$$

图 6 是结合千人成本制作的某地区某时段各主要频率的广告传播价值分析图。如果

按照各个频率的广告刊例价格计算，则该时段在该地区"频率一"的广告传播价值最大而千人成本较低；"频率六"的广告传播价值最小而千人成本最高。如果按此交易，那么一方面购买"频率一"是将以最小的代价购得"物超所值"的广告时段，另一方面"频率一"也具有较大的提价空间，使其价格与价值相符；而"频率六"则相反。

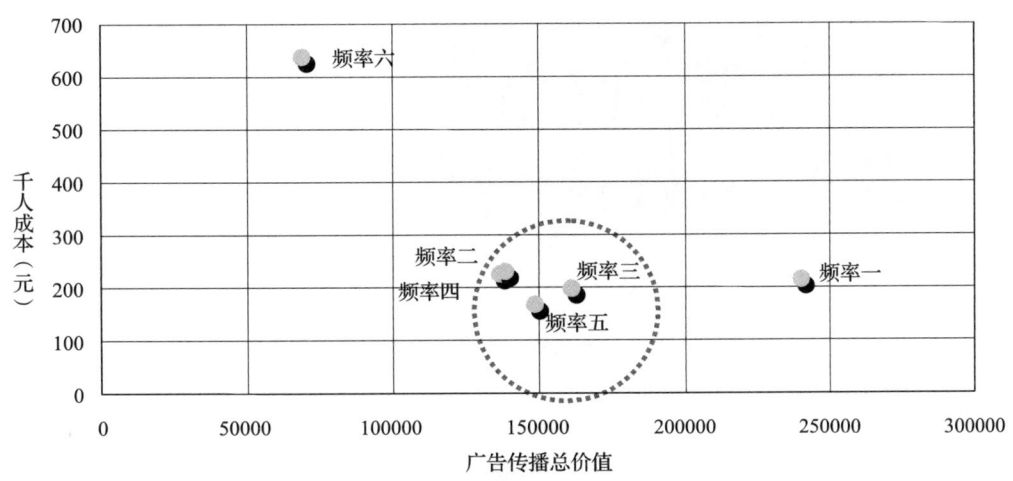

图 6　XX 地区不同频率广告传播价值分析

我们可通过一个四象限图（图 7）来揭示媒体广告定价与交易的原则。图中的纵坐标轴为广告的千人成本，横坐标轴表示的是广告传播价值。根据广告主和媒体各自对千人成本高低及对目标消费者价值的预估可以确定划分成本高低和消费者价值水平的基准，基于这两个基准，可以把广告价格方案分为四个象限。落在第 I、III 象限的广告所耗费的成本与所获得的价值相对应，可以称为"适价广告"，这是广告商和媒体主要追求的目标，双方容易达成一致。落在第 II 象限的广告价格偏高，但价值却不如价格，如果广告投放结果如此，广告商则需通过与广播台商议价格、投放安排等措施，改变这种高价低效的现状，努力提升广告效果。如果广告落在第 IV 象限，相信将是广告商最期待的结果，用尽量少的成本实现更好的市场效果，而这也是媒体要努力说服广告商实行提价策略的广告段位。

当价格在市场合理的区间内，广告交易的双方基于共同的认识，交易的结果将是双赢的局面，这时候，收听数据就成为交易双方的"通用货币"。

除了上面列出的各种收听数据以外，市场环境、销售情况、客户反应等其他因素也都会影响广告时段的价格。没有一个固定的条例可以检验定价是否合理，但是市场会对价格进行检验，而与本身价值相符的定价无疑会帮助电台和广告商之间顺利完成更多的广告时段的交易。

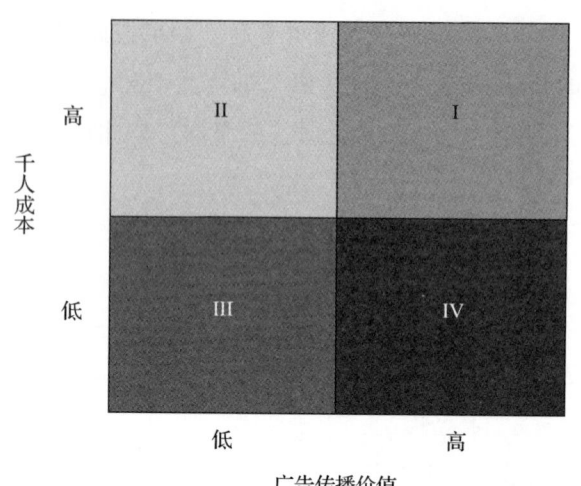

图 7　媒体千人成本、传播价值及定价策略

除了上述应用领域外，收听率数据在广播电台广告招商和宣传推广方面也具有非常实用的价值，对于帮助广告主认识广播频率的优势、了解目标听众的收听行为、广告时段的传播价值等，都具有非常重要的意义。

研究广播收听市场，开发广播广告价值

龙长缨

伴随着中国媒体广告经营的发展，中国广播广告经营经历了几十年的沉浮。从总体上来看，广播广告呈现稳步上升的态势，特别是在传统媒体被新媒体不断挤压的当下，广播广告仍然保持着正向的增幅，尽管2013年的增幅甚微。我国广播广告经营额一直处于较低的水平，与国外广播媒体相比，我国广播广告的价值并没有得到相应的释放。其中的原因很多，本文仅从研究广播收听市场的角度来谈谈广播广告价值的开发。

一、中国广播广告市场发展的特点

1. 总体经营额不断扩大，经过几年"爆炸性"增长后，增幅放缓

自1979年以来，我国广播电台的数目不断增多，尤其是1989年四级办台政策的推出，更是促进了广播电台数量的大发展。广播电台数量的发展也带来了广播广告市场规模的不断扩大。2000~2006年，中国广播广告经营额实现了连续7年的快速增长，年平均增长率高达24.6%；随后的几年，年均增长率皆跌到10%以下；2011~2012年，伴随车载收听、移动收听的发展，广播广告经营额又实现了两年的高速增长；特别是2012年，增长率达到了55.1%，这一年，中国广播广告经营额也突破了百亿，全年广告经营额达到空前的141.1亿。2013年，在经历"爆炸性"的增长之后，广播广告的经营额仅比前一年增加了0.1亿元，增长率仅为0.09%（表1）。

表 1 2000～2013 年中国广播广告经营额及增长率

年份	广告经营额（亿元）	增长率（%）
2000 年	15.2	21.6
2001 年	18.2	19.7
2002 年	21.9	20.3
2003 年	25.6	16.9
2004 年	32.9	28.5
2005 年	38.9	18.2
2006 年	57.2	47.2
2007 年	62.8	9.8
2008 年	68.3	8.8
2009 年	71.9	5.2
2010 年	77.2	7.4
2011 年	91.0	17.9
2012 年	141.1	55.1
2013 年	141.2	0.09

数据来源：根据相关资料整理汇总

2. 广播广告经营额在全国广告总额所占比重进入平稳期

2004 年以前，广播广告在全国广告总额中所占的比重一直徘徊在 2.4% 左右，在四大传统媒体中仅高于杂志。从 2004 年开始，这一情况开始有所变化，2004 年广播广告占全国总广告额的比重为 2.6%，2005 年达到 2.7%。2006 年以后，随着经济的发展，特别是汽车行业的突出表现，以及广播媒体自身经营、管理方面的创新和进步，广播广告在全国广告中所占的比重连续 3 年创了新高，达到 3.6%。在近年来的发展中，广播广告经营额在全国广告总额中的比重略有回落，2013 年降到 2.8%，但整体趋势比较平稳（图 1）。

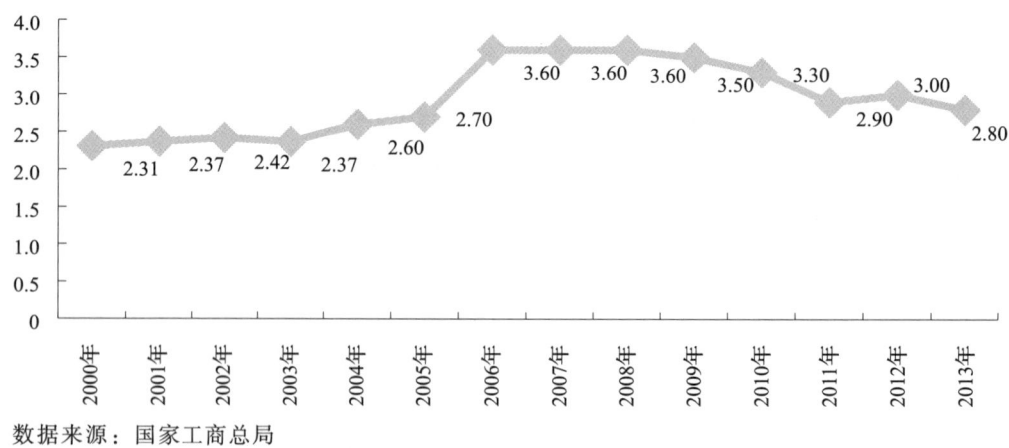

数据来源：国家工商总局

图 1 历年广播广告经营额在全国广告总额中所占比重（%）

中国广播广告经营额在全国广告经营额中所占的比例较小，而广播业较为发达的国家，广播在广告市场中所占的市场份额达到 10% 左右（美国 13.2%、法国 12%、墨西哥 13.7%、澳大利亚 9.2%），中国的差距非常大。

3. 交通、新闻、音乐频率仍然是各电台广告收入的主要支柱

据 2002 年全国省级电台各频率广告收入统计资料显示，新闻频率和交通频率的平均收入分别为 1 449 万元和 1 470 万元，全国 14 个省级音乐频率平均收入为 1 047 万元，其余频率均低于 1 000 万元。时至今日，这一格局仍未有大的改变，交通、音乐、新闻频率仍然是电台广告收入的主要支柱。据 CSM 媒介研究和央视市场研究（CTR）的数据显示，在绝大多数地区，交通、音乐、新闻三大频率无论是在广告投放的总额还是吸引广告主的数量方面，都排名最靠前。例如 2013 年，京、沪、穗三地广播广告投放额排名前 3 位的频率除了北京人民广播电台文艺广播（FM87.6）外，其他 8 个频率全部来自于交通频率和音乐频率。

交通广播发展迅速，一方面得益于对交通信息的全面把握，在节目资源上有一定的优势，加上近年来城市化建设不断加快，各地交通状况恶劣，移动收听人群规模扩大，使交通频率这一资源优势价值得以很快提升；另一方面，经营良好的交通频率大多成立较晚，机制灵活，有很强的创新意识，因而发展速度更快，在广告经营中业绩显著，为广播行业注入了活力。比如北京交通广播，早在 2000 年就以 6 032 万元成为全国广播行业单频率广告收入之冠，此后广告收入连年大幅攀升，2006 年广告经营额就已经达到 2.8 亿元，实现了全国广播单频率广告收入 7 连冠，时至今日，它仍然是全国交通广播及整个广播行业的标杆。

4. 互联网和移动网络的发展，对传统媒体广告经营形成强大的冲击

2013 年中国广告业在调整中平稳发展，据国家工商行政管理总局公布的统计数据显示，2013 年中国广告经营额达到 5 019.75 亿元，比 2012 年增长 6.84%；由于广告经营额增速略低于 GDP 增速，广告经营额占 GDP 比重由 2012 年的 0.91% 微降到 2013 年的 0.88%。

2013 年中国互联网广告增长仍然强劲，据中国广告协会互动网分会的统计数据显示，2013 年中国互联网广告经营额达到 638.8 亿元，同比增长 45.85%，略低于上年的 47.6%。

互联网和移动网络的发展，改变了媒体传播环境和营销模式，对传统媒体广告经营形成强大冲击。2013 年，我国电视台、广播电台、报纸、杂志的广告经营额分别为 1 101.1 亿元（同比下降 2.75%）、141.19 亿元（同比微增 0.09%）、504.7 亿元（同比

下降9.17%）和87.2亿元（同比增长4.73%）。相比2012年对2011年的同比增长率，2013年四大传统媒体广告经营额的同比增长率大幅下跌（表2）。

表2 2011~2013年四大传统媒体广告经营额及增长率

媒体	2011年（万元）	2012年（万元）	2012年比2011年增长率（%）	2013年（万元）	2013年比2012年增长率（%）
电视	8979233	11322728	26.1	11011042	-2.75
广播	909525	1410556	55.1	1411869	0.09
报纸	4694530	5556310	18.4	5047018	-9.17
杂志	520883	832723	59.9	872077	4.73

数据来源：《现代广告》，2014年第6期

二、目前广播广告价值开发中存在的问题

1. 广播广告价值被低估，广告客户低端化

较之电视、平面媒体，广播媒体具有移动性强、伴随接收、技术简便、成本低、价格便宜、利润率高等很多优势，近几年频率专业化的发展，让广播可以比较精确地触达"有车族"、"白领"等高消费能力群体，广播广告的价值得以彰显。在广播业较为发达的国家，广播广告价值被充分地开发出来，广播在广告市场中所占的市场份额可以达到10%左右，而在中国，这一数字最高仅为3.6%，广播广告的价值被低估了很多。

广播广告价值被低估，突出地表现为广播广告客户的低端化。与电视广告客户相比，广播广告客户的特点表现为零散、投放额度低、投放时间短、投放随意性较大等。广播广告缺乏大公司、大品牌的关注，地域性的中小型广告主成为广播广告客户的主体，其规模和实力有限。广播广告通常以时段为单位，大批量地卖给代理公司和广告主，由此导致了广播广告中专题广告，尤其是医疗广告的盛行。有数据显示，在广播广告中，专题广告占据了70%的份额，硬广告仅占30%，而在专题广告中，医疗广告又占据了很大比例。专题广告时间跨度大，信息轰炸频繁，容易引起听众的疲劳和反感，大品牌广告主因此会对此类广播频率退避三舍。缺乏品牌广告导致专题广告兴盛，专题广告的过度播放又导致品牌广告的流失，如此形成恶性循环。

2. 广播频率定位过于集中，内容开发不够

广播频率专业化早于电视频道的专业化，这是中国广播业适应市场发展的选择。频

率专业化在刺激广播发展的同时，也带来了问题，交通、音乐、新闻三大频率是被开发得最多的，在 CSM 媒介研究 2014 年调查的 33 个城市中，音乐频率有 80 个，交通频率有 60 个，新闻频率有 63 个，其他频率的主要定位也多集中在经济、文艺、城市、生活等几大主要类型，近年来，也有故事频率、私家车频率等出现，但总体来讲，频率定位的细分程度较低，定位过于集中。

从频率内容上看，更是呈现出"大专业、小综合"的特点。路况信息、新闻时事、音乐、歌曲、小说/评书连播、天气/生活指数等出现在大多数"专业"频率中，专业化，或者说类型化特征更多体现在频率的对外呼号上。与国外广播频率的发展相比，我国真正意义上的类型化频率为数不多。

3. 广播广告的地域性和局限性较大，阻碍了全国性大市场的形成

我国大部分广播市场都以城市为范围，大多数频率的影响范围仅限于本地，听众数量有限，难以形成规模性的广告销售市场，难以吸引大品牌的关注。由于行政管辖的原因，通过广播投放品牌广告操作程序非常繁琐，效果也难以保障，因而大品牌较少垂青。同时，各城市广播各自为政，自行制作和购买节目，缺少节目交流和合作，客观上造成资源浪费，不利于行业资源整合，也阻碍了全国大市场的形成。

当然，建立全国广播网的构想很早就开始在行业内尝试。2005 年 5 月，全国 82 家城市电台的代表宣布成立"中国城市广播联盟"，致力于在节目、人才和资金等多层面进行合作，对打破区域区隔有重要意义。一些广告代理公司，如同步、远誉等也都在进行广播广告的集中购买，开展跨地域合作。

三、开发和提升广播广告价值的对策

广播广告价值为什么被低估？其中一个关键因素是中国广播作为一种广告传播载体的有用性、有效性受到了质疑。

广播作为单纯的声音媒体，它的收听伴随性、非独占性使它一直被看作弱势媒体，在很长一段时间里，广播广告经营都缺乏系统的数据支持，直到近年来才有了 CSM 媒介研究、艾杰比—尼尔森（尼尔森网联）、赛立信等数据公司的收听率调查。缺少广播收听率数据的支持，广播广告播出的效果不易评估，广播广告定价也缺乏第三方数据参考，仅凭主观判断来设置栏目和评价效果，难以得到广告客户，尤其是国际性大品牌客户的信任。同时，由于缺乏数据的支持，广告主和代理公司也不能充分了解广播收听市场，不能充分认识广播广告的传播价值，广播广告被普遍地认为传播效力低下，从而影响了广播广告的发展。

因此，开发广播广告价值，提升广播广告价值，其前提是要充分认识和研究广播收听市场，对此，收听率调查数据是非常关键和有效的。

（一） 近年来广播收听市场呈现新的变化特征

CSM 媒介研究的收听率调查数据显示，近年来广播收听市场正在发生着很大的变化。

1. 广播听众规模略有回升，城乡听众规模皆有增长

据 CSM 媒介研究 2013 年全国网基础调查数据显示，2013 年全国广播听众规模为 5.13 亿人，占全国 10 岁及以上人口总数的 43.3%；其中城域的广播听众规模为 2.44 亿人，占全国城市 10 岁及以上人口的 52.8%；乡域的广播听众规模为 2.70 亿人，占全国农村 10 岁及以上人口的 37.2%。与 2012 年相比，2013 年全国、城域和乡域广播听众规模占人口总数的比例都有不同程度的上升。2012 年，全国广播听众规模占全国 10 岁及以上人口总数的 40%，这一比例在城域为 51.2%，在乡域为 32.8%。

听众规模的回升，主要得益于城市化进程的发展和私家车的增加。CSM 媒介研究的基础调查数据表明，2012 年，所调查的 32 个城市的私家车拥有率平均为 37.56%，而到 2013 年，所调查的 33 个城市中，这一数字已经上升到了 41%。随着私家车拥有率的提升，广播在车载收听市场不断成长、壮大。

2. 收听总量持续下滑，人均每日收听时间跌至 80 分钟以下

2013 年 CSM 媒介研究收听率调查数据显示，人均日收听分钟数为 77 分钟，较 2012 年的 81 分钟下降了 4 分钟（图 2），事实上，这也是近年来的新低。

随着新媒体新技术的发展，特别是移动互联网的发展，受众对于媒体的消费行为变得越来越多样化、碎片化，传统媒体消费被割裂和削弱，实际用于传统广播的收听时间也减少，但通过其他媒介渠道，比如利用手机、平板电脑，通过 App、微电台等收听广播的行为却越来越多，可以说，人们通过各种新媒体渠道收听在线广播或收听广播节目的时间增多，传统的收听时间被分流了。

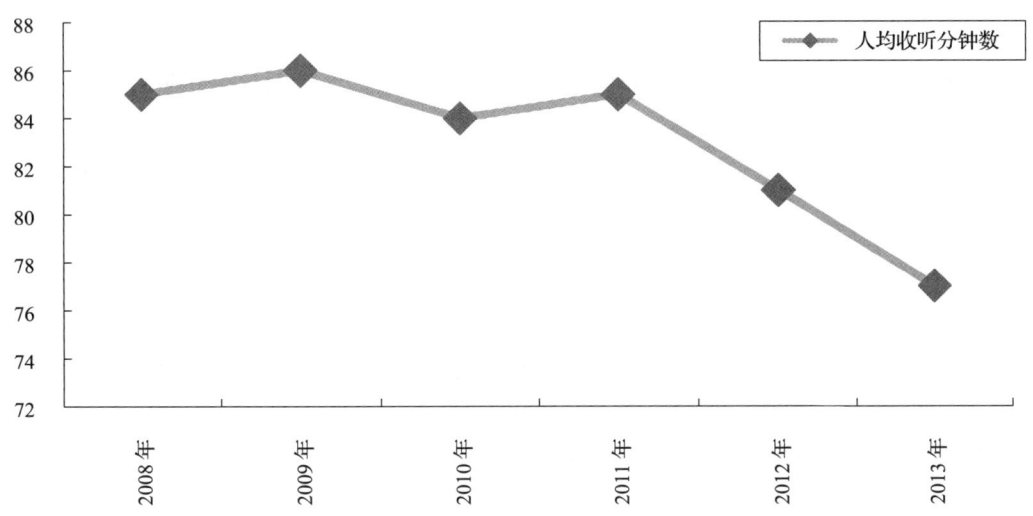

数据来源：CSM 媒介研究

图 2　2008～2013 年全国广播听众人均每日收听时长（分钟）

3. 收听结构发生变化，车载收听量在一些城市超过在家收听

CSM 媒介研究收听率调查数据显示，听众收听广播时间的地点结构出现了趋势性变化，主要表现为在家收听量和收听比重降低，车载收听量和收听比重提升（表3）。2013年，在 CSM 媒介研究调查的 33 个中心城市中，有一半以上城市的车载收听量上升，其中在长沙、深圳等地，车载收听量已经超过了在家收听。

车载收听时长增长、在家收听时长下降，其主要原因有两个，一是私家车的增多，在车上的时间增加；二是移动互联的发展，收听更自由更随意。

所有场所听众收听广播的整体特征表现为男性、中老年、中等学历和中等收入听众收听率较高，而车载收听率较高的听众是男性、中青年、中高学历听众，车载收听率随听众月平均收入的提高而提高，高收入听众车载收听率明显高于中低收入听众。这一部分人群，消费能力强，正是广告客户所关注的。

表3　近年来不同收听场所人均日收听时长(分钟)对比

收听场所	2010 年	2011 年	2012 年	2013 年
所有场所	84	85	81	77
在家	60	59	54	49
车上	15	17	18	19
工作/学习场所	7	7	7	7
其他场所	2	2	2	2

数据来源：CSM 媒介研究

4. 新闻、交通、音乐频率继续领跑收听市场，部分专业化频率崭露头角

根据 CSM 媒介研究的收听率调查数据，2013 年收听市场份额排在前 3 位的仍然是新闻、交通和音乐频率，这一格局多年未改变。2013 年这 3 类频率的市场份额累计占到总体市场的 68.9%，市场集中度非常高（表4）。

表4　近两年各类频率的市场份额比较

频率	2012 年（%）	2013 年（%）
新闻综合	27.18	27.50
交通	22.56	23.24
音乐	18.10	18.24
文艺	11.03	10.46
都市生活	7.96	7.77
经济	7.50	7.15
其他	5.67	5.64

数据来源：CSM 媒介研究

继音乐、交通、新闻等主要频率之后，部分城市电台开始发展内容更广泛的专业化频率，出现了"故事广播"、"老年与儿童"、"农村广播"等新的内容定位，其中比较突出的是新功能性频率的开播，比如，北京城市管理广播、中国国际台奥运广播等，使得整个广播市场在频率定位的多样性上迈出了可喜的一步。2013 年，在收听市场表现突出的专业化频率也有不少案例。比如，黑龙江都市女性广播，其王牌节目《叶文有话要说》在首播时段的收听率高达 21.25%，成为哈尔滨地区收听率最高的节目；天津台相声广播 18:00 时段的居家收听率为 4.57%，该时段节目《笑笑江湖》以时事热点轻松话题为主，汇聚奇闻趣事、好玩笑话的晚间互动娱乐节目，成为听众非常喜爱的节目；济南经济广播，在 20:00 时段播出法律咨询服务类节目《以案说法》，居家收听率超过了 3%。

（二）把握广播听众特点，利用新媒体环境，提升广播广告价值

根据对广播收听市场的研究，我们发现我国广播听众对广播的消费主要集中在早间时段，表现为时段集中，消费量大，在全天的其他时段，广播的收听情况则相对较为平

均。在如今的新媒体环境下，特别是移动互联的迅速发展和壮大，越来越多的媒体、越来越多的媒体消费形式参与分流听众的闲暇时间。比如早间时段，传统电视的早间新闻、车载视屏、网络 App 的各类服务节目都对听众的注意力形成分散；而在晚间媒体消费的黄金时段，广播单纯的声音媒体形式的吸引力则更加欠缺，难以与电视和互联网匹敌。

更重要的一点，从听众收听市场的变化我们发现，细分化、碎片化的市场使得真正意义上的"大众"开始"消失"，听众、观众这样的被动角色，已转变为"用户"，用户不仅收听收看，还利用媒介网络互动、创造，微博、微信这样的"自媒体"在当下非常火爆。

因此，从绝对量上大幅度提高听众规模已经很难，结合新媒体发展的大环境，对听众进行细分和深度挖掘，融合新媒体技术，发挥广播传播的优势长处，培养更为忠实的广播"用户"，才是开发和提升广播广告价值更为现实和可行的方向。

首先，深入研究受众媒体消费行为，把握听众特点，细分频率定位，为目标人群定制服务。受众媒介消费的"自我性"、"圈子化"特点，以及在时段或媒介选择方面的"碎片化"特点，提醒广播媒体要格外注重受众的人群细分，以定制化的频率、定制化的节目，吸引目标人群的注意力，提升广播听众的忠实度。目前，已经有不少广播电台不断调整创新频率的定位，开始越来越多的频率细分，走频率专业化的道路。

频率定位专业化，关键在于对目标受众群体的认识，对目标受众群广播消费时间特点、内容特点、共同兴趣等方面深入研究。当下广播电台在专业化频率方面的突破，很多都从音乐频率入手，音乐是一种特殊的语言，不同类型的音乐往往聚集着不同类型的目标听众，于是，更多的类型化音乐频率已经出现，比如古典音乐、劲曲调频等，这些都是可喜的尝试。

其次，运用新媒体通道，拓展广播传播平台。新媒体时代，广播的传播渠道发生了很大的变化，广播把触角伸向新媒体，全方位打造新媒体广播传播的平台。近些年出现的网络电台、微电台、电台 App、微信电台等，都是将新媒体的移动化、社交化和微型化特点应用到广播的尝试。

新媒体技术的发展，解决了传统广播在地域和时间上的局限性，进一步拓展了广播的生存空间。广播电台可以充分利用新媒体带来的发展机会，深入了解新媒体环境下受众的广播收听特点，发挥广播的伴随性、渗透性特点，进一步扩大广播的影响力，培养广播的粉丝，增强受众与广播的黏性。

再次，对于广告经营而言，培养和扩大忠实听众群，塑造频率/节目品牌价值，是开发和提升频率广告价值最为关键的措施。在各类新媒体的挑战和竞争下，伴随着广播收听市场碎片化、细分化的发展趋势，研究广播收听市场的特征和变化，及时把握听众的需求，利用新媒体手段，加强广播频率/节目的影响力，加强频率品牌建设，可以更大程度地开发广播广告的价值，赢得听众、广告主的持续关注。

基于广播制作成本低、发播快速、纯音频媒体、广告投放成本低等特点，近年来，广播的盈利模式在突破传统的时间段集中售卖、医疗专题广告扎堆儿的低价策略方面，做了很多尝试。比如碎片化营销、甲方数据营销、关键词广告、声音二维码投放等；再如，广播根据用户所在的位置，向用户推送周边路况、美食、购物等生活资讯，将广播变成"平民化"、"贴近性"很强的听众伴随媒介，不仅仅增强了听众的忠实和广告传播的准确、贴近，也赢得很多广告大客户的青睐。

移动互联新媒体时代，随着技术的不断发展创新，也为广播多渠道赢利模式注入了新的活力。而把握听众（用户）的收听习惯、价值取向，在频率和节目内容上不断创新改变，运用新媒体技术聚集、引导忠实听众，势必能为广播广告价值带来更大的增长空间。

增长乏力，倒逼转型
——2013 年广播广告市场浅析

梁 帆

回顾 2013 年，广播广告人难免有唏嘘之感。借助 2012 年的强劲表现，寄希望在 2013 年大展宏图的广播广告不曾想路途荆棘，跬步难行。广播广告行业遇到的不是新的春天，而是大大提前了的寒冷冬季，多年来高速增长的广告遇阻，增势减缓，领涨传统媒体广告的优势地位不再。本文认为，广播广告增长乏力的大背景是受网络视听业务高速增长的影响，传统媒体广告被大量分流，导致了传统媒体广播电视广告增速大幅度减缓。除外部影响因素外，广播广告增长乏力还有其行业自身原因：一是相关部门对虚假违法医药保健品广告的政策管控与处罚，二是收听市场格局的演变，三是传统营销模式的转型脱节。本文基于 2013 年 CSM 媒介研究收听调查数据和北京、上海、深圳等一线城市的广告监测数据浅析 2013 年广播广告市场的变迁。

一、政府加大对违法医疗专题广告的查处和处罚力度，电台广告大受影响

长期以来，医疗专题广告一直是某些电台经营的重点，也是利润的主要来源。其中部分涉嫌虚假违法的医疗专题广告也一直是广播广告市场上的顽疾，导致听众大量流失，收听率大幅度降低，对电台的媒体公信力造成极大的损害，这种传统广告经营模式对电台来讲不可能成为持续发展的主要力量。2013 年一季度，国家工商总局会同多家政府机构持续开展整治虚假违法医药广告专项行动。这项行动范围广、力度大、执行强，在绿化频率的同时，也确实给广播电台带来了经营上的压力，尤其是那些以此类专题节目为主要营收来源的广播电台。有限的品牌广告难以在短时期内填补大量的广告空缺，

而新的经营增长点在短时间内也难以发掘并形成有效支撑。这是造成相当数量广播电台经营困难、广播广告大幅度回落的一个主要因素。

二、收听市场格局的演变尚不能阻止整体市场的下滑

2013年广播收听市场继续在价值转向的路径上前行。具体表现在家中的收听市场持续萎缩，车载收听市场蓬勃发展。对比CSM媒介研究2012年和2013年的全国33城市组合数据，我们发现在家总收听率同比下降8.53%，户外（包括车上、工作/学习场所、其他场所）有升有降，其中，车载收听市场的总收听率上升幅度达3.2%，工作/学习场所下降6.12%，其他场所持平；车载收听的听众规模升幅最大，达3.10%，收听总量升幅达3.06%；与之相反，在家的听众规模和收听总量分别下降了6.05%、8.32%。由此可见，在家的收听市场在逐年萎缩，而户外，尤其是车载收听市场的成长、发育速度较快。但是数据也清晰地显示，在家收听的下滑幅度是车载收听市场上涨程度的一倍以上。换言之，车载收听市场的增长远不能弥补在家收听市场的滑落，表现在整个广播收听市场仍表现为下滑态势（表1）。

表1 2012~2013年全国33城市组合不同收听场所主要指标升降幅度（%）

场所	收听率%	平均到达率%	人均收听分钟数
所有	-5.14	-3.12	-5.16
在家	-8.53	-6.05	-8.32
车上	3.20	3.10	3.06
工作/学习场所	-6.12	-5.29	-4.84
其他场所	0.00	5.24	3.57

数据来源：CSM媒介研究

从2013年在家、户外月度收听率走势可以看出，2013年在家收听率继续走低态势明显，而在户外的走势则是相对平稳，并没有显著上升的迹象（图1），这也使得广播收听市场整体呈现萎缩的态势。广播收听市场连续几年来这样的发展态势，固然有新媒体强势挤压和介入、不断分流广播听众的外界因素，但同时也不排除自身存在的问题对收听造成了不好的影响。不少电台在经营压力下，一方面在原有频率上盲目加大医疗专题节目的时段占有，另一方面不断分频，以求在有限的市场总量资源下分得一杯羹，开辟大量时段资源用于专题节目的播出，节目的品质受到极大影响，形成了主动驱离听众的内部因素。

除了收听总量的变化，听众的结构分化更加显著。在家收听的听众，基本上以中老年、女性、受教育程度低、收入较少的退休人员为主；而车上、工作/学习场所中，则是以男性、中青年、受教育程度高和收入较高的职业人群为主（图2）。在不同场所的听众清晰地反映出差异化趋势、区隔明显。两个市场差异明显的听众群体吸引不同的广告流向，大量的品牌硬广告更多地流向含金量更高的车载听众市场，而在家市场则基本上是医疗专题的天下。其中的虚假医药专题节目不仅损害了正当规范的保健品广告的利益，同时也使得服务于这些听众群体的频率损失了大量忠实听众，劣币驱除良币的结果就是害人害己。

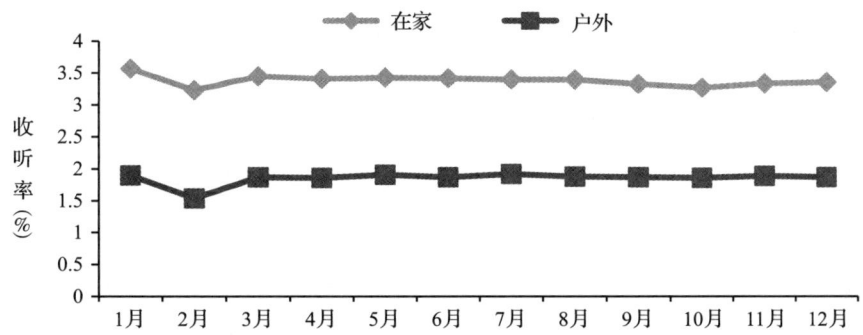

数据来源：CSM 媒介研究

图1　2013年全国23个连续调查城市组在家、户外月度收听率走势

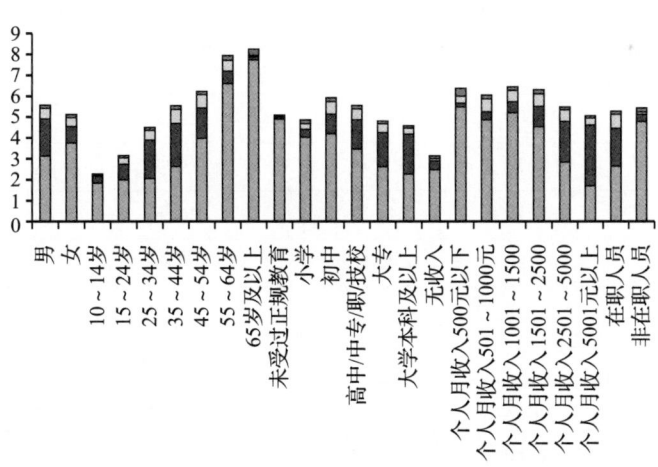

数据来源：CSM 媒介研究

图2　全国33城市目标听众在不同场所的收听率比较

三、广播频率的市场定位区隔硬广告流向

广告对于产品目标消费群体的追逐具有天生的敏感性。广播在家、户外的听众群体区隔也使得以移动收听定位的频率能够吸纳更多的品牌硬广告,而在家收听占据优势的频率则以嘉宾节目、健康保健品类节目等软性广告为主。

CSM 媒介研究 2013 年 33 个城市组合的收听率数据显示,"交通类"频率在车载收听市场中占有超过一半以上的份额,另一类伴随特征较强的"音乐类"频率在车上的市场份额也达到了 21.99%,二者之和超过 70%(表 2)。这一特征无疑对广告商具有巨大的吸引力,结果便是硬广告的吸纳量随之水涨船高,北京、上海、深圳 3 个城市各类频率的广告投放量在当地市场硬广告投放总量中所占的比重清楚地表明了这点。数据显示:北京的交通和音乐类频率数量占当地频率总量(已有广告监测)的 28.7%,他们的广告投放量比重累计达 32.79%,广告收入(按刊例价)占到 42.30%,收听比重更是高达 63.34%;上海的交通和音乐类频率占频率总量(已有广告监测)的 31.3%,其广告投放量比重达 42.43%,广告收入(按刊例价)达 43.57%,收听比重高达 60.63%;深圳的这类频率占频率总量(已有广告监测)的 43.8%,而其广告投放量比重达 53.33%,广告收入(按刊例价)达 47.77%,收听比重更是高达 75.76%。从这 3 个城市来看,基本上这类频率占据已有广告监测频率总量的 30%~40%,但广告吸纳量却超

表 2 2013 年各类频率在不同收听场所的市场份额(%)

频率类别	在家	车上	工作/学习场所	其他场所
新闻综合	34.00	11.31	24.27	27.86
交通	13.76	50.90	19.78	14.13
音乐	15.32	21.99	26.65	26.13
文艺	12.80	4.42	9.30	12.27
经济	8.78	3.02	6.60	7.07
都市生活	8.63	5.39	8.20	7.27
教育	0.17	0.07	0.36	0.05
农村	1.10	0.19	0.83	0.95
体育	0.88	0.81	1.02	0.65
其他	4.56	1.89	2.99	3.62

数据来源:CSM 媒介研究

过当地硬广告总量的三分之一甚至一半以上，广告收入比重占到总量的40%以上，收听效果更是惊人，收听比重达到60%～75%的水平。以车载收听市场为主的频率，其在收听市场斩获的收听份额和所建立的优势竞争地位，成为了其吸引更多品牌广告、获得更多广告投放的核心因素。

进一步洞察北京、上海和深圳3个城市中交通类频率和音乐类频率所吸纳的广告品类，我们不难发现：除"杂类"外，3个城市有趋同的特征，但是又有差别。趋同的特征是在3个城市的交通类频率中，"商业及服务性行业"、"交通类"广告都进入投放量的前3位；音乐类频率则与2012年不同，2013年只有"交通类"广告进入前2位。具体观察各个城市的情况：在北京广播市场上，交通类频率吸纳的投放量较大的广告依次为"商业及服务业"、"交通类"和"娱乐及休闲"；音乐类频率中"娱乐及休闲"类的比重最高，"商业/服务性行业"、"交通类"比重相近，接下来"活动类"、"金融业"占据较高比重。上海市场中，投放交通类频率比重较高的品类依次为："商业及服务业"、"交通类"、"金融业"等；音乐类频率吸纳的主要广告依次包括："交通"、"活动类"、"金融业"、"商业及服务业"等；深圳市场中，交通类频率吸纳的"杂类"广告占一半以上，品类广告投放量较多的主要有"房产/建筑工程行业"、"商业及服务行业"和"交通"等，"金融业"比例也不低；音乐类频率的主要广告还包括："交通"、"活动类"和"娱乐休闲"等（表3）。三大城市中，无论是交通频率还是音乐类频率，其吸纳的投放量比重较大广告类型均具有高度的趋同性，说明这些品类的广告主对这两类广播频率的高度认同；同时，三大城市也具有各自的特点，反映不同城市同类频率吸纳广告的差异，彰显出地域特征。

表3 2013年不同品类广告在交通、音乐类频率中的投放量比重比较（%）

品类	交通类频率			音乐类频率		
	北京	上海	深圳	北京	上海	深圳
电脑及办公自动化产品	0.59	0.48	0.11	1.96	1.43	1.52
房地产/建筑工程行业	1.91	4.72	8.50	0.59	6.24	0.83
个人用品	0.09	0.28	0.01	1.21	0.66	0.49
工业用品	0.72	0.76	0.42	0.12	0.09	0.04
化妆品/浴室用品	0.02	0.00	0.00	0.59	0.43	0.59
活动类	4.41	5.7	2.72	5.39	8.58	7.31
家居用品	4.8	1.98	0.66	0.21	0.61	0.19
家用电器	0.36	1.63	1.17	0.56	0.67	0.66

续表

品类	交通类频率			音乐类频率		
	北京	上海	深圳	北京	上海	深圳
交通	7.71	13.66	6.93	12.23	12.07	11.38
金融业	5.14	8.51	6.66	5.22	8.47	6.46
酒精类饮品	1.62	1.57	0.25	1.64	0.98	0.88
农业	0.02	0.00	0.03			
清洁用品	0.17	0.00	0.00	0.07	0.00	0.00
商业及服务性行业	14.10	13.92	7.69	12.00	8.39	6.85
食品	2.41	0.89	1.13	1.03	1.31	1.39
烟草类	0.00	0.00	0.54			
药品	0.32	0.11	3.19	0.34	0.26	0.78
衣着	0.07	0.01	0.03	0.14	0.17	0.16
饮料	4.55	2.33	1.95	1.55	4.04	2.13
邮电通讯	2.30	5.94	2.55	4.32	6.37	4.10
娱乐及休闲	5.44	3.35	4.90	17.20	6.86	7.02
杂类	43.25	34.19	50.55	33.63	32.37	47.23

数据来源：CSM 媒介研究

品牌广告主把移动收听人群（主要是私家车主）作为主要目标，而数量庞大的以在家收听为主的听众则成为嘉宾节目、医疗健康节目等软性广告瞄准的目标听众群体。这些以在家收听为主的频率类别主要有：新闻综合、文艺类（小说、故事、评书、相声、戏曲等）等，这些频率一直是广播电台广告创收的重要平台。但是 2013 年由于政策的强力管控、监督与整治，广播广告市场经历了一场"寒流"，对电台的经营造成一定程度的影响，本文在此不做讨论。

但是，这并不表明硬广告就远离了这些频率，通过分析投放到上述 3 座一线城市的新闻综合类频率的硬广告就可窥一斑。在三大城市新闻综合类频率的广告投放中，除了比重最大的"杂类"外，"药品类"无疑成为投放的前 3 名之一。北京市场中，投放新闻综合类频率的广告类别前 3 位分别是"酒精类饮品"、"金融业"和"药品"；上海和深圳都是"金融业"、"药品"和"交通"。可见，除了"药品"外，"金融"和"交通类"产品也成为上海和深圳投放新闻类频率的主要品类之一（表4）。

表4 2013年不同品类广告在新闻综合类频率中的投放量比重比较（%）

品类	北京	上海	深圳
电脑及办公自动化产品	0.11	0.45	0.39
房地产/建筑工程行业	0.28	2.39	0.64
个人用品	1.69	1.49	1.18
工业用品	2.16	1.75	1.39
化妆品/浴室用品	0.09	0.08	0.06
活动类	1.59	1.41	1.18
家居用品	3.83	3.70	2.92
家用电器	3.06	2.76	2.28
交通	4.74	5.62	4.78
金融业	7.67	7.29	8.10
酒精类饮品	8.28	5.16	4.48
农业	0.60	0.53	0.45
清洁用品	0.01	0.01	0.01
商业及服务性行业	2.13	4.29	4.56
食品	2.31	2.42	1.56
烟草类	0.05	0.05	0.04
药品	6.67	7.25	5.78
衣着	0.08	0.14	0.06
饮料	5.53	3.35	2.80
邮电通讯	2.47	3.50	2.35
娱乐及休闲	1.14	0.89	0.94
杂类	45.50	45.50	54.05

数据来源：CSM媒介研究

四、广播广告年度变化彰显经济风向

对比 2012 和 2013 年两个年度广播广告投放的变化情况，我们发现三大城市的广播广告投放额（按刊例价）都有程度不同的增长。其中深圳的增幅最大，高达 48% 以上，其次为北京，近 11%，上海接近 5%；从投放量上看，深圳也是增幅最高的城市，高达 25%，北京增幅超过 5%，只有上海为负增长，下滑幅度为 0.63%。除去"杂类"外，细分到不同的品类，三大城市有较大差别。在北京广播市场中，占有较大比重的交通、金融、商业及服务行业、娱乐及休闲等在投放量和投放额上都有不同幅度的下滑，原本比重并不高的"酒精类饮品"、"个人用品"和"房产类"广告增幅明显；在上海广播市场中，投放量和投放额比重较大的"金融"、"交通"和"商业及服务性行业"，同比都有程度不一的下降，上升幅度较大的品类集中在"个人用品"和"房产类"以及"活动类"广告；在深圳广播市场中也有类似的情况，占有比重较大的"交通"、"金融"、"商业及服务性行业"，只有"商业及服务性行业"在投放量和投放额两方面都有一定幅度的增长，其他两大行业在投放量和投放额上都有幅度较大的下滑，而增幅较大的仍然集中在"个人用品"和"房产类"两类广告上，与上海相同的是"活动类"的广告增幅也是十分可观。通过对比三大城市硬广告投放情况，我们不难发现一线城市的趋同性，以往占据较大比重的"交通"、"金融业"在 3 个城市全线下滑，"商业及服务性行业"在两大城市下滑。虽然广告主看好三大一线城市的高端消费，这几类广告的投放仍然占据可观的比重，但是投放的减少不能不说明经济大环境的变化以及 GDP 整体增速减缓的影响。反映在这些行业 2013 年的广告表现上，就是虽然广告占据的比例仍旧很高，但是增长乏力，引领与拉动作用丧失。相比这些颓势，2012 年利用广播媒体的活动营销却进行得如火如荼，三大城市在广告中也体现出这一特征。广播中的"房产/建筑工程行业"和"个人用品"增幅巨大，反映出三大一线城市这两类行业的复苏与升温态势。其他多数类别的增减情况在三大城市基本呈现出更多的共性特征。当然，一些行业在不同城市存在较大的差异，如："酒精类饮品"在北京涨幅巨大，在深圳却是相反的情况，"药品"在北京降幅明显，在上海和深圳的投放量却是上升态势等等。三大城市广播广告投放的趋同性，一方面反映出广播媒体自身的共性和收听市场表现的共性；另一方面，也反映出 2013 年各个行业的发展特征；同时，三大城市也各自具有自己的媒体环境和自然、人文、经济等环境，这主要通过广告主们的投放差异来体现（表5、表6）。

表5 2013年北京、上海和深圳不同品类广播广告投放量比重（%）

品类	北京	上海	深圳
电脑及办公自动化产品	0.70	0.73	0.58
房地产/建筑工程行业	0.69	3.62	3.28
个人用品	1.06	0.89	0.67
工业用品	1.00	0.75	0.74
化妆品/浴室用品	0.19	0.18	0.16
活动类	3.95	5.26	3.00
家居用品	2.30	1.76	1.59
家用电器	1.15	1.17	1.27
交通	6.34	7.63	6.77
金融业	6.02	7.48	7.72
酒精类饮品	4.80	2.25	2.04
农业	0.17	0.15	0.16
清洁用品	0.04	0.00	0.00
商业及服务性行业	7.35	6.29	5.93
食品	2.24	2.03	1.70
烟草类	0.02	0.01	0.16
药品	2.60	3.40	4.00
衣着	0.09	0.11	0.08
饮料	2.99	2.53	1.97
邮电通讯	3.34	4.40	2.99
娱乐及休闲	6.77	2.96	3.64
杂类	46.20	46.39	51.55

数据来源：CSM媒介研究

表6 2012～2013年北京、上海和深圳广播市场不同品类广告投放增减幅度（%）

品类	北京		上海		深圳	
	时长	投放额	时长	投放额	时长	投放额
所有	5.28	10.93	-0.63	4.92	25.14	48.09
电脑及办公自动化产品	-40.68	-36.94	-34.82	-30.58	-39.58	-42.52
房地产/建筑工程行业	50.00	36.11	115.48	84.41	50.46	65.85
个人用品	55.88	53.47	117.07	81.43	55.81	32.93
工业用品	-20.00	-16.88	-29.91	-21.80	-28.85	-25.52
化妆品/浴室用品	-66.07	-30.00	-64.71	-37.04	-71.43	-48.44
活动类	23.82	18.97	40.27	24.47	53.85	42.93
家居用品	-7.63	2.57	-6.88	6.73	-28.70	-21.16
家用电器	-25.32	-11.79	-10.00	-5.56	-16.45	-19.43
交通	-12.19	-6.42	-19.77	-8.82	-7.51	-5.57
金融业	-6.81	-3.42	-21.18	-22.87	-23.34	-16.76
酒精类饮品	152.63	32.30	17.80	0.00	-3.32	-18.48
农业	-5.56	3.13	-6.25	12.50	-20.00	-20.00
清洁用品	-33.33	0.00	-100.00	-100.00	-100.00	-100.00
商业及服务性行业	-4.42	-2.51	-3.97	-9.78	9.81	22.20
食品	-8.20	-5.45	-54.48	-40.71	-13.71	-16.54
烟草类	-77.78	-61.54	-66.67	-50.00	33.33	36.84
药品	-31.40	-15.01	0.89	-7.25	3.36	-2.08
衣着	12.50	20.00	-21.43	-5.26	0.00	7.14
饮料	18.18	27.80	-15.95	-5.65	16.57	19.62
邮电通讯	-11.64	-15.18	10.28	9.21	1.70	-1.53
娱乐及休闲	-13.98	-13.68	-26.18	-21.84	-12.92	-2.28
杂类	3.70	6.12	11.49	16.83	4.88	6.45

数据来源：CSM 媒介研究

五、政策管控与新媒体冲击促使传统广播广告转型

对于广播广告而言，现在无法预估这个严寒的冬季还有多长，春暖花开的日子在何时。但是严酷的现实不能不让广播广告人认真、严肃地思考这样一个问题：怎样才能最大化地体现广播的传播价值？广播广告如何经营？指望政策松动势必回到原来经营的老路上去，虽然对现状有暂时性的解困利好，但是从长远来看，对广播的整体发展不利。

倒逼广播广告经营的转型可能成为不得已的选择。

根据央视市场研究（CTR）的数据，广播广告2013年的增幅只有3.7%，远低于2012年8.9%的增幅，虽然北京、上海和深圳三大一线城市的数据要乐观于全国的数据，但是数量庞大的二、三、四线城市的情况却比较悲观。三大城市吸纳更多的是品牌硬广告，多数的二、三、四线城市却是以医药保健品专题广告为主的，对此类违法广告的打击，的确影响了当地广播媒体的广告收入。即使不考虑宏观经济环境，短时期内也难以通过吸纳品牌广告来填补医药专题广告损失的空白，与此同时，广告主对投放变得更加谨慎。在频率变绿的同时，广告经营人员却面临如何把广告时段营销出去、改善粗放的经营模式等紧迫问题。

在传统广播传播领域，现实的选择就是学会运用收听率数据推销频率的传播价值，清晰地告诉广告主要投放的产品的听众是谁，在什么时间听什么节目，这些人的数量、频次、收听时长以及这些听众的可支配收入构建的市场大小，使得广告主能够在频率、时段上精准地找到合适的目标听众，清楚地知道每一分钱的广告花费流向。由简单地外包频率、卖时段等粗放式的经营模式过渡到理性地运用数据来解决问题和提供服务上来。

新媒体与传统媒体的融合速度比我们预想的要快得多。互联网尤其是移动互联网把地域性极强的广播媒体直接无边界传播，同时改写了传统广播随时间线性播出的特征。通过技术手段获取广播节目资源在不同的平台上进行同步、二次甚至多次传播，从这个意义上理解，广播的传播实现了增值。但增值的回报在哪里？谁将是这个回报的利益主体？广告该如何营销？

新型传播方式的出现必然需要新的测量方式去衡量。CSM媒介研究引进了目前世界上最为先进的音频测量技术，其原理是利用手持智能移动设备，用App插件的模式实时测量样本人员的收听行为，不管何时、何地收听任何载体播出的广播声音都能够被精准地监测到并及时回传数据中心进行处理，隔夜向市场提供。新的测量技术可以把整个广播节目传播的完整价值呈现给市场。广告经营人员就可以基于该数据给广告主提供一整套更全面、完整、科学的数据分析和服务，帮助广告主更好地投放广告，从而达到广告营销利益最大化，实现广告经营模式的转型。

收听率数据应用实践
——基于客户访谈的分析

解永利

在新媒体大行其道、传统媒体深受影响的市场大环境下,广播也不可避免地受到了冲击。因此,了解听众特点、掌握收听市场的变化对于广播媒体的经营尤为重要。收听率数据是对听众收听行为的详细记录和描述,理论上在广播节目编排、节目评估以及广告运营等方面应该发挥重要的导向性作用,应该成为广播从业人员进行受众需求分析、市场竞争分析、内容编排分析、节目评估和广告经营的重要基础。

那么实际情况如何?客户在工作中是如何运用收听率数据的?收听率数据在节目编排、节目评估和广告经营过程中扮演什么样的角色,能发挥多大的作用?客户对目前已有的收听率数据还存在哪些期望和建议?为回答这些问题,我们对北京人民广播电台、上海人民广播电台、江苏人民广播电台、南京人民广播电台、广州人民广播电台、广东人民广播电台、深圳人民广播电台、佛山人民广播电台、江西人民广播电台和郑州人民广播电台10个广播电台进行了深度访谈,主要针对客户目前对收听率数据的使用状况进行深入了解。

访谈主要就各台对收听率数据在节目编排、节目评估和广告运营三个方面的应用展开,有关节目编排部分的内容主要针对各广播电台的频率总监进行了访谈,涉及节目评估和广告运营部分的内容则分别主要面向各台总编室负责人和广告中心负责人进行访谈。

从整体使用情况来看,广播市场对数据的使用不像电视市场那样成熟,各台对收听率数据的使用水平参差不齐,还处于发展过程当中。一部分台/频率对收听率数据的运用水平相对较高,可以很好地使用收听率数据指导自己的实际工作,而另一部分对收听率数据运用水平较低的台/频率则很少甚至不把收听率数据作为自己日常工作中的参考指标。从应用领域来看，各台更多地把收听率数据应用于节目评估中，收听率指标是节目评估体系中必不可少甚至是唯一的指标。在节目编排和广告运营领域，收听率数据的应用水平有限，各台使用程度也各有差异。下面，本文分别从节目编排、节目评估和广告运营三个方面来详细阐述客户对收听率数据的应用情况。

一、收听率数据在节目编排中的应用

收听率数据在节目编排中的使用主动权基本掌握在频率手里，从目前实际情况来看，客户在进行节目编排时对收听率数据参考使用的程度较低。

相比电视，广播的发展变化相对平稳，广播频率经过多年的发展也已经积累了自己成熟而稳定的核心受众群，因此在进行节目编排时一般也是围绕自己的主体受众群来安排节目，在考虑频率和节目定位的时候，收听率数据起到的导向作用目前来看并不大。

从时段编排来看，开机率较高的早晚高峰时段通常是频率重点关注的时段，收听率数据的指导作用也基本体现在这两个时段，这两个时段的节目对收听率数据的依赖程度相对较高。频率一般会密切关注这两个时段收听率数值的高低起伏变化，从而对节目做出相应的调整，但这种调整也仅限于对节目或节目内容的前后顺序、环节等进行阶段性微调，并不会涉及整个版面的调整。对于开机率低的其他时段的节目，调整频率则较低，收听率数据起到的作用也微乎其微，一些频率会通过不定期实施听众满意度调查来获得一手信息，然后对节目做出相应的调整。总体而言，在进行节目编排时更多地还是依靠经验和直观感受。

从节目规划来看，为了培养听众的收听习惯，本着节目不宜调太多的原则，各频率节目的版面基本会保持稳定，有些台甚至对节目调整和改版有一套非常严格的流程，需要经过层层审批方可进行。有些频率建立了一套优胜劣汰机制，每年实施一次，即每年年初把上一年所有的节目按收听率或市场份额排名，把排在后几位的节目淘汰掉，用新的节目代替。在这个过程中会参考专家打分、听众满意度调查等其他因素，但收听率指标起到了决定性的作用，可以占到60%~80%的比重，各频率视自身情况不同，在具体实施过程中会各有差异。如遇特殊情况，如收听率下滑太明显，则会及时查找原因做出整改，具体下滑幅度各台、各频率也各有不同。

总体而言，收听率数据在节目编排过程中所起的作用更多地体现为事后的佐证，编排和调整目前来看主要依靠节目制作和编排人员的经验和直观感受，收听率数据起到的指导作用非常有限。

二、收听率数据在节目评估中的应用

从目前情况来看,收听率数据被广泛应用于节目评估当中,各台基本都已经初步建立起了一套考评体系并已投入使用。一部分电台由总编室统一执行考评管理,还有一部分电台是由统一的部门出台和下发考核方案,具体实施细则由各频率自己掌控。收听率数据在节目评估中的应用主要分为两种模式:一种模式是把收听率数据作为唯一的考评指标来使用;另一种模式是建立一套综合考评体系,收听率数据作为其中的一个重要指标。下面我们就分别详细介绍两种使用模式。

1. 收听率作为唯一考评指标

具体实施方法如下:

首先是定目标。这个目标一般依据收听率指标中的市场份额来制定,各台基本思路趋同,都是在上一年目标任务的基础上增加一定的百分比来确定本年度的目标任务值,用公式表示就是:

今年目标任务值 = 上年度目标任务值 × a% + 上年度目标任务值

或者还有另外一种算法,就是采用上年度目标任务值与实际完成值的加权平均计算:

今年目标任务值 = 上年度目标任务值 × b% + 上年度实际完成值 × (1 - b%)

公式中的百分比值各台各有不同。通过这种方式确定一个全台的总目标,然后用相同的办法确定出每个频率本年度的目标值,这一目标值各频率根据自身实际情况会有数值上的差异。

然后依据这一目标值建立一套评估体系,与员工工资奖金挂钩,简单而言就是完成任务奖励,完不成则惩罚。

以某台为例,依据目标任务值每月进行一次考评,当月完成值较目标任务值提升幅度大于等于10%时,全频率人员均获得奖励;当完成值较目标任务值下滑幅度达到20%及以上时,全频率上自总监,下至普通员工都会受到不同程度的惩罚;浮动幅度在 -20% ~ 10% 范围内时不奖不罚。这种体系较为简单直接。

2. 收听率作为综合评估体系中的一个重要指标

这种评估体系是把考评指标分为定性和定量两种指标，建立起一套综合评估体系，收听率数据作为定量指标的主要构成成分。在这个考评体系中还纳入了专家听评打分、频率创收能力评价、听众满意度评价、社会导向和在新媒体方面的表现等其他因素，将这些因素综合起来对频率和节目进行全方位考评。各台在实际操作过程中会略有差异，但无论纳入多少指标，收听率指标在整个评估体系中几乎都占到了1/3的权重，因此收听率指标在整个评价体系中发挥着举足轻重的作用。

以某台为例来阐述具体实施办法：

（1）定性指标得分主要来自专家打分，占到总得分1/2的权重。每月组织专家从节目管理流程、节目定位、内容水平、制作水平、安全播出、播音主持和宣传推广表现等方面进行听评打分；

（2）定量指标得分主要考评收听率和市场份额两个指标，其中市场份额所占比重更大，收听率和市场份额两项指标加总得分占总得分1/3的权重。具体实施方法是：以当月本地区节目收听率和市场份额总排名为依据，1~5名得到相应的分值，6~10名得到对应的分值，依此类推。

（3）将各节目以上两项得分分别乘以不同系数求出最终得分。该系数主要根据技术部门认定的各频率在当地发射功率及信号质量参数来确定，覆盖越好，功率越大，系数越低。

（4）随着新媒体技术的日益发展，听众的收听习惯也发生了明显变化，因此在整个考评体系中还会把节目在新媒体平台的表现纳入进来，按节目各自在新媒体平台的总点击率排名，按1~10名、11~20名依次类推，分为不同的档次得到相应的分值；同时也会把节目满意度评价指标纳入整个考评体系中。这两项加总得分占总得分1/6的权重。

综合以上各项得分，计算出每档节目当月总得分，按照节目所属频率计算出该频率当月节目平均分，以此作为该频率当月考核的依据，对频率相关人员做出奖罚，奖罚力度因节目所处时段、播出频次及播出平台的不同等因素各有差异。

无论是将收听率作为单一指标还是综合评估体系中的一个指标，各台在奖惩程度上也存在两种情形：第一种较为严苛，达标则奖金工资全发，反之则惩罚，且额度较大；第二种相对宽松，也会有惩罚奖励机制，但金额较小，主要是起到一种提醒的作用，对员工的实际收入不会有太大影响。

三、收听率数据在广告经营中的应用

对于广播广告经营，各广播电台都成立了自己的广告运营中心，但具体广告业务基本都外包给广告代理公司运作。分为两种情况：第一种是完全委托给代理公司具体操作，广播电台内部的广告运营中心或广告部仅起管理作用，不参与具体工作；第二种是广播电台的广告运营中心为广告代理公司提供一些收听率数据和报告，供广告代理公司参考。第一种情况整个过程中基本没有使用收听率数据，第二种情况则会参考收听率数据或相关的指标作为广告经营的依据之一。

从目前广播客户在广告经营过程中对收听率数据的整体使用情况来看，水平较低，对收听率数据的依赖度也很低。更多的台是把收听率数据当作一个促进的因素，仅作为一个参考因素，在广告定价、效果评估和市场推广时收听率数据并不会起到决定性作用。但不起决定作用并不代表着决策时不会考虑收听率指标。下文将根据各台具体使用情况，详细介绍收听率数据在广播电台广告经营过程中的应用。

首先是收听率数据在广播广告定价方面的应用。目前来看，决定广告定价的主要参考因素是电台或频率本身的广告实际收入情况，电台或频率的广告收入高，决定了其市场地位就高，相应的广告定价也高。收听率数据在这个过程中并不起决定性作用，仅仅起到一个参考的作用。一般会参考收听率和市场份额两个指标，例如收听率高的时段如早晚高峰时段是黄金时段，定价必然会高，其他时段则相对会低。在这当中，收听率会起到多大的指导作用很难量化，但却是一个必不可少的因素。

其次是收听率数据在广告投放决策中的应用。投放广告的客户归纳起来分为两种类型：第一种是本地市场的广告客户或与电台长期合作的老客户，他们对当地市场较为熟悉，对自己要投放的目标频率、目标节目和目标时段有一套很清晰的思路，因此他们会参照电台每年年初提供的各频率收听状况报告，其中一般会涉及各频率的收听表现、市场份额、重度人群分析以及详细的分时段和分节目分析等内容，但更多的是依靠经验值来对广告投放的量、投放的时段、节目等做出决策；第二种广告客户是面向全国市场投放的广告公司，因为不了解当地市场的实际情况，因此对收听率数据的依赖度要强于本地市场的广告客户或老客户，会把广播电台出具的收听率分析报告中涉及的各频率的收听率/市场份额排名、黄金时段以及重度人群分析作为投放的参考依据之一，但真正起到了多大的指导作用目前还没有很好地量化。实际上，能够真正影响广告客户做出投放决策的因素是节目的定位、节目本身的适合度和配合度、实际能带来的收效、主持人的影响力等其他因素；还有客户提到，个人喜好有时也会成为影响广告客户做出广告投放决策的一个关键性因素。

再次是收听率数据在广告投放效果评估方面的应用。目前来看，这是应用比较广泛的一个层面。一般广告投放基本上靠收听率和收听率体系的一系列指标来进行评估，包括毛评点、千人成本、听众构成、收听率等指标，这些指标都会作为广告投放后进行效果评估的主要参考因素。如果与客户合作度较高，事后会得到一些更真实的数据，如市场转化率（即听众的购买情况）等资料，这些数据也会补充到整个评估体系中。但很多时候，广告客户只是做一个品牌推广性质的广告投放，这时就只会根据广告排期为其做一个相关收听率的反馈报告，也会通过投放前后对比来做出评估，如对比投放前后收听率涨跌程度、重度人群是否有变化等，同时也会参考其他的评估因素，如广告播出期间咨询电话量是否增多、客户的投放量是否有增长等。总体来看，收听率数据指标体系在广告投放效果评估中发挥着非常重要的参考作用，但实际能带来多大的影响力目前还没有量化的指标。

最后是收听率数据在频率或节目市场推广方面的应用。综合各电台反馈情况，发现目前收听率数据在市场推广方面发挥的作用很小，各频率或节目做市场推广时会参考收听率指标，但不将其作为一个重要的指标，不像电视那样对收视率的依赖度很高。但从长远来看，收听率数据在市场推广过程中的意义会越来越大，价值也会越来越高，从"口说无凭"，到"有理有据"，收听率数据在与广告客户沟通开拓市场的过程中发挥的作用会越来越明显。

四、客户的期望与建议

从客户对收听率数据的应用实践可以看出，尽管目前应用的领域不广，但在实际使用过程中也遇到了很多问题，基于这些问题他们也提出了一些中肯的期望和建议，归纳为以下两点：

1. 希望改进调查方式

客户在实际使用过程中一致反映数据能起到的指导作用有限，很大程度上是因为传统的日记卡调查方式生产出来的数据在准确性和时效性上存在很大的短板，客户亟需一种更及时、更精准的数据来代替原有的数据，因此改变测量方式是客户目前的最大诉求。

2. 希望增加节目在新媒体平台表现的考核指标

受新媒体技术的冲击，再加上广播本身就是伴随性很强的一种媒介形式，现在的受众对广播的收听习惯已经发生了很大的变化，通过手机收听、网络收听的受众越来越多，而目前对节目在新媒体平台的表现并没有一个比较有效的考评指标。因此，客户希望增加节目在新媒体平台表现的考核指标，如微博点击量、网上收听量等，也希望能够引进一些大数据的伙伴，基于网络数据分析得出一些结论，使数据更有针对性，而不是宽泛的一个概念，以方便提供更多有意义有价值的数据来更好地指导实际工作。这是新的媒介环境催生的新的需求。

新的媒介环境必然会造就一个全新的竞争格局，作为传统媒体的广播也正在积极应对，并没有坐以待毙。很多广播电台为了应对挑战，主动拥抱互联网，积极与新媒体融合，也有的广播电台已经试水直接做互联网的产品。新的挑战、新的环境下亟需出现一种新的收听率调查方式和更及时准确全面的数据来满足客户新的需求，这是市场做出的选择。

总之，作为广播市场的"通用货币"，收听率数据在整个行业中扮演着重要甚至是无可替代的角色。但是世上从来没有完美的数据，也没有完美的认知。因此，如何科学合理地使用好收听率数据，让数据与人的认知相辅相成、互为补充、弥补缺陷，使之臻于完美才是我们的最终目的。

广播媒体的优势
——西方媒介研究人员视野中的广播媒体

王 平

广播媒体是一种历史悠久的传统媒体，近几年以来，尽管其广告收入总量不及传统媒体中的电视媒体和平面媒体，广告收入增速不及新兴的互联网媒体，但其仍然能够在激烈竞争的环境中生存和发展。之所以如此，与其特定的媒体属性有着密切的关系。英美市场上许多媒介研究机构利用定量数据和定性资料，多次阐述了广播媒体的优势所在。纵观这些研究成果可以发现，广播媒体不同于电视、平面等媒体，其具有贴近性、亲密性和传播的高效性，经营电台可以获得较经营电视台更高的毛利率。这些结论，对于国内电台和电台的经营人员来说，无不具有极大的鼓舞作用。

一、广播媒体是一种具有正面影响力的媒体

西方研究人员认为，广播媒体是在生活中能够产生正面影响的媒体。过去20年里，人们对媒体的认知发生了明显的变化，正如人们对知名品牌的认知发生变化一样。越来越多的事实表明，在消费者眼中，媒体运营是一种近乎完全市场导向的经营活动，其最大目的就是开发和利用其受众价值，增加经营收入，提高运营利润。在这种市场化的媒体运营环境下，有人甚至认为，电视媒体已经开始变为一种有时具有潜在负面影响的媒体：观众经常因为自己过多地收看电视而感到不安和愧疚，或者不得不为过度收看电视而寻找托词。许多人认为，人们应该阻止少年儿童坐在那个"傻瓜盒子"前长时间地收看电视。人们同样知道，报纸媒体通常会利用耸人听闻的大标题来吸引读者的眼球，提升其发行量并为广告公司服务，而忽视由此产生的负面影响。

而这种负面认知的消极影响还没有对广播媒体形成冲击，在人们的心目中，广播电

台对人们的日常生活具有正面、积极和向上的影响——广播是一种伴侣式的媒体,能够给人们提供信息,排遣听众的孤独,使听众不再觉得与世隔绝。简单地说,就是"人们不觉得广播电台利用了听众,而是听众自己利用了广播电台"。正是因为听众的信任,各电台开办的五花八门的倾诉型热线电话节目才获得了不断的成功。对于那些敢于打电话给电台的听众来说,他们肯定从心底里信任电台和电台节目主持人,而且听众也不会担心电台滥用他们的信任。英国广播广告研究所(Radio Advertising Bureau,简称RAB)发布的"Using Radio With Television"研究报告[①]显示,针对"我不相信电视、报纸或广播广告的宣传内容"的回答结果显示,人们对广播广告的信任度远远高于对电视和报纸广告的信任度(图1),可见广播媒体比之电视和报纸,更为受众所信赖。

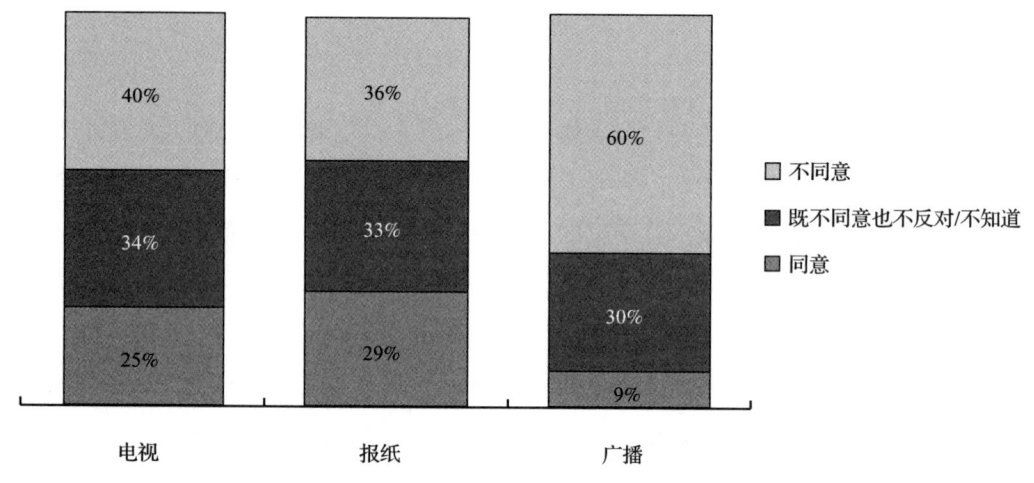

资料来源:Radio Advertising Bureau

图1 同意"我不相信电视、报纸或广播广告的宣传内容"的占比

"Using Radio With Television"研究报告显示,比之电视媒介的消费,广播媒介的消费更为个性化。即使有其他人在收听现场,听众听到广播内容后,其内心反应也是个性化的。许多广播节目主持人努力学会并做到了似乎是与单个听众的交流而非对所有听众进行说教。所以,尽管广播媒体是一种大众媒体,其与听众的亲近特征也能为广告商提供类似于一对一的交流平台。广播的亲近性在受众媒体关系图中得到了形象的解释,广播媒体成为离受众最近、最让受众感到自信的媒体(图2)。

---

① http://www.bauermedia.co.uk/uploads/radiotv.pdf

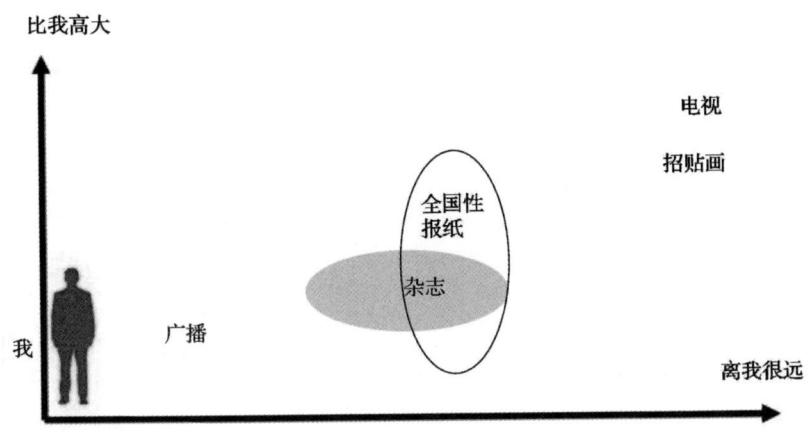

数据来源：Radio Advertising Bureau

图2　受众媒体关系

二、广播媒体是一种互动性良好的媒体

听众之所以能够与电台建立密切的情感关系，原因较为复杂，但有一点是显而易见的，即听众觉得，电台是一种具有良性影响力的媒体，在与电台互动时，听众不会感到尴尬，互动时面临的风险也相对较小。另外，广播媒体是一种主要以语音和音乐形式出现的媒体，而这两种媒介形式相对来讲也非常人性化、情感化。英国广播广告研究所（RAB）对参与电台举办活动人群的一项调查显示，在与电台互动的人群中，女性听众占比高于男性听众，16~34岁听众的占比相对较高（图3）。基于广播媒体的互动性，听众易于对广播媒体做出响应，是广播媒体的又一特征，这种特征对广告商来说具有巨大的价值，广告商可以借此在广告或推广活动中获得消费者的响应。更为重要的是，消费者对于品牌的响应，不仅仅体现为看得见摸得着的响应，如打进的电话、对店面的光顾以及访问网站的流量，还会有更多无声的响应，如对所宣传品牌产生的记忆和好感等。这一点非平面媒体能相比。平面媒体的广告极易被忽略，而广播广告却不容易被受众所忽略。

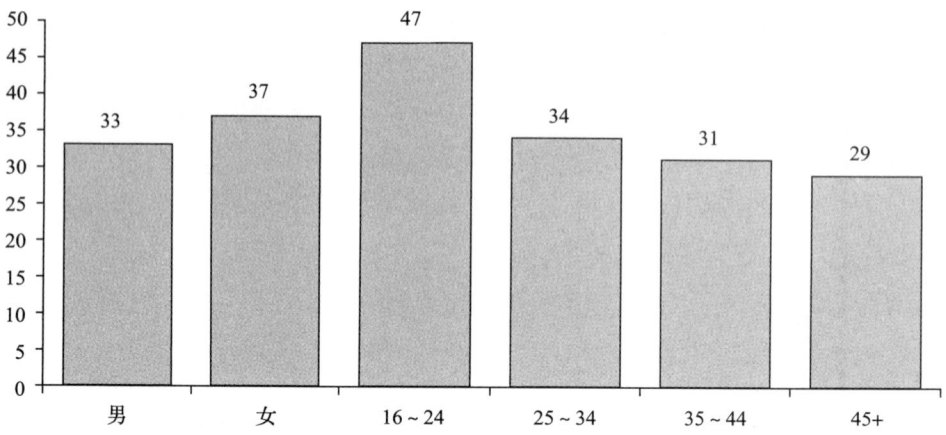

资料来源：Radio Advertising Bureau

图3　曾经参与广播电台举办活动人群的性别和年龄构成（%）

三、广播媒体是一种受众换台率低、广告回避率低的媒体

英国广播受众联合调查有限公司（Radio Joint Audience Research Limited，简称 RAJAR）发布的"RAJAR Data Release（2013 年第 3 季度）"[①] 报告显示，车上广播收听时间占据总体广播收听时间的比例达到 21%，因此车上收听是非常值得研究的广播收听行为。车上收听的听众构成不同于总体收听的听众构成，在车上收听的听众中，男性、中青年和购买力较高听众的比例更高。RAJAR 委托 NOP 媒介研究公司所做的一项车上收听个案研究显示，车上收听量的高低，与驾驶旅程的特点和远近有关：听众在日常反复固定的驾驶旅程和长途驾驶旅程期间的收听量相对较高；90% 的小轿车收音机有预设的电台，驾乘人员会选择收听这些预设的电台；每辆小轿车上平均有 7 个预设的电台；三分之二的驾驶员曾经收听过其中绝大多数甚至所有这些预设电台。尽管外部原因可能会导致听众频繁换台，但在现实生活中，车上听众换台比例之低，出人意料（图4）。绝大多数（85%）驾驶员受访者表示不同意"我是那种开车时频繁换台的人"的说法。不同的驾驶行程，也会有不同的换台模式：长途驾驶的换台率最高，上下班行程的换台率相对较低。

---

① http：//www.rajar.co.uk/docs/news/RAJAR_ DataRelease_ InfographicQ32013.pdf

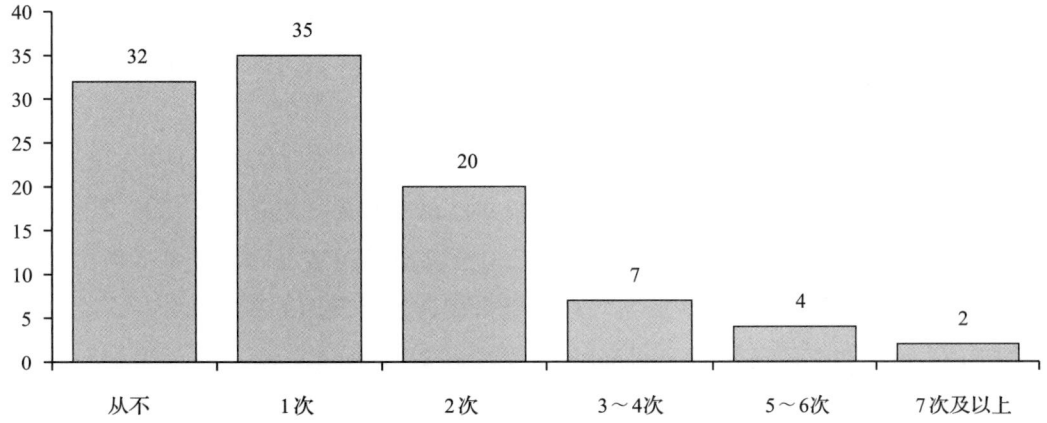

资料来源：Radio Joint Audience Research Limited

图 4　驾车上下班途中收听广播期间换台人数比例（％）

由于广播听众在收听过程中较少换台，所以广播媒体播出的广告面临的回避率也较低。研究表明，对于电视、广播等 6 种媒介播出的广告，受众都会有不同程度的主动回避，报纸广告的回避比例最高，为 68％，电影广告的回避比例最低，为 8％，而广播广告回避率之低，仅次于电影广告（图 5）[①]，可见广播媒介是广告回避比例较低的媒介之一，相应地，其广告的有效到达率便相对较高，是快速消费品等产品促销广告投放的重要媒介之一[②]。

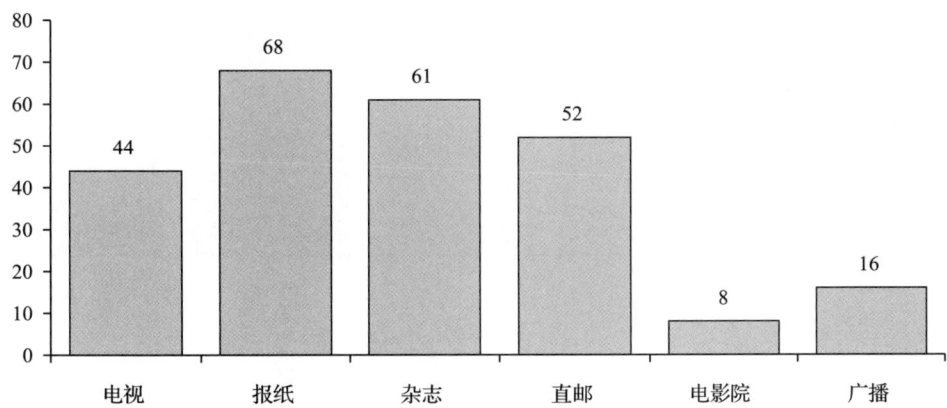

数据来源：Initiative Media

图 5　不同媒体广告受众回避比例（％）

---

① http：//www.bauermedia.co.uk/uploads/radiotv.pdf
② http：//www.rab.co.uk/rab-studies/radio-sales-multiplier/

四、广播媒体是传统媒体中性价比相对较高的媒体

英国广播广告研究所发布的"Radio's ROI Advantage"研究结果[1]显示,广播广告的投资回报率比全国性电视台的广告投资回报率高出49%[2]。该研究涉及了4个市场为期6个月的广告计划和评估数据,涉及的产品有食品类日用品、非食品类日用品和另外两个不同类别的非处方(OTC)药品。这4个市场分别是缅因州的Pittsfield、威斯康星州的Eau Claire、得克萨斯州的Midland和爱荷华州的Cedar Rapids。为了测量不同广告计划的效果,研究人员对通过扫描计价销售的商品销售量做了统计,并且还做了电话访问。为了增强广播和电视广告效果数据的可比性,研究人员还对相关数据做了科学的加权,并且对电视广告插播做了事前测试,以免低估电视广告的促销数据。

研究发现,广播广告对4种商品的销售额有4.1%的提升幅度,而电视广告对相同4种商品促销的提升幅度为7.5%。RAEL研究顾问吉姆·皮柯克(Jim Peacock)指出,广播广告的价格通常比典型电视广告的价格低80%。如果将广告促销效果与广告花费综合加以计算并得到不同媒体的广告投资回报指数,则不难发现,广播广告的投资回报指数明显优于电视广告。本次研究中,电视广告投资回报指数为100,电视广告投资回报指数的历史数据平均值为128;而广播广告的投资回报指数为149,广播广告的投资回报

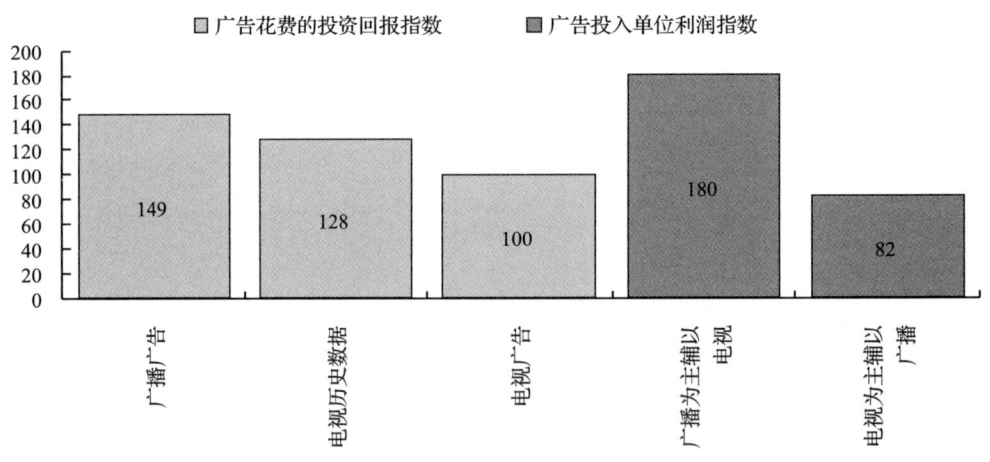

数据来源:Radio Ad Lab, Inc.

图6 广播媒体的广告投资回报指数

---

[1] http://www.rab.com/public/ral/studyDocs/roiFull.pdf
[2] http://www.rab.com/public/ral/studyDocs/roiSummary.pdf

指数比电视广告的投资回报指数高出49%。

进一步分析广播广告和电视广告投入的单位利润指数,也能发现广播广告在一定程度上优于电视广告。广播广告辅以电视广告的利润指数是180,而电视广告辅以广播广告的利润指数是82。广播广告在跨媒体媒介组合中也体现了较好的性价比(图6)。

五、广播媒体是一种运营毛利率较高的媒体

美国统计数据显示,相比于电视媒体,广播媒体还是一种运营毛利率较高的媒体。从运营收入构成来看,电台和电视台运营收入的主要来源均为广告收入。2009年,美国电台的广告收入占其总收入的84%,而电视台的广告收入占比则为76%。两大媒体的广告收入占比逐年降低,电台广告收入占比从2007年的88%下降到2009年的84%,电视台广告收入占比从2007年的80%下降到2009年的76%;相应地,两大媒体的非广告收入占比却逐年增加。电台运营收入对广告收入的依赖度比电视台更为明显。

从2009年两大媒体广告收入市场来源来看,电台广告收入的75%来自本地市场,仅25%来自全国性或区域性市场;而电视台广告收入中,64%来自全国性或区域性市场,仅36%来自本地市场。可见,电视媒体的跨区域经营能力较广播媒体更为突出,而广播媒体则是一个更为本地化的媒体。

从2009年运营支出构成来看,电台的人工成本占比51%,电视台的人工成本占比仅为30%。2009年,电台和电视台两大媒体的一次性外包服务投入分别为10%和6%,占比均较低。其他运营支出占比数据显示,电台的其他运营支出占比为38%,电视台的这一数据则高达63%。

其他运营支出中,版权/许可费用是一项占比较大的费用。2009年,电台用于"版权/许可费用"的支出占其运营总支出的比例为8%,而电视台用于这项费用的支出占比则达到了39%,可见,电台无需像电视台那样,在版权/许可费用方面支付巨大的费用(表1)。

如果将两大媒体的运营总收入减去运营总支出视作其毛利润,将毛利润额除以运营总支出得到的百分比视作其毛利率,则可以发现,2009年,美国广播媒体的运营毛利率是23%,电视媒体的运营毛利率是18%(图7);另外,2007年和2008年也均是电台的运营毛利率高于电视台。可见,广播媒体的运营毛利率明显高于电视媒体。

表1　美国广播电台、电视台运营收入和支出统计数据（单位：百万美元）

项目	广播电台			电视台		
	2007	2008	2009	2007	2008	2009
运营收入　合计	**14,871**	**13,958**	**11,693**	**35,998**	**35,976**	**31,415**
播出广告收入	13,026	12,029	9,823	28,892	28,117	23,796
全国性/区域性广告收入	3,223	3,143	2,482	17,618	17,438	15,319
本地广告收入	9,803	8,886	7,341	11,274	10,679	8,477
其他运营收入	1,845	1,929	1,870	7,106	7,859	7,619
网络收入	303	357	351	1,473	1,390	1,311
公益节目收入	(S)①	(S)	(S)	2,042	2,154	1,922
其他所有运营收入	889	900	888	3,591	4,315	4,386
运营支出　合计	**11,065**	**10,723**	**9,536**	**28,969**	**28,742**	**26,719**
人工成本	5,824	5,584	4,857	8,608	8,677	7,935
工资支出	4,926	4,739	4,075	7,227	7,322	6,761
福利支出	709	667	641	1,224	1,225	1,073
临时员工和外包员工费用	189	178	141	157	130	101
一次性材料、零配件和物资投入（不能用于再销售）	115	99	99	203	251	219
一次性外包服务投入	1,254	1,129	979	1,967	1,980	1,668
一次性计算机软件采买费用	45	46	44	86	158	116
一次性电力和燃料投入（机动车燃料除外）	177	189	192	297	292	259
租赁费用	395	406	416	489	505	428
维护维修费用	99	79	76	203	211	190
推广宣传费用	538	409	251	892	814	675
其他运营支出	3,872	3,911	3,601	18,191	17,834	16,897
版权/许可费用	865	847	747	10,964	10,401	10,389
网络使用费	69	74	75	335	389	317
折旧及摊销费用	516	612	663	1,590	1,800	1,658
税费支出	94	91	83	125	150	164
其余所有其他运营支出	2,328	2,287	2,033	5,177	5,094	4,369

① "S"表示此处数据未能达到可公开发布的标准，因而没有提供。

数据来源：http://www.census.gov

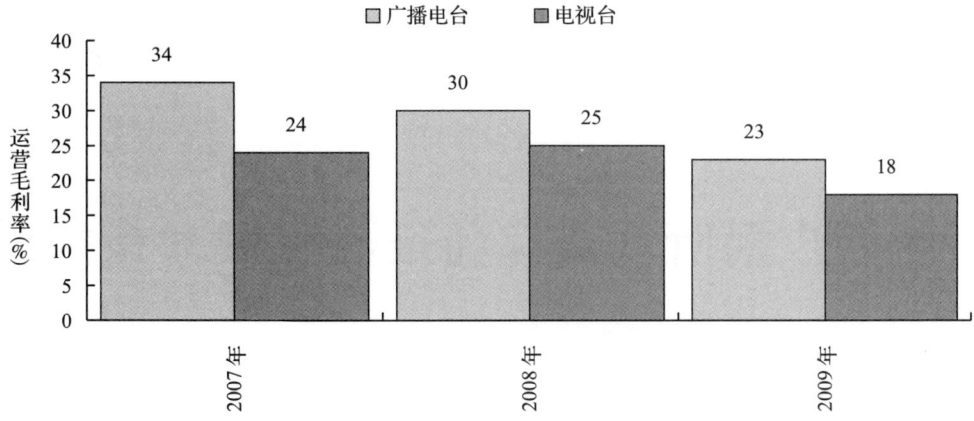

数据来源：http://www.census.gov

图 7　广播电台和电视台的运营毛利率

六、结语

综上所述，广播媒体作为一个特殊的传统媒体，具有独特的受众贴近性、传播的高效性和较好的经营盈利性。在传播内容方面，广播媒体可以做到推陈出新，竭诚为听众服务；在传播渠道方面，其可以充分利用无线电波和互联网资源，拓展自己的传播时空，进而在当今纷繁复杂、一日千里的媒介市场保持良好的生存和发展态势，在竞争中"独善其身"、脱颖而出。广播媒体的发展及其运营形式的演进，将有助于媒介市场的整体生态环境的改善，实现多媒体的共赢，进而启动广播这种无线电音频媒体向横跨音频、视频和图文介质的全媒体进化的进程。

新时期广播听众变化特征与发展对策探讨

郑维东

新的传播格局把广播发展置于新旧交织的十字路口。如何以创新之力，继续做大、做强广播，成为广播业界必须面对的、充满挑战的现实课题。

一、新媒介格局中的广播

要了解新媒介格局中的广播，需分别从技术的视角、产业化的视角、经营的视角、资源的视角和变化的视角等方面来看。技术的发展使得媒介变化有了突破性的进展，一方面打破了广播传播的渠道边界，把声音、文字、图片和影像等传统的、相对独立的传播渠道整合到一起打包发送；另一方面，数字编解码、存储和传输技术的使用，正在使时移传播和移动传播成为常态，打破了传统广播传播的时空边界；而从传统媒体一对多的传播方式逐渐演变为互联网式传播，实现了匿名的点对点交流，直至未来真正的互联网传播，形成一种有"形象"和"性格"的点对点传播，使得广播从一种增量性的娱乐形式转变为一种常量性的生活形态，这也就打破了广播传播过程中虚拟和现实的边界。因此，技术发展对渠道和时空边界的突破使得广播电台在考虑区域化和本地化的同时，要有全球观，要有不断拓宽疆界的视野。

这些发展使新媒介市场发生了不可逆转的变化，表现出三个重要特点，这三个重要特点正改写着传媒的竞争格局。第一个特点是"去中心化"，一对多的单中心传播逐渐被多对多、多中心的互动式、网络化传播所取代；第二个特点是"去边界化"，新媒体传播不仅突破了地理区域的局限，使全球一村，同时也使不同媒体之间的界限趋于模糊进而融合；第三个特点是"去权威化"，对称传播和平等传播是新媒体传播的优势，去中心化和去边界化事实上即意味着去权威化。这些变化使得媒体和受众的关系发生了一些改变，这些改变使得市场更加细分，受众无处不在但又不全是你的，而且把握不好就不是你的，受众出现了碎片化的趋势。如何把握这种碎片化的趋势，就需要进一步根据各种各样的特征对受众实行重聚，而这些特征已经超越了人口自然和社会的特征，更加与受众的行为趋向、爱好、态度和价值观等因素相结合，把这种态度、爱好和行为的变化加以组接，这种组接可能使媒体的服务方向、价值发展方向发生变化。

三网融合是大势所趋，原来电视和广播在户外传播渠道中都占有较高的比例，例如广播的覆盖可以达到10亿人口的规模，但经常收听广播的人群基本在4亿人口以内，不超过4亿。从技术接入条件来看，如数字化电视、互联网的接入以及3G、移动网的接入与广播听众的实际范围都较为接近。虽然电视和广播理论上有十几亿的观众或听众范围群体，但技术的变化已经使新的媒体在广度、覆盖面上大大削弱了电视和广播这种传统的优势、渠道的优势。这也意味着作为一名受众，他可以获得的媒体变得多元化，而不再是单一媒体，不再是特别强势的媒体在垄断，而是多种媒体并存。受众可以在众多媒体中找到自己需要的媒体，进而做出比较优势的判断。这种比较优势与个人需求相结合就产生了不同媒体的消费模式，不同的消费模式与市场相结合就产生了不同的盈利模式。

到目前为止，广播虽然受到了不同程度的挑战，但盈利模式是稳定的，电视的盈利模式也是稳定的。但互联网以及新的媒体，尽管它们有足够大的面，有足够广的影响，但并没有固化成一个产业，形成一种可持续发展的模式，仍然要靠风险投资、资本市场运作、技术不断更新来达到稳定运作的目的，因此运作模式是不同的。

广播广告的增长一方面靠扩大地盘、增加频率、增加广告播出时间，另一方面靠广播内在的细化经营，我们把这种增长称为内涵式调整、结构性增长。这种增长从整体来讲存在一定的局限性，它没有外延性地扩大，而是在内涵上做调整，这种局限性使得近几年广播广告的增幅较低。

如果把广播放在一个全媒介格局中看的话，从整个传媒产业的行业结构可以看出，广播只占到1.7%的份额，产业规模很小（图1）。虽然其自身的盈利状况和利润率状况表现很好，但抗风险能力还不够大，不够大就意味着如果在传媒产业运作过程中去发力，结果可能差得太多，就像在汪洋大海中有一条大船、一条小船，虽然小船造得很精致，各种配备都很好，但当大风大浪来临的时候，其抗风险的能力还是令人担忧。

在这种情况下，在结构变化过程中，广播要实现新的增长，就要考虑如何重新认识广播、定义广播，在定义的过程中重新发现广播的价值。目前广播的价值出现了一些转向，转向一些更加细分的受众群。广播由传统意义上的大众媒介成为新媒介格局中的一种分众媒体，虽然听众的忠实度较高，但听众的外延在缩小，特征在突出，价值在凝聚。

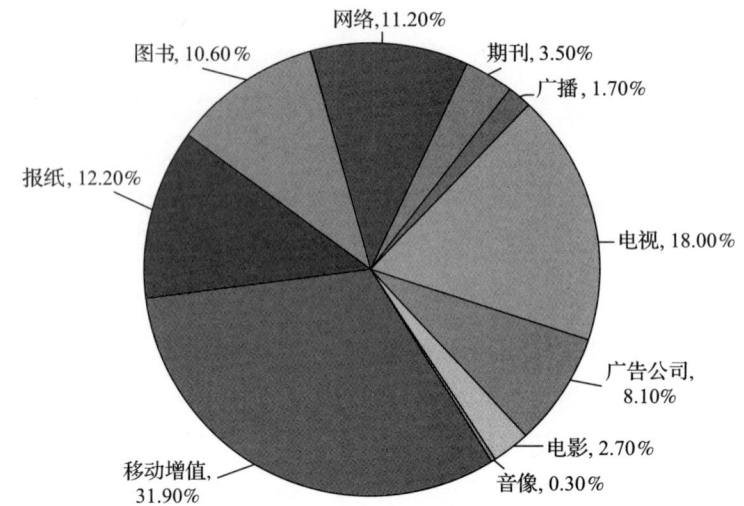

图 1　2010 年中国传媒产业的行业结构①

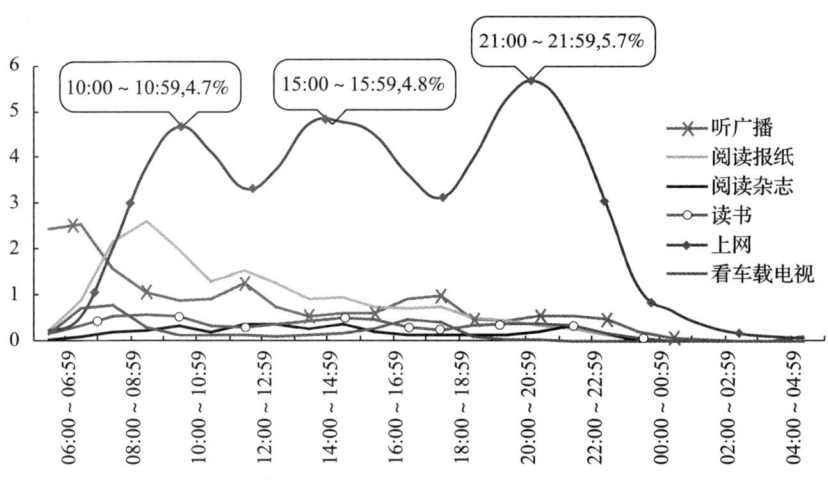

数据来源：CSM 媒介研究

图 2　各媒体全天竞争态势

广播与新媒体的竞争，特别是与互联网以及车载媒体等媒介形态的竞争，在时间上具有明显表现。上世纪 90 年代，中午时段是广播收听的一个高点；进入 2000 年以后，这个高点慢慢在衰弱。同时我们发现，像互联网这样的媒体，在中午和下午已经成为非常有竞争优势的媒体（图 2）。

在这种变化中我们可以感受到多元化与分散化的迹象，比如接收渠道多元化。受新媒体技术的影响，听众收听设备/收听方式多样发展，但听收音机仍然是主要收听方式，

---

① 崔保国主编：《传媒蓝皮书——2011 年中国传媒产业发展报告》，社会科学文献出版社 2011 年版。

比重超过 50%，选择手机、有线（数字）电视、MP3/MP4、互联网等数字化收听方式/设备的合计比例达到 15.8%。同一平台上多种媒体的接收方式使得各媒体之间的竞争更加直接、更加交互，渠道的多元化与市场的分散化使广播的经营更加聚焦（图3）。

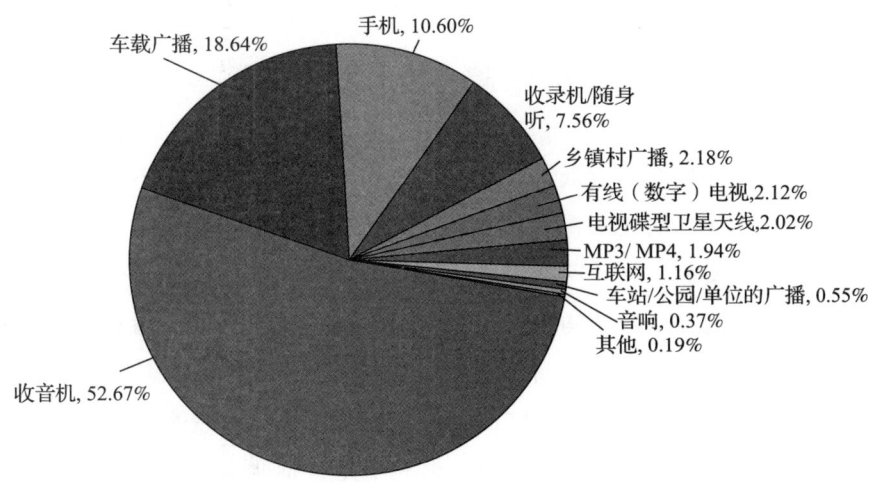

数据来源：CSM 媒介研究

图 3　广播接收渠道占比

不同场所收听占比也反映了渠道多元化与市场分散化的趋向。除了在家收听，大部分人是在出行过程中收听，在私家车、公共汽车、出租车、班车等多种交通工具中收听比例总和达 27.1%，在全国范围，大城市这一比例可能更高，可以达到 50%。这一比例的变化对广播市场的发展产生了较为深刻的影响。

这种影响也一度影响了广告主对广播的使用，出现了渠道效益弱化的趋势。在新的数字媒体时代，哪个渠道能更多地接触广告，哪种媒介形式更具有说服力，是大家关注的问题之一。根据群邑中国与 TNS 携手发布的中国数字媒体蓝图数据可以看出，广播广告已经让位于一些新的媒介广告形式，比如网站广告已经开始超过广播广告，终端化营销、评论性营销带来的口碑营销已经越来越显示出其强大的竞争力，像互联网、短信、微博等，这些媒体的营销效果有可能对传统广告界带来冲击，所以广播在新的媒介环境下要改变广告经营方式，这也是一个思考的点。同时还存在另外一个问题，即在新的数字媒体环境下，受众的多种需求如何和媒体相结合？我们会发现：越是新的媒体，越容易满足受众的多种需求；越是传统的媒体，在满足受众需求方面越是突出单一性或某方面功能比较强的特征。例如，广播在新闻性、及时性、娱乐性和欣赏性方面的功能较强，但不具备互动性或互动性较弱；虽然有及时性，但没有即时性；虽然媒体传播非常大众，但小众化群体性的功能较弱。这些都使得广播的功能受到了局限，与当前新媒体发展所带来的平台拓展和需求多元化的结合稍嫌不对称，这种不对称也会在广播的发展过程中带来模式的一些大变化。

总体而言，广播有其自身的优势，但地位受到了明显的挑战，而这种挑战对不少广播人而言还是陌生的，因此要引起足够的重视。

二、广播听众特征变化趋向及含义

相比前几年，广播现在的听众特点又有了变化，虽然这种变化不是翻天覆地的，但变化趋势较为明显。例如对比电视、广播、互联网三种媒体的受众结构，可以看到：广播偏男性，电视则偏女性，互联网略偏男性；除年龄构成广播偏老龄听众、互联网偏年轻化外，广播和互联网在受众结构上有一点类似，就是在学历上广播和互联网都要比电视高端化一些。所以，某种程度上而言，互联网的全天候媒体特征与广播白天上下班高峰和中午时段收听较高的特征是有对阵的，而电视则以晚间收视高峰为主要特征。这种晚间收视高峰与互联网在晚间有一些竞争，但并不是特别明显，因为在晚间使用电视和使用互联网的群体分化得比较明显。对广播而言，互联网的全天候特征对广播白天的收听有一定的冲击和分化作用，而且听众结构与互联网受众结构之间有一定的兼容性，所以结合互联网的受众来研究广播听众的变化可能更有意义（图4）。

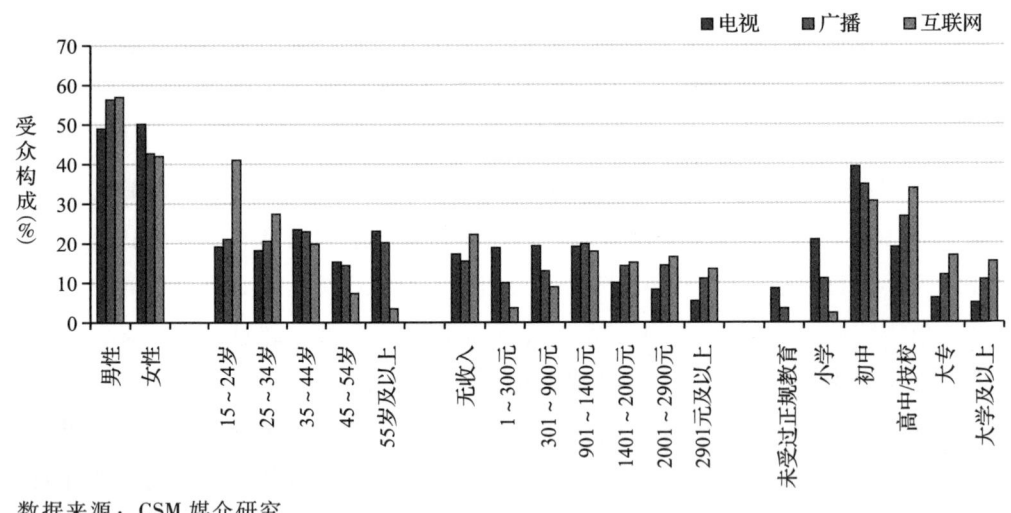

数据来源：CSM 媒介研究

图4　电视、广播和互联网受众构成比较

近几年广播的结构性、内涵式增长在很大程度上是依靠移动收听人群的增加和移动收听量的增加而实现的，广播电台顺势而为，增加了相当数量的交通类节目和频率进行运营，这是相辅相成的。同时我们还发现一个趋势，即广播的移动收听比重虽然增加了，但增幅趋缓，人均收听量并没有明显地增加。这一方面是因为有车人群开始扩散，扩散到更加一般的受众，受众的量越来越大，这意味着大家的需求更趋于多元化，这种多元化会通过新媒体、通过不同的媒介使用习惯被分散掉；另一个原因是大多数大城市由于受堵车的困扰做了一些调整，例如北京通过治堵措施使人们在路上的时间发生了变化，这些变化在不同的城市对交通广播的含义是不完全相同的。广播具有很强的属地性特征，所以根据本地的交通生活状况发展交通广播、移动收听广播就具有非常现实的意义。

同时我们也发现车上收听和在家收听高峰的错位，不同城市的收听高峰，特别是上班高峰的宽窄都和该城市的生活形态有关。从年龄方面的变化可以看到，65岁及以上听众收听量增加明显，24岁及以下听众收听量减少。车上收听量数据显示，15~24岁、35~44岁和55~64岁群体收听量有所增加。总体上看，广播流失了年轻听众，这一现象在一定程度上得到印证，而新媒体与广播争夺最激烈的也恰恰是年轻受众群，这也形成了一个直接与新媒体争夺受众的阵地。年轻受众的车上收听变化不是很明显，因此从某种程度而言，广播要留住年轻听众，留住这些有价值的经济人群，就要考虑发展移动收听、随时收听，愿意向中青年听众提供更加具有时代特征感、时尚感就和新媒体内容相互动的一些节目，这样可能更易于满足市场的需求。

广播市场的区域化特征不仅永远存在，而且在不断加强，虽然面向的是一个不断扩散的、去边界化的竞争格局，但广播为了保持优势，一定要通过强化区域性特征来突出自己与其他媒体的不同，所以在不同的市场，其区域化特征还是有区别的。车上收听、移动收听是各个广播市场的重点，近几年车上收听增长势头趋缓，我们把全国做收听率调查的城市的车上收听率和车上收听增长率做了比较，发现总体而言呈正向发展的趋势，即如果该市场的车上收听表现不错，说明这个市场还有发展的空间；但如果按照车上收听增长幅度来讲，越来越多的城市则呈现出增长缓慢或负增长的趋势。总体而言，车上收听增长势头趋缓，这是不容否认的事实。当结构式增长没有动力的时候，如何实现市场的持续发展，这也是应该引起广大广播人思考的一个问题。

除了区域化听众之外，我们还要做一个立体化听众的分析，频率的类型化和听众的类型化之间是一种对接。目前这种类型化分析还是基于人口的自然结构变量，未来我们更应该关注社会结构变量，从受众的态度、社会价值观角度进行这方面的研究，引导节目和频率做更好的调整，这也是将来努力的方向。目前的研究结果显示，广播收听面临受众生活形态改变的潜在影响。我们把一个受众的生活形态渗透到广播节目中，把他的生活状态、人口结构特征和广播的定位结合在一起，就可以做出更好的节目、更精致的节目，这不仅能满足听众对内容的需求，也可以更好地满足听众的深度需求。

分众化趋势是存在的，不仅有收听场所、收听渠道的多元化带来的分众化趋势，也有新媒体的冲击带来的分众化趋势。分众化趋势与频率运营、与频率细分的结合便在时间上显现了出来，像上下班收听高峰一般是交通类频率，中午和晚间高峰一般是音乐类或故事类频率，而健康服务类广播和城市服务广播则在白天的上下午时段形成收听高峰。总体来看，时段特征和受众之间会呈现扁平化的趋势，电台通过仔细分析频率找到自己具有优势的空间，让受众的参与带来整个平台竞争的提升。这个过程使得频率对节目更加依赖，比如频率依赖于新闻、依赖于音乐、依赖于交通服务、依赖于故事、文艺广播等。所以一个地方的强势广播越来越集中在三到四个频率上，这三到四个频率基本集中了主要的市场。另外就是，即便是交通类广播，也越来越需要新闻和音乐的支撑，交通服务类广播如果一天 24 小时以播报路况为主，是不足以支撑的，而且现在获取路况信息的渠道很多。所以，要以路况信息为一个线，在点上做新闻和音乐的补充，使节目更加丰满，使听众即便是在开车过程中也能够得到不同需求的满足，使市场不断调整的变化得到满足。在适应市场、满足听众需求的过程中，要不断调整节目类型、频率定位和受众需求在这个组合中的比重，这样才能够使我们根据市场的需求做得更好，更加适应新的格局变化。

三、新时期广播发展对策探讨

现在的媒介环境是个复合的媒介环境，基本可以称之为"融媒体时代"，但真正的融媒体时代并没有到来，媒体之间还不能互相替代，还不能互相包容，各媒体之间还有条块分割，虽然界限已比较模糊，但还是有边界的。所以，现在仍是一个复合的媒介环境时代、复合的媒介竞争格局，将来可能会逐步过渡到融合的媒介竞争格局。

在复合媒介环境下，新的媒介的出现对旧的媒介会形成一种分流、一种压力和一种挑战，但这并不意味着是一种取代。传统媒体如果渗透到新的发展轨道上去，就会变成传统媒体的新媒介化，这种新媒介化很有可能脱胎换骨，转变成一种新的媒介形式。例如把广播移植到手机、iPad 等数字终端上，变身为互联网广播这种新的形式，但内容还是广播电台提供的，这样就可以从原来的在线收听变成在线和离线相结合的收听、可随时随地收听、可下载等各种形式。因此麦克卢汉说"媒介总是以叠加的方式向前发展的，新的媒介的出现并不代表旧媒介的消亡"，这是非常正确的。

总体而言，新的媒介形式的出现对整个媒介市场是一种促进，但是会重新分割不同媒介所占据的比重、空间和布局。所以说广播受到了新媒体的稀释和分流是客观存在的现象，而这种存在不仅是广播要面对的，也是电视、报纸等传统媒体要面对的。这种面对体现为"三分"的格局：一是分化受众，不再是一种简单的流失，实际上是一种分化、一种重聚。这不是简单的量的变化，而是一种质的改变、结构的改变。新媒介是自由的平台，共享知识和深入交流等属性已经博得了越来越多受众的喜爱，新媒体的受众不断增多，用户将有限的时间重新分配，将时间逐渐向新媒体转移，因此新媒体的出现会极大地影响传统媒体的增长。二是分流广告，影响传统媒体的广告收入增长。新媒体的价值逐渐获得企业认可，广告主逐渐削减传统媒体的广告费，转而投向新媒体。随着新媒体营销价值的提高，新媒体还将继续分流传统媒体的广告收入。三是分享资源，这会影响传统媒体的内容资源配置，例如网络争抢热门影视剧已渐成潮流。由于电视台与网络的受众群不一样，网络先于电视台"抢播"的行为也受到了业内关注。"三分"格局形成了一个"三流"的结果，即人才流失、资本流动和组织流变。但所有的变化都脱离不了媒体的本性。媒介的属性主要表现为五个方面：媒介供给、渠道效率、到达率、忠实受众和媒介影响力。但这五个方面不是对所有人都有同样的效果，有的人可能受影响大一些，有的人基本不受影响，有的人是重度用户，而另外一些人可能是轻度用户甚至是非用户。这样就会使人群和媒介之间形成一种对应，这种对应使得广播越来越变成以特定的内容去满足一个特定的市场，而不是满足更大的市场。所以说碎片化之后的重聚是一个过程中的演化，这种演化最终会变成一种主动的改变。

在这种情况下，我们把广播放在整个传媒产业链中分析就可以发现，技术和市场正在促使传统媒体的竞争向产业链的上下游渗透。不止是媒体机构在提供内容，个人也开始提供内容，机构和个人的内容在平台上形成一种集成，这种集成分为不同的频道、不同的内容包，然后上平台去发行。渠道的多元化使得媒体发行效率更高、成本更低、回报率更好。电视目前已经具有了这种渠道，广播相对来说渠道还比较单一，但新的媒体渠道已经开始融入。还有一个对广播影响比较大的就是终端接收设备、终端化的问题，终端化使得内容和终端之间的结合组成了多种形式，终端和用户之间的关系已经导致整个产业链上的每个环节都发生了变化，这种变化使得广播的每一个调整都不是一个环节的调整，而是整个产业链的调整，这样才能把广播的市场做大，才能真正把听众营销和营销听众落到实处，而不是简单地在某一个点上做一些改变。

这种变化可以称之为从结构式增长转向创新式增长，具体到广播就需要思考以下几点：如何对市场进一步细分，主要从频率、时段、节目和人群等方面入手；如何把新媒体终端作为我们的前沿，去延伸、拓展新生市场；如何把在线播出和离线播出相结合，实现媒体的二次销售；如何把线上广播与线下活动相结合，实现广播的深度结合；如何实现以品牌为核心的市场驱动，把品牌作为一种运营手段、一种号召力，去延伸出广播的市场价值。

总体而言，面对新媒体挑战，如何驱动广播创新发展的需求已经迫在眉睫，这需要广大广播人把握机遇、及时调整，在整个市场变化的规律中为广播重新定位，重新发现优势，为广播实现新媒体环境下的快速增长找到一个新的突破口。

稳定中求增长，增长中促创新
——广播发展现状思辨

郑维东

传统广播媒体在发展过程中受到了来自新媒体的巨大挑战，但在与核心新媒体结合的发展过程中也找到了很多机遇。广播如何在既有轨道上完成自我成长，同时在新的轨道上实现自我创新，这是一个现实命题，也是一个强劲挑战。稳定、增长、创新，是广播未来发展过程中的关键词，也描绘出广播实现蜕变式发展的潜在轨道。

面临数字化发展环境，包括纸媒、电视、广播在内的所有传统媒体，都处于蜕变过程中。纸媒的蜕变表现为传统的印刷和发行渠道逐渐转向电子出版，电视也在积极探索数字化转型，从传统意义上的一对多传播方式，逐渐演变为多平台、跨终端的新媒介。这些探索对于广播发展的启示意义深远。广播要进入新领域的增长，首先要摆脱单纯依赖车载收听实现增长的传统模式，继而逐步进入依靠移动收听和新终端用户的增长实现价值提升的发展阶段。

一、稳定中求增长

"稳定中求增长"更适于解读传统意义上的广播发展。传统意义上的广播通过内容传播获得听众，赢得广告投放，在这个过程中形成的价值链条是传统广播已成功实践的一条道路，未来也仍将是其发展路线之一。在广播传统的传播领域内，广播收听与听众的变化也在同步发生。

变化之一是车载收听的增长。2013年车载收听的增长幅度虽然有所下滑，但仍呈现出增长趋势，与之相对的是在家收听的下降，这种变化实际反映了听众结构的变化。在家收听广播者以中老年听众为主，而移动收听以年轻听众为主，听众结构变化的更大意义在于广告价值的变化。目前车载收听的总量较小,但是它带来的广告增长空间颇为可观,交通广播、音乐和新闻类广播成为很多电台的主要广告来源,反映出广播从固定收听逐步转向移动收听的趋势。

变化之二是重度听众的调整。作为在家收听的主体,中老年听众的突出特点是收听时间较长,2010～2013年听众在家收听时间的下降（图1）正是由于这部分重度听众在家收听量的减少所致,4年间,45～54岁、55～64岁、65岁及以上听众在家收听的时间分别下降了14分钟、10分钟和16分钟。相比较而言,移动收听更加个人化和碎片化,收听量也相对较小,同时由于影响车载收听的内外部因素更为多样（如交通状况、各类频率之间的内容竞争等）,因此听众的忠实度也较低,但这种变化从结构调整的角度而言仍是积极的。

变化之三表现在晚间在家收听的听众规模缩小。由于受到电视的冲击,晚间在家收听的听众规模缩小。电视节目结构的调整、电视剧和电视娱乐节目的大量播出对广播收听形成了冲击。比较2010～2013年晚间广播收听情况可以发现,晚间时段曾是广播收听的重要时间,近年却很难再看到明显的收听高峰,其中的主要原因即在于大量中青年听众在晚间09:30以后被电视分流。

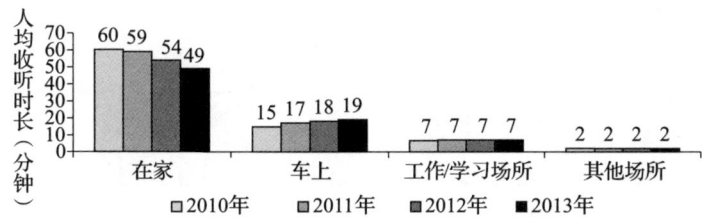

数据来源：CSM媒介研究

图1 2010～2013年不同场所人均广播收听时长（33城市）

总体而言,广播收听曲线变化不大,全天仍呈现出早、晚时段的收听高峰（图2）。广播的全天收听曲线是多城市平均的结果,具体到各城市各频率,曲线变化又各有不同,但总体的走势反映出广播发展空间的局限性,在目前的媒体竞争环境下,寄望于恪守广播既有的发展思路以提升收听率总体曲线必将困难重重。

谈到传统媒体,都绕不开关于增长的天花板问题。电视发展遇到了天花板,面临着在既有轨道上提升收视率的巨大困难,广播收听率亦然。无论是从受众规模,还是从媒体使用时长来看,广播的增长空间都较为有限,此时更为有效的增长动力在于结构优化。从各类频率的收听比重可以看到,虽然受电视和新媒体的挑战以及自身发展瓶颈的制约,广播的优势不再,经济类、都市生活类等本土化色彩较浓的广播频率收听呈现下

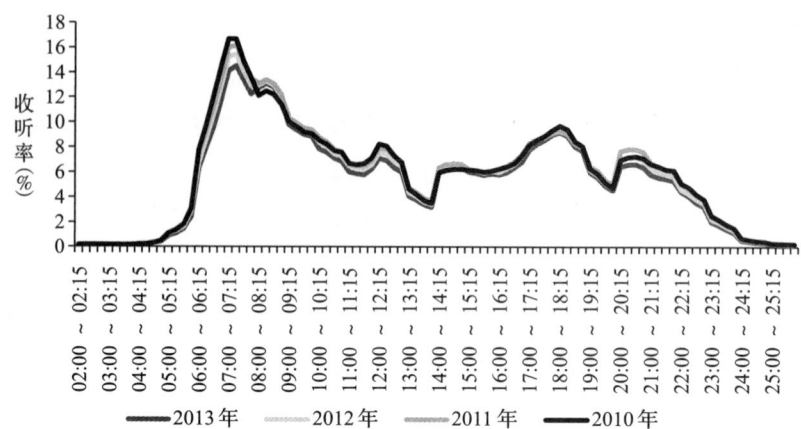

数据来源：CSM 媒介研究

图 2　2010～2013 年广播收听率全天走势比较（33 城市）

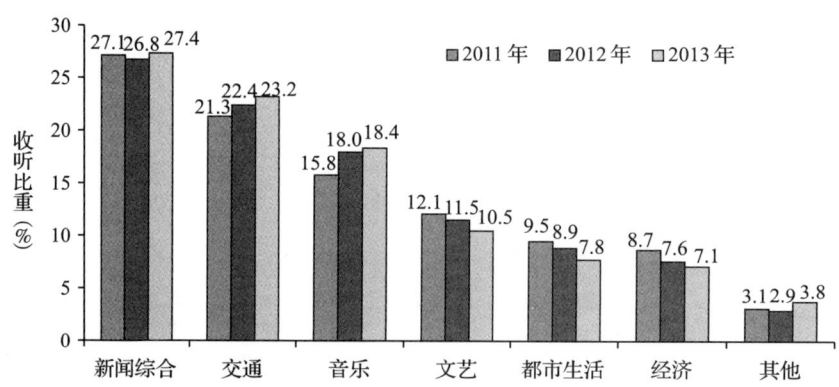

数据来源：CSM 媒介研究

图 3　2011～2013 年主要类别广播频率收听比重（33 城市，06:00～24:00）

降趋势，但伴随着移动收听的增加，即时性、娱乐性突出的新闻综合类、交通和音乐广播频率则在整体上处于增长状态。因此，目前所谓的广播增长结构调整，主要是通过 3 类广播频率所带来的听众结构变化和广告价值增长而实现的（图 3）。

国家工商总局发布的数据显示，2012 年全国广播电台广告收入 141 亿元，比 2011 年的 97 亿元增长了 55%；《2013 年中国传媒发展报告》显示，2011 年广播广告收入 123 亿元，2012 年同比增长 36.8%。这两组数据虽有不同，但都说明了广播的广告增长仍保持着两位数的速度，大家对广播广告市场应仍抱以积极乐观的预期。总的来说，广播增长的动力来源是多方面的，主要包括以下几个因素：车载和移动收听的增长，价值人群放量，活动化营销和影响力放大，广播广告的性价比优势，广播电视整合营销，广告溢价以及消费经济的区域化活跃。

在看到积极面的同时，也要发现和理性地对待存在的问题。传统广播市场已经进入发展的稳定期，并在此过程中出现了一系列的问题，主要表现为：听众规模稳中有降，听众群出现分化趋势；广播收听市场存量竞争激烈，增量空间不足；广播发展触到天花板，经济结构调整对广告品类调控有很强的影响等。这些都成为阻碍广播继续发展的制约因素。

逆水行舟，不进则退，如何在稳定中求增长是当前广播发展面临的新课题。结合广播增长动力来源的多样化，广播广告的增长可以通过以下几个方面的实践得以实现：车载收听市场的再挖掘，交通广播与其他广播频率的组合优化，高端广播的开发，以广播为平台的整合营销传播。

二、增长中促创新

稳定中求增长是基于传统意义上的广播而展开的思考，在当前的媒体竞争环境中，广播的发展现状并不乐观。增长中求创新，即利用新技术开拓新市场，实现新价值，这是传统广播媒体在新的发展形势下实现提升的另一条路径，主要包括以下两个方面：

一是实现从车载收听到移动终端收听的转化。广播从车载收听转向移动终端收听的过程包括两种实现途径：一个是基于传统广播网络的移动收听，另一个是基于移动互联网的移动收听。从目前来看，基于互联网的移动收听对于电台来讲更具价值增长空间，但由于这一收听行为需要软件和插件的支持，因而目前在这一应用领域的开拓还相对有限。

二是全面再现广播跨平台多终端传播的整体价值。在数字传播技术的支持下，媒体和内容跨平台多终端的传播策略拓展了广播的价值空间，各个平台之间的关系正在经历从量变到质变的过程。从听众测量及广播增量价值变现的角度看，价值还原对广播的发展具有极为重要的意义。要实现对广播媒体价值的全面评估，就要在跨媒体多终端的传播过程中逐步实现这种延展，从而更加准确地测量广播的实效影响。CPCD（Cross Platforms and Cross Devices）受众测量解决方案着眼于媒体跨平台多终端的传播，不仅能测量基于传统介质的广播收听行为，还能测量基于移动互联网的个性化收听，并进而考察广播听众的结构、受众与广播之间的互动等，从而实现对广播价值更为全面的整体性评估，并最终支持对不同平台的价值趋向或满意度的综合评估。

虚拟测量仪（Virtual Meter）作为软件化测量技术，为数字化时代的音频数据采集与受众测量提供了支持。虚拟测量仪通过安装在智能移动终端的插件实现音频数据采集、编码和声音特征码比对及处理，从而最终实现对频率和节目收听情况的监测。目前，基于声音匹配技术的观众测量已为国内电视调查业所采纳，在广播收听率调查中的应用也正在探索之中。

创新能否带动增长？这是广播发展到现在我们要积极思考的问题。经济学家熊比特的"重组说"认为，"创新就是要建立一种函数，实现生产要素的从未有过的组合"，这种重组可以是内部结构的调整，也可以是与其他要素之间的重新组合，并可能带来 1 加 1 大于 2 的效果。管理大师德鲁克的"再造说"认为，"创新就是赋予资源以新的创造财富能力的行为"。这个过程需要重新发掘原来没有的东西，例如广播原来是基于车载系统的移动收听，而现在则是基于互联网的移动收听，这是技术进步带来的传播创新，而这种创新就是一种再造。面对这种再造，我们需要准备好一系列的再造，包括流程再造、组织再造、内容再造等。

作为一个永久不变的主题，创新的姿态应是开放和合作的，同时还要依靠资本和技术的双重积累来实现最终的蜕变。传统意义上的广播创新是一种重组，而新媒体意义上的广播创新是一种再造。广播要在创新中实现持续增长，需要从两个方面入手：一是立足于重组，在稳定中求增长；二是以再造为主，在增长中促创新。这两种创新与广告的提升并行发展，首先稳住广播发展的基本面，调整内部结构，借由内部结构调整带来积累增长；同时在新的发展领域中积极寻找市场机会，实现广播基于新的广告渠道和传播渠道的增长，这是广播必须迈出的创新步伐。

三、结语

在宏观经济发展的影响下，受到严格政策管控的广播广告面临着增长的瓶颈。在新老媒体并行融合发展的形势下，广播的总体策略将转向在稳定现有市场的基础上，发现推动增长的新因素，进入"在稳定中求增长、增长中促创新"的发展轨道，基于传统意义上的广播市场实现在"稳定中求增长"，基于新的传播技术和新市场在"增长中求创新"。同时，在广播跨媒体多终端的传播过程中，收听率测量的同步解决方案也将全面再现与还原广播媒体的价值。

移动互联时代的广播变革与价值重塑

郑维东

广播在移动互联时代进入了稳定与风险并行的转型发展期。从线上向线下的价值延伸与转换，推动着广播媒体实现在现有价值空间中的产业化调整，通过寻求新的动力与上升空间，在转型中重塑价值，从而实现广播的变革式发展。

一、收听率与听众：夯实广播基础

线上收听作为受众广播使用的传统形式，在一定程度上反映了广播的传统主流价值。而在新的传播时代，广播的传播价值还以多种形式存在着，包括线下的互动和增值部分，这些广播接触都超越了传统意义上的收听率所呈现出的广播价值。目前，广播面临的发展问题更多地来自从线上到线下的延伸与转换，这也是广播从传统走向新形态过程中必然面临的问题。

广播还没有完成转型历程，作为仍处于转型中间阶段的传统媒体，广播的主业还集中在线上收听领域，因而收听率在广播价值评估中仍备受重视。现阶段的这种发展特点促使广播依循现有的产业链条，通过精耕细作，夯实广播的发展基础，提高广播的性价比。

在新旧媒体交替、融合的发展阶段，受众的广播使用虽然相对比较稳定，但自2012年以来出现了下降的态势。CSM媒介研究的全国基础研究数据表明，2011~2013年，受众上网的比重明显增加，电视、报纸等传统媒体的使用比重均明显下降（图1）。从传统媒体的发展态势上看，广播正处于退守和下降的通道上，只是由于广播体量小，受外部冲击的影响也相对较小，因此下降的速度和程度没有电视那么明显。但收听率曲线的变化却清晰地呈现出下移的脉络与趋势。从全天收听率走势可以看出，包括早高峰和晚间

20:00~21:00时段在内的广播黄金时段的收听率均有明显下降,早高峰下降得最为明显,晚间20:00~21:00时段由于受电视和互联网的冲击,特别是晚间电视剧改为3集剧连播之后,对小众的广播受众形成了显著的分流(图2)。

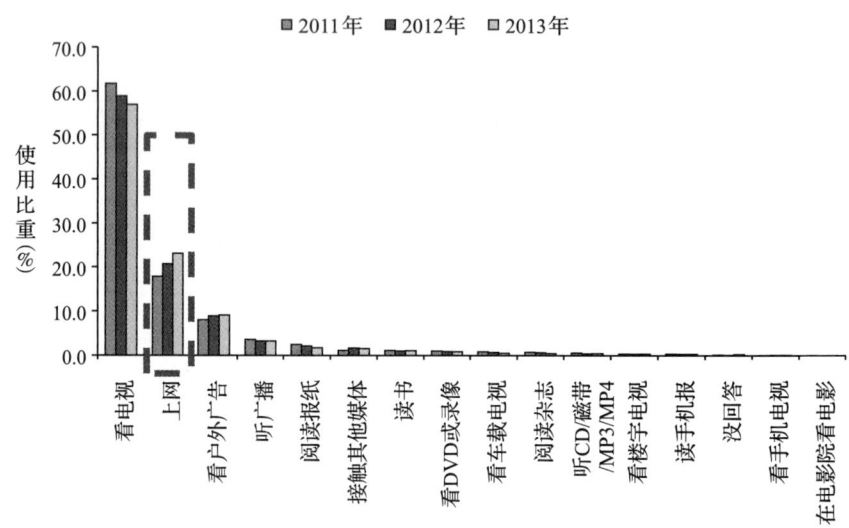

数据来源:CSM媒介研究全国基础研究数据

图1　2011~2013年各类型媒体使用比重比较

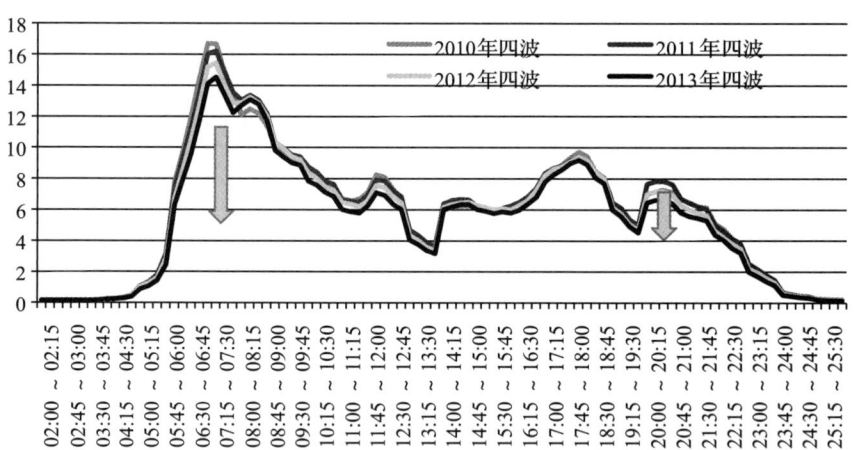

数据来源:CSM媒介研究

图2　2010~2013年广播全天收听走势比较

收听率是对听众的规模和每天收听时长两个维度的综合描述。首先,从听众规模来看,广播收听人群的比例呈下降趋势,2008~2010年维持在62%左右,到2010年出现了加速下降的趋势,到2013年每天收听广播的听众只有56.27%,降幅明显加大(图3)。

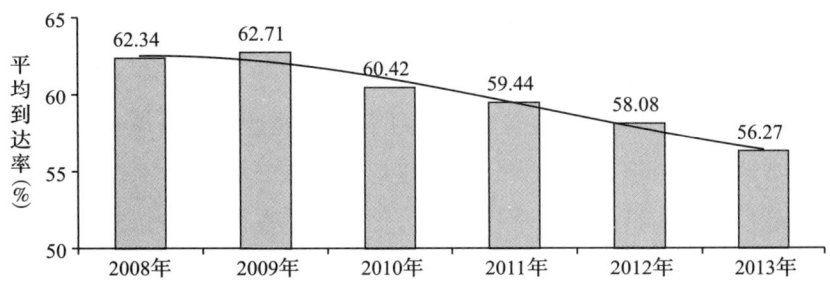

数据来源：CSM 媒介研究

图 3　2008～2013 年听众规模（平均到达率）变化趋势

其次，受众对广播的黏性也在下降，表现为广播收听时长的逐年缩减。2013 年，听众人均每日收听广播的时长首次降至 80 分钟以内，仅 77 分钟，为历史最低（图 4）。广播收听时长的减少，主要源自在家收听的减少。电视是家庭空间中对广播挑战较大的媒体，同时电脑、iPad、手机终端对广播受众的分流也在逐步增加。在在家收听减少的同时，车上收听却呈现出逐年递增的趋势（图 5），在有些市场，移动、户外收听已经超过了在家收听，这种收听的时空格局变化最早出现在北京等一线市场，也预示着广播价值被逐步改写的脉络与变化方向。与此同时，私家车拥有量在一、二线城市渐趋饱和，车载收听市场增量空间有限，这也导致了总体广播市场渐呈萎缩的局面。

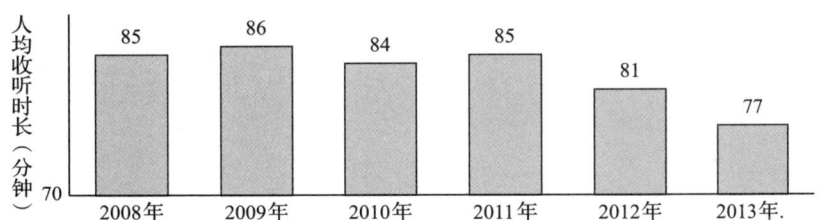

数据来源：CSM 媒介研究

图 4　2008～2013 年人均收听时长变化情况

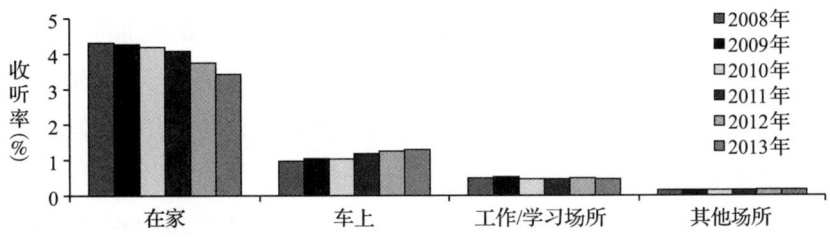

数据来源：CSM 媒介研究

图 5　2008～2013 年不同场所收听率比较

中国广告业统计数据显示，2013 年，广播广告收入 140 多亿元，同比增长仅 0.09%，与广播 6%～7% 的历史增长水平落差明显；电视广告出现 2.75% 的负增长；报纸下滑更为明显，负增长 10%；而互联网达到了 46% 的高增长水平。在传统媒体广告盘子整体缩小的情况下，由于广播广告整体的体量比较小，因此受到的冲击远小于电视媒体；另外，广播广告仍然具有高性价比的比较优势，但在广播广告缺少增长空间的前提下，广播发展已经步入了一个新的阶段。

为了实现广播媒体的持续增长，广播电台进一步拓展和挖掘车载收听市场，通过开办更多的交通类节目，增加或强化非交通类频率的"交通类"属性。如音乐类频率、经济类频率和都市生活类频率等，都将车上人群作为频率转型、节目转向的目标，这也使得车载收听市场被摊薄的趋势表现明显。在这种发展思路下实现的车载市场增长并非源于交通广播的增加，而在一定程度上体现了广播电台内部各频率在市场竞争中凸显的新优势，形成了新格局，或强于新闻，或胜在音乐。广播电台还试图或正在尝试其他创新方式，如：开发高端广播，优化台内各频率的组合与资源配置，以广播为平台开展活动化营销和整合营销传播，依托广播的性价比优势寻求与优势地域经济资源的结合，基于新媒体平台拓展广播市场等。这些尝试实质上仍是传统意义上的多元化支持，是现有价值空间中保守的产业化调整探索，难以给广播发展带来革命性的变化。

目前，广播市场存量竞争激烈，增量空间匮乏。在用户层面，听众规模稳中有降，群体出现分化趋势，广播收听时间缩短。在广告层面，受经济发展的影响，广播广告的品类和结构调控严格，品牌广告供给不足，非品牌广告投放有限。纵观广播的历史性发展，乐观言之，传统广播进入了稳定期；悲观论之，则广播进入了新的风险期。

二、坚守与扩张——在转型中重塑

在稳定性与风险性并行的发展期，广播要实现进一步的持续增长，就必须寻求新的动力，在坚守中扩张，在转型中重塑。一方面，要夯实基础，坚守固有阵地；另一方面，要积极扩张，寻求广播的增量空间。

从北京地区广播收听设备使用的变迁可以看出广播转型的发展路线。2009～2013 年，使用收音机、MP3、MP4、收录机等传统工具收听广播的比例均有不同程度下降，而车载广播、互联网、数字电视和手机等新终端的使用比例均有不同程度的增加，以车载广播为代表的移动收听已替代收音机成为主流收听方式（图 6）。

此外，广播 App 借势 App 整体市场水涨船高。App 广播应用规模不断增长，发展迅猛。2011 年、2012 年苹果 App Store 市场的应用程序增长数量超过 30 万，2013 年新增 App 更是突破 40 万。截至 2014 年 3 月，通过关键词"广播"、"收音机"、"radio"在

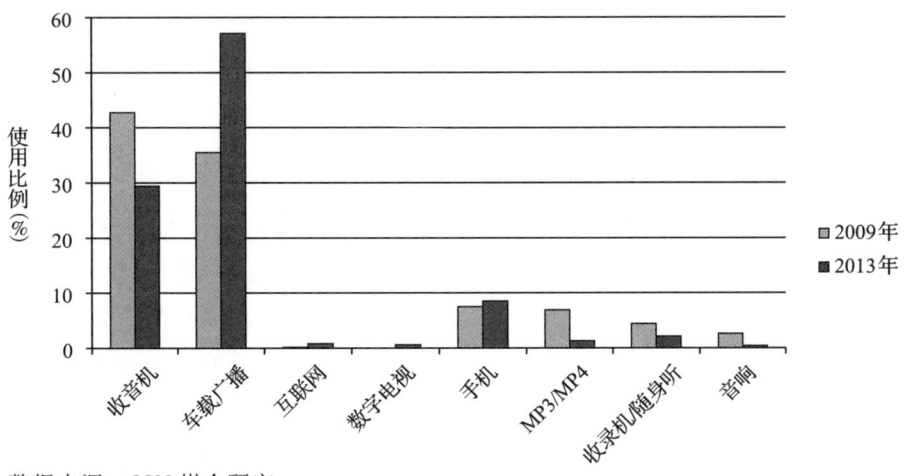

数据来源：CSM 媒介研究

图6　2009年、2013年北京地区广播收听设备使用比例变化情况

App Store 里搜索到的应用程序中，适用于 iPhone 的有 500 个，适用于 iPad 的有 427 个；在安卓系统搜索同样的关键词，显示结果为 431 个（图7）。

多终端移动收听体现了广播作为音频媒介的传播优势，也体现了广播市场向移动互联和融合平台升级的主流方向。鉴于此，广播人目前需要更多地关注如何在多终端上重新聚合价值人群，思考如何通过以 App 为代表的移动平台和聚合平台来实现和放大这部分受众的融媒体性和忠实度。

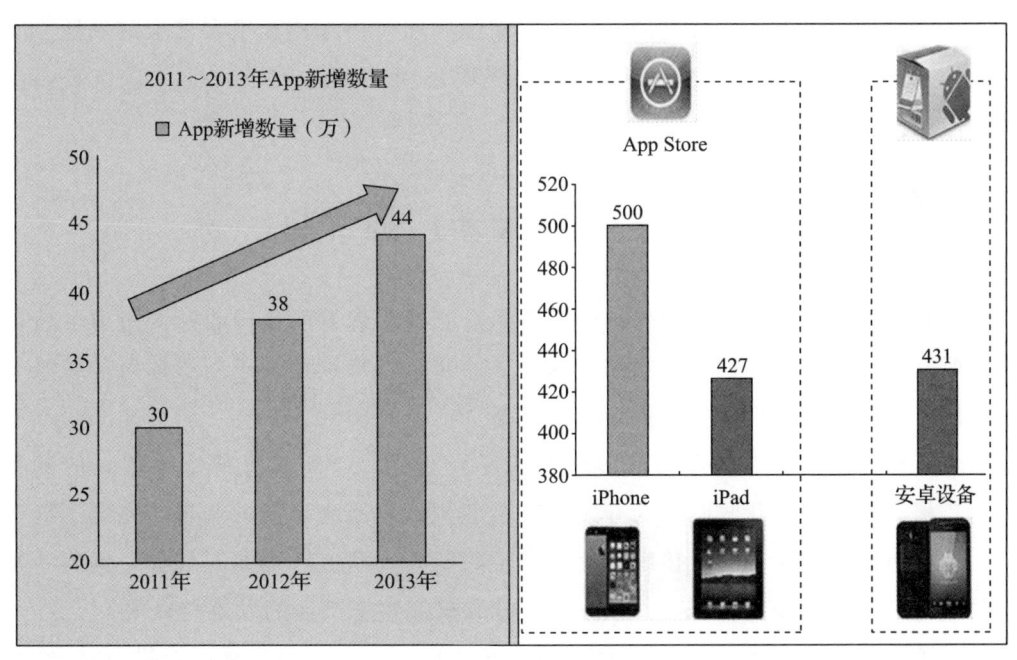

数据来源：互联网　　　　　　　　　　　数据来源：App Store 市场人工统计

图7　新增 App 及应用程序数量

参照电视等传统媒体在多重竞争压力下的发展策略，反观广播收听变化的主流趋势，不难发现，在新的传播形势下，坚持内容为王、终端制胜，是广播媒体重塑产业价值链的核心路线。

在新传播价值链中，终端强势和渠道平台化对内容生产形成了强有力的制约，"内容为王"还需要渠道和终端的拱卫。产业链条中的价值高地是相对的，总体上看，没有上游即无所谓下游，所以内容生产仍然是价值高地；但如果内容生产环节是充分面向竞争的，渠道就有可能成为价值高地，因为渠道和平台对内容的选择和整合决定了内容的出路；如果内容生产是充分面向竞争的，渠道也同时具有多元的可选择性，则终端也可以成为价值高地，因为终端决定接入渠道，并凭借其入口优势得以贯通整个广电产业。因此，价值高地的成败与否取决于产业链中制约与反制约力量的博弈结果。

从当前的政策和产业环境看，内容生产还处于非完全竞争状态，仍存在可紧可松的水龙头开关效应，在政策规制和版权法律的双重保护下，内容仍然是价值高地；渠道如果平台化效果好，也可以成为价值高地；终端目前虽为价值洼地，但在日趋激烈的"入口"竞争战中，充满了趋向价值高地转化的机会。面对渠道与终端在现实产业链中的价值积累与增值空间，广播在做强内容的同时，亟须借助强势终端和平台化渠道拓展内容。忽视渠道对内容传播的影响，在某种程度上就意味着被动放弃终端这块未来的价值高地。

收听环境、渠道与终端的变化造就了新传播，也聚合新听众，后者与传统受众在需求、行为与结构上具有不同程度的异质和异构性。如何描画移动平台聚合的新听众，是广播媒体从听众需求出发，实践"内容为王"要思考的基本问题，也是听众研究的新课题。

三、寻求价值增量——放大新广播优势

个性化多终端收听正在挑战传统的广播受众测量，现有的传统收听测量方法较好地解决了听众结构的问题，但涉及精细化的细节性研究，特别是关于新媒体对传统媒体的影响维度，数据的充分性和完整性还有待提高。

针对广播转型进程中跨平台、多终端的发展变化，CSM 媒介研究采用新的测量技术，对广播市场的个性化收听行为开展了试验性测量与研究。新的调查研究既不同于传统的广播收听监测，也不同于传统的手持终端收听行为研究，而是对媒体、内容、平台和终端进行的整体性统一调研，并从终端反观和研究整个产业的发展与变化。

CSM 媒介研究正在测试的新技术可以基于智能手机 App 对广播听众进行被动测量。通俗地说，App 模拟人的耳朵，把"听"到的声音实时转换为不可解读的数字音频码，

传送到远程后台并与广播节目数字音频码资源库进行匹配,最终准确地识别出收听的频率与节目。匹配环节的技术实现逻辑与 CSM 媒介研究现有的电视声音匹配技术类似,只是采集方法更突出了数字化技术特征。在计算环节,已获得专利技术的算法保证了高精准度的有效匹配。这种方法为利用智能手机实现广播收听测量提供了有力的技术支持(图8),并有望补充或部分代替传统的日记卡测量。

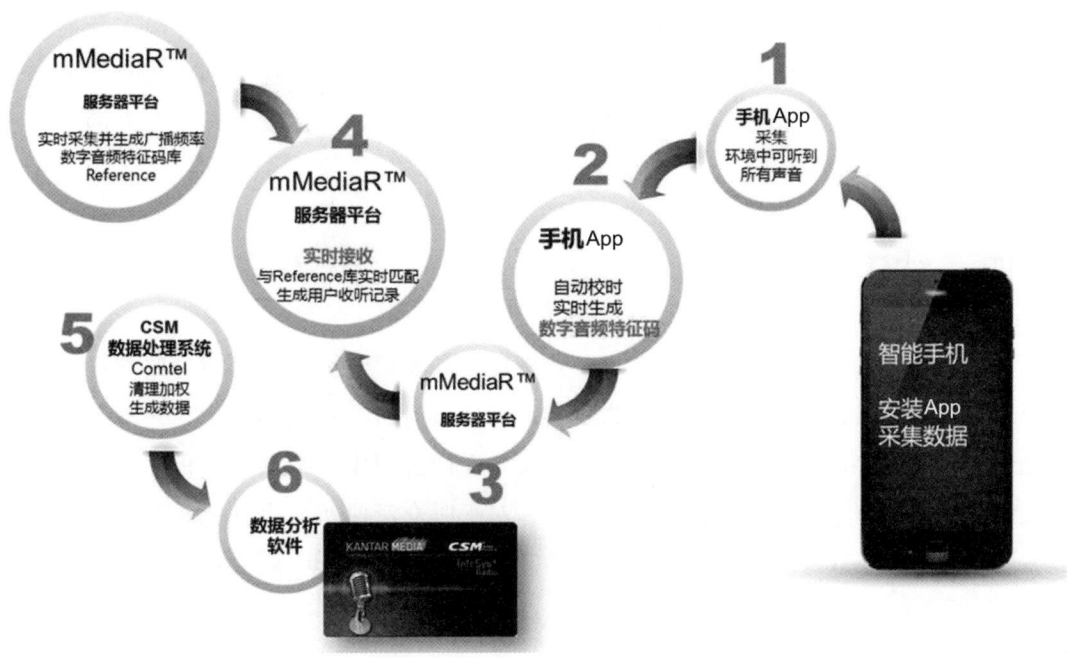

图 8　CSM 媒介研究收听新测量方法技术流程

从目前的测试情况来看,测试中的 App 广播听众测量方案可以无缝、全面、综合地测量受众在不同时空中通过各种介质发生的收听行为,可以涵盖的终端包括但不限于手机、PC 电脑、数字电视、车载广播媒体,同时还可以通过界面提示来确定收听场所的范围。

概而言之,新的测量技术实现的"组合式"广播测量,把多时空中的个性化收听集合在一起,从而完整地实现了对听众个性化收听行为的全记录。更为重要的是,它为全面反映广播在移动互联时代的传播价值提供了精准高效的技术支持,为广播产业拓展中创造的增量价值提供了"变现"的支持。

目前的广播研究不能再仅仅局限于 Radio,而要放眼 Audio,这也正成为一个世界性趋势。全球的广播研究越来越聚集于对广播媒体属性的思考,如当代广播媒体还是以传统形式存在的吗?是否应扩展成为多平台上的音频媒体?与之对应的问题是,广播是单一媒体还是融合性媒体？在内容的生产上，广播是否应从前端播出、后端收听的传统形式过渡发展为终端提供内容或走上定制化的媒体发展之路？

在以电视为中心的视频媒体发展中，上述问题已经得到了不同程度的回答并已走向媒体实践，收视率已不再单纯意指电视观众测量数据，还包括了对观看不同视频行为的测量，这在电视领域已基本形成共识。但在广播领域，上述问题虽然在部分层面或已有回应，但在广播人的发展意识中，对于这些问题的重要性的认知与认同还有待强化。

在未来 3~5 年内，广播测量将从广播听众测量转化为"跨平台跨终端"传播背景下的音频受众的测量。测量方法的提升和对象的拓展，将有助于还原和再现真实发展场景中的广播市场，更加充分地体现广播的价值，并助力广播媒体实现转型与新的多向度发展。

四、结语

传统广播媒体在移动互联时代的变革式发展，需要厘清内容、渠道与终端在新的产业价值链中的关系，把握价值低地向高地转换的发展时机，在内容为王、终端制胜的核心理念下，放大存量资源优势，实现价值重塑。在此进程中，听众需求仍然是实践转型的关键线索。在跨平台、多终端传播环境中，对于听众泛收听、个性化收听的测量，也应着眼于广播变革式发展的趋势，通过更为充分与完整的 Audio 测量推动广播的转型与重塑。

新媒介环境下广播价值创新路径分析

郑维东

当前广播面临着新的媒介生态环境,广播的价值需要重新认识,广播如何可持续发展以实现广播价值的创新,是业界目前普遍关注的问题。基于此,本文就新媒介环境下广播价值创新路径做一个简要的分析,以期为未来广播的发展提供思考、交流经验、达成共识。

一、广播价值和竞争力构成

近几年,广播价值的增长可以归结为结构式增长,即广播体系内经过某些结构调整取得的增长。但外部新媒介环境所带来的压力太大,互联网的发展对广播的影响不仅仅是结构式的影响,还涉及消费总量大小、发展路径是否需要改变等问题。相比以前的结构式增长,将来则要考虑增长路径的转变。

广播媒体通过渠道和内容这些资源的运营来实现价值,一种价值是获取受众的收听、受众的忠实,即收听价值,或称之为听众市场价值;另一种价值则是把收听市场的价值以广告运营的方式转化为广告收益,形成交换价值;这其间产生的影响不断积累,同时完成品牌塑造的过程,形成品牌价值。以渠道和内容为基础,增加听众规模,提升听众忠实度,积极促进收听效果向广告收益转化;在此基础上,通过提升广告定价、增加广告资源数量、调整广告结构等广告营销方式来实现媒体收益的增长;进而以品牌为承载,加大宣传力度和创新力度,增加无形资产价值,提升可持续发展的动力,这即是广播媒体不断发展的必由路径。

其间包括五个角度或者说五个层次的竞争力,即渠道竞争力、内容竞争力、收听竞争力、广告竞争力和品牌竞争力,五种力量分属不同的层次,但每种力量都表明了竞争的优劣势所在。渠道竞争力是基础,传统的广播传播和接收渠道相对单一,主要是无线方式,当前的接收渠道则多种多样,可以通过数字电视有线网的方式实现数字广播,通过手机的方式实现无线的数字广播,通过互联网的方式实现宽带的数字化广播。广播实现了从单向到互动的转化,从单层次的线性广播向离线的复合型广播的转化,这就是广播渠道的变化。品牌竞争力是核心,为了强化品牌竞争力,其余四种竞争力必须具备一定的比较竞争优势,否则便会成为短板。渠道竞争力和内容竞争力主要体现为媒体资源能力,事关投入水平;收听竞争力和广告竞争力主要体现为媒体市场绩效即市场评价的问题,事关产出效益。目前,很多电台评估考核都是两手抓:一手抓收听份额,一手抓收入份额,即广告份额,而且两手抓两手都要硬,把收听市场与广告市场紧密关联,通过市场回报产生效益。品牌作为更高层次的竞争力,主要体现为媒体可持续发展能力,事关未来格局,是对未来的一种铺垫、一种准备。

现实中,这五种竞争力的全面均衡发展是非常困难的,在新的媒介环境下,制约广播发展的已不再是后期的绩效评价问题,而更多的是前期资源投入和资源占有的问题。目前广播的感受可能还不太明显,电视则非常明显,电视的竞争已经延伸到了整条产业链,例如对产业链前端的内容和渠道占有的竞争。未来,广播市场在这方面的竞争也会越来越突出,越来越重要。

从市场绩效的角度,学者们把媒体的价值分为三种:一种价值是非常基础的使用价值,媒体的内容制作出来之后,通过有效的渠道传播,被受众所使用,体现为受众的一种满足感、一种信息的获取、一种受教育和一种愉悦的心情等。媒体的使用价值是通过渠道和内容的整合来实现的。近几年,国家为了扩大媒体的使用价值,在渠道方面做了很多的工作,例如直播星在传播电视信号的同时也承载了多套广播节目,从而扩大了很多广播频率的可接收范围,如中央人民广播电台的频率在更广泛的地区甚至偏远的农村都能收听到,这就扩大了广播使用价值的范围。使用价值可以通过收听份额、收听率调查来体现,是比较容易量化的一部分。使用价值里包括结构性价值,例如交通广播发展较好,不只是简单的收听率的提高,更主要的是听众结构的提升,这种比较竞争优势带来的使用价值实际上是倍增的效果,这几年广播的结构式增长就主要来自收听人群结构变化带动的增长。第二种价值是交换价值,即把收听市场价值转化为广告客户的投放,实现价值的交换。有了听众市场才能有相应的广告市场,例如交通类频率、新闻类频率和音乐类频率等,其听众结构和广告结构之间非常契合。特别是在国家广电总局(现国家新闻出版广播电影电视总局)对一些专题广告和医药广告等进行限制以后,主要电台的广告结构都发生了一定的变化,广告结构和听众结构之间实现了更好的整合,这种整合是对价值的一种重新挖掘和重新调整。交换价值之上就是符号价值,即品牌价值。有听众收听,有广告商关注,在多级市场不断传播而成就品牌,实现符号价值,标志着市场对媒体价值的一种认可,这种认可一旦发挥作用,广播的发展便不再是渐进的,而是跳跃式的,是上台阶上平台的发展。

这三种价值表明了广播竞争的不同层次,每个层次都非常重要,其中使用价值是最基础的,没有使用价值就无从谈起其他的价值。如同盖楼,没有地基,楼是盖不起来的。提升广播媒体价值,既不能一味地单纯追求收听率,追求听众规模,而要关注价值提升的各个方面;同时又要有坚实的受众基础,这样才能追求交换价值和品牌价值的增长。

在广播听众市场,近几年开始出现一些结构性变化:广播收听越来越多地从在家收听转向户外收听、车上收听、工作/学习场所收听;原来通过收音机收听,现在变成通过互联网收听,通过手机收听,通过移动设备收听。这种路径的变化、渠道的变化带来的是收听构成的变化。对比近几年不同场所收听数据可以发现,听众在家收听的量在不断减少,而户外收听的量不断增长。

在广播广告市场,近年的增长也可以归结为是一种结构式的增长。2004年,广播广告额为32.9亿元,到2013年达到了141.2亿元,增加了三倍多(图1),其中车载收听撬动的广告增长是主要原因之一。目前结构式增长遇到了一些瓶颈,前几年交通频率推动了车载收听、户外收听的增长,被广告商认可后促进了广告收入的增长,广播市场出现了繁荣景象。但近两年的发展则遇到了天花板,例如很多频率都开始增加交通类内容,不只是交通广播在做交通类节目,新闻广播、音乐广播、文艺广播、经济广播等都有一个交通时段,省级广播电台、市级广播电台都在做交通广播。当大家都去做的时候利润就被拉薄了,经济学称之为边际产出递减,这样就会遇到天花板。因此,目前靠这种单一模式增长已经很难,亟需创新增长的模式。历年广播广告增长率变化数据显示,

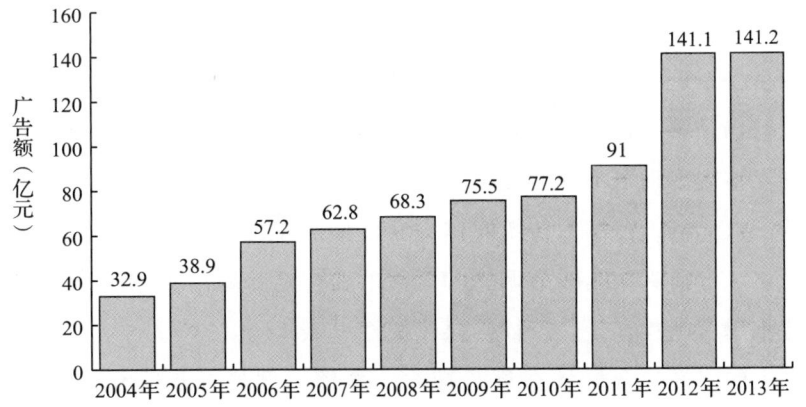

数据来源:根据综合资料整理

图1 历年广播广告额

在经历了 20% 多的增长率时期后，广播广告进入了 10% 以下的增长期。

整个广告市场的增长规模、增长速度是与 GDP 水平高度相关的。前几年，无论是广播、电视，还是报纸，其广告的增长率都高于 GDP 的增长率；但 2008 年以后，则逐渐与 GDP 的增长速度同步，例如报纸媒体以及广播媒体的某些年份，其广告的增长率已经低于 GDP 的增长率，这就出现了新的增长瓶颈。

要突破这些瓶颈，就要从占有渠道和创新内容两方面着手进行创新。传统的广播传播渠道仍有拓展的空间，因为毕竟广播属地化特征明显，是通过占有频段实现覆盖的，目前传统广播正在不断向数字广播渠道、新媒体广播渠道拓展，这种拓展不是对原有听众的拓展，而是对新听众的拓展，例如原来在办公室里基本没有人收听广播，互联网和手机普及以来，一些音乐类广播便在办公室成了一种背景音乐，成了工作节奏的一种调整，这就形成了一种新的增长空间。

除了占有新的渠道以外，还要创新终端。目前最激烈的竞争其实是终端的竞争，占有终端、占有听众的收听使用设备成为制胜的关键。现在，终端的发展趋势越来趋向于移动的个人终端，这与广播本身所具有的便携性特征不无关系，但这种便携性不再只体现于传统意义上的收音机终端，而更多地体现于不断出现的带有收听复合功能的新的媒体终端。各种新的终端出现以后会对整个市场重新进行细分，而各个终端市场的细分又会带来新的产业的延伸，这就是新的价值增长点。

二、广播价值转向

电视、广播、报纸、杂志是传统的四大大众媒体，后来出现了分众媒体、小众媒体甚至个人媒体。随着各种媒体的不断发展，互联网越来越成为大众媒体，而杂志、广播甚至报纸，将来的发展趋势基本上是分众媒体而不再是大众媒体，所以从大众转向分众、转向细分市场是广播发展的一种不可逆转的趋势。从 2013 年不同媒体的受众占有率可以看出，电视仍是第一媒体，还具有大众媒体的特征，受众规模仍处于领先地位；电视以外的各种媒体则出现了不同变化，户外广告、互联网、户外电视、车载电视和报纸都占有较高的受众比例，在四大传统媒体中，广播的排位在电视和报纸之后，受众规模比杂志略大一点。广播听众结构的调整和规模的变化意味着广播的大众媒体属性在逐渐丧失，在变化中越来越具有分众特征的媒体属性（表1）。

传统意义上的广播受众群体在逐步减少、萎缩，例如老年听众，由于被电视所吸引，在广播方面投入的时间越来越少；25 岁以下的年轻人由于受互联网的吸引，对广播的关注度也越来越低。分众市场在增长，例如车上的广播收听率在增加（图2）。

表1 2013年不同媒体的受众占有率（%）

媒体	受众占有率
电视	98.1
户外广告	79.0
互联网	44.8
户外电视	37.8
车载电视	31.1
报纸	31.0
楼宇电视	27.8
广播	23.6
杂志	23.0
电影院电影	11.5
手机电视	8.5

数据来源：CSM媒介研究2013年全国基础研究

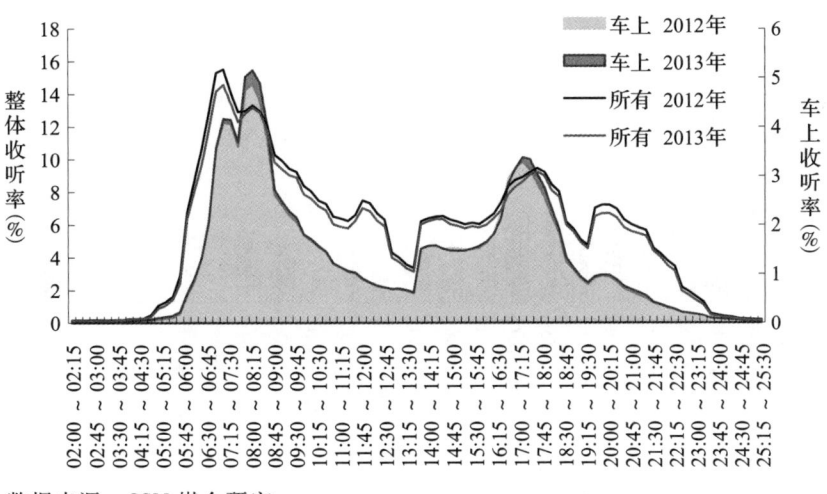

数据来源：CSM媒介研究

图2 车上与所有场所收听率全天走势

通过对比15岁及以上受众人群对广播和互联网的接触情况，可以发现，互联网发展迅猛，大有取代电视和广播的位置而成为一个全天候媒体的势头，而电视和广播则越来越成为时段媒体，广播的时段媒体特征尤为明显，早晚是两个收听高峰时段，个别地区在中午或深夜会有一个高峰时段。虽然播出是全天候的，但听众的使用却是时段性的，广播的时段性特征越来越突出，户外和车载收听带来的结构式增长与此高度相关，突出的时段性特征实际就是分众化特征的具体体现。

通过对广播、电视和互联网这三种媒体的受众构成进行对比（图3），可以发现：在年龄特征方面,广播和电视有类似的特点,年轻人少而中老年人多,而互联网则相反,年轻人多中老年人少,互联网和广播在年龄方面具有差异化竞争优势;在性别方面,电视受众中男女比例差别不大,广播和互联网受众中则男性明显多于女性,且广播中男性比例更高;在收入和教育程度方面,互联网和广播的受众特征比较相似,都拥有相对高端的受众群,受众的收入和教育程度都比较高,但二者表现出不同的发展趋势,互联网受众群越来越大众化,整体受众的受教育水平越来越扁平化,广播的结构式增长则越来越分众化,突出表现在上班族和有车一族的教育程度和收入都比较高,呈现出阶段性、时段化且逐渐有一些高端听众介入的趋势,分众化特征明显。如何融入互联网的发展,是广播发展的一个契机,目前二者的发展已经出现了一个交汇点。如果广播能够利用这个机会融入互联网的发展,就会阻止广播越来越窄众化、小众化的势头,变得具有部分大众的基础,找到广播价值的新增长点。相反,如果广播还一味追求车载听众、高端听众,就会与互联网的发展背道而驰。三网融合也强调这一点,三网融合是技术推动力,带来的是一种生活方式的转变,广播要融入新的生活方式,就必须融入新的媒体技术。

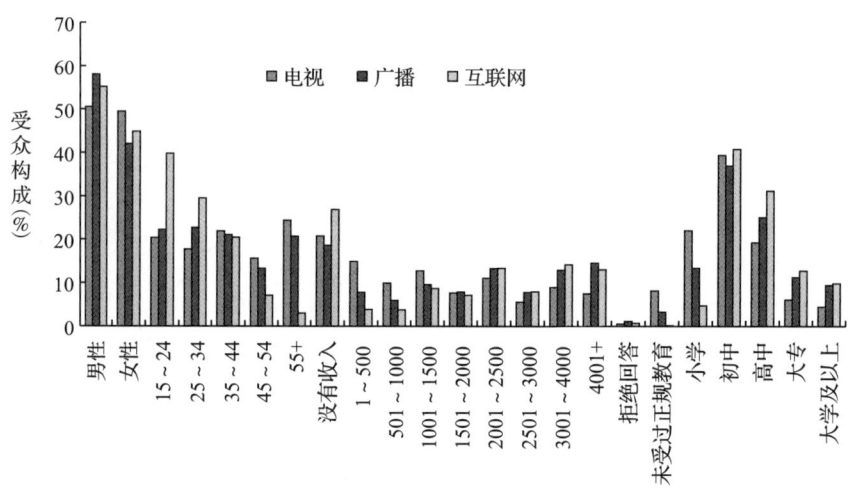

数据来源:CSM 媒介研究 2013 年全国基础研究

图 3 电视、广播、互联网的受众构成

三、广播媒体竞争的发展趋势

分众化的特征与竞争也有密切关系,竞争是分众化的动力之一,而且是内在动力。除了与电视和新媒体竞争外,广播频率之间的竞争也在不断发展,越来越趋向于细分化、类型化、小众化、时段化。

在家收听的人和在车上收听的人也是两类人,是收听场所和分众化趋势相结合的表现；中午收听和上下班高峰收听的人是两类人，深夜收听的人和上下班高峰收听的人也是两类人，早晨、中午、晚间时段的人群也各具特点。因此，时段化特征反映出来的其实是分众化特征，时段化特征与分众化趋势相连，类型化频率与分众化趋势相连。目前，为了迎合广告对细分市场的需求，广播也在不断创新频率，同时，一些频率的节目也越来越类型化、越来越特征化，从而使得听众的忠实程度与广播市场之间的结合也出现了新的特征，类型化频率与分众化趋势也是相连的。

通过分析不同城市市场2013年车上收听率较2012年车上收听率的增长，可以发现（图4）：一方面，多数市场的车载收听还在增加，但增加的幅度较往年要小，呈现出一个平缓增长的趋势，已经出现或接近瓶颈期；另一方面，区域化特征明显，2012年车上收听率较高的城市，其2013年车上收听率增幅较少甚或出现降低的情况，而2012年车上收听率较低的城市中，多数在2013年增幅相对较大。福州和合肥等市场车上收听率2013年和2012年没有明显变化，而另一些市场受原有车辆保有量、交通特点、人群收入结构等各方面因素的影响，在未来的发展过程中会逐步强化对车载收听的关注。通过分析，我们可以确认每个市场处于哪个阶段、哪一种特征在起作用。总之，车载收听和交通广播的发展一样，都有一个极限。因此，要想使交通广播继续得到发展，就要进行产业链的延伸，而不仅仅是依靠单一频率。

从频率竞争角度来看，中央人民广播电台、中国国际广播电台、省级广播电台、市级广播电台和区县级广播电台在分化收听市场。其中主导市场的是省级广播电台（包括

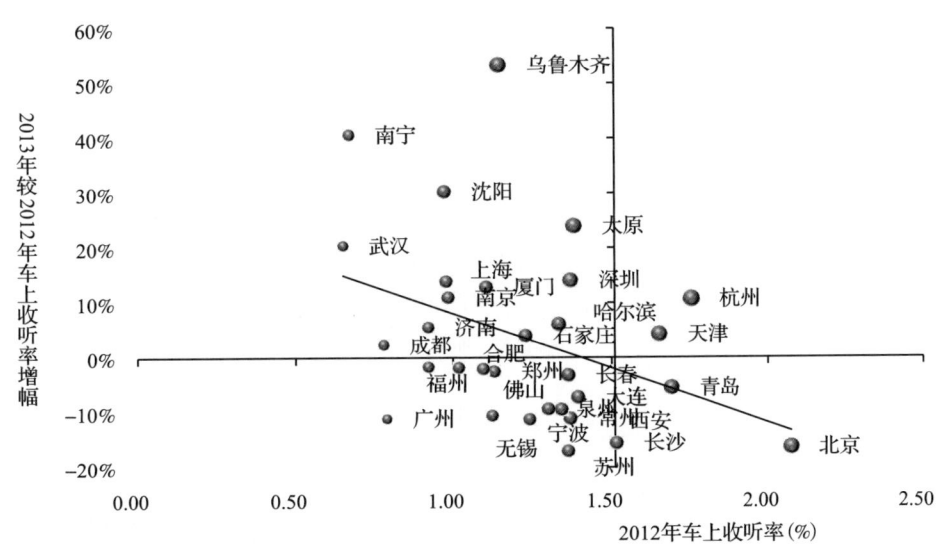

数据来源：CSM媒介研究

图4 2013年不同城市市场车上收听率较2012年增幅

直辖市),且发展势头较好;市级广播电台的区域化特征较为明显,有的市台较强,有的市台稍弱;中央人民广播电台在近几年也开始注重地域发展,2009年成立了北京广播发展中心。另外也有跨区域发展的情况,例如黑龙江广播电台和三亚广播电台联手发展,探索了突破和创新的新思路。

原来的频率竞争是各自为战,不存在冲突,不发生矛盾。随着广播的不断发展,竞争开始出现耦合作用的特征,即一级频率的变化会影响另一级频率的变化。近年来中央级频率、省级频率、市级频率和其他频率之间开始出现同时段此起彼伏的态势,频率在发展中开始关注竞争对手,关注本频率以外的竞争环境影响,这种关注已经体现为节目编排、节目创新和营销手段的变化。

整个收听市场主要有三级力量:一级力量是中央人民广播电台,它的特点是在全国市场保持稳定的前提下,开始在局部市场突破;第二级和第三级力量分别是省级广播电台和市级广播电台,二者在本地市场的竞争处于非常胶着的状态,有的地方省台强,有的地方市台强,零和竞争中靠削弱对方的份额来增强自己的实力(图5)。虽然目前广播市场的竞争体现在市场份额数值上只是几个百分点的差异,没有大幅度的变化,不像电视市场的份额有较大的、明显的结构性起伏,但各个市场仍有各自的特征,有潜在的规律。竞争带来的市场分化是内部产生的,新媒体环境和广播自身发展又要求开放式的变化,外部的动力和压力与内部的竞争结合在一起,成为广播发展的新课题。

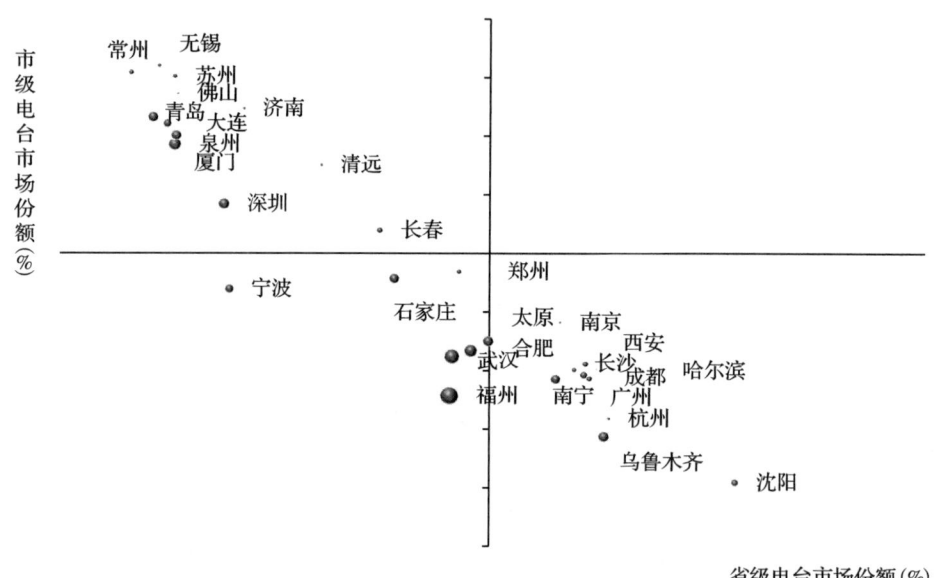

数据来源:CSM媒介研究

图5　2013年不同城市市场中省级台与市级台市场份额(10+,全天时段)

四、广播价值创新

在新的竞争格局下,广播价值创新体现为从结构式增长向创新增长的转化,在这个过程中就要研究什么是创新。创新有两种经典的定义,但每一种定义都有自己的出发点。经济学家讲的主要是要素配置创新,即把已有的东西变一种方式就可以实现新的增长,比如广播的所有信息原来都是和新闻频率或经济频率结合在一起的,现在则针对交通信息开辟了一个单独的交通频率,这就是一种新的组合方式,是一种类型化的方式,就会实现新的增长,这就是经济学家讲的重新配置要素。管理学家讲的主要是要素创新,就是赋予资源以新的创造财富的能力,把以前没有做过的拿来做新的尝试,找到新的突破口和增长点。比较而言,后者再造难度更大,前者重组相对容易。

讲到重组,最简单的就是编排的调整,频率之间的分化、区隔,这都是一些要素的重新组合;而重新做一个从来没有的频率,或者用既有的资源做一个从来没有做过的事情,都属于再造的过程。从重组到再造,在电视的发展历程中显现得很清晰,电视早年的发展就是重组,而发展到现在已经是在进行再造了。

从市场绩效的角度来看,价值创新主要包括使用价值创新、交换价值创新和品牌价值创新。使用价值的创新,例如通过渠道的延伸,将更多终端的用户作为新受众吸纳进来;交换价值创新,例如改善广告结构,把广告和受众之间的关系建设得更为恰当;品牌价值创新,例如组织品牌营销活动,线上与线下相结合,与广播产业化相结合等。从价值链延伸的角度看,广播的发展要往前端延伸,要占领内容和渠道市场,内容和渠道要结合新媒体的发展,特别是要结合互联网的发展,这个课题不仅是摆给广播的,也是摆给电视的。特别是三网融合对电视而言至为重要,一方面要占领新的渠道,另一方面内容价值创新要把网络视频和电视视频加以区别,根据网络的特点去进行网络视频的整合。

在创新过程中,可以结合收听率特点来实现内容创新、营销创新、制度创新和品牌创新,使之更加接近电台内部的情况。例如,营销创新由专门的营销部门来做,内容创新由专门的内容制作部门来做,制度创新由一些研究发展机构来做,品牌创新由一些战略发展规划部门来做,任务可以分解。

从结构式增长转向创新增长,第一步工作便是进一步的细分,包括频率的细分、时段的细分、节目的细分、人群的细分。目前,细分在有些领域做得还不够,还有一些价值没有得到充分挖掘。例如频率方面,在数字化平台上,特别是互联网平台上,频率可以进行更多的细分,例如上海的音乐广播做了很多细分的频率,但与国外的频率相比还远远不够,国际上的音乐广播细分得更为充分。第二步是要借助新媒体终端拓展细分市场，细分市场在哪儿，如何做这个细分市场，都是需要考虑的问题。第三是在线播出与离线播出相结合，离线播出是互联网非常重要的一个特点，把广播频率节目化、段落化后，就可以离线播出，通过网络点播等各种方式进行传播。第四是线上广播与线下活动相结合，这一点有些台做得很好。第五是实现以品牌为核心的市场驱动，就是做每一个活动、每一种安排、每一种发展，都要考虑其对品牌是否有益，对品牌建设是否有帮助，从节目的角度、主持人的角度、活动的角度如何做好品牌延伸。

细分有助于品牌延伸，越是大众化的、粗犷的、抽象的东西，越难以做品牌延伸；越是小众的、细分的，越容易实现品牌延伸。因此，如果找到了突破点，品牌延伸是非常可行的。最后一个是面向媒体融合趋势的创新发展，三网融合在3~5年内会出现非常大的变化，将导致广播从体制和业务运营都不可能独善其身，因此要积极融入。

价值的增长在资本市场里体现为产出的增长，最基本的就是广告的增长。广告如何增长？一是靠广告的容量，例如能够承载广告的频率更多了，新的频率可能会带来新的广告空间；二是靠价格的增长，事实上，要增加广告的容量，收听率的增加是一种渠道，但目前收听率增长遇到了天花板，因此压力较大；三是广告时间的增加，广播广告有一个总体的限制，由于专题广告的时间缩减，很多时间对广播广告来说也越来越难用；四是空间的增长，如三亚台和黑龙江台的合作，空间的扩张对扩大广告容量来讲也是一种非常好的做法。广告容量的增长总体来说是量变而不是质变，质变实质是价格的增长，是媒体价值的增长。如何实现这种质变，就要考虑其他媒体的定价方式，例如报纸是如何定价的，电视是如何定价的，互联网是如何定价的，这些都会影响广播的定价。同时，广播相比其他媒体是否具有比较竞争优势也是因素之一，这种比较竞争优势体现为溢价的能力。溢价的能力有资源溢价与品牌溢价，品牌溢价是长效的，是不断积累和消化的；资源溢价很重要，渠道和内容都是资源，如果整个竞争往前端延伸，就要提升资源溢价的能力，通过资源溢价来打造后端的产出，通过产出的增长来塑造更好的品牌。

整个广播媒体的经营就是沿着这样一个上升的路径展开的，但每一步上升都不要忘了广播不是一个独立的媒体，而是身处整个大媒介环境下、随环境变化而变化、受环境牵制但又具有自主权的媒体。所以在新的媒介环境下，如何利用好受众研究，如何在创新的思维下实现广播新的增长，转变单纯依靠结构式增长而向创新增长变轨，这是未来几年所有广播人共同面临的一个新的课题。

内容为王，终端制胜
——广播市场经营新方向探寻

郑维东

伴随着趋向数字化、互动化的新广播市场的出现，车载收听和交通频率所带来的广播增长渐趋遭遇瓶颈，增长总量已经趋于饱和。广播如何实现新的增长并找到新的盈利模式，是广播及广告从业者需要认真思考的问题。

一、内容为王

在技术发展和媒介环境不断发生变化的今天，传统媒体在内容方面的重要性进一步提升，传统媒体需要充分利用极大丰富的内容资源，甄别优质内容、有影响力的内容，同时进行内容整合，发掘带动内容增长的原动力，而这些取决于传统媒体能否更好地借助新的市场来把握内容创造。

就广播内容而言，其内涵包括符合、适位和超越三个方面。首先，内容要能够符合甚至引领受众的特定需求，激发受众的认同或者讨论，体现受众本身的重要；其次，适位即契合于自身的平台，与传统平台相契合的内容能够为传统平台增加识别度，提升品牌的张力，为新的发展甚至跨界整合式发展提供支撑；再次，超越需要不断创新，变成内容的精品集成，从而引领模式和方法的创新。除了以上三点，实现内容为王还需要一些外部环境的保障，如政策、法律的保护，特别在数字平台上，还需要数字版权的保护。

二、终端制胜

终端可以实现对渠道的绑定，渠道的不同决定了终端实现方式的不同。随着技术的发展，越来越多的资金不断流入终端——手机终端、Pad 终端、电脑终端以及未来的集成 3D 技术虚拟终端等。因为资本向终端的融入，可以以此为基础而对整个市场进行整合。

就广播而言，收听率和终端之间的关系同样需要重新验证、思考，从而实现创新和提升。不断扩展的广播终端应用——车载广播、移动收听、网络收听以及不断涌现的多样式的数字化收听使得广播经营出现了新机遇、新市场。除此之外，逐步拓展和推广在线网站、Windows 平台、安卓系统和苹果 IOS 系统下的终端插件应用、微电台，以及通过云来实现聚合的内容库，通过云计算、云分享的方式实现的内容分发、讨论和互动等，都是广播可以接入和融入的新终端形式。

从广播的发展态势来看，目前各电台主要依靠交通频率来完成全台整年的广告营收，但这种做法已经开始遭遇瓶颈。车载收听比例虽然仍在增加，但增幅已趋缓。除了车载收听占主力的交通频率之外，一些非交通频率——新闻广播、文艺广播、音乐广播也在车载收听市场不断寻求增量。除此之外，交通类的信息资源在分频率经营过程中也遇到了新问题，移动收听更具有明显的时段特征，如早晚高峰；而当前受众对于媒介的使用已经是全天候，电台频率在其他时段如何拓展市场，这需要通过不同的终端来实现。

虽然车载收听人群趋向于男性、年轻、高学历、高收入的人群，但是随着新的移动终端带来的收听人群的增长，传统的内部结构式增长已经遇到动力不足的问题。如何更有效地发掘广播广告资源，提升广播广告价值，是目前广播在新一轮增长过程中所遭遇的瓶颈。在这样的媒介环境之下，实现广播新的增长，需要在新终端驱动的数字化、互动化广播与传统广播之间架构起有效的桥梁。

首先，实现移动网民和广播终端的有效结合。移动网民早在 2011 年就已经达到 3.5 亿，其常用的智能平台以及在其基础上开发的诸多应用为广播未来的拓展提供了良好的想象空间。受众可以通过广播插件轻松地收听广播，依靠新的终端以插件形式来收听和传播广播的方式已经存在并在不断扩展。除了传统频率向数字化、规模化的广播应用转变之外，衍生于在线广播的音频产品已经转变成内容库部分，受众可以下载、分享、付费，逐渐形成了一种新型的盈利模式。此外，广播频率与社会化媒体（微博）结合，形成了微电台，原本单一、单向的广播收听过程因此而增加了分享、互动、交流的元素，在此基础之上便可以实现联动发展。

其次，展开增量市场价值分析。在信息传播的碎片化时代，传统广播也开始出现碎片化收听，收听群体变得更加分散。各个电台虽然是分频率、分类型经营，但是市场并不确定，所以必须创造一些更具整合能力的资源。用交通类、音乐类的内容去整合市场，这只是传统意义上的整合；如何将部分低忠诚度受众群体的媒体行为通过新的媒体

图书在版编目（CIP）数据

聚焦收听率／陈若愚主编．—北京：中国传媒大学出版社，2015.4
ISBN 978-7-5657-1317-0

Ⅰ．①聚…　Ⅱ．①陈…　Ⅲ．①广播-抽样调查统计-研究
Ⅳ．①G223

中国版本图书馆 CIP 数据核字（2015）第 052591 号

聚焦收听率——《收听研究》新观察精粹

主　　编	陈若愚
副 主 编	肖海峰　郑维东
责任编辑	欣　雯　李　明　蒋　倩
责任印制	阳金洲
封面设计	魏　东
出 版 人	王巧林

出版发行	中国传媒大学出版社（原北京广播学院出版社）
地　　址	北京市朝阳区定福庄东街 1 号　邮编 100024
	电话：86-10-65450532　65450528　传真：65779405
网　　址	http://www.cucp.com.cn
经　　销	全国新华书店
印　　刷	三河市东方印刷有限公司
开　　本	787×1092mm　1/16
印　　张	26
版　　次	2015 年 4 月第 1 版　2015 年 4 月第 1 次印刷
书　　号	ISBN 978-7-5657-1317-0/G·1317　　定价 88.00 元

版权所有　　翻印必究　　印装错误　　负责调换

平台、新的终端进行转化和聚合，从而形成更大的市场，并实现盈利（如通过收费、互动广告、内容植入营销、消费促进活动等方式），这才是新的整合，也是广播经营者亟待思考的问题。

正如李彦宏在百度联盟峰会上所讲的，"在一味地追求规模增长的同时，需要建立更好的价值挖掘方式和盈利方式"。目前许多终端应用已经形成足够的规模，但是在规模之上并没有对依托的内容价值进行充分挖掘。一旦依托整合运营方式实现了价值的增值，广播即迎来了发展的新机遇——广播从业者探索利用广播的音频内容去开拓市场、聚合受众。终端运营商、网络运营商不断进入广播产业链条，给广播的经营发展和提升创造了时机与可能。

收听率监测也需要顺应市场变化趋势，拓宽测量领域，利用这些新的广播市场机会去重建收听率曲线。"内容为王，终端制胜"，广播音频要进入内容库，通过云计算和云分享导入用户端，用户端进入群体聚合之后实现价值增长，重建产业模式。"内容为王"和"终端制胜"这两个概念揭示出广播发展的新的可能性，并指引着我们未来不断为之努力探索。